COST MANAGEMENT ACCOUNTING

원가관리회계

김도형 황국재 이성욱

弘文社

머리말

4차산업혁명으로 경영환경의 급변, 신기술의 등장 및 심화되는 경쟁환경으로 우리는 초경쟁시대에 살고 있다. 이러한 초경쟁에서 생존하기 위해 이전에 제공한 제품의 품질과 서비스를 초월한 품질과 서비스, 또는 새로운 비즈니스모델을 제공하여야 한다. 이를 위해 보다 나은 관리회계정보가 요구되고 있다. 이러한 측면에서 관리회계에 대한 이해는 단순히 회계부서의 고유 업무 수준을 넘어 경영자와 조직의 구성원 모두에게 원가계산과 원가시스템의 이해, 전략적 계획 및 성과분석을 위한 필수적인 도구라 할 수 있다.

본서는 원가관리회계를 처음 공부하는 학생들을 대상으로 집필하였다. 따라서 저자들은 본서를 집필함에 있어서 다음과 같은 점에 특별히 역점을 두고 기술하였다.

첫째, 본서는 원가관리회계를 처음 공부하는 학생들을 대상으로 하고 있기 때문에 기초관리회계 개념을 중심으로 대학에서 한 학기용 교재로 사용할 수 있도록 집필하였다.

둘째, 본서로 공부하는 독자들이 본문의 내용을 쉽게 이해할 수 있도록 모든 개념을 예제를 통하여 설명하였다. 이러한 접근방법은 각 장의 개념을 체계적으로 이해할 수 있도록 도움을 줄 것이다.

마지막으로 공인회계사, 세무사, 감정평가사 및 관세사 등 각종 자격증을 준비하는 수험생들에게 출제경향을 파악할 수 있도록 최근 5개년간의 기출문제를 각 장의 연습문제로 수록하였다.

저자들의 다년간의 현장경험 및 강의경험을 토대로 경영의사결정에 필요한 정보를 제공하는 원가관리회계를 학생들이 쉽게 이해하도록 설명하려고 노력하였으나 부족한 면이 많으리라 생각되며, 이러한 점은 독자 여러분의 지도와 지적을 겸허하게 받아들여 계속 수정하고 보완할 것을 다짐한다.

끝으로 좋은 책을 만들기 위해 저자들과 같은 마음으로 함께 해주신 도서출판 홍문사

임권규 대표님, 임진우 팀장님과 보기 좋은 편집을 위해 많은 노력을 기울여 주신 이경희 주간과 김단비 대리님께 감사드린다. 아울러 저자들을 위해 인내와 희생을 마다하지 않고 성원해준 가족들에게도 심심한 감사를 드린다.

차 례

제1장 원가관리회계 기초

제2장 원가의 개념과 흐름

제3장 원가의 배부

제4장 개별원가계산

제5장 활동기준원가계산

제6장 종합원가계산

제7장 결합원가와 부산물회계

제8장 전부원가계산과 변동원가계산

제9장 원가-조업도-이익 분석

제10장 표준원가계산

제11장 의사결정과 관련원가 분석

제12장 종합예산

제13장 분권화와 성과평가

제14장 대체가격의 결정

제15장 불확실성하의 의사결정모형

제1장

원가관리회계 기초

제 1 장 원가관리회계 기초

기업경영에 있어서 국가 간 장벽의 축소 및 철폐에 따른 경쟁의 글로벌화로 기업 간 경쟁이 더욱 더 치열해지는 현 상황에서 기업가치 극대화를 위한 효율적 자원배분에 필요한 원가관리회계정보의 필요성 및 중요성이 그 어느 때보다도 부각되고 있다. 본장에서는 이렇게 중요한 원가관리회계정보의 기업경영에서의 중요성을 개략적으로 소개한다. 구체적으로 경영자의 활동과 원가관리회계정보, 원가관리회계정보의 기업경영에의 역할, 원가관리회계 담당자, 그리고 최근 중요성이 강조되고 있는 대리인 통제에 있어서의 원가관리회계정보의 유용성 등에 대해서 설명한다.

제1절 경영자의 활동과 원가관리회계 정보

우리의 일상생활은 우리에게 재화 및 서비스를 제공하는 많은 조직 즉, 제조회사, 유통관련 기업, 비영리단체 및 정부 등에 영향을 받고 있다. 이와 같은 조직은 일련의 목표와 목적을 가지고 있다. 대형 할인매장은 보다 많은 수익을 창출하면서, 고객에게 저렴한 재화를 공급하는 것을 목표로 하고 있다. 또한 이러한 조직의 목표를 달성하기 위하여 경영자는 정보가 필요하다. 많은 경영자가 필요로 하는 정보의 범위는 재무정보, 생산정보, 시장정보, 법적 규제 및 경영환경 등을 포함하고 있다. 그리고 일반적으로 조직이 크면 클수록 경영자가 요구하는 정보의 양은 증가한다.

원가관리회계는 조직이 이러한 목표달성을 위해 추진하는 과정에서 필요한 정보를 분류하고, 측정하고, 분석하고, 해석하는 과정이다. 따라서 원가관리회계는 조직의 경영자에게 중요한 전략적 파트너이다. 조직의 경영자는 조직의 목표를 효과적으로 달성하기 위하여 자원과 활동 그리고 사람을 관리함으로써 조직의 가치창출을 위해 노력한다.

조직의 경영자는 조직 내 기획팀의 지원을 받아 조직의 목표를 설정한다. 예를 들어 삼성전자의 목표는 주주에 의해서 선임된 이사회에 의해서 수립된다. 이와 같이 목표를 달성하기 위하여 조직은 자원을 획득하고 사람을 고용하며, 그 다음으로 조직화된 활동들을 수행한다. 이와 같은 조직의 목표달성을 위하여 조직의 경영자는 자원, 사람 및 활동을 가장 효율적으로 이용하는 방안을 강구한다. 따라서 경영자의 일상 업무는 계획, 조직화, 통제 및 의사결정 등의 4가지 활동으로 이루어져 있다.

(1) 계획(Planing)

계획(Planing)이란 조직의 목표를 달성하기 위하여 여러 가지 대안들을 개략적으로 설정하는 것이다. 이들 계획에는 중장기 계획과 단기 계획이 포함된다. 중장기 계획은 전략적 계획이라고도 하는데 여기에서는 생산할 제품이나 제공할 서비스를 결정하고, 생산된 제품이나 제공할 서비스를 판매할 판매전략이 수립된다. 중장기 계획이 수립되면 이를 보다 구체화하기 위하여 단기 계획을 수립한다. 이들 계획은 조직 전체에 전달되며 계획의 실행과정에서 조직의 모든 부문의 노력이 조직의 목표를 달성하도록 조정하는 역할을 수행한다.

(2) 조직화(Organizing)

조직화(Organizing)는 경영자가 수립된 계획을 가장 효과적으로 달성하기 위하여 조직 내의 물적 · 인적자원을 어떻게 투입할 것인가를 결정하는 것이다. 즉 수립된 계획을 가장 효율적으로 수행하기 위해서는 어떠한 조직구조를 유지해야 하며, 어떠한 인사정책을 수립해야 하는가, 또 종업원 각자에게는 어떠한 역할을 부여해야 하는가에 대한 의사결정을 수립하는 것을 말한다.

(3) 통제(Controlling)

통제(Controlling)란 경영자가 조직의 모든 활동이 계획대로 진행되고 있는가를 확인하는 절차를 말한다. 따라서 경영자는 통제과정을 통하여 조직의 모든 부문이 설정된 목표를 달성하고 있는지를 확인할 수 있다. 경영자가 조직활동을 통제하기 위해서는 조직의 실제 활동결과를 정리한 성과보고서 등을 검토하고 사전에 설정된 계획과 대비하여 성과를 평가한다. 이러한 성과보고서를 통해 어떠한 활동이 비효율적으로 수행되고 있으며, 지원해야 할 활동은 어떠한 활동인가를 판단할 수 있게 된다. 경영자에 보고되는 이러한 성과보고서가 원가관리회계 정보이다.

(4) 의사결정(Decision Making)

의사결정(Decision Making)은 조직의 목표를 달성하기 위하여 기업에 주어진 여러 가지 행동대안 중에서 최선의 것을 선택하는 것을 말한다. 의사결정은 반복적인 것(예: 중장기 계획)과 비반복적인 것(예: 신규투자 계획)으로 이루어진다.

모든 의사결정은 정보(information)를 바탕으로 이루어진다. 대부분의 경우 경영자가 선택하는 의사결정의 질은 회계정보 및 기타정보의 질에 따라 달라진다. 회계정보의 질이 높으면 경영자는 좋은 의사결정을 내릴 수 있으며, 반면에 회계정보의 질이 낮으면 나쁜 의사결정이 이루어질 가능성이 많게 된다.

제2절 원가관리회계의 역할

경영자는 모든 경영활동을 수행하는데 있어서 정보가 필요하다. 이와 같은 정보는 경제학자, 재무전문가, 생산전문가, 판매전문가 및 조직의 관리회계시스템 등과 같은 다양한 소스를 통해 얻을 수 있다.

(1) 원가관리회계의 목적

원가관리회계의 주요 목적은 다음과 같이 구분할 수 있다.

- 의사결정 및 계획과정에서 경영자에게 정보를 제공
- 조직화 및 통제활동에 있어서 경영자를 지원
- 조직의 목표달성을 위한 경영자, 관리자 및 종업원의 동기부여
- 조직 내에서의 활동, 하부조직, 관리자 및 종업원의 성과측정
- 조직의 경쟁력 평가 및 산업 내에서 중장기 경쟁력 확보를 위한 방안 추구

오늘날 원가관리회계 분석은 기업경영의 핵심이기 때문에 관리회계 담당자는 기업의

기획부서의 핵심요원이다. 관리회계 담당자는 정보의 제공자로서 기업이 직면하는 전략적이거나 일상적인 의사결정에 자신의 역할을 능동적으로 수행해야 한다.

과거에는 관리회계시스템으로부터 제공되는 정보 대부분이 재무정보(financial information)였지만 최근에는 비재무정보(nonfinancial information)가 제공되는 경향을 보이고 있다. 관리회계 담당자는 경영자에게 모든 종류의 정보를 제공하고, 조직의 활동관리 및 의사결정에 있어서 경영자를 지원하는 전략적 파트너 역할을 수행한다. 다음에서 보는바와 같이 현대의 관리회계시스템은 조직의 모든 수준에서 발생하는 활동에 초점을 맞추고 있다. 측정하고, 관리하고 끊임없이 운영활동을 개선시키는 것은 조직의 핵심 성공요인(critical success factor)이다.

1) 의사결정 및 계획과정에서 경영자에게 정보를 제공

실질적으로 경영자는 조직의 모든 의사결정을 내리는데 관리회계정보에 크게 의존한다. 예를 들어 기업이 신규설비를 도입하기 위해 내린 의사결정은 설비도입에 대한 건설원가와 설비유지를 위한 내용연수 동안의 원가(cost)에 관한 예측정보에 의해 크게 영향을 받는다. 경영자는 기업의 운영계획을 수립하는데 관리회계 자료에 의존한다. 이와 같은 계획의 대표적인 예로써 예산편성 프로세스를 들 수 있다.

비록 경영자가 경영에 대한 의사결정을 내린다고 할지라도, 관리회계 담당자는 단순히 정보수집에만 국한되지 않고 경영자의 측면에서 의사결정을 지원한다. 따라서 관리회계 담당자는 기업경영을 위해 계획을 수립하고 실행하는 의사결정의 핵심 참가자이다.

2) 조직화 및 통제활동에 있어서 경영자 지원

경영자의 조직화 및 통제는 기업의 재화 및 서비스를 제공하는 과정에서 다양한 자료를 요구한다. 예를 들어 조직화 과정에서 경영자는 재화 및 서비스 제공에 대한 가격을 산정하기 위하여 각 부문의 원가에 관한 정보를 필요로 한다. 또한 통제과정에서 경영자는 예산과 실제 원가를 비교하여 예외적인 활동이 이루어졌는가를 판단한다.

관리회계 정보는 주의 환기기능을 통해 경영자를 지원하고 관리회계 보고서는 경영자가 의사결정 문제를 해결하는 데 도움을 준다.

3) 조직의 목표달성을 위하여 경영자, 관리자 및 종업원의 동기부여

조직은 목표를 가지고 있으며, 동시에 자신들의 목표를 가진 개인을 포함하고 있다. 개인의 목표는 다양하기 때문에 개개인의 목표가 조직의 목표와 항상 일치되는 것은 아니다.

관리회계의 핵심목적은 조직의 목표달성을 위해 개개인을 고무시켜서 경영자 및 종업원에게 동기를 부여하는 것이다. 이와 같은 목적을 달성하기 위해 예산이 활용된다. 기업의 중장기 목표를 달성하기 위해 각 연도 예산을 수립함에 있어서 최고경영자는 자원을 어떻게 배분하고 어떠한 활동을 강조해야 할지를 파악한다. 기업을 경영하는 과정에서 실적이 예산과 일치하지 않을 경우 경영자는 그 차이에 대한 이유를 각 부분의 책임자에게 설명하도록 요구해야만 한다.

조직의 목표달성을 위해 종업원에게 동기를 부여하는 하나의 방법은 권한을 부여하는 것이다. 이는 종업원이 자신의 업무를 솔선수범하여 원가를 절감하고, 품질을 향상시키며, 고객을 만족시킴으로써 경영성과를 개선할 수 있도록 권한을 부여하는 것을 말한다.

4) 조직 내에서의 활동, 하부조직, 관리자 및 종업원의 성과측정

조직의 목표를 위해 조직구성원들에게 동기를 부여하는 하나의 방법은 조직의 목표를 달성하는 데 있어서 공헌한 조직구성원 각각의 성과를 측정하는 것이다. 이러한 성과측정 결과는 피드백을 통해 성과에 대한 보상의 기초 자료로 활용되어야 한다. 예를 들어 대기업에서 부문의 책임자가 관리하는 부문은 달성한 성과를 기초로 하여 부문의 구성원과 책임자에게 보상한다.

관리회계시스템은 조직구성원 각각의 성과측정과 더불어 사업부, 생산공장 및 지역본부 등과 같은 하부조직의 성과도 평가한다. 이와 같이 성과평가는 하부조직이 좋은 성과를 달성할 수 있도록 하부조직 관리자를 지원하고 최고경영자가 특정 하부조직의 효율적인 운영에 대한 평가를 할 수 있도록 지원한다.

5) 조직의 경쟁력 평가 및 산업 내에서 중장기 경쟁력 확보를 위한 방안 추구

오늘날의 경영환경은 불확실하고 급격히 변하고 있다. 이러한 변화는 글로벌 경쟁, 급격한 기술변화 및 인터넷과 같은 정보통신의 발달로 대변할 수 있다. 올해 기업의 성공요인이 다음 해에 더 이상 성공요인이 될 수 없다. 관리회계 핵심역할은 어떻게 조직이 경쟁력을 확보하고 유지할 것인가를 지속적으로 평가하는 것이다. 경쟁력 평가는 다음과 같은 질문을 통해 평가할 수 있다.

- 조직이 내부 운영에 있어서 얼마나 효율적으로 운영되고 있는가?
- 조직이 고객의 니즈(needs)를 얼마나 잘 파악하고 이를 제공하고 있는가?
- 조직이 혁신과 학습 그리고 끊임없는 개선의 견지에서 경영을 얼마나 잘하고 있는가?

• 조직이 신제품, 새로운 서비스 및 신기술을 받아들이는 데 선도적인 역할을 하고 있는가?
• 조직의 재무성과는 좋으며, 조직이 영속할 수 있는가?

만약 조직이 급변하는 경영환경 하에서 생존하기를 원한다면 기업의 경영자는 지속적으로 위와 같은 질문을 자문하고 답해야 한다. 그리고 경영자는 끊임없이 고객의 니즈(needs)를 모니터하고, 제공된 재화와 서비스에 대한 고객의 만족수준을 평가해야 한다.

(2) 재무회계와 관리회계의 비교

원가관리회계의 목적은 기업의 경영자에게 정보를 제공하고, 경영자의 경영활동에 활용

그림 1-1 관리회계 및 재무회계시스템

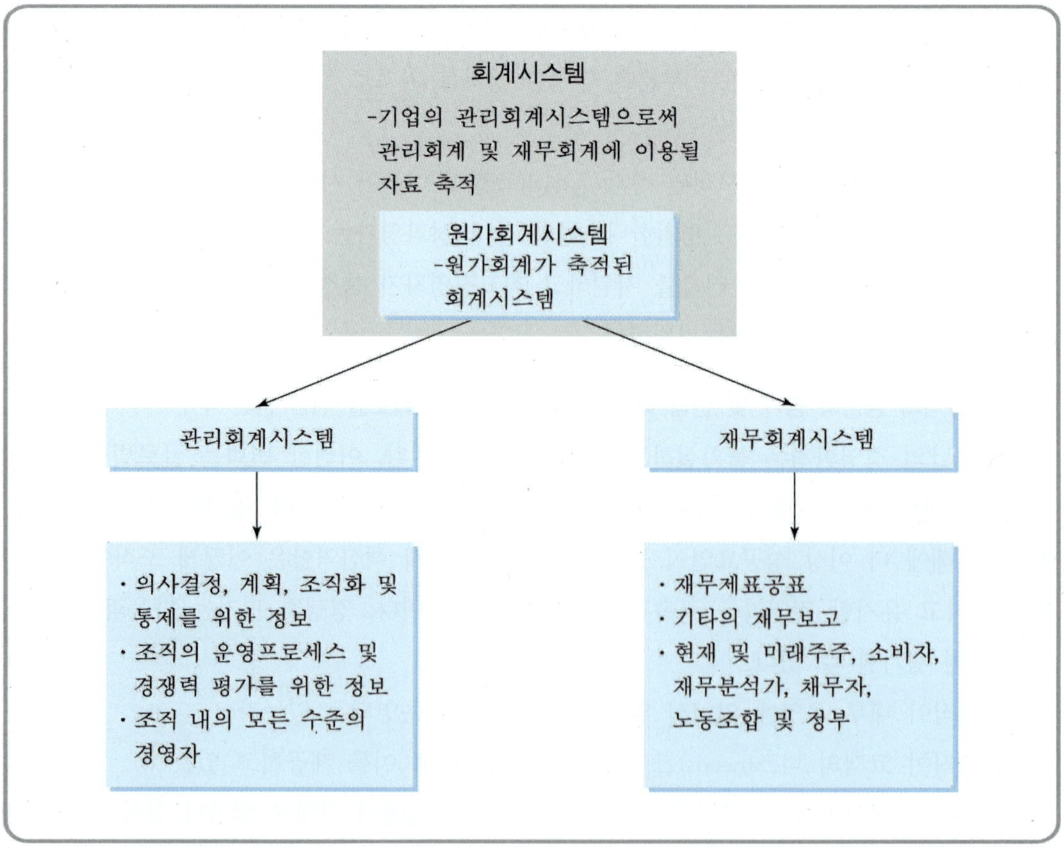

되는 것이므로 원가관리회계는 기업 외부의 정보이용자보다는 기업 내부의 경영자를 대상으로 하고 있다.

재무회계는 기업 외부정보 이용자에게 경영성과를 보고하기 위하여 회계정보를 이용한다. 기업이 그 주주들에게 제공하는 재무보고는 재무회계시스템의 성과물의 한 예이다. 재무회계정보의 이용자는 현재 및 미래의 주주, 채권자, 투자분석가, 노동조합, 소비자 및 정부 등이다.

재무회계정보와 원가관리회계 정보는 모두 조직의 회계정보시스템으로부터 산출되기 때문에 많은 점에서 동일하다. 회계정보시스템은 운영, 인사시스템을 포함하고 있으며, 조직 내의 재무자료를 축적하기 위해서 컴퓨터가 이용되는 시스템이다. 여러 회계정보시스템 중 관리회계 및 재무회계에서 이용하기 위해 원가자료를 추적하는 원가시스템이 있다. 예를 들어 제품원가자료는 경영자가 가격을 책정할 때 활용되며, 또한 재고자산 평가에 활용된다.

[그림 1－1]은 조직의 원가회계시스템, 관리회계시스템 및 재무회계시스템 등 회계시스템간의 관계를 설명하고 있다.

관리회계와 재무회계는 유사한 점이 있지만 많은 점에서 차이점을 가지고 있다. 이러한 차이점을 정리하면 다음 [표 1－1]과 같다.

표 1－1 관리회계 및 재무회계시스템

	관리회계	재무회계
정보이용자	내부 경영자	조직외부의 주주, 채권자, 정부
정보의 원천	기본적인 회계시스템 및 생산운영 시스템, 인사시스템 등과 같은 보조시스템이 통합된 전사적 자원 관리(ERP)시스템	재무정보를 축적한 기본적인 회계정보시스템
정보의 형태	• 조직의 하부조직에 대한 정보 • 역사적 거래기록 및 평가와 미래에 대한 예측정보	• 전사적인 정보 • 역사적 거래기록
규제	경영의사결정 등은 내부적으로 필요하기 때문에 회계기준에 적용 받지 않음	외부정보 이용자를 위해 제공되는 정보이므로 회계기준과 일치해야 함

제3절 원가관리회계 담당자의 역할

조직 내에서 관리회계의 역할을 이해하기 위해서는 조직구조를 알아야 한다. 조직의 목표를 달성하기 위해서 관리활동이 이루어지는데 이러한 관리활동은 인간을 통하여 이루어진다. 기업의 전반적인 관리활동은 최고경영자에 의해서 이루어지지만 최고경영자 혼자서 모든 관리활동을 수행할 수 없기 때문에 관리의 권한과 책임을 하부조직에 위임하고 이를 통하여 조직을 구성한다.

권한과 책임이 위임된 공식적인 조직구조를 하나의 표로 나타낸 것을 조직도라 한다. 조직도를 통하여 하부 경영자의 권한과 책임이 어떻게 구분되는지 알 수 있고, 보고 및 의사소통의 루트를 알 수 있다.

철강제품을 생산 · 판매하는 기업의 간략한 조직도는 [그림 1−2]와 같다. 사장은 구매, 생산, 판매, 인사, 재무담당 임원에게 각 기능별 의사결정권한을 위임하고, 구매담당 임원은 원료별 담당자에게 의사결정권한을 위임한다. 각 원료별 구매담당자는 각 원료구매에 책임을 지고 구매담당 임원은 모든 원료구매에 대해 책임을 진다. 구매담당 임원은 자기 책임과 권한 하에서 각 원료별 구매담당자의 성과를 평가하고, 사장은 구매담당 임원의 성과를 평가하고 그 성과에 따라 인센티브 및 페널티 부여를 통해 기업의 목표를 달성한다.

(1) 라인과 스텝의 관계

대부분의 조직들은 권한과 책임에 따라 라인(line)과 스텝(staff)으로 구분한다. 라인관리자는 조직의 목적달성을 위해 재화나 서비스를 제공하고, 재화나 서비스를 생산하는 설비들의 운영 등에 직접적으로 관여하는 책임을 지고 있다. [그림 1−2]의 사장, 생산 및 판매담당 임원 등이 이에 해당한다. 관리회계 담당자와 같은 스텝경영자는 기업의 목표달성을 위해 수행되는 활동을 감독하나, 기업경영에 직접적으로 관련되어 있지 않다. 따라서 스텝관리자의 기능은 라인경영자들이 필요로 하는 의사결정을 지원하거나, 정보 등을 제공하는 데 있다.

예를 들어, 최고경영자는 설비 등의 투자에 대한 책임을 지고 있지만, 관리회계 담당자는 여러 대안 설비들의 운영원가에 대한 상세한 비교정보를 제공해야 한다.

그림 1-2 조직도

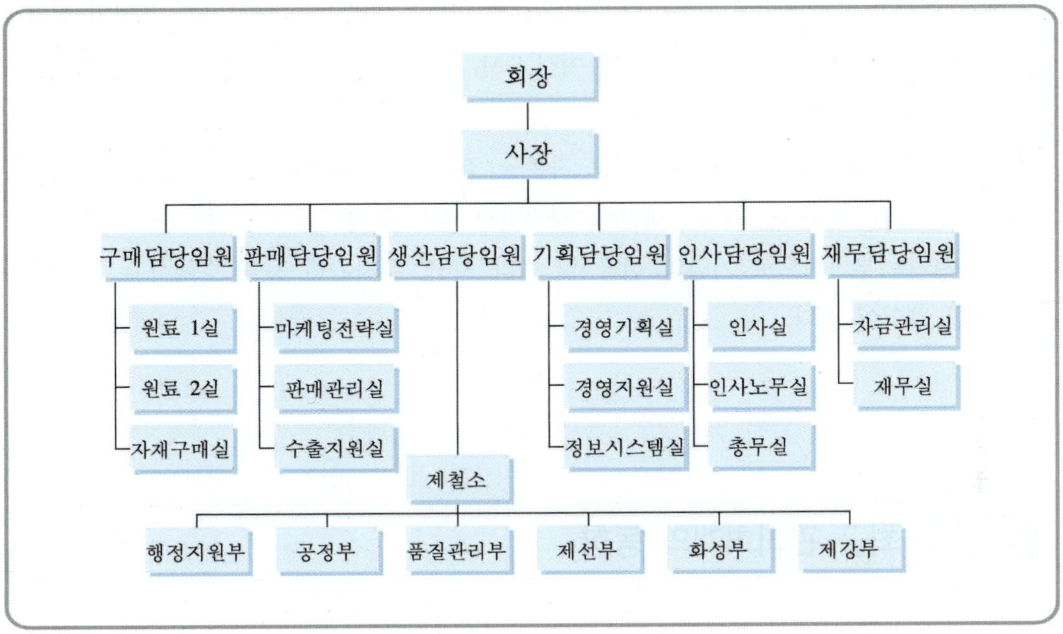

(2) 콘트롤러(controller)와 트레져러(treasurer)

콘트롤러와 트레져러는 기업의 회계담당 임원이다. 스텝부문의 두 회계담당 임원의 책임에 대하여 기술하면 [표 1-2]와 같다.

콘트롤러는 관리회계 및 재무회계 모두를 담당하는 임원이다. 콘트롤러는 회계부문을 감독하고 회계시스템을 이용한 보고와 정보를 준비하는 책임이 있다. 조직의 관리회계 임원으로써 콘트롤러는 회계정보의 보고 및 해석을 통해 라인의 경영자들이 보다 나은 정보를

표 1-2 콘트롤러와 트레져러의 책임

콘트롤러	트레져러
• 회계담당부문의 감독 • 외부 정보이용자를 위한 모든 보고 준비 • 내부 정보이용자를 위한 모든 보고 및 정보 준비 • 관리회계 정보를 이용한 모든 라인부문의 경영자 평가 • 세무관련 정보 보고 준비	• 주주, 채권자, 투자자, 정부와의 관계 관리 및 감독 • 현금 및 기타 자산 유지관리 • 신용평가 및 자금회수에 대한 책임

바탕으로 의사결정을 하도록 영향을 미친다. 대부분의 콘트롤러는 기업의 기능부서 및 모든 수준에서 의사결정과 계획에 참가한다. 이와 같은 역할은 관리회계 담당자가 조직의 최고경영층이 될 수 있도록 하고 있다. 최근에 여러 GM, GE 등의 최고경영층은 이전에 회계담당자로 종사했던 경력을 소유하고 있다.

트레져러는 조직의 자산을 관리하고 자본을 조달하는 책임이 있다. 트레져러는 기업과 외부에서 자금을 제공하는 주주, 채권자, 투자자와 정부 등과의 관계를 관리, 감독한다. 또한 트레져러는 부가적으로 기업의 현금 및 기타 자산, 투자관리 등을 수행하고, 신용평가 등에 대한 책임이 있다.

제4절 최근 관리회계의 동향

재무회계와 비교하여 관리회계는 많은 혁신이 요구되는 회계이다. 오늘날 기업이 당면하고 있는 경영환경은 최근 급격히 변화하고 있다. 관리회계 분야에서는 이러한 변화에 대응하기 위해 경영자에게 보다 유용한 정보를 제공하기 위하여 새로운 개념과 도구 등을 개발하고 있다. 관리회계에 관련 있는 변화는 다음과 같다.

(1) 서비스산업의 규제 철폐(service deregulation)

정보통신업, 금융업 등의 규제철폐 및 서비스산업의 성장으로 그 중요성이 증가하고, 서비스산업의 경쟁이 가속화 되고 있다. 이러한 환경 하에서는 서비스기업의 경영자도 관리회계 정보 및 기법을 필요하게 되며, 또한 이러한 정보 및 기법을 의사결정에 활용하고 있다. 즉, 제조업의 원가측정 및 성과평가에 관한 기법 및 정보들이 이미 서비스기업에서 성공적으로 활용되고 있다.

(2) 새로운 사업의 출현(emergence of new industries)

과학의 발달로 새로운 산업이 출현하고 있다. 즉, 유전자공학 및 인공심장의 발견 등은 새로운 사업을 출현시키고 있다. 관리회계는 이러한 새로운 하이테크 산업에 관련된 정보를 제공하기 위하여 새로운 도전에 직면하고 있다.

(3) 글로벌 경쟁(global competition)

기업은 정보통신의 발달로 전 세계시장을 하나의 시장으로 경쟁하게 되었다. 과거의 국내기업들과의 경쟁에서 이제 일본, 중국 및 미국의 기업들과도 경쟁을 하고 있다. 이와 같은 경쟁에서 생존하기 위해 이전에 제공한 제품의 품질과 서비스 이상의 품질과 서비스를 제공하여야 한다. 이를 위해 보다 진화된 관리회계 정보가 요구되고 있다.

(4) 고객중심(focus on the customer)

오늘날 기업은 '고객은 항상 옳다'는 시대에서 생존하기 위하여 고객중심 경영을 실행하고 있다. 경영자는 자신의 제품에 대한 고객의 가치 증대에 노력하고 있다. 고객의 가치는 고객이 구매한 제품으로부터 받는 효익과 이를 구매하기 위해 지불한 희생의 차이를 말한다. 따라서 고객의 가치는 제품의 가격, 품질, 기능성, 사용자 편이, 고객서비스 및 제품보증 등에 의해서 결정된다. 이러한 고객중심 경영에 대응하기 위해 관리회계시스템은 고객의 가치에 영향을 미치는 속성을 측정하고 정보를 제공한다.

(5) 범기능적 가치사슬(cross-function value chain)

과거 기업의 각 기능은 각각의 효율에 초점을 두어 왔다. 즉, 생산부문은 품질이 좋은 제품을 생산하고, 마케팅 부문은 제품과 서비스의 판매에 중점을 두었고, 관리회계시스템은 의사결정, 계획, 통제 및 성과 평가에 초점을 두어 왔다.

오늘날 기업의 가치사슬은 협의 가치사슬에서 기능의 범기능적 가치사슬로 대체되고 있다. 범기능적 가치사슬은 제품의 개발, 원자재 조달, 생산, 품질관리, 제품판매 및 고객서비스까지 기업의 전체 가치사슬의 효율에 초점을 두는 것이다. 예를 들어 고객이 요구하는 제품을 생산하기 위해서 마케팅 부문은 고객의 니즈(needs)를 파악하고, R&D 부문은 고객의 요구에 부응하는 제품을 개발하고 최저 원가로 생산 가능한 제품 및 공정 설계를 한다. 구매부문은 최고의 품질과 최저의 원가로 제품을 생산하도록 원자재를 조달하고, 생산부문은 가능한 기술로 최고품질의 제품을 생산한다. 이와 같이 범기능적 가치사슬에서 관리회계시스템은 기업의 외부 환경 변화와 내부 가치사슬에 관련된 모든 정보를 분석하고 제공한다.

(6) 제품의 수명주기와 다양화(product life cycles and diversity)

생산시스템의 자동화로 제품은 다양화 되고 제품의 수명주기는 짧아지고 있다. 예를 들어 컴퓨터 산업에서는 보다 진화된 모델의 교체시간이 축소되고 있음을 알 수 있다. 경쟁에서 생존하기 위하여 기업은 시장을 신속히 변화시키고 있다. 경영자는 경쟁에 효과적으로 대응하기 위하여 다른 제품의 원가 및 특성을 파악하고 있어야 한다.

제5절 원가관리회계정보의 조직통제에의 유용성

기업경영의 목표는 기업가치의 극대화이다. 이를 위해서는 기업이 보유하고 있는 자원을 효율적으로 배분하여야 하는데 이에는 정보가 필수적으로 요구된다. 원가관리회계는 기업의 경영자에게 효율적 자원배분에 필요한 회계 정보를 제공한다.

그러나 원가관리회계는 위의 경영자의 자원배분 의사결정에 필요한 정보의 제공뿐만 아니라 기업구성원의 통제(정보의 우위를 통한 기회주의적 행동의 통제)를 위한 성과평가 및 보상제도에 사용되는 회계정보도 또한 제공한다.

최근 많은 기업에서 종업원의 횡령사건이 빈번히 발생하고 있다. 이들 기업은 모두 내부통제제도와 내부회계관리제도를 운영하고 있으나 횡령사건을 막지는 못하였다. 이들 횡령사건은 기존보다는 좀 더 효과적이고 유기적인 내부통제와 성과평가 및 보상제도의 연계로 종업원의 행동을 통제했었어야 했음을 제시하고 있다.

1992년 6월 미국 Sears[1]의 자동차 정비사업부는 캘리포니아주 정부로부터 정비 거래건당 약 $230의 부당 수수료를 고객으로부터 징수했다는 이유로 고발당하였다. 여기서 그치지 않고 뉴저지주 정부로부터도 동일한 고발을 당했으며 약 2천만 달러를 합의금으로 지급한 후 사건은 종결되었다. Sears가 이 문제의 재발 방지를 위해 취한 조치 중 눈에 띄는 것 하나는 정비사들의 보상제도를 변경한 것이었다. 즉, 고객으로부터 받은 수수료의 상당 부

1 Brickley, Smith, Zimmerman, Managerial Economics and Organizational Architecture, 2001, McGraw-Hill Higher Education, p. 14.

분을 정비사들에게 지급하던 기존의 성과보상제도에서 성과급의 비중을 줄이고 고정급의 비중을 확대한 것이다. 정비사와 고객 사이에 정보의 불균형(고객 대부분은 자동차에 대한 기술적 지식이 없다)이 존재하는 경우 고객으로부터 부당이득을 취하여 정비사가 소득을 증가시키는 것은 어쩌면 자신의 효용을 우선시하는 보통 인간의 경우 당연하였을지도 모른다. Sears는 보상제도의 변경을 통하여 정비사들의 행동을 통제하고자 한 것이다.

얼마 전 우리은행 횡령 사건은 가히 충격이라 할 수 있다. 자금에 대한 내부통제가 가장 엄격해야 하는 제1금융권 대형 금융기관에서 발생한 사건이기 때문이다. 해당 은행과 감독 기관에서는 이의 재발 방지를 위한 다양한 방지책을 내놓고 있는데 그 핵심은 내부통제의 강화이다.

그러나 이러한 문제 재발 방지를 위해서는 Sears의 예에서 볼 수 있듯이 규정 및 법규 준수, 책임 강화 등에 집중된 내부통제의 개념을 좀 더 확대하여 제반 조직관리통제제도를 점검할 필요가 있다. 내부통제제도의 정비는 물론, 조직원들이 그러한 행동을 하지 않을 유인을 성과평가 및 보상제도 등을 통하여 제공할 필요가 있다. 인간은 자신의 효용을 극대화하는 가장 창조적인 존재이다. 인간이 어떤 선택을 하는 경우 여러 대안 중 순 효익(net benefit)이 가장 큰 대안을 선택한다. 앞서 언급한 Sears 사건의 경우 회사가 문제의 재발 방지를 위해서 취한 조치 중의 하나가 정비사에 대한 보상제도의 점검이었다. 회사는 보상제도가 정비사의 부도덕한 행위를 유인했다고 분석했던 것이다.

빈번하게 발생하는 조직원 횡령 사건 관련하여 회사는 조직원의 행동에 따른 조직원 입장에서의 한계효용과 한계비용을 되짚어볼 필요가 있다. 책임 및 문제 발생 시 처벌강화에 중점을 둔 내부통제제도의 정비만으로는 문제의 재발 방지에는 분명히 한계가 있다. 회사는 이에 추가하여 의사 결정권의 위임 정도와 이의 감시, 성과평가제도, 보상제도 등의 조직관리제도가 내부통제와 유기적으로 연관되어 설계되어 운영되고 있는지 점검할 필요가 있다.

대형 금융기관의 경우 의사결정 권한의 위임은 피할 수 없다. 또한 각 직급에 있는 모든 조직원의 행동을 완전히 감시할 수도 없다. 조직원과 회사의 이해 상충이 존재하고 감시(모니터링)가 완전하지 않으면 보통의 인간에게서 도덕적 해이의 발생은 어쩌면 당연할 수도 있다. 회사는 의사결정 권한의 위임 정도, 성과평가제도, 보상제도 등 조직원의 행동에 따른 효용과 비용에 직접적인 영향을 미치는 제도를 통하여 조직원 행동을 통제하여야 한다.

결국 조직원 횡령 사건은 사람의 문제이기 이전에 조직원이 취하는 행동의 한계효용과

한계비용에 영향을 미치는 회사 내부의 각종 조직 관리제도(광의의 내부통제제도로서 의사결정 권한의 위임, 성과평가제도, 보상제도 등)의 설계 및 운영의 문제이다. 이제는 좀 더 광의의 새로운 내부통제 환경문화를 정비해야 할 때인 것 같다.

제2장

원가의 개념과 흐름

제 2 장 원가의 개념과 흐름

회계에서 특정목적을 달성하기 위해서 희생된 자원을 화폐가치로 나타낸 것을 원가라 한다. 제조기업의 원가는 제조원가와 비제조원가로 구분되는데 사용목적에 따라 다양한 방법으로 구분이 가능하다. 원가정보 사용목적으로는 기간손익 결정, 추적 가능성, 원가행태, 통제가능성유무, 의사결정 관련성 등이 있다. 본장에서는 기간손익결정 또는 재무보고서 작성목적에 따른 원가의 구분, 즉 제품원가와 기간원가 구분에 따른 원가의 흐름을 살펴본다. 특별히 제품원가와 기간원가가 기간손익 결정에 미치는 영향을 중점적으로 살펴본다.

제1절 원가의 정의

1. 원가의 정의

원가(cost)는 특정목적의 달성을 위해 희생되거나 잠재적으로 희생될 경제적 자원을 화폐단위로 측정한 것을 말한다. 이러한 원가는 기업이 수익을 획득하기 위하여 여러 가지 경제활동을 수행하는 과정에서 발생하는데, 원가가 발생하면 이를 자산(asset) 혹은 비용(expense)으로 구분하여야 한다. 발생한 원가가 자산으로 계상되기 위해서는 원가의 발생으로 인하여 미래의 경제적 효익을 기대할 수 있어야 한다. 따라서 발생한 원가가 미래의 경제적 효익을 기대할 수 없으면 그 원가는 발생한 기간의 비용으로 인식하여야 한다. 그리고 발생한 원가로부터 미래의 경제적 효익을 기대할 수 있는 것은 자산으로 계상하였다가 수익획득에 기여한 부분은 비용으로 인식하고, 수익획득에 기여하지 못한 부분은 손실(loss)로 인식한다. 따라서 원가, 자산, 비용, 손실의 관계를 요약하면 [그림 2-1]과 같다.

그림 2-1 원가, 자산, 비용, 손실의 관계

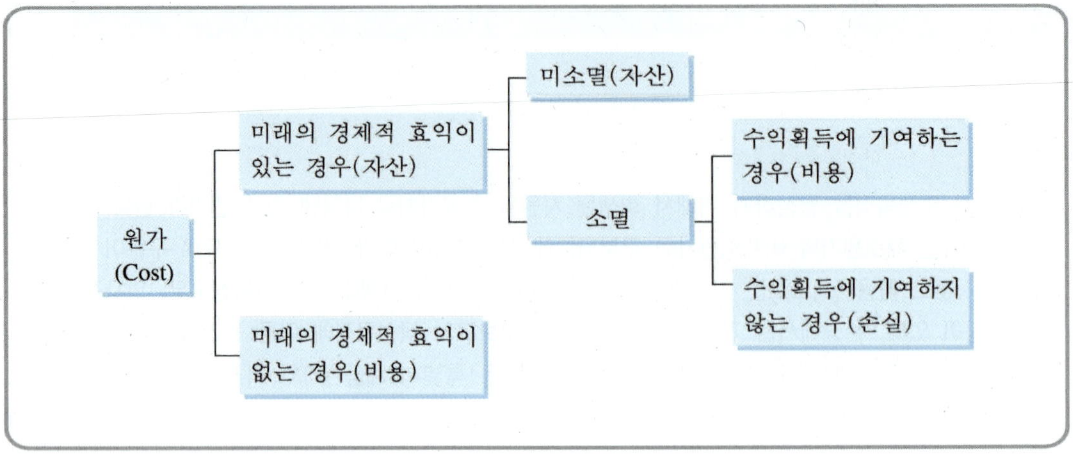

경영의 과정은 계획, 조직화, 통제 및 의사결정 활동을 포함하고 있다. 경영자는 관리회계 정보를 통해 이와 같은 활동을 보다 효과적으로 수행할 수 있다. 이 정보의 많은 부문은 조직에서 발생하는 원가에 초점이 맞추어져 있다. 예를 들어 항공회사의 비행 스케줄 및 비행 항로에 대한 계획수립에 있어서 경영자는 연료비, 승무원 인건비 및 공항사용료 등을 고려해야 한다. 철강회사의 제조원가에 대한 통제는 생산원가의 추적과 측정에 주의를 기울여야 하며, 신규점포 개설에 대한 의사결정시 대형 할인매장의 경영자는 건물구입 및 유지에 관한 원가 및 종업원 인건비 등에 대한 원가정보가 필요하다. 조직화의 경우 기업의 경영자는 임금, 전력 및 동력비 등과 같은 원가에 대한 정보가 필요하다.

이와 같은 예들은 하나 또는 다른 형태의 원가에 관한 정보에 초점을 맞추고 있다. 원가관리회계를 공부함에 있어서 가장 중요한 것은 조직에서 발생하는 다양한 원가형태에 관해 이해하는 것이다.

원가는 그것이 이용되는 목적에 따라 그 의미가 상이하다. 따라서 특정한 목적을 위해 기록되고 분류된 원가자료는 다른 목적을 위해 사용하는 것이 부적절하다. 예를 들어 지난해 철강제품을 생산하기 위해 발생하는 원가는 그 해의 철강회사의 이익을 산정하기 위해서는 중요하다. 그러나 철강생산 생산방법의 개선 등에 따라 원가가 변동하였을 경우 이와 같은 원가는 내년도 경영을 위한 운영계획 수립에 유용한 원가가 될 수 없다.

2. 제품원가와 기간원가

원가관리회계와 재무회계에서 주요 이슈는 재화와 서비스의 획득에 사용된 원가를 비용으로 인식하는 시기(timing)의 문제이다. 비용(expense)은 수익을 창출할 목적으로 자산을 이용하거나 처분하였을 때 발생되는 원가로 정의된다. 제품원가와 기간원가는 다양한 비용이 인식되는 시기를 기술하기 위해 이용된다.

제품원가는 판매를 위해 생산된 제품이나 구매된 상품에 할당된 원가이고, 재화가 판매될 때까지 제품이나 상품의 재고가치를 평가하기 위해 이용된다. 제품 및 상품이 판매된 후에는 제품원가는 매출원가라는 비용으로 인식된다. 소매상이나 도매상에 의해서 구매된 상품의 제품원가는 매입가격에 운임을 포함하고, 제조된 제품의 제품원가는 직접재료원가, 직접노무원가와 제조간접원가로 구성된다.

기간원가는 제품원가를 제외한 모든 원가를 말한다. 기간원가는 생산된 제품이나 구매된 상품의 단위보다는 그 비용이 발생한 기간에 의해서 분류한다. 기간원가는 발생하면 모두 그 기간의 원가로 인식된다. 예를 들어 R&D비, 판매비 및 일반관리비 등이 기간원가로 간주된다.

R&D비는 신제품개발에 들어간 모든 비용으로 실험실 운영비용, 시제품 개발 및 테스트 비용 등을 포함한다. 판매비는 판매사원의 판매성과급, 광고비 및 판매촉진비를 포함한다. 일반관리비는 본사 조직운영에 관련된 모든 비용으로 임직원의 급여, 공공기관에 납부하는 세금, 본사 건물에 대한 감가상각비 등이 포함된다.

3. 제조원가의 구성

기업의 계획수립 및 통제에 있어서 경영자를 지원하기 위하여 관리회계 담당자는 원가와 관련된 기업의 기능에 의하여 원가를 분류하여야 한다. 기업의 기능은 생산, 마케팅, 관리 및 연구개발 등을 말한다. 제조원가는 직접재료원가, 직접노무원가 및 제조간접원가 등 3요소로 구분할 수 있다.

직접재료원가(direct materials cost)는 생산과정에서 소비된 원재료가 물리적 또는 화학적으로 변화하여 완제품이 되는 것으로, 원가를 최종제품으로 직접추적이 가능하기 때문에 직접재료원가라 한다. 예를 들어 POSCO와 같은 철강회사의 철광석, 현대자동차와 같은 자동차 회사의 철강재 및 동아일보와 같은 신문사의 종이 등이 이에 해당한다.

직접노무원가(direct labor cost)는 완제품 생산에 직접적으로 참여하는 종업원의 급여 및 상여금 등을 말한다. 예를 들어 직접노무원가는 삼성전자의 반도체 생산공장의 종업원과 SK(주)의 원유정제 설비를 운영하는 종업원의 급여 및 상여금을 말한다.

제조간접원가(manufacturing overhead cost)는 생산공장에서 발생하는 모든 원가 중 직접재료원가 및 직접노무원가를 제외한 모든 기타 원가를 제조간접원가라 한다. 이에는 간접재료원가, 간접노무원가 및 기타 제조원가로 구분할 수 있다.

간접재료원가(indirect materials cost)는 완제품 생산과정에서 요구되는 원재료이지만 완제품 생산에 필수적으로 필요로 하는 부품은 아니다. 예를 들어 금속가공업자가 사용하는 천공기의 송곳원가 등이 이에 해당한다. 송곳은 마모되어 사용할 수 없을 때 이를 교환한다. 그러나 이는 제품의 부품은 아니다. 또한 완제품의 필수적인 부품이나 원가에 있어서 중요하지 않은 경우에도 간접재료원가로 분류한다. 철강재의 포장재료는 그 원가가 미미하기 때문에 특정제품의 직접재료원가로 추적할 가치가 없다.

간접노무원가(indirect labor cost)는 완제품생산에 직접 참여하지 않은 종업원이나, 생산과정을 지원하는 종업원의 급여 및 상여금을 포함한다. 예를 들어 생산공장의 공장장, 물류관리 관리 종업원 및 안전요원 등의 급여 및 상여금이 이에 해당한다.

재료원가 또는 노무원가가 아닌 모든 원가를 제조간접원가라 하고, 제조간접원가는 기타 제조원가(other manufacturing cost)로 분류한다. 이에는 생산과정을 지원하는 부문을 운영하는 데 소요되는 비용으로 건물 및 설비의 감가상각비, 세금과 공과, 보험료 및 전력비 등이 이에 포함된다. 생산과정을 지원하는 부문은 직접 제품을 생산하지 않지만 생산과정에서 꼭 필요한 부문을 말한다. 예를 들면 철강회사의 경우 전력 등을 관리하는 환경에너지부나 설비정비를 위한 기계설비부 등이 이에 속한다.

제조원가의 구성요소는 직접재료원가, 직접노무원가 및 제조간접원가의 3요소로 구분한다. 또한 이러한 3요소는 직접재료원가와 직접노무원가를 합쳐서 기초원가(prime cost)라고도 한다. 이는 완제품별로 직접추적이 가능한 원가를 말하는 것이다. 그리고 직접노무원가와 제조간접원가는 가공(전환)원가(conversion cost)라고도 한다. 이는 직접재료인 재료를 완제품으로 가공하는 데 소요되는 원가이기 때문에 가공(전환)원가라 한다.

제2절 원가의 분류

1. 추적가능성에 따른 분류

관리회계의 주요 목적은 경영자의 원가통제를 지원하는 것이다. 따라서 원가가 발생하는 부문에 따라 원가를 추적하는 것이 원가통제에 도움이 된다. 이와 같이 각 부문별로 원가를 추적하는 것을 책임회계라고 한다. 특정부문에 대하여 직접추적이 가능한 원가를 직접원가(direct cost)라고 한다.

예를 들어 현대자동차의 조립라인 조립공의 급여는 조립라인의 직접원가이다. 페인트부문에서 사용한 페인트는 페인트부문의 직접원가이다.

특정부문에 대하여 직접 추적할 수 없는 원가를 간접원가(indirect cost)라 한다. POSCO의 "소리없이 세상을 움직이는 POSCO"라는 TV광고에 대한 광고선전비는 포항제철소이나 광양제철소별로 추적이 불가능하므로 간접원가이다.

부문의 직접원가와 간접원가의 구분은 부문에 의하여 결정되므로 동일한 원가라 할지라도 원가를 추적하는 부문이 달라지면 추적가능성이 달라질 수 있다. 예로써 포항제철소 소장의 급여는 포항제철소 열연공장의 간접원가이나 포항제철소에서는 직접원가이다.

2. 원가형태에 따른 분류

원가분류 중 가장 중요한 분류방법은 원가형태에 의한 분류방법으로써 기업의 활동(activity)변화에 관련하여 원가가 변화하는 것을 분류하는 방법이다. 활동은 기업이 생산하는 재화 및 서비스에 관련된다. POSCO가 생산하는 철강재의 양, 현대자동차가 생산하는 자동차의 수 및 경영컨설팅 회사에서 수행하는 프로젝트의 수 등은 활동의 모든 측정 대상이다. 또한 원가를 유발하는 활동을 원가동인(cost driver)이라 한다.

(1) 변동원가

변동원가(variable costs)는 활동(혹은 원가동인)수준의 변화에 따라 총액이 비례적으로 변

그림 2-2 총변동원가

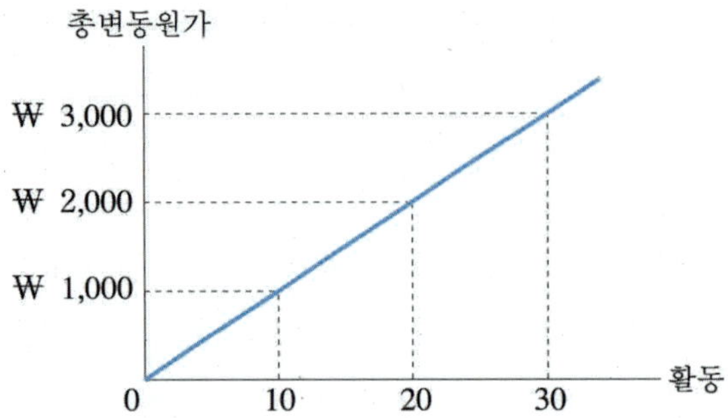

활동	총 변동원가	단위당 변동원가
1	100	100
2	200	100
4	400	100
10	1,000	100
14	1,400	100
18	1,800	100
30	3,000	100

화하는 원가이다. 만약 활동이 10% 상승하면 총변동원가는 또한 10%까지 상승한다. 예를 들어 철강회사의 철강재 생산량이 약 5% 증가하면, 철강생산에 사용되는 철광석의 원가도 5%까지 상승할 것이다.

[그림 2-2]의 총변동원가 그래프에서 보는 바와 같이 활동이 증가하면 총변동원가는 비례적으로 증가한다. 즉, 활동이 10에서 20으로 배가 증가하면 총변동원가도 1,000원에서 2,000원으로 배가 증가한다. 그러나 단위당 변동원가는 활동의 증가와 관계없이 일정하다는 것을 알 수 있다. (2)의 총변동원가표에서 보는 바와 같이 활동의 단위당 원가는 100원이다.

이를 요약하면 활동의 변화에 관련하여 총 변동원가는 비례적으로 증가하거나 혹은 감소한다. 그러나 단위당 변동원가는 일정하다.

(2) 고정원가

고정원가(fixed costs)는 활동수준의 변동에 관계없이 총액이 일정한 원가이다. 따라서 활동이 약 10% 증가하거나 감소하여도 총고정원가는 일정하다. 공장설비의 감가상각비, 건물에 대한 재산세 및 노무원가 등이 이에 해당한다.

[그림 2-3]에서 총고정원가는 활동에 관계없이 일정하다. 활동이 10에서 30으로 3배가 증가해도 총고정원가는 2,000원으로 일정하다. 그러나 단위당 고정원가는 활동이 증가함에 따라 점점 감소하고 있음을 알 수 있다. 만약 활동수준이 1일 때 단위당 고정원가는

그림 2-3 총고정원가

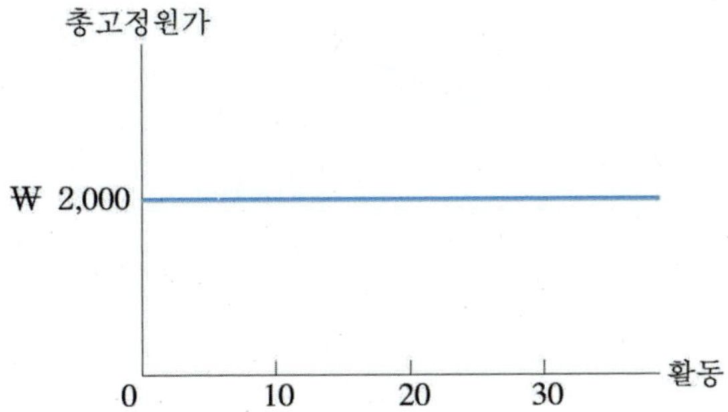

활동	총 고정원가	단위당 고정원가
1	2,000	2,000
2	2,000	1,000
4	2,000	500
5	2,000	400
10	2,000	200
20	2,000	100
25	2,000	80

2,000원이고 활동수준이 10일 때 단위당 고정원가는 200원으로 감소한다. 이를 요약하면 활동수준이 증가할 때 총 고정원가는 일정하나, 단위당 고정원가는 감소한다.

고정원가를 이해하는 데 있어서 고정원가는 관련범위 내에서 일정하다는 것이다. 따라서 고정원가는 관련범위를 벗어나면 그 금액이 얼마든지 변할 수 있다. 관련범위란 한 기업이 단기간 동안에 활동을 효율적으로 수행할 수 있는 범위로 정상적인 조업상태를 유지하면서 생산할 수 있는 최소의 생산량과 최대생산량을 말한다.

(3) 준변동원가

준변동원가(semi-variable costs)는 변동원가와 고정원가의 두 요소를 가지고 있는 원가로 혼합원가(mixed costs)라고도 한다. 활동이 0인 경우에 고정원가와 같이 일정하고, 활동이 증감함에 따라 변동원가와 같이 총원가가 비례적으로 증가한다. 예를 들어 핸드폰요금, 수도요금 및 가스요금 등이 준변동원가에 해당된다. 이러한 준변동원가는 그림으로 표시하면 [그림 2-4]와 같다.

그림 2-4 준변동원가

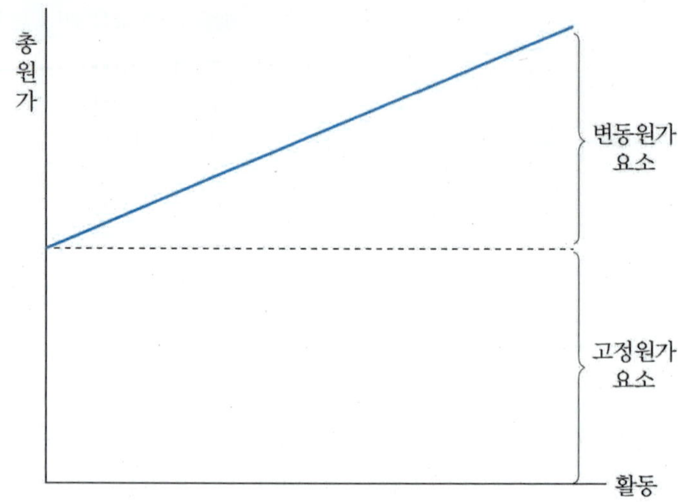

(4) 준고정원가

준고정원가(semi-fixed costs)는 계단원가(step costs)라고도 하며 일정한 관련범위 내에서 활동이 변화하여도 총원가가 일정하지만, 그 관련범위를 벗어나면 총원가 달라지고 새로운

그림 2-5 준고정원가

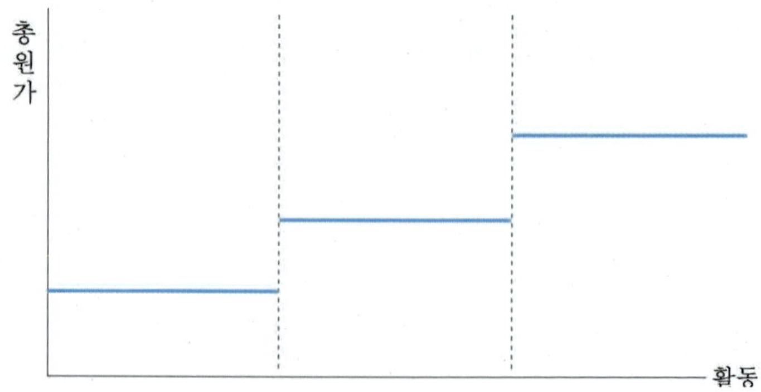

관련범위 내에서 총원가가 일정한 원가를 말한다. 이러한 준고정원가를 그림으로 표시하면 [그림 2-5]와 같다.

3. 통제가능성에 따른 분류

특정 경영자의 통제가능성에 따라 원가를 분류하면 통제가능원가와 통제불가능원가로 구분할 수 있다. 만약 경영자가 원가수준에 영향을 미치거나 통제가 가능하다면 이는 통제가능원가(controllable costs)라 하고, 경영자가 중대한 영향을 미치지 못하는 원가는 통제불가능원가(uncontrollable cost)라 한다.

많은 원가들을 한 개인이 완전히 통제할 수 있는 것은 아니다. 원가를 통제가 가능한 원가와 불가능한 원가로 분류할 때 관리회계 담당자는 경영자가 원가에 영향을 미칠 수 있는가에 초점을 맞춰야 한다. [표 2-1]은 각 원가항목에 대하여 관리자의 통제가능성에 따라 분류하고 있다. 예를 들어 현대자동차의 TV 광고는 최고경영자의 입장에서는 통제가 가능하지만 각 대리점 소장의 입장에서는 통제가 불가능한 원가이다.

표 2-1 통제가능한 원가와 불가능한 원가

원가항목	관리자	통제가능성에 따른 분류
POSCO의 철광석원가	제철소의 원료관련 부장	통제가능한 원가
아웃백의 음식원가	체인점의 관리자	통제가능한 원가
현대자동차 TV 광고원가	대리점 소장	통제불가능한 원가

어떠한 원가는 중장기적으로는 통제가능하나 단기적으로는 불가능하다. 예를 들어 기업이 10년 동안 복사기 리스계약이 이루어질 때 복사기와 관련된 장기원가는 통제가능하지만, 단기적으로 리스계약에 서명한 후에 리스료는 리스계약이 완료될 때까지 통제불가능한 원가이다.

4. 의사결정과의 관련성에 따른 분류

경영자가 경영활동을 수행하는 과정에서 끊임없이 의사결정에 직면하게 된다. 이러한 의사결정과정에서 올바른 의사결정을 하도록 지원하기 위해서는 그 의사결정에 적합한 원가정보가 제공되어져야 한다. 의사결정 관련성에 따라 원가를 구분하면 기회원가, 매몰원가, 차액원가 및 관련원가와 비관련원가로 나눌 수 있다.

(1) 기회원가

기회원가(opportunity cost)는 하나의 대안을 배제하고 다른 대안을 선택하였을 때 희생된 효익(benefit)으로 정의할 수 있다. 만약 어느 한사람에게 저녁식사로 한식과 양식 중 하나를 선택하여야 할 때, 이 사람이 한식을 선택한 경우의 기회원가는 양식을 선택시 얻을 수 있는 즐거움에 대한 포기와 관련되어 있다.

기회원가는 많은 경영의사결정에서 발생한다. 예를 들어 산소생산을 주 영업으로 하는 대성산소가 질소에 대한 특별주문을 받았다고 가정하자. 만약 대성산소의 경영자가 이 주문을 수락하면 현재의 생산능력 하에서는 자신의 고객에게 산소공급을 충분히 할 수 없다. 질소주문의 수락에 따른 기회원가는 산소생산으로 달성 가능한 효익의 포기를 말한다. 이와 같이 포기한 효익은 산소를 판매함으로써 발생 가능한 잠재적 수익금액에서 산소생산에 소요된 원가를 차감한 금액을 말한다.

(2) 매몰원가

매몰원가(sunk costs)는 과거에 발생된 원가로서 현재나 미래의 의사결정에 영향을 주지 않고 또한 미래의 원가에 영향을 미치지 않는 원가를 말한다. 매몰원가의 예로써 이전에 구입한 비품의 취득원가와 보유재고자산의 제조원가를 들 수 있다. 비품과 재고자산의 현재 유용성을 무시하면 이들의 취득원가는 어떠한 의사결정에 의해서도 변화되지 않는다. 따라서 이와 같은 원가는 미래의 모든 의사결정에 관련성이 없기 때문에 의사결정에 고려할 필요가 없다.

(3) 차액원가

차액원가(differential costs)는 두 대체안 사이에서 나타나는 차이에 대한 원가를 말하며 증분원가라고도 한다. 예를 들어 서울시는 추모공원 부지 선택에 대한 대안으로 서초구와 강서구라는 대안이 있다고 가정하자. 만약 서울시장이 서초구를 선택한 경우 추모공원을 관리하는 원가가 연간 1,000만 원으로 예측되고, 강서구를 선택한 경우 관리원가가 연간 750

만 원으로 예측된다면, 관리원가에 대한 연간 차액원가는 250만 원이다.

차액원가는 항공회사의 신노선 개설에 관한 의사결정 그리고 제조기업에 있어서 부가적 생산 및 병원의 간호사 증원 등과 같은 다양한 의사결정에 이용된다.

(4) 관련원가와 비관련원가

관련원가(relevant costs)란 여러 대체안 간에 차이가 있는 미래의 원가로서 특정 의사결정에 직접적으로 관련되는 원가를 말하며, 비관련원가(irrelevant costs)는 여러 대체안 사이에 차이가 없는 원가로서 특정 의사결정에 관련이 없는 원가를 말한다. 어떠한 원가가 관련원가인가 아닌가의 여부는 항상 정해진 것이 아니라 의사결정의 내용에 따라 결정된다. 즉, 하나의 의사결정을 할 때는 의사결정과 관련된 원가이지만 다른 의사결정을 할 때는 그 의사결정과 관련이 없는 비관련원가일 수 있다.

제3절 원가의 흐름

기업은 대표적으로 고객에게 제공하는 제품을 공급업자로부터 매입하여 판매하는 유통기업과 고객에게 제공할 제품을 직접 제조하여 판매하는 제조기업으로 구분할 수 있다. 유통기업은 이미 완성된 제품을 구매하여 다시 판매함으로써 이익을 창출하므로 구매한 제품의 원가를 파악하기 용이하며, 그 원가의 흐름도 매우 단순하다. 그러나 제조기업의 경우 원재료를 구매한 후 이를 가공하여 제품을 생산하고 이를 고객에게 판매함으로써 이익을 창출하기 때문에 제조기업의 제조원가를 파악하기란 상대적으로 어려우며, 원가의 흐름도 복잡하다. 따라서 본 절에서는 제조기업을 중심으로 원가흐름을 살펴보고자 한다.

1. 제조원가의 흐름

직접재료원가, 직접노무원가 및 제조간접원가는 제조기업에서 유발하는 제조원가의 3요소이다. 이와 같은 원가는 제조기업의 제품이 판매될 때까지 재고로 저장되어 있는 제품

그림 2-6 제조원가의 흐름

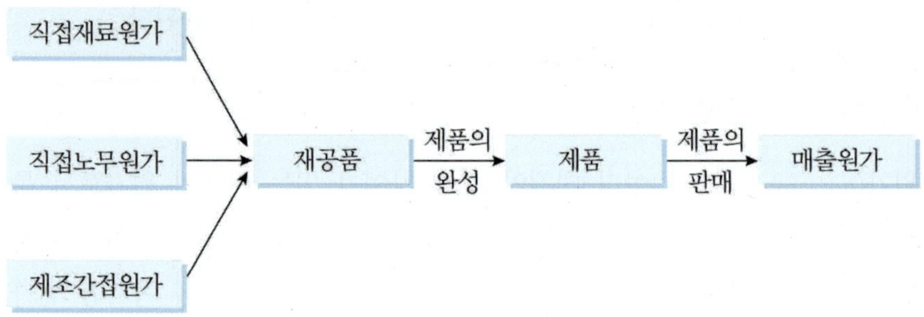

원가이다. 제조기업은 제품의 제조과정에서 원재료의 투입부터 완제품이 판매될 때까지의 원가의 흐름을 추적하기 위한 원가시스템을 보유하고 있다. 이와 같은 제조원가의 흐름은 [그림 2-6]에 나타나 있다.

제품 생산을 위해 소비된 직접재료원가는 재공품에 집계되고 또한 직접노무원가 및 제조간접원가도 재공품에 집계되고, 제품이 완성되면 재공품에서 제품으로 이전된다. 그리고 제품이 판매되면 제품원가는 매출원가로 이전된다. 제품이 판매될 때 제품원가는 기간원가가 된다.

2. 원가계산절차

위의 제조원가의 흐름을 바탕으로 제품의 원가계산절차를 살펴보면 다음과 같다. 일반적으로 원가계산은 당기총제조원가의 집계, 당기제품제조원가의 결정, 매출원가의 산정으로 이루어진다.

(1) 당기총제조원가

당기총제조원가는 당기에 제조과정에 투입된 제조원가를 말한다. 이는 직접재료원가, 직접노무원가 및 제조간접원가를 포함한다.

당기총제조원가 = 직접재료원가 + 직접노무원가 + 제조간접원가

이중 직접재료원가는 당기에 제조과정에서 투입된 원재료의 원가를 말한다. 그런데 원재료는 재고자산이므로 기초 및 기말 재고가 존재한다. 따라서 당기의 제조과정에서 투입한 직접재료원가는 기초원재료재고액에 당기원재료매입액을 가산한 후 기말원재료재고액을 차감하여 계산한다.

직접재료원가 = 기초원재료재고액 + 당기원재료매입액 − 기말원재료재고액

그리고 직접노무원가는 당기의 제조과정에 투입한 생산직 근로자의 임금을 의미하며, 제조간접원가는 직접재료원가와 직접노무원가를 제외하고 당기의 제조과정에 투입된 제조원가로 공장건물 및 설비의 감가상각비, 보험료, 설비의 수선유지비, 전력비 및 감독자의 임금 등을 말한다.

(2) 당기제품제조원가

당기제품제조원가는 당기에 완성된 제품의 제조원가를 말한다. 제조과정에 투입된 직접재료원가, 직접노무원가 및 제조간접원가는 모두 재공품으로 집계된다. 그러나 재공품은 재고자산이므로 기초 및 기말 재고가 존재한다. 따라서 당기제품제조원가는 기초재공품재고액에 당기총제조원가를 가산한 후 기말재공품재고액을 차감하여 계산한다.

당기제품제조원가 = 기초재공품 + 당기총제조원가 − 기말재공품

당기총제조원가와 당기제품제조원가는 개념적으로 서로 유사하나 실제적으로는 차이가 있으므로 명확히 구분해야 한다. 당기총제조원가는 당기의 제조과정에서 투입된 비용으로 제품의 완성여부와 관련이 없으며, 당기제품제조원가는 당기에 완성된 제품의 원가로서 투입된 시기와는 관련이 없다.

(3) 매출원가

매출원가란 당기에 판매된 제품의 원가를 말한다. 제품이 완성되면 재공품에서 제품으로 대체된다. 제품 또한 재공품과 마찬가지로 재고자산이므로 기초 및 기말 재고가 존재한다. 따라서 당기에 판매된 제품의 원가는 기초제품재고액에 당기제품제조원가를 가산한 후

기말제품재고액을 차감하여 계산한다.

매출원가 = 기초제품 + 당기제품제조원가 − 기말제품

위의 원가계산 절차를 T계정으로 표시하면 [그림 2-7]과 같다.

그림 2-7 원가계산절차

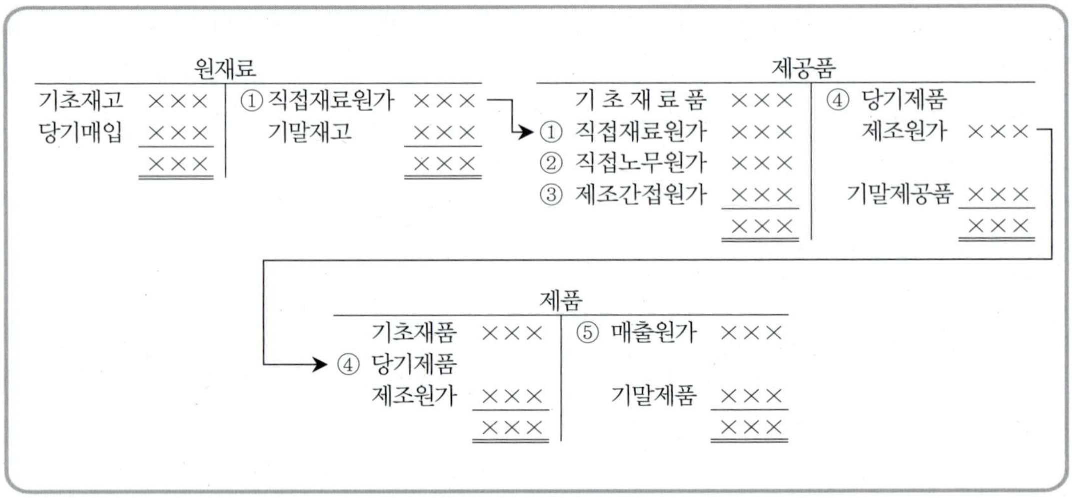

예제 2-1

원가계산절차

(주)포항강재의 202×년 기초 및 기말재고와 관련된 자료는 다음과 같다.

	기초재고	기말재고
원재료	₩50,000	₩75,000
재공품	30,000	45,000
제　품	60,000	40,000

202×년의 원가자료는 다음과 같다.

원재료매입액 ₩100,000　직접노무원가 ₩60,000　제조간접원가 ₩150,000

요구사항

202× 년의 당기총제조원가, 당기제품제조원가 및 매출원가를 구하시오.

해답

1. 당기총제조원가: 75,000 + 60,000 + 150,000 = ₩285,000
   * 직접원재료원가: 50,000 + 100,000 − 75,000 = ₩75,000

2. 당기제품제조원가: 30,000 + 285,000 − 45,000 = ₩270,000

3. 매출원가: 60,000 + 270,000 − 40,000 = ₩290,000

3. 회계처리

위에서 제조원가의 흐름과 원가계산절차를 간단히 설명하였다. 지금까지의 설명을 토대로 제조원가의 회계처리에 대하여 살펴보면 다음과 같다.

(1) 직접재료원가

직접재료원가를 산정하기 위해서는 기업은 원재료 계정을 이용한다. 제조과정에 투입할 원재료를 구입하면 구입시 금액을 원재료 계정의 차변에 매입채무 혹은 현금 계정의 대변에 기록한다.

원재료를 제조과정에 투입한 경우, 원재료 사용에 대응되는 금액만큼을 재공품 계정의 차변에 원재료 계정의 대변에 기록한다. 원재료를 제조과정에 투입한 것에 대한 회계처리는 사용시점이 아닌 기말에 일괄하여 처리한다. 기중에는 원재료의 입출고에 관한 기록을 원재료 재고장에 기록하고 기말에 원재료 사용액을 산출하여 그 금액을 재공품 계정에 대체한다.

원료재료 구입

(차) 원 재 료	×××	(대) 현 금	×××
		매 입 채 무	×××

원재료 투입
(차) 재 공 품 ××× (대) 원 재 료 ×××

(2) 직접노무원가

제조과정에 투입된 생산직 근로자에 대한 직접노무원가를 산출하기 위해서 노무원가 계정을 사용한다. 생산직 근로자에 대한 임금이 지급기일에 도래하면 그 금액을 노무원가 계정의 차변과 현금 또는 미지급임금의 대변에 기록한다. 그리고 기말에 당기 직접노무원가가 확정되면 이를 재공품 계정의 차변과 노무원가 계정의 대변에 기록한다. 직접노무원가도 직접재료원가와 마찬가지로 기말에 재공품에 대체한다.

노무원가 발생
(차) 노 무 원 가 ××× (대) 현 금 ×××
미 지 급 임 금 ×××

직접노무원가 대체
(차) 재 공 품 ××× (대) 노 무 원 가 ×××

(3) 제조간접원가

제조간접원가는 직접재료원가와 직접노무원가를 제외한 모든 제조원가 항목이 포함되며, 이에는 기계장치의 감가상각비, 공장소모품비, 전력비, 생산감독자 임금 등이 있다.

제조간접원가가 발생하면 각 계정에 기록한다. 예를 들어 공장소모품비를 현금으로 구매하였을 경우 그 금액을 수선유지비 계정으로 차변에 기록하고, 그 금액을 현금의 대변에 기록한다. 당기에 발생한 감가상각비와 기말 현재까지 지급하지 않은 전력비는 기말에 감가상가비 계정과 전력비 계정으로 기록하고, 차변에 감각상각비 누계액과 미지급비용 계정의 대변에 기록한다.

제조간접원가는 다양한 항목으로 구성되어 있으므로 이러한 항목들은 기말에 제조간접원가 계정에 집계한 후 재공품 계정으로 대체한다.

제조간접원가 발생

(차)	수 선 유 지 비	×××	(대) 현　　금	×××
	감 가 상 각 비	×××	감가상각누계액	×××
	전　력　비	×××	미 지 급 비 용	×××

제조간접원가 집계

(차)	제 조 간 접 원 가	×××	(대) 수 선 유 지 비	×××
			감 가 상 각 비	×××
			전　력　비	×××

제조간접원가 대체

(차)	재　공　품	×××	(대) 제 조 간 접 원 가	×××

(4) 당기제품제조원가 및 매출원가

당기에 완성된 제품의 원가는 당기제품제조원가로서 재공품 가운데 당기에 완성된 제품의 원가를 산정하여 제품계정으로 대체한다. 그리고 제품 가운데 당기에 판매한 제품의 원가, 즉 매출원가를 산정하여 이를 매출원가 계정으로 대체한다.

제품완성

(차)	제　　품	×××	(대) 재　공　품	×××

제품판매

(차)	매 출 원 가	×××	(대) 제　　품	×××

예제 2-2

원가흐름과 회계처리

(주)광양강재의 202×년 10월 1일 기초재고자산은 다음과 같다.

원재료	₩50,000	재공품	₩30,000	제　품	₩60,000

10월중 제품생산 및 판매에 관련된 정보는 다음과 같다.

① 원재료 ₩100,000을 외상매입하다.

② 원재료 ₩120,000을 제조과정에 투입하다.

③ 생산직 근로자에게 발생한 직접노무원가는 ₩60,000인데, 이 중 ₩ 50,000은 현금지급하였고, ₩10,000은 10월말 현재 미지급 상태로 있다.

④ 10월중 제조간접원가는 감가상각비 ₩5,000, 수선유지비 ₩20,000, 수도광열비 ₩15,000이며, 수선유지비는 전액 현금으로 지급하고 수도광열비는 10월말 현재 미지급 상태이다.

⑤ 기말재공품 원가는 ₩45,000이고, 기말제품은 ₩80,000이며, 10월중 매출액은 ₩200,000으로 전액 현금으로 판매하다.

요구사항

1. 10월중 모든 거래를 분개하시오.
2. 원재료, 재공품, 제품을 T계정으로 작성하시오.
3. 제조원가명세서와 손익계산서를 작성하시오.

해답

1. 거래분개

① 원재료 구입

(차)	원재료	100,000	(대)	매입채무	100,000

② 원재료 제조과정 투입

(차)	재공품	120,000	(대)	원재료	120,000

③ 직접노무원가 발생

(차)	직접노무원가	60,000	(대)	현금	50,000
				미지급임금	10,000

④ 직접노무원가 대체

(차)	재공품	60,000	(대)	직접노무원가	60,000

⑤ 제조간접원가 발생

(차)	감가상각비	5,000	(대)	감가상각누계액	5,000
	수선유지비	20,000		현금	20,000
	수도광열비	15,000		미지급비용	15,000

⑥ 제조간접원가 집계

(차)	제조간접원가	40,000	(대)	감가상각비	5,000
				수선유지비	20,000
				수도광열비	15,000

⑦ 제조간접원가 대체

(차) 재 공 품 40,000 (대) 제조간접원가 40,000

⑧ 제품완성

(차) 제 품 205,000 (대) 재 공 품 205,000

⑨ 제품판매

(차) 매 출 원 가 185,000 (대) 제 품 185,000

2. 원재료, 재공품, 제품 T계정으로 작성

원재료원가

기초재고	50,000	직접재료원가	120,000
당기매입	100,000	기말재고	30,000
	150,000		150,000

재공품

기초재고	30,000	당기제품제조원가	205,000
직접재료원가	120,000	기말재고	45,000
직접노무원가	60,000		
제조간접원가	40,000		
	250,000		250,000

제품

기초재고	60,000	매출원가	185,000
당기제품제조원가	205,000	기말재고	80,000
	265,000		265,000

3. 제조원가명세서 및 손익계산서 작성

1) 제조원가명세서 작성

제조원가명세서

1. 직접재료원가		
1) 기초원재료재고	50,000	
2) 당기원재료매입	100,000	
계	150,000	
3) 기말원재료재고	(30,000)	120,000
2. 직접노무원가		60,000
3. 제조간접원가		

1) 감가상각비	5,000	
2) 수선유지비	20,000	
3) 수도광열비	15,000	40,000
4. 당기총제조원가		220,000
5. 기초재공품		30,000
합계		250,000
6. 기말재공품		(45,000)
7. 당기제품제조원가		205,000

2) 손익계산서 작성

손익계산서

1. 매출액		200,000
2. 매출원가		
1) 기초제품	60,000	
2) 당기제품제조원가	205,000	
계	265,000	
3) 기말제품	(80,000)	185,000
3. 매출총이익		15,000

제4절 제조기업의 재무제표 작성

제조기업의 재무제표 작성하는 절차는 유통업과 동일하다. 즉, 수정전시산표를 작성하고 원가계산분개를 포함하는 기말 수정분개를 한 뒤에 수정후시산표를 작성하고 이를 토대로 기업회계기준양식에 따라 대차대조표와 손익계산서를 작성한다. 유통업과 차이가 있다면 기말 수정분개에 원가계산분개를 추가하여야 하고, 제조원가명세서를 작성하여야 한다는 점이다. 특히 제조기업의 재무제표작성시 수정전시산표상의 제품계정과 재공품계정은 원계산분개를 시행하기 전이므로 기초잔액이지만 원재료계정잔액은 기초금액에 당기매입금액 포함되어 있는 금액임을 주의해야 한다.

예제 2-3

제조기업의 재무제표작성

(주)안산강재의 202×년의 수정전잔액시산표와 기말정리사항은 다음과 같다.

수정전잔액시산표

현금및현금성자산	350,000	매입채무	106,000
매출채권	200,000	사채	1,500,000
원재료	1,900,000	대손충당금	2,000
재공품	100,000	기계감가상각누계액	1,200,000
제품	150,000	건물감가상각누계액	800,000
기계장치	6,000,000	자본금	5,000,000
건물	4,000,000	매출	6,500,000
급여	1,200,000	이자수익	92,000
동력비	800,000		
수선비	300,000		
이자비용	200,000		
	15,200,000		15,200,000

기말정리 사항

1) 감가상각비는 정액법을 적용하며 기계의 내용연수가 10년, 건물은 5년이다. 그리고 건물은 50%가 본사분이다.
2) 급여미지급액은 ₩300,000이며 급여의 80%는 공장분이다.
3) 대손충당금: 매출채권 잔액의 2% 설정
4) 이자비용 미지급액 ₩60,000
5) 이자수익 미수액 ₩8,000
6) 기초재고자산
   - 원재료 ₩200,000, 재공품 ₩100,000, 제품 ₩150,000
7 기말재고자산
   - 원재료 ₩150,000, 재공품 ₩80,000, 제품 ₩220,000

요구사항

1. 결산수정분개를 하시오.
2. 원재료, 재공품, 제품을 T계정으로 작성하시오.
3. 수정후시산표를 작성하시오
4. 제조원가명세서, 손익계산서 및 대차대조표를 작성하시오.

해답

1. 결산수정분개

① 감가상각비 계상

(차)	감 가 상 가 가 비	1,400,000	(대)	기계감가상각누계액	600,000
				건물감가상각누계액	800,000

② 급여미지급액 계상

(차)	급 여	300,000	(대)	미 지 급 급 여	300,000

③ 대손충당금 설정

(차)	대 손 상 각 비	2,000	(대)	대 손 충 당 금	2,000

₩200,000×2%−2,000=2,000

④ 이자비용 미지급액 계상

(차)	이 자 비 용	60,000	(대)	미 지 급 이 자 비 용	60,000

⑤ 이자수익 미수액 계상

(차)	미 수 이 자 수 익	8,000	(대)	이 자 수 익	8,000

⑥ 원가계산분개

– 제조간접원가 집계

(차)	제 조 간 접 원 가	2,100,000	(대)	동 력 비	800,000
				수 선 비	300,000
				감 가 상 각 비	1,000,000

– 재공품 집계

(차)	재 공 품	5,050,000	(대)	원 재 료	1,750,000
				노 무 원 가	1,200,000
				제 조 간 접 원 가	2,100,000

– 제품완성

(차)	제 품	5,070,000	(대)	재 공 품	5,070,000

– 제품판매

(차)	매 출 원 가	5,000,000	(대)	제 품	5,000,000

2. 원재료, 재공품, 제품을 T계정으로 작성하시오.

직접재료

기초재고	200,000	직접재료원가	1,750,000
당기매입	1,700,000	기말재고	150,000
	1,900,000		1,900,000

재공품

기초재고	100,000	당기제품제조원가	5,070,000
직접재료원가	1,750,000	기말재고	80,000
직접노무원가	1.200.000		
제조간접원가	2.100.000		
	5,150,000		5,150,000

제품

기초재고	150,000	매출원가	5,000,000
당기제품제조원가	5,070,000	기말재고	220,000
	5,220,000		5,220,000

3. 수정후시산표를 작성하시오

수정후잔액시산표

현금및현금성자산	350,000	매입채무	106,000
매출채권	200,000	미지급급여	300,000
원재료	150,000	미지급이자비용	60,000
재공품	80,000	사채	1,500,000
제품	220,000	대손충당금	4,000
미수이자수익	8,000	기계감가상각누계액	1,800,000
기계장치	6,000,000	건물감가상각누계액	1,600,000
건물	4,000,000	자본금	5,000,000
매출원가	5,000,000	매출	6,500,000
감가상각비	400,000	이자수익	100,000
대손상각비	2,000		
급여	300,000		
이자비용	260,000		
	16,970,000		16,970,000

4. 제조원가명세서, 손익계산서 및 대차대조표 작성

1) 제조원가명세서 작성

제조원가명세서

1. 직접원재료원가		
1) 기초원재료재고	200,000	
2) 당기원재료매입	1,700,000	
계	1,900,000	
3) 기말원재료재고	(150,000)	1,750,000
2. 직접노무원가		1,200,000
3. 제조간접원가		
1) 동력비	800,000	
2) 수선비	300,000	
3) 감가상각비	1,00,000	2,100,000
4. 당기총제조원가		5,050,000
5. 기초재공품		100,000
합계		5,150,000
6. 기말재공품		(80,000)
7. 당기제품제조원가		5,070,000

2) 손익계산서 작성

손익계산서

1. 매출액		6,500,000
2. 매출원가		
1) 기초제품	150,000	
2) 당기제품제조원가	5,070,000	
계	5,220,000	
3) 기말제품	(220,000)	5,000,000
3. 매출총이익		1,500,000
4. 판매 및 일반관리비		
1) 급여	300,000	
2) 감가상각비	400,000	
3) 대손상각비	2,000	702,000
5. 영업이익		798,000
6. 영업외수익		
1) 이자수익	100,000	100,000
7. 영업외비용		
1) 이자비용	260,000	260,000
8. 법인세차감전이익		638,000
9. 당기순이익		638,000

3) 재무상태표 작성

재무상태표

차변	금액	대변	금액
현금및현금성자산	350,000	매입채무	106,000
매출채권	200,000	미지급급여	300,000
원재료	150,000	미지급이자비용	60,000
재공품	80,000	사채	1,500,000
제품	220,000	대손충당금	4,000
미수이자수익	8,000	기계감가상각누계액	1,800,000
기계장치	6,000,000	건물감가상각누계액	1,600,000
건물	4,000,000	자본금	5,000,000
		당기순이익	638,000
	11,008,000		11,008,000

제5절 원가추정

1. 원가추정의 의의

앞에서 우리는 고정원가와 변동원가를 구별하였는데, 실무적으로 이 구별을 어떻게 하느냐를 알아보기에 앞서 그것이 왜 필요한가 하는 이유를 이해하는 것이 중요하다. 이 절에서는 ① 원가결정기능 ② 의사결정 및 계획기능 ③ 통제기능을 보조하기 위해서 원가행태를 아는 것이 얼마나 중요한가를 살펴보기로 하겠다.

(1) 원가결정을 위해서

4장에서 8장까지 논의될 원가시스템 중 일부는 원가를 변동원가와 고정원가로 분리될 수 있다고 가정한다. 표준원가와 변동원가시스템이 바로 그것이다. 변동원가－고정원가의 구별을 요하는 그러한 시스템이 왜 사용되게 되었는지를 살펴보면 원가의 행태를 파악하는 것이 왜 필요한지가 더욱 분명해질 것이다.

실제원가시스템은 회계기간동안 발생한 모든 원가를 그 기간의 실제산출물에 할당한다. 그러나 시간이 지남에 따라 실제원가시스템의 사용과 관련된 불만족스러운 특성들이 나타나게 되었다. 다음의 예를 살펴보자. 한양공장에서는 20×1년에 제품 20,000개를 생산하고 원가는 총 ₩800,000이 발생하였다. 20×2년에는 10,000개가 줄어들었으며 총제조원가는 ₩500,000이 발생하였다. 20×1년의 개당 생산원가는 ₩40이고 20×2년에는 ₩50이다. 만일 이 단가가 재무보고목적상 재고가치로 사용된다면, 경제이론적인 측면에서 이 차이를 설명하기가 힘들게 된다. 자산은 미래의 잠재력을 나타낸다고 할 때, 앞의 예에서 2024년의 재고자산은 20×1년의 재고자산보다 더 많은 용역잠재력이 있다고 할 수 있을까? 그렇지 않다면 우리는 이러한 원가의 차이를 어떻게 설명할 수 있을 것인가?

앞의 예에서 차이의 원인은 고정원가의 존재에 있다. 이러한 경우 원가행태는 y가 총원가, x가 생산량일 때 다음과 같이 표시할 수 있다.

$$y = 200,000 + 30x \qquad (2\text{-}1)$$

즉, 연간고정원가는 ₩200,000이고 변동원가는 단위당 ₩30원씩 발생한다. 여기서 우리는 단위당 평균고정원가가 20×1년에는 ₩10(₩200,000÷20,000)이며, 20×2년에는 ₩20(₩200,000÷10,000)임을 알 수 있을 것이다. 원가록 이것이 사전적인 원가율로 원가를 할당하는 회계시스템을 개발한 유일한 이유는 아닐지라도 충분한 하나의 이유가 된다. 예정원가율을 사용하는 시스템 하에서는 제품에 할당되는 고정원가는 일정하다. 고정원가가 지니고 있는 본질적인 특성이 회계담당자로 하여금 고정원가를 제품에 할당하지 않도록 하는 회계시스템(즉, 변동원가시스템)을 선호하도록 하기도 한다. 이러한 유형의 시스템을 사용하기 위해서는 고정원가를 분리할 수 있는 능력이 절대적으로 필요하다는 사실은 두말할 나위가 없는 것이다.

(2) 의사결정과 계획수립을 위해서

제1장에서 살펴본 것처럼, 의사결정과 계획수립은 미래지향적인 활동이며, 이들 활동에 관련된 원가는 계획된 원가임에 틀림없다. 어떤 활동이나 의사결정과 관련된 원가계획을 수립하기 위해서는, 원가들이 여러 의사결정상황에 대응해서 어떻게 행동하고 반응하는가를 알 필요가 있다.

한양공장의 예를 다시 검토하여 보자. 이 기업이 20×3년에는 8,000개를 생산하기로 가정하다면, 현금지출계획을 수립하기 위해서 기업은 예상되는 원가를 파악할 필요가 있다. 이들 원가를 얼마로 계획해야 하는가? 만일 총평균원가(2005년 ₩40, 2006년 ₩50)가 이용할 수 있는 자료의 전부라면, 20×3년에 대한 총원가는 얼마로 계획해야하는가? 우리는 평균단가는 조업도에 따라 달라지며 8,000개의 조업도에 대한 직접적인 정보를 갖고 있지 않음을 안다. 물론 식 (2－1)을 안다면 예측은 훨씬 쉬울 것이다.

확실히 예측활동이 여기에서 설명한 것처럼 단순하지는 않지만 원가의 발생에 영향을 미치는 변수를 결정하고 이 변수와 총원가 사이의 관계를 파악해야 할 경우가 자주 발생하게 마련이다. 또한 입찰가격결정, 프로젝트의 평가, 가격수용도의 결정, OR 모델(이를테면 선형계획, 재고모델, 대기행렬모형, 시뮬레이션 등), 종합예산, 자본예산 등과 같이 원가행태와 관련된 지식으로부터 효익을 얻을 수 있는 여러 가지 의사결정상황이 존재한다.

(3) 통제를 위해서

통제기능 역시 고정원가와 변동원가를 파악함으로써 많은 도움을 받는다. 첫째로, 고정원가는 변동원가처럼 통제가능한 원가가 아니며, 둘째로 의미 있는 예산을 편성하기 위해서는 변동원가와 고정원가의 구별이 절대적으로 필요하기 때문이다. 예를 들어, 한양회사의 경우 20×2년에 예산을 8,000개에 대하여 ₩400,000(8,000×₩50.00)으로 하였다면 이는 달성될 수 없는 것이다. 달성가능한 금액은 ₩440,000(₩200,000＋₩30×8,000)이며 ₩400,000은 잘못된 원가행태를 적용한 결과이다. 만일 여러분이 경영자라면 실제원가와 예산을 원가교할 때, 예산액 ₩400,000은 다소 혼란을 가져다 줄 것이다. 사실이 아닌 것과의 원가교를 통해서 여러분이 보다 많은 원가를 쓴 것처럼 파악될 수도 있는 것이다.

2. 원가행태의 추정방법

원가행태를 분석하는 데 사용할 수 있는 몇 가지 방법들을 살펴보기로 하겠다. 그 대표적인 방법이 공학적 추정, 산포도법, 회귀분석 등이지만 때로 학습효과가 영향을 미치는 상황에서 원가예측을 해야 할 경우도 생긴다. 학습곡선이 적용되는 상황에 대해서는 이 절의 마지막 부분에서 다루도록 하겠다.

실제로 원가의 발생은 다양한 변수의 함수이다. 예를 들면 공장의 절삭부문에서 발생하는 제조간접원가는 직접노동시간, 직접노무원가, 기계시간, 처리된 주문수, 기상상태, 종업원의 사기, 일반적 경영상태 등 여러 변수의 함수가 될 수 있다. 만일 총원가에 영향을 미치는 변수를 X_1, X_2, X_3, …, X_n이라고 하고, 그 관계가 선형(linear)이라면 원가함수는 다음과 같다.

$$y = a + b_1X_1 + b_2X_2 + \cdots + b_nX_n \qquad (2\text{-}2)$$

이때: y = 예측되는 총원가(종속변수)

a = 고정원가 부분

b = 독립변수 $X_j(j=1, 2, \cdots, n)$에 대응해서 변화하는 원가 y의 비율

사실상 n개의 독립변수를 전부 고려하는 것은 불가능하며 더욱이 독립변수와 종속변수가 선형이 아닐 수도 있는 것이다. 여기서 첫 번째 한계점은 다음 두 가지 요인에 의해서 생기게 된다. 즉, 원가발생에 영향을 미치는 모든 변수를 명확히 결정하기가 불가능하다는 점과, 모든 변수를 고려할 수 있다 하더라도 실질적으로 분석에 드는 비용이 효익보다 더 크게 될 수도 있다는 점이다. 따라서 분석은 n개의 변수 중 이 추정식에 포함시킬 수 있는 일부를 선택함으로써 단순화된다. 이때 어떤 변수가 선택되느냐 하는 것은 분석의 목적을 포함한 여러 요인에 달려있게 된다. 두 번째 한계점은 비선형관계를 선형추정치로 나타내든가, 비선형함수(비선형 회귀식)를 사용함으로써 해결될 수 있다.

이제 적당한 추정식을 선택하는 방법을 살펴보도록 하자. 먼저 잠재적으로 관련 있는 변수들을 분명히 하고, 둘째로 선형이나 구체적인 비선형의 형태로 관계의 일반형식이 선택되어야한다. 셋째, 방정식의 모수(parameters)를 추정하기 위해서 자료를 모으고 이를 처리할 수 있는 메커니즘을 갖출 필요가 있다. 마지막으로는 결과의 충분성을 평가하는 평가방법이 존재해야한다. 이러한 배경지식을 바탕으로 하여 앞서 언급한 추정방법들을 하나씩 검토하여 보자.

(1) 공학적 방법

이 방법은 산업공학적자들이 처음으로 사용했기 때문에 공학적 방법(engineering method)이라고 한다. 이 접근법은 실물투입양을 추정함으로써 원가의 행태를 설명하려고 한다. 예를 들면 재료의 투입량은 제품의 청사진이나 명세서를 분석하여 추정될 수 있고, 노동투입

량은 시간 및 동작연구를 통해서 추정된다. 만일 추정식의 변수가 생산된 제품의 수라면, b_j의 값은 현행원가율을 적용하여 투입물의 가격을 결정함으로써 구할 수 있다.

이 방법은 자연적으로 회피불가능한 손실이나 정상적인 비능률 등을 고려하지 않는다면 실제원가를 정확하게 추정하기 어려울 것이다. 즉, 이 방법은 자동적으로 이러한 회피불가능한 원가를 포함하고 있는 과거의 경험치에 기초하고 있는 것이 아니다. 더욱이 방법 자체에 신뢰성을 평가할만한 내재적인 장치가 마련되어 있지 않다.

(2) 산포도법

만일 우리가 단 하나의 유일한 관련독립변수를 가정한다면 산포도법이 사용될 수 있다. 이 분석과 관련하여 원가행태가 다음의 선형관계를 지닌다고 가정하자.

$$y = a + bx \tag{2-3}$$

이러한 분석을 행하기 위해서는 수집된 실제관찰치를 그래프로 표시하고 시각적으로 그 행태를 추정하면 된다. 이 장에서 설명되는 여러 기법들을 위해서 다음의 예를 가정하자. 한양회사는 어느 한 부문에 대해여 지난 5개월 동안의 직접노동시간과 제조간접원가에 대한 자료를 수집하였다. 이 부문은 10개의 서로 다른 모델의 공구를 조립하고 있다. 이들 자료가 [표 2-2]와 [그림 2-8]에 나타나 있다. [그림 2-8]에서의 선은 적당한 선을 찾기 위해서 자의적으로 그은 것이다. 관찰치들이 선의 위 · 아래에 골고루 있으므로 이 선의 y절편

표 2-2 한양회사의 예시자료

월	제조간접원가	직접노무시간
1	₩32,457	2,416
2	29,570	2,324
3	30,057	2,354
4	27,176	1,840
5	28,062	1,892
합 계	₩147,322	10,826
평 균	29,464.4	2,165.2

그림 2-8 제조간접원가의 산포도

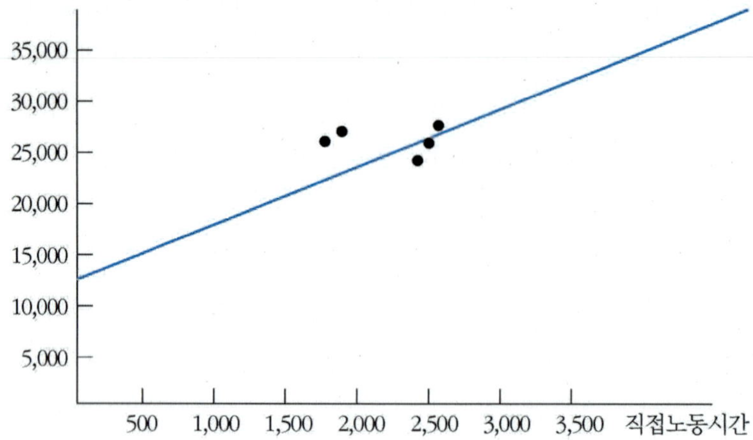

은 일단은 합리적이라고 할 수 있다. 이때 원가용축과 만나는 절편이 약 ₩12,000임에 주의하라. 이 직선의 기울기를 정하기 위해서 (0, ₩12,000)과 다른 한 점 (2,354, ₩30,057)을 잡을 수 있다. 이때 다른 한 점은 [표 2-3]에서 오른쪽으로 네 번째에 해당되는 것으로서 선상에 가장 밀접해 있다.

물론 [그림 2-8]만큼 합리적인 선들이 자료에 맞게 그어질 수 있지만, 산포도는 단지 원가행태의 개략적인 추정에 불과하며 가장 적합한 선을 구하고자 하는 것은 아니다. 그러나 이 방법은 몇 가지 면에서 유용하다. 자료를 점으로써 표시하는 것이 관계가 거의 선형에 가까운지의 여부를 알려준다. 물론 앞의 예에서는 표본이 너무 작아 그 관계가 선형임을 가정하는 데에는 다소 무리가 따른다. 그러나 우리는 설명목적으로 그러한 가정을 하게 될 것이다. 또한 산포도는 우리의 표본에서 불규칙한 관찰치가 있는지를 알려준다. 불규칙한 관찰치란 선 밖으로 많이 벗어난 것들이다. 예를 들면 앞의 경우에서 (2,100, ₩50,000)이라는 관찰치가 있었다면, 무엇이 발생하였는지에 대한 면밀한 검토를 필요로 하게 된다. 이는 측정상의 오차로 인하여 생긴 것일 수도 있고 어떤 원가정상적이거나 드물게 발생하는 현상일 수도 있다. 어찌되었건, 우리는 우리의 추정식에 영향을 미치는 관찰치는 원치 않으므로 불규칙한 항목은 표본에서 제외되어야 한다. 여러분이 방정식의 모수를 결정하기 위해서 어떤 기법을 사용하든지, 자료를 도면 위에 점으로써 표시하여 볼 것을 권한다. 그렇게 함으로써 특정한 관계식의 사용이 정당화될 수 있고 적절한 표본의 구성이 가능해질 것이다.

(3) 고저점법

고저점법(high－low method)은 추정선을 그리는 데 두 개의 관찰치를 사용한다. 그러나 효과적으로 이 방법이 사용되기 위해서는, 상한값과 하한값이 무조건적으로 선택되어서는 안 될 것이다. 만일 이 두 극한값이 어느 하나가 예외적인 항목으로 판단된다면 이를 대표치로 사용할 수 없으므로 제외되어야 한다.

앞서 예를 든 한양회사의 자료에서, 1월의 직접노동시간이 2,416으로 가장 높은 활동수준임을 알 수 있다. [그림 2－8]에서 이 점이 예외적인 사항이 아니므로 이를 상한값으로 사용할 수 있다. 4월의 노동시간 1,840이 가장 낮은 활동수준이며, 이 또한 정상적인 항목으로 볼 수 있다.

고저점법에서는 원가가 활동수준과 선형의 관계, 즉 식 (2－3)과 같은 관계를 갖고 있는 것으로 가정한다. 이때 a, b의 값은 다음과 같이 결정된다. C_H와 C_L을 각각 선정된 고·저점하에서의 원가로 놓고, X_H, X_L을 각 점에서의 활동수준으로 놓으면, 다음과 같은 선형관계를 가정할 수 있다.

$$C_H = a + bX_H \qquad (2\text{-}4)$$

$$C_L = a + bX_L \qquad (2\text{-}5)$$

말하자면 각 수준에서의 총원가는 고정값 a와 변동율 b에 활동수준을 곱한 값을 더한 것이 된다.

이제 식 (2－5)를 식 (2－4)에서 빼면 다음과 같다.

$$C_H - C_L = bX_H - bX_L \qquad (2\text{-}6)$$

이를 풀면

$$b = C_H - C_L / X_H - X_L \qquad (2\text{-}7)$$

이 되며, 일단 b를 구하면 식 (2−4)나 식 (2−5) 중 어느 하나에 대입하여 a의 값을 구할 수 있다.

$$a = C_H - bX_H \quad \text{혹은} \quad a = C_L - bX_L \tag{2-8}$$

위의 예에서 살펴보면 다음과 같이 a, b 값이 결정된다.

$$b = C_H - C_L / X_H - X_L = 32{,}457 - 27{,}176/2{,}416 - 1{,}840 = 5{,}281/576 = 9.1684 \quad (2\text{-}7)'$$

$$a = C_H - bX_H = 32{,}457 - 9.1684(2{,}416) = 10{,}306.1456 \quad (2\text{-}8)'$$

이제 고저점법을 사용한 결과 추정식을 구성하면 다음과 같게 된다.

$$y = 10{,}306.1486 + 9.1684x \tag{2-9}$$

이 방법의 단점은, 대부분의 정보가 추정선을 구성하는 데 있어서 무시된다는 점이다. 다음에 논의될 회귀분석은 이러한 문제점을 극복하고 있을 뿐만 아니라 추정식의 적정여부를 판단할 몇 가지 측정값들을 제공하여 주기도 한다.

(4) 회귀분석

단순회귀분석(simple linear regression)은 고저점법의 경우처럼 추정선이 식 (2−3)의 관계를 가지고 있는 것으로 가정한다. 말하자면 하나의 유일한 독립변수만이 존재하고 그 독립변수와 종속변수와의 관계는 선형이라는 것이다. 이 절에서는 우선 단순회귀분석의 기초와 아울러 회계담당자들이 이를 어떻게 분석에 응용할 수 있는가를 살펴보고 이장의 보론에서 이 방법의 기술적 측면을 검토하기로 한다.

회귀분석(regression analysis)의 기본적인 아이디어는 매우 단순하다. 즉, 산포도법이나 고저점법의 경우처럼, 목적은 표본의 자료를 이용해서 가장 적합한 추정선을 그리는 데 있다. 그러나 다른 방법과는 달리 최선의 추정선을 보장할 수 있는 몇 가지 수학적 원리에 기초를 두고 있다. 먼저 "최선"이라는 것이 어떻게 정의되는지 알아보자.

단순화를 위해서 [그림 2−9]에는 단지 세 개의 실제 값만이 나타나 있다. 양 그래프에

그림 2-9 한양회사의 예시자료를 이용한 추정선의 도식

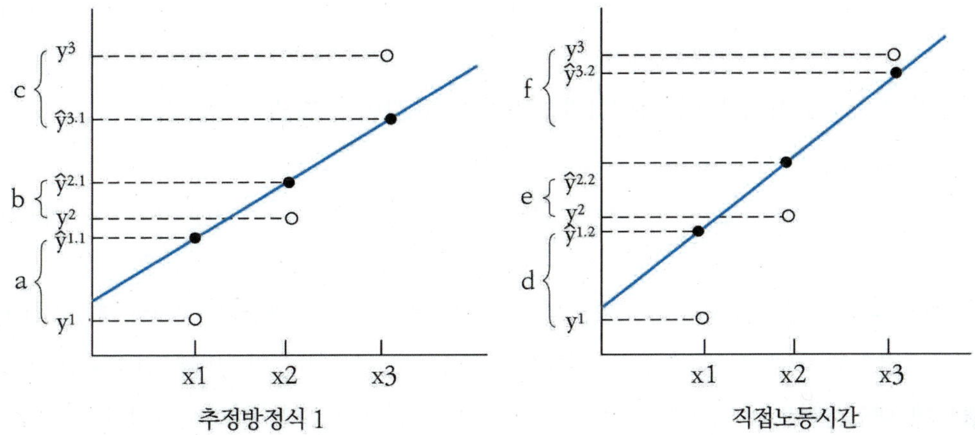

서 직접노동시간(direct labor hour: DLH) x_1, x_2, x_3에 대한 실제원가는 동일하며 동그라미로 표시되어 있다. 즉, y_1은 DLH가 x_1일 때 실제발생한 금액이고, y_2는 DLH가 x_2일 때 실제발생한 금액이다. 두 개의 그래프는 가능한 추정선을 나타낸다. 그릴 수 있는 추정선은 무한정으로 많지만, 최적의 추정선을 선택하는 방법에 대한 설명의 편의를 위해서 두 개가 임의로 선정된 것이다. 회귀분석에서는 전통적으로 종속변수 y의 추정치를 $\hat{y}$으로 표시하고 이를 'y햇'으로 읽는다. [그림 2-9]에서 방정식 1은 x_1,x_2,x_3에 대한 원가를 $\hat{y}_{1,1}$, $\hat{y}_{2,1}$, $\hat{y}_{3,1}$으로 추정하였고, 방정식 2에서는 이에 대한 원가를 $\hat{y}_{1,2}$, $\hat{y}_{2,2}$, $\hat{y}_{3,2}$으로 각각 추정하였다.

이때 최선의 추정식이란 독립변수의 실제관찰치와 방정식에서 주어진 추정값과의 차이를 제곱한 합계가 최소의 값을 지니는 추정식을 말한다. 방정식 1에서 그 차이는 구간 a, b, c로 표시되어 있고, 방정식 2에 대해서는 d, e, f로 표시되어있다. 차이 중에서 일부는 정의 값을 갖고(c. f), 일부는 부의 값을 갖는다(a, b, d, e). 따라서 이 차이를 그대로 더한다면 서로 상계되는 효과를 지니게 되므로 전통적으로 회귀분석에서는 차이를 제곱함으로써 모든 차이가 정의 값을 갖도록 한다. 이러한 계산과정과 정의들이 특정한 추정식을 구성하기 위한 모수 a, b를 결정하기 위해서 사용된다.

실제로 회귀분석에서 얻어진 값들은 진정한 관계에 대한 추정치(estimates)에 불과하다. a, b에 대한 추정치를 $\hat{a}$, $\hat{b}$으로 정의하면, 독립변수 x에 대한 y의 추정값은 다음과 같이 일

반화될 수 있다.

$$\hat{y} = \hat{a} + \hat{b}X_i \quad (2-10)$$

[그림 2−9]의 자료를 이용한 회귀식은 다음과 같이 나타낼 수 있다.[1]

$$\hat{y} = 15{,}180{,}600 + 6{,}596.99X_i \quad (2-11)$$

표본으로부터 결정된 최선의 추정식이라 하더라도 이것이 완전한 (차이의 제곱의 합계가 0이 되는 것)것으로 기대할 수 없음은 분명하다. 따라서 종속변수의 i번째 관찰치인 x_i를 식(2−11)에 대입하여도, 그 결과가 종속변수의 실제관찰값인 y_i와 반드시 일치하지는 않는다. 일반적으로 y_i와 $\hat{y}_i$의 차이를 오류항이라 하며 e_i로 표시한다. 표본자료에서의 실제관찰지와 추정치 사이의 관계는 다음과 같이 요약된다.

$$y_i = \hat{y}_i + e_i = (\hat{a} + \hat{b}x_i) + e_i \quad (2-12)$$

회귀분석에서는 그 유용성을 평가할 수 있는 몇 가지 속성(properties)이 존재한다. 추정치의 표준오차(S_e), 결정계수(r^2), 방정식 모수에 대한 추정치의 표준오차(S_a, S_b) 등이 그것이다. 이 속성에 대한 보다 상세한 논의는 이장의 보론에 기술되어있다.

먼저 추정식의 표준오차(S_e)에 대하여 알아보자. 앞서 언급하였듯이 회귀방정식이 표본자료에 대한 완벽한 관계를 설명하지는 못한다. 통계량 S_e는 표본에 있어서의 종속변수의 실제관찰값과 회귀식에 의해서 예측된 값과의 차이를 평균한 것이다. 만일, 회귀식이 미래의 제조간접원가금액을 예측하는 데 사용된다면, S_e는 실제결과가 추정치와 다르게 될지도 모르는 금액에 대한 추정치를 나타낸다.

결정계수(r^2)의 범위는 0과 1사이가 되며, 기술적으로 이는 독립변수를 알게 됨으로써 설명될 수 있는 종속변수의 표본분산의 원가율이다. 표본분산은 $(y_i - \hat{y}_i)^2$의 합계이다. 회귀오차인 $(y_i - \hat{y}_i)^2$이 더해지면, 우리는 그 합계가 설명될 수 없는 분산을 나타낸다고 한다. 표

1 회귀식을 유도하는 데 사용되는 기술적인 측면에 대해서는 본론에 상세히 기술되어 있으므로 이를 참조하기 바란다.

본분산에 대한 설명될 수 없는 분산의 원가율은 회귀방식에 의해서 설명될 수 없는 분산의 범위를 나타낸다. 이 원가율을 1에서 빼면, 이것이 바로 설명될 수 있는 분산의 원가율, 즉 r^2의 값이 되는 것이다.

통계량 r^2은 몇 가지 가능한 회귀식 중에서 어느 것을 선택하느냐 하는 결정에 사용될 수 있다. 예를 들어 제조간접원가가 ① 직접노동시간 ② 기계시간 ③ 노동시간 및 기계시간에 대하여 회귀되었다고 가정하자. 이때 세 가지 결과 중에서 어느 것이 선정되어야 할까? 아마도 가장 높은 r^2의 값을 갖는 것이 선택되어야 할 것이다. 왜냐하면 r^2은 의미 있는 값이며 회귀분석과 관련된 다른 통계량들도 이러한 결론에 대하여 갈등을 일으키지 않을 것이기 때문이다.

마지막으로 검토될 회귀분석의 통계량은 모수 b에 대한 추정치의 표준오차(S_b)이다. 이 통계량은 모집단에 존재하는 진정한 계수에 대한 추정으로부터 얻게 되는 표본오차에 대한 측정값이다. S_b의 용도 중 하나는 "모집단내에서 종속변수와 독립변수 사이에는 선형관계가 존재하지 않는다."라는 가설을 검증하는 것이다. 만일 이 가설이 채택된다면, 종속변수의 설명변수로서의 독립변수는 기각되어야한다.

위에서 설명한 세 가지 통계량을 [표 2-2]에 있는 자료를 사용하여 살펴보자. 본론에서 구한 값을 적어보면 다음과 같다.

$$S_e = 1,046.34$$
$$r^2 = 0.8012$$
$$S_b = 1.89725$$

$r^2 = 0.8012$는 상당히 높은 값이며, 따라서 식 (2-11)의 사용을 정당화한다. 둘째, 직접노동시간을 독립변수로 사용하는 것에 대한 타당성을 검토하여 보자. 만일 제조간접원가가 직접노동시간에 대하여 선형관계가 없다는 가설을 설정한다면 b는 0이 될 것이다. 만일 실제값 b가 0일 경우 $\hat{b}$이 6.59699가 되었을 가능성은 얼마인가? 6.59699는 0으로부터 오른쪽으로 표준편차 3.48(6.59699 ÷ S_b, 1.89725)을 갖는다. 실제로 우리가 제조간접원가와 직접노동시간 사이에 어떤 관계도 존재하지 않는 모집단에서 표본을 추출하였다면 실제관계로부터 6.59699라는 계수의 표준편차가 나타날 가능성은 전혀 없는 것이다. 따라서 우리는 이 가설을 기각한다. 이때 3.48을 t값이라고 하는데, 이에 대해서는 보론에 잘 설명되어있다.

마지막으로, S_e의 가능한 용도에 대해서 살펴보자. 식 (2-11)을 사용하여 직접노동시간 2,000에 대한 제조간접원가를 추정하여 보면 다음과 같다.

$$\hat{y} = 15{,}180.6 + 6.59699(2{,}000) = 28{,}374.58$$

만일 회귀분석이 원가교적 큰 표본(30개 이상)에 기초한다면 S_e를 다음과 같이 사용할 수 있다. 즉, 2,000시간에 대한 실제제조간접원가가 95%의 확률로 포함될 수 있는 값의 범위를 결정할 수 있다. 만일 오류항이 정상적인 분포를 갖고 직접노동시간과 무관하다면, 95%의 신뢰구간(confidence interval; CI)은 대략 $\hat{y} \pm (2)$(표준편차)와 일치하게 될 것이다. 즉

$$\begin{aligned} CI_{0.95} &= \hat{y} \pm 2.S_e = 28{,}374.58 \pm 2(1{,}046.34) \\ &= [26{,}281.9 \quad 30{,}467.26] \end{aligned}$$

회귀분석을 사용함에 있어서 중요한 것은 가정과 한계를 이해하는 데 있다. 중요한 가정에 대하여 개략적으로 기술하여 보겠다.

한계의 하나는 방정식이 사용되어야 할 값의 범위를 결정하는 일이다. 즉 표본에서 관찰된 범위를 벗어난 독립변수에 대한 원가를 추정하는데 추정식이 사용될 경우, 그 결과가 오도될 가능성이 있다는 것이다. 예를 들어 [표 2-2]에서 직접노동시간의 범위는 1,840~2,416이다. 만일 이 범위를 벗어난 범위에 대하여, 앞에서 추정된 내용을 적용하려 한다면 그 범위에서의 실제관계가 추정식이 결정될 범위에서의 관계와 매우 다르다는 문제가 생긴다. 예를 들어 모집단에서의 관계는 매우 원가선형적인데, 표본은 상대적으로 선형적인 모집단의 한 부분에서 추출되었다면, 표본의 범위를 벗어난 독립변수의 가치에 대해서는 극단적인 추정오류를 가질 수도 있는 것이다. 따라서 만일 모델이 여전히 적용가능하다는 확신이 없다면, 이러한 활동수준에 대해서 모델을 사용하는 데에는 매우 신중을 기해야한다.

단순회귀분석은 모집단내의 두 변수 사이에 선형관계가 존재한다고 가정하고 있음을 상기하라. 원가록 실제관계는 원가선형이더라도 모델은 선형의 추정식을 구성하게 되는 것이다. 이러한 부담은 자료와 그 처리과정을 검토하는 사용자의 몫이 되는 것이다. 산포도법을 사용하면 그 행태가 원가선형이라는 것을 보여주고, 이에 따라 약간의 수정을 통하여 모수를 결정하는 데 회귀식이 이용될 수 있는 가능성이 제기되기도 한다. 이와 관련된 몇 가

지 방법들이 본론에 설명되어 있다.

두 번째 가설은 오류항의 분산은 모든 x값에 대하여 일정하다는 것, 다시 말하면 x에 대해서 무관하다는 것이다. 이를 동분산(homoscedasticity)이라 한다. 이러한 속성이 없는 경우는 이분산(heteroscedasticity)이라 한다. 만일 이 가정이 없다면, 주어진 독립변수 값에 따른 추정원가에 대한 신뢰구간을 형성할 수가 없는 것이다. 만일 실제로는 x에 대해서는 더 작은데, 모든 x에 대해서 일정하다고 가정한다면 독립변수의 어떤 값에 대한 신뢰구간을 잘못 표시하게 될 것이다. 만일 단지 하나의 독립변수만 존재한다면, 이 가정의 타당성의 정도는 오류항들의 점들을 살펴봄으로써 판단할 수 있다. 주변의 오류항의 범위가 모든 x에 대해서 거의 동일하다면, 이 가정은 타당성이 있다고 할 수 있다.

세 번째로 오류항은 연속적으로 상관되어 있지 않다는 가정이다. 이는 t시점에서 관찰했을 때 발생한 추정오류가 t+1시점에서 관찰했을 때 발생하는 오류와는 상관관계가 없다는 뜻이다. 연속적인 상관성이 존재하는 경우를 자기상관(autocorrelation)이라 부른다.

네 번째로 오류액은 0의 평균값을 가지며 정규분포를 이룬다는 것이다. 정규분포의 여부는 오류항들을 도표로 표시해 봄으로써 파악될 수도 있고 컴퓨터 패키지를 사용하여 파악될 수도 있다. 만일 이 가정이 정당화되지 않는다면 우리는 보론에서 서술된 신뢰구간을 구하는 방법을 사용할 수 없게 된다.

(5) 비선형적인 원가행태(학습곡선)

앞에서 우리는 원가행태가 선형이거나 혹은 실제적인 오류 없이 선형방정식을 사용하여 원가의 추정이 가능하다는 가정을 하였다. 그러나 선형관계를 사용하는 것이 항상 적절한 것은 아니므로 이런 경우에는 사용할 수 있는 몇 가지 접근법을 여기서 간단히 살펴보기로 하고 추가적으로 발생하는 기술적인 문제는 부록에서 다루기로 한다.

비선형행태에 관한 한 가지 예는 종업원들이 새로운 공정을 배우는 상황이다. 만일 그들의 생산성이 경험에 의해서 향상되어 간다면, 원가의 변동은 조업수준의 변동에 따라서 일정하지 않을 것이다. 그러므로 이와 같은 상황에서 미래자원소요계획을 수립하는 경우에 선형회귀분석에서 얻어진 과거의 자료결과를 가지고 추정하는 것은 바람직하지 못하다.

사람들이 어떤 활동을 수행할 때 처음에는 다소 비능률적이다가 그 활동을 반복적으로 하다 보면 성과가 개선된다. 효율성의 향상은 천천히 나타날 수도 있고 빠르게 나타날 수도 있다. 이러한 작업효율성의 향상을 학습효과라 한다. 학습효과(learning effect)란 동일한 작업을 반복 수행함에 따라 숙련도가 증가되어 단위당 노동시간 및 단위당 원가가 감소하는 현상을 말한다. 학습효과는 학습곡선으로 측정 기술될 수 있다. 즉 학습곡선(learning curve)은 과업을 반복적으로 수행함으로써 발생하는 효율개선을 기술한다. 학습곡선은 과업을 수행하는 데 요구되는 노력이 더 이상 학습이 나타나지 않을 시점까지 계속 감소됨을 보여 준다.

원가의 분석 및 예측을 위해 학습효과는 수학적 모형으로 표현될 수 있다. 이를 학습곡선모형이라 하는데 학습곡선모형은 종속변수를 단위당 누적평균시간을 사용하느냐 또는 증분단위시간을 사용하느냐에 따라 누적평균시간모형과 증분단위시간모형으로 구분할 수 있다.

1) 누적평균시간모형

학습곡선효과는 활동이 반복됨에 따라 특정활동수행에 소요되는 작업시간이 감소되는 것을 의미한다. 가령 첫 번째로 제품 한 단위를 생산하는 데 20시간이 소요된다고 가정하자. 두 번째 단위를 생산하는 데는 단지 19시간이 소요되고 세 번째 단위를 생산하는 데에는 이보다 덜 소요된다. 학습이 멈춰지면 감소상태(declining state)에서 정지상태(steady state)에 도달된다. 학습곡선의 구체적 모양은 학습의 정도 또는 효율향상의 정도를 기술하는 학습률(learning rate)에 의존한다. 학습은 80%, 95% 등과 같이 퍼센티지로 나타낸다. 이는 산출물이 두 배가 될 때마다 산출물의 평균누적(작업)시간(average cumulative labor hour)이 이전의 평균누적작업시간에 학습곡선퍼센티지를 곱한 것과 같음을 의미한다.

예제 2-4

생산소요 시간의 결정

첫 단위생산에 20시간이 소요되고 80% 학습곡선을 지닌다고 하자.

요구사항

이때 두 번째 단위생산에 소요되는 시간은 얼마인가?

해답

두 단위 생산의 평균누적시간=학습곡선퍼센티지 첫 단위의 평균누적시간(또는 첫 단위 생산소요시간)=80%×20시간=16시간

두 단위 생산소요 누적시간=16시간×2=32시간

두 번째 단위 생산 작업시간=두 단위 생산소요 누적시간−첫 단위 평균누적시간
=32시간−20시간=12시간

학습곡선퍼센티지가 작아질수록 학습은 증대된다. 즉 80% 학습곡선을 지닌다면 두 단위 생산의 평균누적시간은 16시간이고 총누적시간은 32시간이다. 그런데 첫 단위 생산에 20시간이 소요되므로 두 번째 단위생산 소요시간은 12시간이 된다. [예제 2−1]에서는 학습률이 95%인 경우 두 번째 단위생산소요시간은 18시간이었다. 이와 같이 학습곡선퍼센티지가 작아질수록 학습효과는 더 많이 나타난다.

누적평균시간모형(cumulative average−time model)에서는 누적생산량이 두 배로 증가될 때마다 단위당 누적평균시간이 일정률로 감소된다. 예로서 첫 단위생산소요시간이 100시간이고 학습곡선퍼센티지가 80%인 누적평균시간 학습곡선모형을 가정한다.

누적평균시간모형에서 80% 학습곡선이란 누적생산량이 두 배로 증가될 때마다 단위당 누적평균시간이 이전의 단위당 누적평균시간의 80%가 됨을 의미한다. 즉 단위당 평균시간이 20% 절감됨을 의미한다.

[표 2−3]에서 첫 단위생산 소요시간이 100시간이고 학습곡선퍼센티지가 80%이므로 두 번째 단위를 생산해서 누적생산량이 두 배가 될 때 단위당 누적평균작업시간은 80시간(100시간×0.8)이 된다. 이때 누적 총작업시간은 160시간(80시간×2)이므로 두 번째 단위생산에 소요되는 시간은 60시간(160시간−100시간)이 된다. 또한 누적생산량이 4단위인 경우 단위당 누적평균 작업시간은 64시간(80시간×0.8)이 되고 이때의 누적 총작업시간은 256시간(64시간×4)이 된다. 누적생산량이 두 단위인 경우 누적총작업시간이 160시간이므로 셋째와 넷째 단위의 두 단위생산에 소요되는 시간은 96시간(256시간−160시간)이 된다.

표 2−3 80% 누적평균시간 학습곡선 모형

누적생산량(X)	단위당 누적평균 작업시간(Y)	누적총작업시간 (X · Y)	증분작업시간(ΔX · Y)
1 단위	100시간	100시간	100시간 첫째단위(1단위)
2 단위	80(100×0.8)	160(80×2)	60 둘째단위(1단위)
3 단위	−	−	−
4 단위	64(80×0.8)	256(64×4)	96 셋째와 넷째단위(2단위)

누적평균시간모형을 수학적으로 표현하면 다음과 같다.

$$Y = aX^{-b} \tag{2-13}$$

여기서 Y = 누적생산량이 X단위일 때 소요되는 단위당 누적평균작업시간
a = 첫 번째 단위를 생산하는 데 소요되는 작업시간
X = 누적생산량
b = 학습지표

학습지표 b는 학습곡선퍼센티지의 수학적 표현인데 학습곡선퍼센티지의 로그값을 로그 2로 나누어서 계산한다.

예제 2-5

학습지표 b값의 산출

80% 학습곡선 모형에서 학습지표 b값은 얼마인가?

해답

첫 단위 생산에 소요시간이 a라면 80% 학습곡선 모형에서 두 단위 생산하는 데 소요되는 단위당 누적평균작업시간은 0.8a이다. 또한 등식 (14－1)에 의하면 두 단위 생산하는 데 소요되는 단위당 누적평균작업시간, $Y_{X=2}$는 $a.2^b$이다. 따라서 80% 학습곡선 모형에서는, $0.8a = a.2^b$이다.

$$0.8a = a.2^b$$
$$0.8 = 2^b$$
$$\ln 0.8 = b\ln 2$$
$$\therefore\ b = \frac{\ln 0.8}{\ln 2} = -0.3219$$

따라서 예에서의 학습곡선형태를 수학적 모형으로 나타내면 다음과 같다.

$$Y = 100X^{-0.3219} \tag{2-14}$$

[표 2－3]에서는 누적생산량이 두 배로 증가될 경우에만 단위당 누적평균작업시간과

누적총작업시간을 산출하였는데 위의 수학적 등식을 사용하면 어떠한 누적생산량에 대하여서도 필요한 자료를 산출할 수 있다. 가령 등식 (2-14)를 사용해서 누적생산량이 8단위일 때와 10단위일 때의 단위당 누적평균작업시간을 각각 구해 보면 다음과 같다.

$$Y_{X=8} = 100(8)^{-0.3219} = 51.20\text{시간}$$
$$Y_{X=10} = 100(10)^{-0.3219} = 47.65\text{시간}$$

2) 증분단위시간모형

증분단위시간모형(increamental unit-time model)에서는 누적생산량이 두 배로 증가될 때마다 증분단위시간이 일정률로 감소된다. 위에서 설명한 누적평균시간모형에서는 종속변수로 누적평균시간을 사용한 데 반해 여기서는 증분단위시간을 사용한다. 증분단위시간이란 맨 마지막단위를 생산하는 데 소요되는 시간을 의미한다. [표 2-4]는 첫 단위 생산소요시간이 100시간이고 학습률이 80%인 증분단위시간 학습곡선모형을 나타내 준다.

증분단위시간모형에서 80%학습곡선이란 누적생산량이 두 배로 증가될 때마다 맨 마지막 단위를 생산하는 데 소요되는 시간이 이전의 맨 마지막 단위 생산소요시간의 80%가 됨을 의미한다. [표 2-4]에서 첫 단위 생산소요시간이 100시간이고 학습곡선퍼센티지가 80%이므로 두 번째 단위를 생산하는 데 소요되는 시간은 80(100×0.8)시간이 된다. 따라서 두 단위 생산하는 데 소요되는 누적총작업시간은 180(100+80)시간이며 단위당 누적평균작업시간은 90(180/2)시간이다. 참고로 80% 학습곡선퍼센티지에서 누적평균시간모형에서는 두 단위 생산하는 데 단위당 누적평균작업시간은 80시간이었다. 이상에서 볼 수 있는 바와 같이 학습곡선퍼센티지가 같을 때 누적평균시간모형의 학습효과는 증분단위시간모형의 학습효과보다 크게 나타남을 알 수 있다.

표 2-4 80% 증분단위시간 학습곡선 모형

누적생산량(X)	X번째 단위작업시간(Y)	누적총작업시간(ΣY)	단위당 누적평균작업시간(ΣY÷X)
1단위	100.00시간	100시간	100시간
2단위	80.00(100×0.8)	180(100+80)	90(180/2)
3단위	70.21	250.21(180+70.21)	83.40(250.21/3)
4단위	64.00(80×0.8)	314.21(250.21+64)	78.55(314.21/4)

연습문제

E·x·e·r·c·i·s·e

객관식

원가의 개념

01 원가에 관한 설명으로 옳지 않은 것은? (22. 감정평가사)

① 가공원가(전환원가)는 직접노무원가와 제조간접원가를 합한 금액이다.
② 연간 발생할 것으로 기대되는 총변동원가는 관련 범위 내에서 일정하다.
③ 당기제품 제조원가는 당기에 완성되어 제품으로 대체된 완성품의 제조원가이다.
④ 기초고정원가는 현재의 조업도 수준을 유지하는데 기본적으로 발생하는 고정원가이다.
⑤ 회피가능원가는 특정한 의사결정에 의하여 원가의 발생을 회피할 수 있는 원가로서 의사결정과 관련 있는 원가이다.

02 (주)감평의 생산량 관련범위 내에 해당하는 원가자료는 다음과 같다. ( )에 들어갈 금액으로 옳지 않은 것은? (21. 감정평가사)

	생산량	
	2,000개	5,000개
총원가		
변동원가	A( )	?
고정원가	B( )	?
소계	?	E( )
단위당 원가		
변동원가	C( )	?
고정원가	?	₩10
소계	D( )	₩30

① A: ₩40,000　　② B: ₩50,000　　③ C: ₩20

④ D: ₩45　　⑤ E: ₩90,000

원가의 흐름

03 20×1년 (주)관세의 제조와 관련된 원가가 다음과 같을 때 직접노무원가는? (18. 관세사)

당기제품제조원가	₩1,400,000
기본원가(prime cost)	1,200,000
가공원가(전환원가)	1,100,000
기초재공품기말재공품	100,000
	200,000

① ₩400,000　　② ₩500,000　　③ ₩600,000
④ ₩800,000　　⑤ ₩900,000

04 당해 연도에 설립된 (주)관세는 당기에 제품 1,000개를 생산하여 800개를 판매하였다. 이 과정에서 판매비인 화재보험료를 제조간접원가로 처리하였다. 화재보험료를 판매비로 회계처리한 경우와 비교하여 동 회계처리가당기손익에 미치는 영향은? (18. 관세사)

① 매출총이익은 증가하고, 영업이익은 감소한다.
② 매출총이익과 영업이익이 모두 증가한다.
③ 매출총이익과 영업이익이 모두 변하지 않는다.
④ 매출총이익과 영업이익이 모두 감소한다.
⑤ 매출총이익은 감소하고, 영업이익은 증가한다.

05 다음은 (주)관세의 20×1년 생산 · 판매와 관련된 자료이다.

기초재공품	₩170,000	전환원가(가공원가)	₩2,250,000
기말재공품	320,000	기초제품	130,000
직접재료원가	830,000	기말제품	110,000
직접노무원가	750,000	매출액	3,835,000

위 자료를 이용하여 계산한 (주)관세의 20×1년 매출총이익은? (19. 관세사)

① ₩135,000　　② ₩885,000　　③ ₩905,000
④ ₩925,000　　⑤ ₩965,000

06 (주)관세의 20×1년 6월 매출액은 ₩400,000이며, 매출총이익률은 25%이다. 원가관련 자료가 다음과 같을 때 6월 말 직접재료재고액은? (20. 관세사)

구분	6월 초	6월 말
직접재료	₩10,000	₩15,000
재공품	40,000	50,000
제품	40,000	55,000
직접재료매입액	180,000	
전환(가공)원가	130,000	

① ₩20,000 ② ₩30,000 ③ ₩40,000
④ ₩50,000 ⑤ ₩60,000

07 다음은 (주)관세의 20×1년 영업자료에서 추출한 정보이다. 직접노무원가가 기본원가(prime cost)의 50%일 경우, 당기제품제조원가는? (21. 관세사)

기초직접재료	₩200	기말직접재료	₩100
보험료－본사사옥	200	보험료－공장설비	100
감가상각비－본사사옥	100	감가상각비－공장설비	100
기타 제조간접원가	300	기초재공품	1,500
기말재공품	1,000	직접재료 매입액	500

① ₩1,850 ② ₩1,950 ③ ₩2,050
④ ₩2,150 ⑤ ₩2,250

08 다음 자료를 이용하여 계산한 매출원가는? (18. 감정평가사)

기초재공품	₩60,000	기초제품	₩45,000	기말재공품	₩30,000
기말제품	₩60,000	직접재료원가	₩45,000	직접노무원가	₩35,000
제조간접원가	₩26,000				

① ₩121,000 ② ₩126,000 ③ ₩131,000
④ ₩136,000 ⑤ ₩141,000

09 원가가산 가격결정방법에 의해서 판매가격을 결정하는 경우 ( )에 들어갈 금액으로 옳은 것은? (단, 영업이익은 총원가의 30%이고, 판매비와관리비는 제조원가의 50%이다.)

(18. 감정평가사)

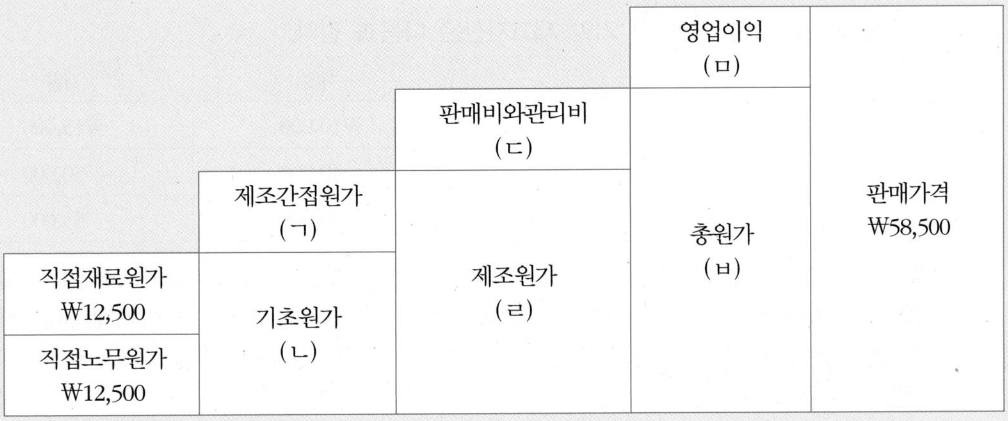

	(ㄱ)	(ㄴ)	(ㄷ)	(ㄹ)	(ㅁ)	(ㅂ)
①	₩5,000	₩25,000	₩15,000	₩30,000	₩13,500	₩13,500
②	₩10,000	₩25,000	₩17,500	₩35,000	₩10,500	₩48,000
③	₩10,000	₩25,000	₩15,000	₩30,000	₩13,500	₩45,000
④	₩10,000	₩25,000	₩17,500	₩35,000	₩10,500	₩48,000
⑤	₩10,000	₩25,000	₩17,500	₩30,000	₩10,500	₩48,000

10 단일제품을 생산하는 (주)감평은 매출원가의 20%를 이익으로 가산하여 제품을 판매하고 있다. 당기의 생산 및 판매 자료가 다음과 같다면, (주)감평의 당기 직접재료매입액과 영업이익은? (19. 감정평가사)

• 재고자산

	기초재고	기말재고
직접재료	₩17,000	₩13,000
재공품	20,000	15,000
제품	18,000	23,000

• 기본(기초)원가 ₩85,000
• 가공(전환)원가 98,000
• 매 출 액 80,000
• 판매관리비 10,000

	직접재료매입액	영업이익		직접재료매입액	영업이익
①	₩46,000	₩15,000	②	₩48,000	₩15,000
③	₩48,000	₩20,000	④	₩52,000	₩20,000
⑤	₩52,000	₩26,000			

11 (주)감평의 20×1년 기초 및 기말 재고자산은 다음과 같다.

구분	기초	기말
직접재료	₩10,000	₩15,000
재공품	40,000	50,000
제품	40,000	55,000

(주)감평은 20×1년 중 직접재료 ₩35,000을 매입하였고, 직접노무원가 ₩45,000을 지급하였으며, 제조간접원가 ₩40,000이 발생하였다. (주)감평의 20×1년 당기제품제조원가는? (단, 20×1년 초 직접노무원가 선급금액은 ₩15,000이고 20×1년 말 직접노무원가 미지급금액은 ₩20,000이다.) (20. 감정평가사)

① ₩110,000 ② ₩120,000 ③ ₩125,000
④ ₩140,000 ⑤ ₩150,000

12 (주)세무의 기초 및 기말 재고자산은 다음과 같다.

	기초잔액	기말잔액
원재료	₩27,000	₩9,000
재공품	30,000	15,000
제 품	35,000	28,000

원재료의 제조공정 투입금액은 모두 직접재료원가이며 당기 중 매입한 원재료는 ₩83,000이다. 기초원가(prime cost)는 ₩306,000이고, 전환원가(conversion cost)의 50%가 제조간접원가이다. (주)세무의 당기 제품제조원가와 당기 매출원가는? (19. 세무사)

	당기제품제조원가	매출원가
①	₩408,500	₩511,000
②	₩511,000	₩511,000
③	₩511,000	₩526,000
④	₩526,000	₩526,000
⑤	₩526,000	₩533,000

13 다음은 (주)세무의 당기 및 전기 제조간접원가에 관련된 자료이다. 이 자료에의 할 때 (주)세무의 당기 제조간접원가 발생액은? (19. 세무사)

	당기 지급액	당기말 잔액		전기말 잔액	
		선급비용	미지급비용	미지급비용	선급비용
공장관리비	₩250,000	₩150,000	–	₩25,000	–
수도광열비	300,000	–	₩100,000	25,000	–
복리후생비	150,000	–	100,000	–	₩35,000

① ₩615,000 ② ₩735,000 ③ ₩765,000
④ ₩965,000 ⑤ ₩1,065,000

14 (주)세무의 20×1년 1월의 재고자산 자료는 다음과 같다.

	직접재료	재공품	제품
20×1. 1. 1.	₩80,000	₩100,000	₩125,000
20×1. 1. 31.	60,000	75,000	80,000

20×1년 1월 중 직접재료의 매입액은 ₩960,000이고, 직접노무원가는 제조간접원가의 40%이다. 1월의 매출액은 ₩2,500,000이며, 매출총이익률은 16%이다. 20×1년 1월의 기본원가(prime costs)는? (22. 세무사)

① ₩1,050,000 ② ₩1,160,000 ③ ₩1,280,000
④ ₩1,380,000 ⑤ ₩1,430,000

15 (주)대한의 20×1년 재고자산과 관련된 자료는 다음과 같다. (21. 회계사)

구분	원재료	재공품	제품
기초금액	₩23,000	₩30,000	₩13,000
기말금액	12,000	45,000	28,000

20×1년 원재료 매입액은 ₩55,000이며, 가공원가는 ₩64,000이다. 이 경우 ㈜대한의 20×1년 당기제품제조원가에서 매출원가를 차감한 금액은 얼마인가?

① ₩12,000 ② ₩15,000 ③ ₩23,000
④ ₩28,000 ⑤ ₩30,000

16 (주)대한은 의료장비를 생산하고 있으며, 20×1년 2월 원가 관련 자료는 다음과 같다. (22. 회계사)

- 재료 구입액은 ₩4,000, 재료 기말재고액은 ₩1,400이다.
- 노무원가는 공장에서 발생한 것이며, 노무원가의 80%는 생산직 종업원의 임금이다.
- 지급한 노무원가는 ₩3,700, 기초 미지급노무원가는 ₩200, 기말 미지급노무원가는 ₩500이다.
- 기본원가(기초원가, prime costs)는 ₩5,700이다.
- 제조경비는 ₩2,100이며, 전액 제조간접원가이다.

20×1년 2월 (주)대한의 제조간접원가는 얼마인가? 단, 기초재고자산은 없다.

① ₩2,100　② ₩2,200　③ ₩2,800
④ ₩3,000　⑤ ₩3,100

원가추정

17 (주)세무는 원가행태를 추정하기 위해 고저점법을 적용한다. (주)세무의 경영 | 자는 추정된 원가함수를 토대로 7월의 목표이익을 ₩167,500으로 설정하였다. 목표이익을 달성하기 위한 추정 목표매출액은? (단, 당월 생산된 제품은 당월에 전량 판매되고, 추정 목표 매출액은 관련 범위 내에 있다.) (18. 세무사)

월	총원가	총매출액
3월	₩887,000	₩980,000
4월	791,000	855,000
5월	985,000	1,100,000
6월	980,000	1,125,000

① ₩1,160,000　② ₩1,165,000　③ ₩1,170,000
④ ₩1,180,000　⑤ ₩1,200,000

※ 다음 자료를 이용하여 18번과 19번에 답하시오. (20. 회계사)

(1) 다음은 단일제품 A를 생산하는 (주)대한의 20×1년도 생산 및 제조에 대한 자료이다.

구분	생산량(개)	제조원가(₩)
1월	1,050	840,000
2월	1,520	1,160,000
3월	1,380	983,000
4월	2,130	1,427,600
5월	1,400	1,030,000

6월	1,730	1,208,000
7월	1,020	850,400
8월	1,800	1,282,300
9월	1,640	(중략)
10월	1,970	(중략)
11월	1,650	1,137,400
12월	1,420	1,021,800

(2) (주)대한의 회계담당자는 향후 생산량에 따른 원가를 예측하고, 변동원가계산서 작성에 필요한 자료를 얻기 위해 중략된 자료를 포함한 위 자료를 이용하여 원가모형을 추정하였다. (주)대한의 회계담당자가 회귀분석을 통해 추정한 원가모형은 다음과 같다.

- 원가추정모형: $Y=a+b\times X$
- Y=제조원가(₩)
- a=296,000 (t-value: 3.00, 유의도 0.01 이하)
- b=526 (t-value: 4.00, 유의도 0.01 이하)
- X=생산량(개)
- R^2(결정계수)=0.96

18 위 자료를 바탕으로 다음 설명 중 가장 옳은 것은?

① R^2는 추정된 회귀분석의 설명력을 나타내는 것으로 1보다 클수록 높은 설명력을 가진다.
② 회귀분석을 통해 추정한 계수값인 a와 b의 유의도와 t-value가 낮아 분석결과 값을 신뢰할 수 없다.
③ 제품 A의 단위당 판매액이 ₩700이고 단위당 변동판매관리비가 ₩10일 때 제품 A에 대한 단위당 공헌이익은 ₩26이다.
④ 제품 A를 2,000개 생산한다면 회귀분석을 통해 추정한 제조원가는 ₩1,348,000이다.
⑤ 9월과 10월의 중략된 제조원가자료를 사용하면 고저점법을 통해 더 정확한 원가를 추정할 수 있다.

19 위 자료를 바탕으로 (주)대한의 회귀분석으로 추정한 제조원가와 고저점법으로 추정한 제조원가가 같아지는 생산량은 얼마인가?

① 1,000개 ② 1,500개 ③ 2,000개
④ 3,000개 ⑤ 4,000개

20 (주)감평은 최근 신제품을 개발하여 최초 10단위의 제품을 생산하는 데 총 150시간의 노무시간을 소요하였으며, 직접노무시간당 ₩1,200의 직접노무원가가 발생하였다. (주)감평은 해당 신제품 생산의 경우, 90%의 누적평균시간 학습곡선모형이 적용될 것으로 예상하고 있다. 최초 10단위 생산 후, 추가로 30단위를 생산하는 데 발생할 것으로 예상되는 직접노무원가는? (20. 감정평가사)

① ₩180,000　② ₩259,200　③ ₩324,000
④ ₩403,200　⑤ ₩583,200

21 올해 창업한 (주)세무는 처음으로 A광역시로부터 도로청소 특수차량 4대의주문을 받았다. 이 차량은 주로 수작업을 통해 제작되며, 소요될 원가자료는 다음과 같다.

- 1대당 직접재료원가: ₩85,000
- 첫 번째 차량 생산 직접노무시간: 100시간
- 직접노무원가: 직접노무시간당 ₩1,000
- 제조간접원가: 직접노무시간당 ₩500

위의 자료를 바탕으로 계산된 특수차량 4대에 대한 총제조원가는? (단, 직접노무시간은 80% 누적평균시간학습모형을 고려하여 계산한다.) (21. 세무사)

① ₩542,000　② ₩624,000　③ ₩682,000
④ ₩724,000　⑤ ₩802,000

22 (주)세무는 최근에 신제품을 개발하여 처음으로 10단위를 생산했으며, 추가로 10단위를 생산하는데 필요한 직접노무시간은 처음 10단위 생산에 소요된 직접노무시간의 60%인 것으로 나타났다. (주)세무의 신제품 생산에 누적평균시간 학습모형이 적용된다면 학습률은? (22. 세무사)

① 60%　② 65%　③ 80%
④ 85%　⑤ 90%

23 (주)대한은 A형–학습모형(누적평균시간 모형)이 적용되는 '제품X'를 개발하고, 최초 4단위를 생산하여 국내 거래처에 모두 판매하였다. 이후 외국의 신규 거래처로부터 제품X의 성능이 대폭 개선된 '제품X–plus'를 4단위 공급해 달라는 주문을 받았다. 제품X–plus를 생산하기 위해서는 설계를 변경하고 새로운 작업자를 고용해야 한다. 또한 제품X–plus의 생산에는 B형–학습모형(증분단위시간 모형)이 적용되는 것으로 분석되었다. (18. 회계사)

누적 생산량	A형-학습모형이 적용될 경우 누적평균 노무시간	B형-학습모형이 적용될 경우 증분단위 노무시간
1	120.00	120.00
2	102.00	108.00
3	92.75	101.52
4	86.70	97.20
5	82.28	93.96
6	78.83	91.39
7	76.03	89.27
8	73.69	87.48

(주)대한이 제품X-plus 4단위를 생산한다면, 제품X 4단위를 추가로 생산하는 경우와 비교하여 총노무시간은 얼마나 증가(또는 감소)하는가?

① 102.00시간 감소 ② 146.08시간 증가 ③ 184.00시간 증가
④ 248.60시간 증가 ⑤ 388.80시간 감소

제3장

원가의 배부

제 3 장 원가의 배부

원가관리회계에서 원가배부는 매우 다양한 용도 또는 목적으로 이루어진다. 재무회계에서의 기간손익목적, 세무회계에서의 과세소득 결정목적, 의사결정을 위한 정보 산출 목적, 대리인 행동의 통제목적, 원가보상계약에서의 원가의 정당화 등이 그것이다. 본장에서는 원가배부 목적 이외에 원가배부기준에 대해서도 또한 살펴본다. 그리고 보조부문의 원가를 제조부문에 배부하는 다양한 방법을 구체적으로 살펴본다.

제1절 원가배부의 의의

1. 원가배부의 의의

기업의 경영자는 계획, 통제 및 의사결정을 위해 그 목적에 적합한 원가정보를 필요로 하는데 이러한 원가정보를 얻기 위해 구매, 생산, 판매활동 및 지원활동에 관한 원가정보를 추적하고 배부하여 집계하는 과정을 거쳐야 한다.

원가는 특정 원가대상(cost object)의 추적가능성에 따라 직접원가(direct costs)와 간접원가(indirect costs)로 구분된다. 직접원가는 특정 원가대상에 관련이 있는 원가로서 직접 추적이 가능한 원가를 말하며 간접원가는 특정 원가대상에 관련이 있으나 직접 추적할 수 없는 원가이다.

원가추적이란 원가대상에 직접원가를 할당하는 것을 말하며, 원가배부는 간접원가를 원가대상에 할당하는 것을 말한다. 이와 같이 원가대상에 할당된 원가를 모으는 것을 원가집계라 한다.

2. 원가배부의 목적

원가를 배부하는 목적은 크게 ① 외부보고를 위한 제품원가계산 ② 경제적 의사결정을 위한 정보제공 ③ 동기부여 및 성과평가 ④ 원가의 정당화 등으로 구분하여 설명할 수 있다.

(1) 외부보고를 위한 제품원가계산 및 이익측정

기업의 외부이해관계자인 주주, 채권자, 정부 등에게 정보를 제공하기 위해서는 재고자산의 평가가 이루어져야 한다. 재고자산의 평가를 위해서는 제품의 제조원가를 파악하여야 한다. 제품의 제조원가는 직접원가와 간접원가로 구성되는데 직접원가는 원가추적으로 용이하게 계산할 수 있다. 그러나 간접원가를 구하기 위해서는 추적이 불가능하므로 원가대상에 배부하여야 한다. 또한 매출원가는 원가배부로 인하여 결정되므로 이익에도 영향을 미친다.

(2) 경제적 의사결정을 위한 정보제공

기업의 경영자는 경제적 의사결정을 합리적으로 수행하기 위해서 원가정보를 활용한다. 이러한 원가정보는 원가대상에 따라 제품원가 및 부문별 원가 등으로 대별할 수 있다. 제품원가에 대한 정보는 제품별로 직접 추적할 수 없는 간접원가의 원가배부를 통해서 파악할 수 있다. 제품원가정보를 알게 되면 판매가격 결정, 신 설비 도입 및 부품의 자가제조 여부 등에 대한 경제적 의사결정을 하는 데 도움이 된다.

(3) 동기부여 및 성과평가

기업의 성과평가를 위해 원가배부가 이루어짐에 따라 원가배부는 경영자 및 종업원에게 동기를 부여한다. 그리고 원가배부가 이루어진 원가자료를 통하여 각 부문의 경영자가 일정기간동안 얼마나 효율적으로 원가를 통제하였는지를 평가하고, 또한 각 부문의 성과평가에 활용되기 때문에 종업원들은 간접비를 절감시킬 유인을 갖게 된다.

(4) 원가의 정당화

원가를 정당화하고 보상액을 결정하는 데 원가가 배부된 원가자료가 활용된다. 건설부문에서 건설회사와 협력회사와의 계약에서는 원가보상계약이 많은데 이때 원가정보가 중요한 역할을 한다. 원가보상계약이란 협력회사가 발생한 원가에 일정금액의 이익을 가산하여 보상하는 계약을 말한다. 이때 협력회사가 보상받을 금액을 결정하기 위해 정해진 일정한 기준으로 원가를 배부하게 된다.

3. 원가배부 기준

원가배부는 일정한 기준에 의해 원가를 원가대상에 배부하는 것을 말한다. 그러나 배부기준을 정하는 것은 임의적이라는 한계가 있다. 경영자는 이를 극복하기 위해서 특정원가를 배부하는 목적을 선정하고 이 목적에 적합한 원가기준을 선정해야 한다. 이와 관련된 지침이 되는 기준은 ① 인과관계 기준 ② 수혜 기준 ③ 부담능력 기준 ④ 공정성 기준으로 구분할 수 있다.

(1) 인과관계 기준

인과관계 기준(causality criterion)은 원가배부에 있어서 가장 우선시 되는 기준으로 원가의 발생과 원가대상간의 인과관계에 따라 원가를 배부하는 기준이다. 예를 들어 구매부문의 원가를 구매주문 횟수에 비례하여 배부하는 것을 들 수 있다. 이러한 인과관계는 기초원가의 경우에는 높으나 제조간접원가의 경우는 낮다.

(2) 수혜 기준

수혜 기준(benefits received criterion)은 배부하려고 하는 원가로부터 원가대상이 제공받은 경제적 효익에 따라 배부하는 기준이다. 예를 들어 수도광열비를 배부할 경우 각 원가대상이 사용한 물의 양에 따라 원가를 배부하는 것을 들 수 있다. 수혜 기준은 물을 많이 사용한 공장이 물을 적게 사용한 공장보다 물의 혜택을 더 받았기 때문에 수도광열비를 더 많이 배부 받아야 한다는 사고에 기초한 것이다.

(3) 부담능력 기준

부담능력 기준(ability to bear criterion)은 원가대상이 원가를 부담할 수 있는 능력에 따라 원가를 배부하는 기준이다. 예를 들어 매출액이나 이익이 많은 사업부가 원가를 부담할 능력을 더 많이 가지고 있기 때문에 보다 많은 원가를 배부하는 것을 들 수 있다. 이런 경우 각 사업부에 대한 평가가 왜곡되어 각 사업부문의 경영자 및 종업원의 사기를 저하시킬 우려가 있으므로 주의해야 한다.

(4) 공정성 기준

공정성 기준(fairness criterion)은 원가대상에 원가를 배부할 때는 공정하게 배부해야 한다는 기준이다. 이 기준은 예를 들어 원가를 기준으로 가격이 정해지는 정부와의 계약에서 많이 활용되고 있다. 이 기준은 공평성 기준(equity criterion)이라고도 하며 원가를 배부하는 방법을 의미하기보다는 원가배부를 통하여 달성해야 할 목적을 의미한다.

제2절 보조부문원가의 배부

1. 보조부문원가 배부의 의의

기업의 제조활동은 생산공장에서 이루어진다. 이러한 생산공장은 제조활동을 직접 수행하는 제조부문(production department)과 제조활동을 지원하는 보조부문(support department)으로 나누어진다.

예를 들어 철강업의 경우 제조부문은 기업이 제공하는 철강재를 생산하는 부문으로서 제선부, 제강부 열연 및 냉연부 등으로 구성되어 있는 반면에 보조부문은 철강생산에 직접적으로 관여하지 않지만 제조활동을 촉진시키기 위한 활동을 수행하거나 제조활동을 보조하는 활동을 수행하는 부문으로서 설비기술부, 환경에너지부, 행정지원부 등을 들 수 있다.

제조부문과 제품(혹은 개별작업)은 생산과 직접적으로 관련이 있으므로 제조부문의 원가는 각 제품과 관련하여 직접적으로 추적이 가능하기 때문에 제조직접비로 분류한다. 그러나 보조부문은 제품의 생산과 직접적인 관련이 없으므로 보조부문의 원가는 각 제품과 관련하여 직접적으로 추적할 수 없기 때문에 제조간접원가로 분류한다.

일반적으로 제품의 원가를 산정하기 위해서는 제조활동과 관련된 모든 제조원가를 제품에 배부해야 하기 때문에 보조부문의 원가도 각 제품별로 배부되어야 한다. 따라서 보조부문의 원가는 다음과 같은 절차에 의해서 제품에 배부된다.

첫째, 제조부문과 보조부문의 제조간접원가를 각 부문별로 집계한다.

둘째, 집계된 보조부문의 원가를 제조부문에 배부한다.

셋째, 제조부문 자체의 제조간접원가와 보조부문에서 배부된 제조간접원가를 합하여 제품에 배부한다.

이러한 배부방법을 2단계 배부법(two-stage allocation)이라고 하며 이를 간단히 요약하면 [그림 3-1]과 같다.

그림 3-1 2단계 배부법에 의한 제조간접원가 배부

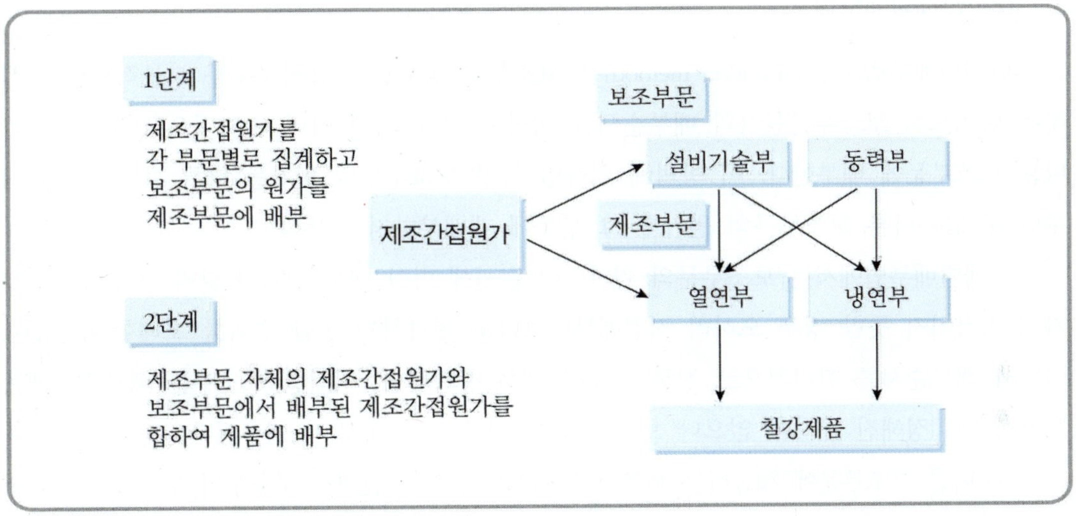

2. 보조부문원가의 배부방법

보조부문은 제조부문에 용역을 제공할 뿐만 아니라 보조부문 상호간에도 용역을 주고받는다. 따라서 보조부문이 제조부문에 용역을 제공하는 경우 보조부문의 원가를 배부하는 데에는 논란의 여지가 없지만, 보조부문 상호간에 용역을 주고받는 경우에는 보조부문의 원가배부가 복잡해진다. 예를 들면 수선부문이 제조부문 뿐만 아니라 동력부문과 같은 보조부문에 용역을 제공하며, 반대로 동력부문으로부터 용역을 제공받아 수선유지 활동을 수행한다. 이러한 경우 보조부문의 원가배부 방법은 보조부문 상호간의 용역수수 관례를 어느 정도 고려하는가에 따라 다음과 같이 세 가지로 나누어진다.

(1) 직접배부법

직접배부법(direct allocation method)은 보조부문 상호간의 용역수수를 완전히 무시하고 보조부문원가를 제조부문에만 직접 배부한다. 이 방법은 보조부문 상호간의 용역수수 관계를 무시하므로 정확한 원가배부가 이루어지지 않는다는 단점이 있다. 따라서 1단계에서 정확하지 못한 보조부문원가배부가 이루어짐에 따라 2단계에서도 부정확한 원가배부가 이루어져 제품에 대한 원가정보가 왜곡될 수가 있다. 그러나 직접배부법은 간단하다는 장점이 있기 때문에 보조부문 상호간의 용역수수관계가 중요하지 않을 때 적절한 방법이다.

(2) 단계별배부법

단계별배부법(step allocation method)은 보조부문 상호간의 용역수수를 부분적으로 인식하는 방법으로 보조부문원가의 배부순서를 정하여 그 순서에 따라 순차적으로 제조부문과 다른 보조부문에 배부한다. 이 방법에 의하면 특정 보조부문의 원가를 다른 보조부문에 배부한 후에는 다른 보조부문의 원가를 그 부문에 재배부하지 않는다.

단계별배부법에서는 보조부문의 원가 배부순서에 따라 배부 결과가 달라지며, 배부순서가 합리적이지 못할 경우 오히려 직접배부법보다도 정확하지 못한 결과를 초래할 수 있다. 따라서 배부순서를 합리적으로 정하는 것이 매우 중요하다. 이러한 보조부문 배부순서에는 일반적으로 정해진 규칙이 없으나 보통 다음과 같은 규칙이 많이 이용된다.

① 다른 보조부문에 제공하는 보조부문 원가는 금액이 큰 보조부문부터 우선적으로 배부

② 다른 보조부문에 제공하는 용역의 비율이 큰 부문부터 우선적으로 배부

③ 자신의 용역을 제공받는 다른 보조부문의 수가 많은 보조부문부터 우선적으로 배부

(3) 상호배부법

상호배부법(reciprocal allocation method)은 보조부문 상호간 용역수수를 완전히 인식하는 방법으로 보조부문원가는 그 보조부문이 제공하는 용역을 소비하는 다른 모든 보조부문에 배부한다. 즉, 보조부문간 용역을 주고받는 사실을 그대로 반영하여 보조부문원가를 배부하는 방법이다. 상호배부법에 의해 보조부문원가를 배부하는 경우 다음과 같은 세 단계를 거친다.

① 보조부문간 용역수수 관계를 고려하여 보조부문원가에 대한 연립방정식을 표시한다.

② 연립방정식을 푼다.

③ 연립 방정식에서 구한 원가를 각 보조부문 및 제조부문에 배부한다.

이 방법은 모든 용역수수 관계를 완전히 인식하므로 가장 정확한 방법이기는 하지만 실무에서 적용하는 데 번거롭고 복잡하다는 단점 때문에 실무에서 많이 사용되지 않는다.

예제 3-1

보조부문의 원가배부(1)

(주)안산자동차는 두 개의 보조부문(수선부문과 동력부문)과 두 개의 제조부문(조립부문과 포장부문)으로 구성되어 있다. 각 부문의 용역수수 관계와 각 부문의 자체 발생원가는 다음과 같다.

사용부문 / 제공부문	보조부문		제조부문		합계
	수선부문	동력부문	조립부문	포장부문	
수선부문	–	20%	50%	30%	100%
동력부문	20%	–	65%	15%	100%
자체발생원가	₩400,00	₩20,000	₩800,000	₩60,000	₩2,000,000

요구사항

다음의 각 방법에 의하여 보조부문의 원가를 제조부문에 배부하시오.

1. 직접배부법
2. 단계별배부법(수선부문부터 배부)
3. 단계별배부법(동력부문부터 배부)
4. 상호배부법

해답

1. 직접배부법

1) 수선부문 배부

조립부문: $40,000 \times \frac{50\%}{80\%} = ₩25,000$

포장부문: $40,000 \times \frac{30\%}{80\%} = ₩15,000$

2) **동력부문 배부**

조립부문: $20{,}000 \times \frac{65\%}{80\%} = ₩16{,}250$

포장부문: $20{,}000 \times \frac{15\%}{80\%} = ₩3{,}750$

	보조부문		제조부문		합계
	수선부문	동력부문	조립부문	포장부문	
자체발생원가	₩40,000	₩20,000	₩80,000	₩60,000	₩200,000
수선부문 배부	(40,000)	–	25,000	15,000	–
동력부문 배부	–	(20,000)	16,250	3,750	–
총원가	–	–	₩121,250	₩78,750	₩200,000

2. 단계별배부법(수선부문부터 배부)

1) **수선부문 배부**

동력부문: 40,000×20%=₩8,000

조립부문: 40,000×50%=₩20,000

포장부문: 40,000×30%=₩12,000

2) **동력부문 배부**

조립부문 : $28{,}000 \times \frac{65\%}{80\%} = ₩22{,}750$

포장부문 : $28{,}000 \times \frac{15\%}{80\%} = ₩5{,}250$

	보조부문		제조부문		합계
	수선부문	동력부문	조립부문	포장부문	
자체발생원가	₩40,000	₩20,000	₩80,000	₩60,000	₩200,000
수선부문 배부	(40,000)	8,000	20,000	12,000	–
동력부문 배부	–	(28,000)	22,750	5,250	–
총원가	–	–	₩122,750	₩77,250	₩200,000

3. 단계별배부법(동력부문부터 배부)

1) **동력부문 배부**

수선부문: 20,000×20%=₩4,000

조립부문: 20,000×65%=₩13,000

포장부문: 20,000×15%=₩3,000

2) 수선부문 배부

$$조립부문 : 44,000 \times \frac{50\%}{80\%} = ₩27,500$$

$$포장부문 : 44,000 \times \frac{30\%}{80\%} = ₩16,500$$

	보조부문		제조부문		합계
	수선부문	동력부문	조립부문	포장부문	
자체발생원가	₩40,000	₩20,000	₩80,000	₩60,000	₩200,000
수선부문 배부	(44,000)	–	27,500	16,500	–
동력부문 배부	4,000	(20,000)	13,000	3,000	–
총원가	–	–	₩120,050	₩79,050	₩200,000

4. 상호배부법

수선부문과 동력부문의 배부될 총원가를 각각 X, Y라 하고 이를 연립방정식으로 표시하면 X=₩40,000+0.2Y, Y=₩20,000+0.2X이다. 이 연립방정식을 풀면 X=45,833 Y=29,167

1) 수선부문 배부
동력부문: 45,833×20%=₩9,167
조립부문: 45,833×50%=₩22,916
포장부문: 45,833×30%=₩13,750

2) 동력부문 배부
수선부문: 29,167×20%=₩5,833
조립부문: 29,167×65%=₩18,959
포장부문: 29,167×15%=₩4,375

	보조부문		제조부문		합계
	수선부문	동력부문	조립부문	포장부문	
자체발생원가	₩40,000	₩20,000	₩80,000	₩60,000	₩200,000
수선부문 배부	(45,833)	9,167	22,916	13,750	–
동력부문 배부	5,833	(29,167)	18,959	4,375	–
총원가	–	–	₩121,875	₩78,125	₩200,000

3. 보조부문원가 배부의 기타 문제 – 이중배부율법

보조부문원가를 배부하는 방법은 보조부문 상호간의 용역수수 관계의 인식여부에 따라 ① 직접배부법 ② 단계별배부법 ③ 상호배부법으로 구분하고 또한 보조부문의 원가를 배부함에 있어서 변동원가와 고정원가로 구분하여 배부하는지의 여부에 따라 ① 단일배부율법 ② 이중배부율법으로 구분할 수 있다.

단일배부율법(single rate method)은 보조부문의 원가를 변동원가와 고정원가로 구분하지 않고 하나의 배부기준으로 배부하는 방법을 말한다. 반면에 이중배부율법(dual rate method)은 보조부문의 원가를 변동원가와 고정원가로 구분하고 각각 다른 기준으로 배부하는 방법을 말한다. 이때 변동원가는 실제사용량을 기준으로 배부하고 고정원가는 최대사용량(예산사용량)을 기준으로 배부한다.

보조부문의 변동원가는 인과관계를 볼 때 실제사용량과 관련이 많으므로 실제사용량을 기준으로 배부하는 것이 합리적이다. 보조부문의 고정원가는 설비의 감가상각비 및 설비 임차료 등과 같이 용역을 제공하기 위한 설비와 관련하여 발생하는데 이러한 설비는 각 보조부문 또는 제조부문의 최대조업도(예산조업도)에 맞추어 구입되는 것이 일반적이다. 따라서 보조부문의 고정원가는 최대사용량을 기준으로 배부하는 것이 합리적이다.

예제 3-2

보조부문의 원가배부(2)

(주)안산자동차는 한 개의 보조부문(수선부문)과 두 개의 제조부문(조립부문과 포장부문)으로 구성되어 있다. 수선부문은 제조부문에 설비수선 용역을 제공하고 있는데, 각 제조부문에 최대 공급노동시간과 실제 공급노동시간은 다음과 같다.

	조립부문	포장부문	합계
최대 공급노동시간	700시간	500시간	1,200시간
실제 공급노동시간	500시간	500시간	1,000시간

그리고 각 부문별 자체발생원가는 다음과 같다.

	수선부문	제조부문		합계
		조립부문	포장부문	
변동원가	₩60,000	₩80,000	₩20,000	₩160,000
고정원가	30,000	120,000	80,000	230,000
합계	90,000	200,000	100,000	390,000

요구사항

다음의 각 방법에 의하여 보조부문의 원가를 제조부문에 배부하시오.

1. 단일배부율법
2. 이중배부율법

해답

1. 단일배부율법

1) 수선부문 배부

$$조립부문:\ 90,000 \times \frac{500}{1,000} = ₩45,000$$

$$포장부문:\ 90,000 \times \frac{500}{1,000} = ₩45,000$$

	수선부문	제조부문		합계
		조립부문	포장부문	
자체발생원가	₩90,000	₩200,000	₩100,000	₩390,000
수선부문 배부	(90,000)	45,000	45,000	–
총원가	–	245,000	145,000	390,000

2. 이중배부율법

1) 변동원가 배부

$$조립부문:\ 60,000 \times \frac{500}{1,000} = ₩30,000$$

$$포장부문:\ 60,000 \times \frac{500}{1,000} = ₩30,000$$

2) 고정원가 배부

$$조립부문:\ 30,000 \times \frac{700}{1,200} = ₩17,500$$

$$포장부문:\ 30,000 \times \frac{500}{1,200} = ₩12,500$$

	수선부문	제조부문		합계
		조립부문	포장부문	
자체발생원가	₩90,000	₩200,000	₩100,000	₩390,000
변동원가 배부	(60,000)	30,000	30,000	–
고정원가 배부	(30,000)	17,500	12,500	
총원가	–	247,500	142,500	390,000

연습문제

E·x·e·r·c·i·s·e

객관식

원가의 개념

01 (주)관세는 제조부문(절단, 조립)과 보조부문(수선, 동력)을 이용하여 제품을 생산하고 있다. 수선부문과 동력부문의 부문원가는 각각 ₩250,000과 ₩170,000이며 수선부문은 기계시간, 동력부문은 전력소비량(kWh)에 비례하여 원가를 배부한다. 각 부문 간의 용역수수 관계는 다음과 같다.

사용부문 / 제공부문	제조부문		보조부문	
	절단	조립	수선	동력
수선	60시간	20시간	8시간	12시간
동력	350kwh	450kwh	140kwh	60kwh

(주)관세가 보조부문원가를 직접배부법으로 제조부문에 배부할 경우, 절단부문에 배부될 보조부문원가는? (단, 보조부문의 자가소비분은 무시한다.) (19. 관세사)

① ₩189,500 ② ₩209,500 ③ ₩226,341
④ ₩236,875 ⑤ ₩261,875

02 다음은 (주)관세의 부문원가를 배부하기 위한 배부기준과 원가자료이다.

	보조부문		제조부문	
	S1	S2	P1	P2
기계시간	–	200	400	400
전력량(kWh)	100	–	300	200
점유면적(M^2)	10	20	30	40
부문개별원가	₩240,000	₩160,000	₩400,000	₩600,000

부문공총원가	₩100,000

부문공통원가는 점유면적을 기준으로 배부한다. 보조부문원가는 S1은 기계시간, S2는 전력량을 기준으로 직접배분법을 사용하여 제조부문에 배부한다. 제조부문 P1의 배부 후 총원가는? (21. 관세사)

① ₩663,000 ② ₩674,000 ③ ₩682,000
④ ₩686,000 ⑤ ₩694,000

단계배부법

03 (주)세무는 제조부문(금형, 조립)과 보조부문(유지, 동력)을 이용하여 제품을 생산하고 있다. 유지 부문원가는 기계시간, 동력 부문원가는 전력량을 기준으로 단계배부법을 사용하여 보조부문원가를 제조부문에 배부한다. 보조부문원가를 배부하기 위한 20×1년 원가자료와 배부기준은 다음과 같다.

	보조부문		제조부문	
	유지	동력	금형	조립
부문개별원가	₩120,000	₩80,000	₩200,000	₩300,000
부문공통원가	₩200,000			
기계시간(시간)	–	200	400	400
전력량(kWh)	100	–	300	200
점유면적(m^2)	10	20	30	40

(주)세무의 부문공통원가 ₩200,000은 임차료이며, 이는 점유면적을 기준으로 각 부문에 배부한다. 20×1년 (주)세무의 배부 후, 금형부문의 총원가는? (단, 보조부문원가는 유지 부문, 동력부문의 순으로 배부한다.) (20. 세무사)

① ₩144,800 ② ₩148,800 ③ ₩204,800
④ ₩344,800 ⑤ ₩404,800

상호배부법

04 (주)관세는 제조부문(성형, 조립)과 보조부문(수선, 동력)을 이용하여 제품을 생산하고 있다. 수선부문과 동력부문의 부문원가는 각각 ₩260,000과 ₩100,000이며, 각 부문 간의 용역수수관계는 다음과 같다.

제공부문 \ 사용부문	제조부문		보조부문	
	성형	조립	수선	동력
수선	45%	35%	–	20%
동력	55%	20%	25%	–

(주)관세가 보조부문원가를 상호배부법으로 제조부문에 배부할 경우, 조립부문에 배부될 보조부문원가 합계액은? (20. 관세사)

① ₩118,000 ② ₩121,400 ③ ₩137,000
④ ₩172,000 ⑤ ₩223,000

05 (주)감평은 수선부문과 동력부문의 두 개의 보조부문과 도색부문과 조립부문의 두 개의 제조부문으로 구성되어 있다. (주)감평은 상호배부법을 사용하여 보조부문의 원가를 제조부문에 배부한다. 20×1년도 보조부문의 용역제공은 다음과 같다.

제공부문	보조부문		제조부문	
	수선	동력	도색	조립
수선(시간)	–	400	1,000	600
동력(kwh)	2,000	–	4,000	4,000

20×1년도 보조부문인 수선부문과 동력부문으로부터 도색부문에 배부된 금액은 ₩100,000이고, 조립부문에 배부된 금액은 ₩80,000이었다. 동력부문의 배부 전 원가는? (18. 감정평가사)

① ₩75,000 ② ₩80,000 ③ ₩100,000
④ ₩105,000 ⑤ ₩125,000

06 (주)감평은 두 개의 제조부문(P1, P2)과 두 개의 보조부문(S1, S2)을 두고 있다. 각 부문 간의 용역수수관계는 다음과 같다.

	보조부문		제조부문	
	S1	S2	P1	P2
S1	–	50%	20%	?
S2	20%	–	?	?
부문발생원가	₩270,000	₩450,000	₩250,000	₩280,000

(주)감평은 보조부문의 원가를 상호배분법으로 배분하고 있다. 보조부문의 원가를 배분한 후의 제조부문 P1의 총원가가 ₩590,000이라면, 보조부문 S2가 제조부문 P1에 제공한 용역제공비율은? (20. 감정평가사)

① 20%　　② 25%　　③ 30%
④ 35%　　⑤ 40%

07 (주)감평은 두 개의 제조부문 X, Y와 두 개의 보조부문 S1, S2를 운영하고 있으며, 배부 전 부문발생원가는 다음과 같다.

보조부문		부문발생원가
보조부문	S1	₩90
	S1	180
제조부문	X	158
	Y	252

보조부문 S1은 보조부문 S2에 0.5, 제조부문 X에 0.3, 보조부문 S2는 보조부문 S1에 0.2의 용역을 제공하고 있다. 보조부문의 원가를 상호배분법에 의해 제조부문에 배부한 후 제조부문 X의 원가가 ₩275인 경우, 보조부문 S2가 제조부문 X에 제공한 용역제공 비율은?

(22. 감정평가사)

① 0.2　　② 0.3　　③ 0.4
④ 0.5　　⑤ 0.6

08 (주)세무는 세 개의 제조부문(P1, P2, P3)과 두 개의 보조부문(S1, S2)을 운영하고 있으며, 보조부문원가를 상호배분법에 의해 제조부문에 배분하고 있다. 각 부문의 용역수수관계는 다음과 같다. (18. 세무사)

사용부문 / 제공부문	제조부문			보조부문	
	P1	P2	P3	S1	S2
S1	40%	20%	20%	–	20%
S2	30%	30%	30%	10%	–

두 개의 보조부문(S1, S2)으로부터 제조부문 P1, P2, P3에 배분된 금액이 각각 ₩150,000, ₩120,000, ₩120,000일 경우, 보조부문원가를 배분하기 이전의 각 보조부문 S1과 S2에 집계된 원가는?

	S1	S2		S1	S2
①	₩100,000	₩290,000	②	₩120,000	₩270,000
③	₩150,000	₩300,000	④	₩270,000	₩120,000
⑤	₩300,000	₩150,000			

09 (주)대한은 두 개의 제조부문(절단부문, 조립부문)과 두 개의 지원부문(전력부문, 수선부문)을 통해 제품을 생산한다. (주)대한은 상호배분법을 사용하여 지원부문의 원가를 제조부문에 배부하고 있다. 원가배부 기준은 전력부문은 전력(kw)이며, 수선부문은 수선(시간)이다. 제조부문에 배부된 원가 및 배부기준과 관련된 내역은 다음과 같다. 전력부문에서 발생한 부문원가는 얼마인가? (20. 회계사)

구분	제조부문		지원부문	
	절단부문	조립부문	전력부문	수선부문
배부 받은 원가(₩)	7,400	4,200		
전력(kw)	100	60	50	40
수선(시간)	60	30	60	30

① ₩4,000 ② ₩6,300 ③ ₩7,600
④ ₩10,000 ⑤ ₩12,500

이중배부법

10 (주)세무는 제조부문인 절단부문과 조립부문을 통해 제품을 생산하고 있으며, 동력부문을 보조부문으로 두고 있다. 각 부문에서 발생한 제조간접원가 및 각제조부문의 전력 실제사용량과 최대사용가능량에 관한 자료는 다음과 같다.

	동력부문	절단부분	조립부문	합계
변동제조간접원가	₩240,000	₩400,000	₩650,000	₩1,290,000
고정제조간접원가	300,000	700,000	750,000	1,750,000
실제사용량	–	500kW	300kW	800kW
최대사용가능량	–	600kW	600kW	1,200kW

절단부문에 배부되는 동력부문의 원가는 이중배분율법을 적용하는 경우, 단일배분율법과 비교하여 얼마만큼 차이가 발생하는가? (22. 회계사)

① ₩30,000 ② ₩32,500 ③ ₩35,000
④ ₩37,500 ⑤ ₩40,000

주관식

11 맞춤가구를 주문생산하여 아파트 신축공사 현장에 납품하는 (주)세무는 하나의 보조부문(동력부문)과 두 개의 제조부문(절단부문, 조립부문)을 운영하며, 정상 개별원가계산(normal job costing)을 채택하고 있다. 동력부문의 원가는 전력사용량(kWh)을 기준으로 제조부문에 배부하며 단일배부율을 사용한다. 제조부문은 부문별 단일배부율을 이용하여 제조간접원가를 배부하며 절단부문의 경우 기계 가동시간을 기준으로, 조립부문의 경우 직접노무시간을 기준으로 제조간접원가를 각 작업에 배부한다. (주)세무는 개별법을 이용하여 재고자산을 평가하며, 당기 회계연도는 20×2년 1월 1일부터 20×2년 12월 31일이다. (20. 세무사 2차)

1) 동력부문의 20×2년도 연간 원가예산은 다음과 같다.

동력부문의 원가 = ₩216,000 + ₩2x 전력사용량(kWh)

2) 제조부문의 20×2년도 연간 예산자료는 다음과 같다.

구분	절단부문	조립부문
보조부문원가 배부 전 제조간접원가	₩600,000	₩311,0000
직접노무시간	800시간	2,600시간
기계가동시간	5,000시간	800시간
기계가동시간당 전력사용량	2kwh	2.5kwh

3) 20×2년도 각 작업과 관련된 실제자료는 다음과 같다.

구분	#107	#201	#202
직접재료원가 직접노무원가	₩300,000 230,000	₩100,000 150,000	₩200,000 320,000
직접노무시간 절단부문 조립부문	 200시간 900	 200시간 300	 400시간 1,200
기계가동시간 절단부문 조립부문	 1,500시간 400	 1,000시간 120	 1,500시간 200

4) 전기로부터 이월된 작업 #107은 당기에 완성되어 판매되었으며, #201과 #202는 당기에 착수하여 당기 말 현재 #201은 미완성, #202는 완성되었다. (주)세무의 기초제품재고는 존재하지 않으며 기초재공품에 대한 원가자료는 다음과 같다.

구분	기초재공품
지접재료원가 직접노무원가 제조간접원가	₩160,000 200,000 60,000

물음 1 절단부문과 조립부문의 부문별배부율은 각각 얼마인지 계산하고, 작업 #107, #201, #202에 배부되는 제조간접원가를 각각 계산하시오.

물음 2 당기 말 제조간접원가 배부차이 조정 전, 기말재공품, 기말제품 및 매출원가는 얼마인지 계산하시오.

물음 3 보조부문 원가를 제조부문에 배부한 후, 절단부문과 조립부문의 실제제조간접원가가 각각 ₩720,000과 ₩356,400으로 집계되었을 경우, 당기 말 제조간접원가 배부차이를 부문별로 계산하고, 그 차이가 과소배부(부족배부) 또는 과대배부(초과배부)인지 표시하시오.

물음 4 (주)세무가 제조간접원가 배부차이를 원가요소기준 비례배부법에 따라 배부하는 경우, 당기 말 배부차이 조정 후 기말재공품, 기말제품 및 매출원가는 얼마인지 계산하시오.

제4장

개별원가계산

제 4 장 개별원가계산

원가계산시스템은 다양한 관점에서 구분이 가능한데 제품제조 형태에 따라서 원가계산시스템을 구분하면 개별원가계산과 종합원가계산이 있다. 개별원가계산은 다품종 소량 생산에 적합한 원가계산 방법으로 다양한 제품에 대한 원가계산에 있어서의 주요 과제는 제조간접원가의 작업별(제품별) 배부이다. 배부는 실제원가계산과 정상원가계산에 의해서 이루어질 수 있다. 실제원가계산은 실제 제조간접원가를 실제 활동량을 기준으로 배부하는 원가계산이다. 정상원가계산의 경우에는 예정금액이 배부되기 때문에 사후적으로 제조간접원가 배부차이의 조정이 필요하다.

제1절 원가계산시스템

제품원가 시스템(product costing system)은 제품을 생산하는 과정에서 발생되는 제품원가를 추적하고 기업의 원가대상(제품, 사업부, 고객 등)에 원가를 배분하는 시스템이다. 원가는 재무회계나 관리회계 분야에서 다양한 목적으로 이용될 수 있다.

재무회계에서 제품원가는 대차대조표상의 재고자산 평가 및 손익계산서상의 매출원가를 산정할 때 필요하다. 일반적으로 인정된 회계기준 하에서 재고자산은 그 제품이 팔리기 전까지 원가로 평가하고 그 제품이 팔린 후에는 그 회계기간의 비용으로 인식한다.

관리회계에서 제품원가는 계획, 원가통제 및 경영자의 의사결정에 필요한 정보를 제공하는 데 필요하다. 제품의 가격결정, 생산할 제품믹스(product mix) 및 제품의 품질 등은 제공되어지는 제품원가정보에 의해서 결정된다.

제품원가 시스템은 기업이 속한 산업에 따라 수행하는 생산활동의 성격이 상이하기 때문에 산업에 의하여 개별원가계산과 종합원가계산으로 구분한다.

개별원가계산(job－order costing)은 생산되는 제품을 배치단위로 생산하는 기업에서 이용하는 시스템이다. 개별원가계산을 이용하는 기업으로는 항공기, 프린터기, 가구 및 기계 등을 생산하는 기업이다. 개별원가에서는 생산에서 상이한 배치를 작업(job) 또는 작업지시서(job order)라고 한다. 원가계산절차는 각각의 작업에 원가를 부과하도록 설계되어 있다.

종합원가계산(process costing)은 동일한 제품을 연속적으로 대량생산하는 기업에서 이용하는 시스템이다. 종합원가를 이용하는 기업으로는 화학, 원유정제, 맥주, 화학비료 및 섬유제품 등을 생산하는 기업이다. 종합원가를 이용하는 기업은 제품의 특정 배치에 대한 원가를 추적할 필요가 없다.

제2절 개별원가계산의 절차

개별원가계산 시스템에서 직접재료원가, 직접노무원가 및 제조간접원가는 개별 생산작업에 부과된다. 그 후 원가가 발생하였을 때 총계정원장의 재공품계정에 대체한다. 또한 개별작업에 부과된 원가를 추적하기 위해 작업원가집계표(job cost sheet)라는 보조원장을 이용한다.

(1) 작업원가집계표

작업원가집계표는 세 부문으로 구성되어 있다. 첫 번째 부분은 제품, 고객, 생산수량 등 작업에 대한 일반적인 정보를 기록하는데 사용되며, 두 번째 부문은 개별작업에 부과되는 직접재료원가, 직접노무원가 및 제조간접원가를 집계하기 위해 사용된다. 마지막 부분은 작업에 대한 총원가와 단위당원가 기록에 사용된다. 그 예는 [그림 4-1]과 같다.

(2) 직접재료원가의 측정

제조과정에서 원재료가 필요하면 제조부문의 책임자는 이를 원재료를 보관하는 창고에 청구한다. 원재료에 대한 권리를 확정하기 위하여 제조부문의 책임자는 원재료청구서(material requisition form)를 작성하여 원본은 창고부문의 책임자에게 제출하고 사본 1부는 원가회계부문에 보낸다. 이는 원재료청구서의 원가를 원재료 재고 계정에서 재공품 계정으

그림 4-1 작업원가집계표

품　명 :　　　　　　　　　　　　작업번호 :
착수일 :　　　　　　　　　　　　완 료 일 :
수　량 :　　　　　　　　　　　　고　　객 :

<table>
<tr><td colspan="5">직접재료원가</td></tr>
<tr><td>날짜</td><td>재료청구번호</td><td>수량</td><td>단위원가</td><td>원가</td></tr>
<tr><td></td><td></td><td></td><td></td><td></td></tr>
<tr><td colspan="5">직접노무원가</td></tr>
<tr><td>날짜</td><td>작업전표번호</td><td>소요시간</td><td>임률</td><td>원가</td></tr>
<tr><td></td><td></td><td></td><td></td><td></td></tr>
<tr><td colspan="5">제조간접원가</td></tr>
<tr><td>날짜</td><td>활동기준</td><td>수량</td><td>배부률</td><td>원가</td></tr>
<tr><td></td><td></td><td></td><td></td><td></td></tr>
<tr><td colspan="5">원가집계</td></tr>
<tr><td colspan="3">원가항목</td><td colspan="2">금액</td></tr>
<tr><td>직접재료원가
직접노무원가
제조간접원가</td><td colspan="2">원가집계</td><td></td><td></td></tr>
<tr><td colspan="3">총 원 가</td><td></td><td></td></tr>
<tr><td colspan="3">단 위 원 가</td><td></td><td></td></tr>
</table>

로 대체하고, 작업원가집계표의 직접재료원가에 배부하기 위한 기초자료로 이용된다. 원재료 청구서는 [그림 4−2]와 같으며 이는 원재료 청구번호, 일자, 원재료를 필요로 하는 작업번호, 제조부분 및 책임자 서명 등 일반적인 정보를 기록하는 부문과 원재료 품목, 수량, 단가 및 총액 등 원가관련부문을 기록하는 부문으로 구성되어 있다.

현재 많은 기업들은 원재료 청구를 제조부문의 책임자가 직접 컴퓨터 단말기에 작성하면 이 청구서는 자동으로 창고부문과 회계부문의 단말기에 전달되어 각 부문의 담당자가 그 정보를 인식하게 된다. 따라서 이러한 자동화는 사무처리의 시간 및 사무오류를 축소시키고 제품원가 과정의 능률을 촉진시킬 수 있다.

그림 4-2 원재료 청구서

원재료 청구번호 : 일 자 :
작 업 번 호 : 제조부문 :
부문책임자 성명 :

원재료 품목	수량	단위원가	총액

(3) 직접노무원가의 측정

개별작업에 직접노무원가의 부과는 종업원들이 작성한 직업시간 보고서를 기초로 이루어진다. 작업시간보고서는 특정작업에 대해 종업원이 수행한 작업시간을 기록하는 양식이다. 작업시간 보고서는 재공품에 직접노무원가를 기록하고, 제조과정의 다양한 작업에 대한 작업원가집계표의 직접노무원가에 배부하기 위해 원가회계부문이 이용하는 원천문서이다.

작업시간 보고서의 양식은 [그림 4-3]과 같다. 작업시간 보고서에는 일자, 작업자명, 작업자 직번 및 작업자가 속한 부문, 작업시작시간, 작업완료시간 및 작업번호 등을 기록하도록 되어 있다.

그림 4-3 작업시간 보고서

작 업 자 : 홍길동 일 자 : 20×1.7.8
직업자 직번 : 100244 제조부문 : 절삭가공

시작시간	완료시간	작업번호
3:00	11:30	#234
11:30	12:00	공구수리
1:00	5:00	#261

예를 들어 홍길동은 20×1년 7월 8일 작업시간의 대부분을 #234작업과 #261작업에 소비하고 있다. 원가회계부문은 홍길동이 수행한 작업별 작업시간에 임률을 곱하여 노무원

가를 구하고 이를 재공품에 대체하여 작업원가집계표의 직접노무원가에 배부한다. 또한 공구수리에 소비한 30분은 간접노무원가로 분류하고 제조간접원가에 포함시킨다.

(4) 제조간접원가의 측정

직접원재료원가 및 직접노무원가를 측정하는 것은 제조간접원가에 비해 상대적으로 용이하다. 정의에 따르면 제조간접원가는 간접원재료원가, 간접노무원가, 전력비 및 감가상각비 등과 같은 간접원가의 이질적인 원가풀(pool)로 이루어져 있다. 이와 같은 원가들은 개별작업이나 제품단위와 명백한 상관관계는 없으나 제품생산을 위해 발생된 원가들이다. 따라서 제품원가를 완벽하게 측정하기 위해 개별작업에 제조간접원가를 배분할 필요가 있다. 제조간접원가를 제품에 배분하는 과정을 제조간접원가 배부라 한다.

제품원가정보가 유용하게 이용되기 위해서는 경영자에게 적시에 원가정보가 제공되어야 한다. 예를 들어 만약 원가회계부문이 기업이 생산하는 제품의 실제 제조간접원가를 파악할 수 있는 회계 기말까지 기다려 제품원가를 측정한다고 가정하자. 그 결과 제품에 제조간접원가는 매우 정확히 배분될 것이다. 그러나 그 기간 동안 경영자의 계획, 통제 및 의사결정에 이용할 수 없기 때문에 그 정보의 유용성은 떨어질 것이다.

이와 같은 문제를 해결하기 위해 기초에 설정된 기준을 이용하여 제품에 제조간접원가를 배부한다. 회계부문은 제조간접원가 배부기준을 선택하여야 한다. 전통적 제품원가 시스템에서는 직접노동시간, 직접노무원가, 기계가동시간과 같은 조업도(volume)기준의 원가동인을 이용한다. 일단 배부기준이 결정되면 다음으로 제조간접원가 배부율을 결정하여야 한다. 이는 먼저 특정 회계기간 동안 발생될 제조간접원가의 총액을 구하고 다음으로 동 회계기간 동안 발생되거나 이용될 원가동인의 총계를 구하여 다음과 같이 계산한다.

$$\text{제조간접원가 예정배부율} = \frac{\text{예정 제조간접원가 총액(예산액)}}{\text{예정 원가동인 총계}}$$

예를 들어 다음 연도에 제조간접원가예정액이 ₩180,000,000이고, 배부기준은 기계가동시간인데 예상되는 기계가동시간이 20,000시간이라면 제조간접원가 예정배부율은 한 시간당 ₩9,000이 된다. 제조간접원가의 특정작업에 대한 배부액은 특정작업을 수행하는 데 소요되는 실제배부기준의 수와 제조간접원가 예정배부율을 곱한 액수이다. 가령 #234라는 작업을 수행

그림 4-4 개별원가시스템에서 활동의 흐름

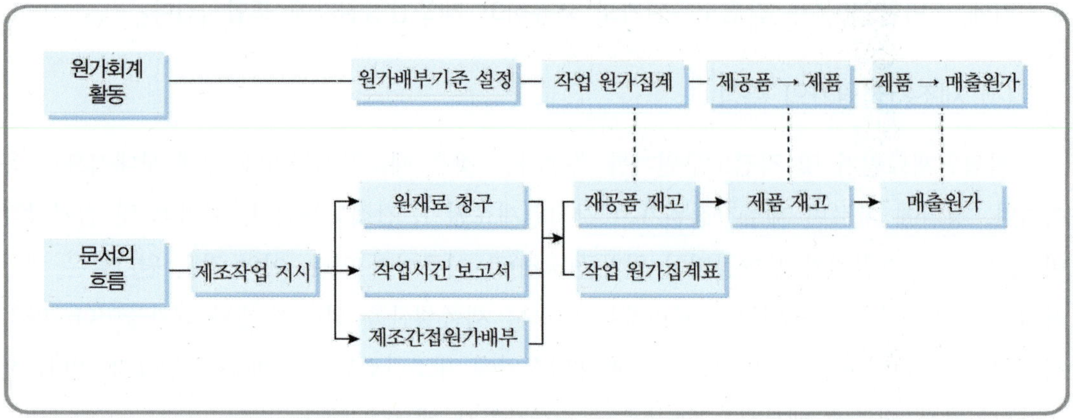

하는데 3시간이 소요된다면, 이 작업에 배부되는 제조간접원가는 ₩27,000(3×₩9,000)이 된다. 이와 같이 산출되는 제조간접원가는 재공품에 대체되고 #234 작업원가집계표에 기록된다.

지금까지 설명한 개별원가계산 시스템에서 실행되는 활동의 흐름을 요약하면 [그림 4-4]와 같다.

제3절 개별원가계산의 회계처리

지금까지 개별원가계산시스템의 원가계산절차를 설명하였다. 이번 절에서는 개별원가계산 절차를 입증하기 위해 다음의 예제를 통한 개별원가계산의 회계처리 방법을 간략히 설명하고자 한다.

예제 4-1

개별원가계산 회계처리

안산보트제조회사의 202×년 11월중 거래는 다음과 같다.

① 직접원재료 ₩10,000을 외상으로 구매하다.

② 작업 #201과 #202를 수행했으며 재료원가 및 노무원가의 발생액은 다음과 같다.

	#201	#202	합계
직접재료원가	₩16,000	₩18,000	₩34,000
직접노무원가	15,000	20,000	35,000
간접재료원가			8,000
간접노무원가			20,000
계			₩97,000

③ 기타의 제조간접원가의 발생액은 다음과 같다.

	합계
임 차 료	₩6,000
감가상각비	5,000
전 력 비	5,000
보 험 료	4,000
계	₩20,000

④ 제조간접원가의 배부기준은 기계가동시간이며, 각 작업별 기계가동시간은 다음과 같다.

	#201	#202	합계
기계가동시간	1,200	2,000	3,200

⑤ 작업 #202는 80대의 보트를 완성하였으나, #201은 11월말 현재 작업이 진행 중이다.

⑥ 60대의 보트가 대당 ₩1,200의 가격으로 외상 판매되다.

⑦ 판매비 및 일반관리비는 다음과 같다.

	합계
임 차 료	₩1,500
직 원 급 여	4,000
임 원 급 여	8,000
광고선전비	1,000
세금과 공과	300
계	₩14,800

⑧ 주요 재고자산의 유형별 11월 초 재고는 다음과 같다.

원재료	₩30,000

재공품 4,000(작업 #201)
제 품 12,000

⑨ 202×년 제조간접원가 예산은 ₩560,000이며, 기계가동 예상시간은 40,000이다.

---

(1) 원재료의 구매

기업이 제품생산에 사용되는 원재료를 구입하면 총계정원장의 원재료계정과 그 보조원장인 원재료재고장에 기록된다. 즉 원재료를 외상으로 구입하면 그 금액을 원재료계정의 차변과 매입채무계정의 대변에 기록하고, 동시에 원재료재고장과 매입처원장을 기입한다.

[예제 4-1]에서 안산보트는 보트제조에 사용되는 목재를 ₩10,000에 직접원재료를 외상으로 매입하였으므로 원재료 구입시의 회계처리는 다음과 같다.

① 직접 원재료 구입

(차) 원 재 료 10,000 (대) 매 입 채 무 10,000

(2) 원재료의 사용

제조작업을 수행하기 위해 원재료를 사용하면 재공품계정의 차변에 대체되며 재공품계정의 차변에 대체된 금액은 해당 작업별 작업원가집계표와 원재료 재고장에 기입된다. [예제 4-1]에서 작업 #201과 #202을 수행하는 데 소요된 직접재료원가는 각 작업원가집계표에 기입된 원재료원가의 합계가 ₩34,000이므로 다음과 같이 회계처리한다.

② 직접 원재료 사용

(차) 재 공 품 34,000 (대) 원 재 료 34,000

소량의 본드 등은 모든 보트생산을 위해 사용되고 그 원가가 소액이므로 특정작업에 본드의 원가를 추적하기가 용이하지 않다. 따라서 본드의 원가는 간접재료원가이며 그 원가를 제조간접원가에 포함시킨다. 기업은 모든 제조간접원가를 제조간접원가계정에 집계한다. 예를 들면 간접원재료원가가 사용될 때, 간접노무원가가 발생될 때, 전력비를 지급하거나 기말에 발생할 때 및 기말에 설비 등에 대한 감가상각비를 기록할 때 그 금액을 제조간접원가의 차변에 기입한다. [예제 4-1]에서 보트생산에 소요된 간접원재료원가는 ₩8,000이므로 이에 대한 회계처리는 다음과 같다.

③ 간접 원재료 사용

(차) 재 조 간 접 비 8,000 (대) 기 타 원 재 료 8,000

(3) 직접노무원가의 발생

원가회계부문은 회계기간 동안 개별작업에 대한 직접노무원가를 결정하기 위해 작업시간 보고서를 이용한다. 직접원재료원가 산정과 마찬가지로 작업시간 보고서를 통해서 각 작업별 작업시간과 종업원의 임률을 곱하여 종업원별 직접노무원가를 계산하고 이를 해당 작업별로 수합하여 작업원가집계표에 기입한다. 이렇게 계산된 해당 작업별 직접노무원가는 재공품의 차변과 노무원가계정의 대변에 기록한다. [예제 4-1]에서 각 작업원가집계표에 기입된 직접노무원가가 ₩35,000이므로 다음과 같이 회계처리한다.

④ 직접노무원가 발생

(차) 재 공 품 35,000 (대) 노 무 원 가 35,000

(4) 간접노무원가의 발생

노무원가 중에서는 생산감독의 임금과 직접노동자의 공구수리 및 기계손질 등에 관련된 임금은 개별작업에 직접 추적할 수 없는 노무원가로 이들을 간접노무원가로 분류한다. 간접노무원가가 발생하면 제조간접원가의 차변에 집계한다. [예제 4-1]에서 보트생산에 소요된 간접노무원가는 ₩20,000이므로 이에 대한 회계처리는 다음과 같다.

⑤ 간접노무원가 발생

(차) 제 조 간 접 원 가 20,000 (대) 노 무 원 가 20,000

(5) 제조간접원가의 발생

제조간접원가는 직접원재료 및 직접노무원가를 제외한 모든 제조원가를 말하며, 이에는 공장의 설비 등에 대한 감가상각비, 전력비, 수선유지, 공장의 화재보험 등이 있다. 이러한 원가가 발생하면 발생한 시점에 각 계정에 기록한다. 각 계정에 기록된 제조간접원가는 기말에 제조간접원가의 차변에 집계한다.

⑥ 기타 제조간접원가 발생

(차) 제 조 간 접 원 가 20,000 (대) 임 차 료 6,000

감 가 상 각 비	5,000
전 력 비	5,000
보 험 료	5,000

(6) 제조간접원가의 배부

회계기간동안 발생한 다양한 제조간접원가는 제조간접원가의 차변에 집계한다. 그러나 제조간접원가는 아직 각 작업원가집계표에 배부되지 않았다. 이들 원가를 각 작업원가집계표에 배부하기 위해서는 먼저 제조간접원가 예정배부율을 결정해야 한다. 예정배부율은 2005년 기초에 결정된다. [예제 4−1]에서는 제조간접원가의 배부기준이 기계가동시간이므로 제조간접원가 예정배부율을 계산하면 다음과 같다.

$$\text{제조간접원가 배부율} = \frac{\text{제조간접원가}}{\text{총기계가동시간}} = \frac{₩560,000}{40,000} = ₩14.00/\text{기계가동시간당}$$

제조간접원가 예정배부율을 결정한 후에는 작업별 소요된 기계가동시간에 제조간접원가 예정배부율을 곱하여 각 작업원가집계표에 제조간접원가를 배부한다. [예제 4−1]에서는 제조간접원가 예정배부율이 기계가동시간당 ₩14원으로 결정되었으므로 작업별 소요된 기계가동시간에 14를 곱하여 작업원가집계표에 제조간접원가를 배부하고 다음과 같이 회계처리한다.

⑦ 제조간접원가 배부

(차) 재 공 품 44,800 (대) 제 조 간 접 원 가 44,800

	기계가동시간	제조간접원가 예정배부율	제조간접원가 배부액
#201	1,200	₩14	₩16,800
#202	2,000	₩14	₩28,000
합계	3,200		₩44,800

(7) 제품생산 완료

각 개별작업이 제조과정에서 완료되면 완성된 제품은 제품창고로 이동하고, 작업원가집계표에 기입된 제품제조원가는 재공품계정에서 분리되어 제품계정으로 대체된다. [예제 4-1]에서 제조간접원가의 배부가 완료된 후 각 작업원가집계표별 당기제품제조원가를 산정하면 다음과 같다.

	#201	#202	합계
기초재공품	₩4,000	–	₩4,000
직접재료원가	16,000	18,000	34,000
직접노무원가	15,000	20,000	35,000
제조간접원가*	16,800	28,000	44,800
합계	₩51,800	₩66,000	₩117,800
	기말재공품 (미완성분)	당기제품제조원가 (당기완성분)	

* 제조간접원가 – 예정배부율에 의해 작업별 배부

[예제 4-1]에서 작업 #202의 작업원가집계표에 집계된 제품원가는 ₩66,000이었다. 따라서 이 금액이 당기제품제조원가로서 재공품계정에서 제품계정으로 대체되는 회계처리는 다음과 같다.

⑧ 제품의 완성

(차) 제 품	6,000	(대) 재 공 품	66,000

(8) 매출원가와 판매 및 일반관리비 발생

완성된 제품이 판매되면 제품계정에서 매출원가계정으로 대체하고, 제품계정에서 매출원가로 대체되는 금액은 작업원가집계표에 기록되어 있는 개별작업을 통해 제조된 제품의 단위당 원가를 기준으로 계산한다. [예제 4-1]에서 완성된 작업 #202의 보트 60대를 대당 ₩1,200에 외상으로 판매하였다. 이에 대한 회계처리는 다음과 같다.

⑨ 제품의 판매

(차) 매 출 채 권	72,800	(대) 매 출	72,000
매 출 원 가	49,500	제 품	49,500

제조기업의 공장운영과 관련된 원가는 제조원가에 포함되지만 공장운영과 관련이 없고 본사의 관리 등에 관계가 있는 원가는 판매 및 일반관리비로 분류한다. 판매 및 일반관리비

는 제품원가와 관련이 없으므로 기간원가로 처리한다. [예제 4-1]에서 판매 및 일반관리비의 합계가 ₩14,800이므로 이에 대한 회계처리는 다음과 같다.

⑩ 판매 및 일반관리비의 발생

(차) 판매 및 일반관리비	14,800	(대)	임 차 료	1,500
			직 원 급 여	4,000
			임 원 급 여	8,000
			광 고 선 전 비	1,000
			세 금 과 공 과	300

(9) 제조간접원가 마감

제조간접원가계정은 회계연도말에 마감되어야 한다. 제조간접원가 계정의 차변에 기록된 실제발생액의 합계액은 제조간접원가의 대변에 기록된 예정배부액과는 다르다. 실제발생액의 합계액과 예정배부액의 차이를 제조간접원가 차이라 한다. 이러한 차이는 재고자산과 매출원가에 배분한다.

제조간접원가의 실제발생액 합계액이 배부액보다 크면 제조간접원가가 과소배부(underapplied) 되었다고 하고, 실제발생액 합계액보다 배부액이 크면 과대배부(overapplied) 되었다고 한다. 예제에서 제조간접원가의 실제발생액의 합계액은 ₩48,000이나 재공품에 대체된 제조간접원가 예정배부액은 ₩44,800으로 제조간접원가는 ₩3,200이 과소배부되었다. 이에 대한 회계처리는 다음과 같다.

⑪ 제조간접원가 마감

(차) 제조간접원가차이	3,200	(대)	제 조 간 접 원 가	3,200

(10) 제조원가명세서 및 손익계산서 작성

예제에서 규상보트의 과소배부된 제조간접원가는 매출원가에 조정하다고 가정하는 경우에 제조원가명세서를 작성하면 다음과 같다.

제조원가명세서

1. 직접원재료원가		
1) 기초 원재료	₩30,000	
2) 당기 원재료 매입액	10,000	
3) 기말 원재료	(6,000)	₩34,000
2. 직접노무원가		35,000
3. 제조간접원가 배부액		44,800
4. 당기총제조원가		₩113,800
5. 기초재공품		4,000
합계		117,800
6. 기말재공품		(51,800)
7. 당기제품제조원가		₩66,000

예제에서 규상보트의 손익계산서는 다음과 같다.

손익계산서

1. 매출액		₩72,000
2. 매출원가		
1) 기초제품	₩12,000	
2) 당기제품제조원가	66,000	
계	78,000	
3) 기말제품	(28,500)	
4)조정전 매출원가	49,500	
5)과소배부 제조간접원가	3,200	52,700
3. 매출총이익		₩19,300

제4절 정상원가계산과 제조간접원가 차이조정

1. 정상원가의 의의

원가는 측정방법에 따라 실제원가계산, 정상원가계산, 표준원가계산으로 구분할 수 있다. 실제원가계산(actual costing)은 직접원재료, 직접노무원가를 실제원가로 측정하며 제조간접원가는 기말에 실제제조간접원가 배부율을 계산하고, 이를 이용하여 제조간접원가를 측정하는 방법이다. 정상원가계산(normal costing)은 직접원재료, 직접노무원가를 실제원가로 측정하며 제조간접원가는 기초에 예정제조간접원가 배부율을 계산하고, 이를 이용하여 제조간접원가를 측정하는 방법이다. 표준원가계산(standard costing)은 직접원재료, 직접노무원가 및 제조간접원가를 기초에 설정한 표준에 의하여 원가를 측정하는 방법이다. 이를 비교하여 나타내면 다음과 같다.

이와 같이 실제원가계산과 정상원가계산의 차이는 제조간접원가를 배부함에 있어서 배부율에 차이가 있다. 원가시스템은 예정배부율 대신에 실제배부율을 이용하도록 설계되어 있다. 실제배부율은 기말에 계산하기 때문에 매우 정확한 원가정보를 제공할 수 있으나, 적시적인 정보는 제공하지 못한다. 따라서 경영자의 의사결정에 즉각적인 정보를 제공하지 못함으로서 투자기회를 상실할 수 있다. 이러한 문제를 해결하고 즉각적인 정보를 제공하기 위하여 실제배부율을 빈번히 계산한다. 즉, 실제배부율을 1년에 한번 계산하던 것을 반기, 분기 혹은 월단위로 계산한다. 그러나 이러한 방법은 계절적인 문제를 해결할 수 없다. 예를 들면 우산의 원가를 계산함에 있어서 제조간접원가는 생산량이 많은 여름에는 실제배부율이 낮고, 생산량이 적은 겨울에는 실제배부율이 높게 나타난다. 따라서 제품원가정보에 의해 의사결정이 이루어진다면 잘못된 의사결정을 할 수 있다.

정상원가계산은 정보를 적시에 제공하지 못하고, 제품원가가 변동하는 실제원가계산의 단점을 보완하기 위한 원가계산제도이다. 이러한 정상원가계산은 제조간접원가 예정배부율을 통하여 작업이 완료됨과 동시에 제품원가를 계산하고 기간별로 제품원가가 변동하지 않도록 하는 장점이 있다. 또한 정상원가계산은 개별작업이 완료됨과 동시에 제품원가를 계산할 수 있으므로 원가정보를 신속히 산출할 수 있어 경영자 의사결정이나 통제활동에 유용한

표 4-1 실제 · 정상 · 표준원가계산의 비교

	실제원가계산	정상원가계산	표준원가계산
직접원재료원가	실제원가	실제원가	표준원가
직접노무원가	실제원가	실제원가	표준원가
제조간접원가	실제배부율× 사용된 실제활동	예정배부율× 사용된 실제활동	표준배부율× 허용된 실제활동

정보를 제공할 수 있다.

2. 제조간접원가 차이조정

정상원가계산 하에서 제조간접원가의 실제발생액의 합계액과 배부액이 거의 일치하는 것이 정상적이지만 그렇다고 항상 일치하는 것은 아니다. 제조간접원가의 실제발생액 합계액이 배부액보다 크면 제조간접원가가 과소배부(underapplied)되어 제조간접원가 계정의 차변에 잔액이 발생하고, 실제발생액 합계액보다 배부액이 크면 제조간접원가가 과대배부되어 제조간접원가 계정의 대변에 잔액이 발생한다. 이를 그림으로 표시하면 [그림 4-5]와 같다.

이러한 차액은 예정배부율을 산정하는 데 있어서 예산 제조간접원가 추정이나 예산 원가동인의 추정이 잘못된 결과이다.

기업은 의사결정이나 통제활동 목적으로 정상원가계산을 사용하고, 외부보고 목적의 재무제표작성에는 실제원가계산을 사용한다. 따라서 정상원가계산을 하는 경우 외부보고 목적을 위한 제무제표작성을 위해 기말에 원가회계담당자는 과소 혹은 과대 배부된 제조간접원가를 조정하는 절차가 필요하다. 제조간접원가 배부차이를 조정하는 방법으로는 두 가지 방법이 있다. 즉, 매출원가 대체법과 비례배분법이 있다.

그림 4-5 제조간접원가 배부차이

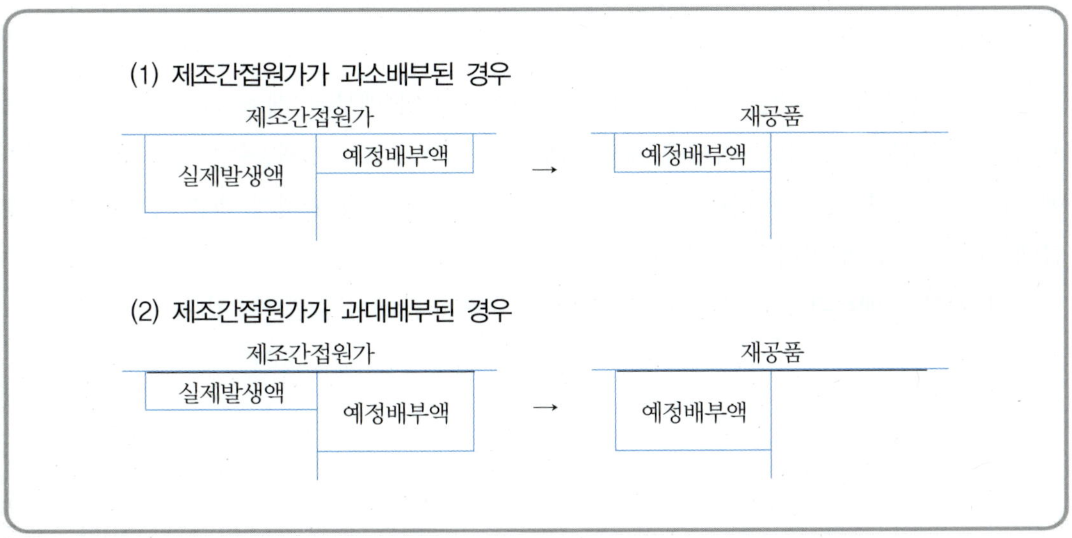

(1) 매출원가 대체법

매출원가 대체법은 가장 널리 이용되고 있는 하나의 방법으로 제조간접원가차이를 재고자산과 매출원가에 안분하지 않고, 차이의 전액을 매출원가에 대체하는 방법이다. 이는 과소 혹은 과대 배부된 제조간접원가가 소액인 경우 이용된다.

예제에서 실제 발생한 제조간접원가는 ₩48,000이나 재공품에 대체된 제조간접원가 배부액은 ₩44,800이다. 따라서 실제제조간접원가가 배부된 제조간접원가를 초과하므로 과소배부 되었으며 그 금액은 ₩3,200원이다. 이를 매출원가에 대체하는 방법으로 회계처리하면 다음과 같다.

– 제조간접원가 조정

(차) 매 출 원 가	3,200	(대) 제조간접원가차이	3,200

(2) 비례배분법

비례배분법은 과소 혹은 과대 배부된 제조간접원가가 매출원가뿐만 아니라 재공품 및 제품에도 영향을 미친다고 가정하여 그 차액을 재공품, 제품 및 매출원가에 조정(proration)하는 방법이다. 배분된 제조간접원가는 재공품, 제품 및 매출원가 계정을 통과하기 때문에 이 세 계정은 부정확한 예정배부율의 영향을 받는다. 따라서 각 계정에 조정되는 금액은 각 계정에 배부된 제조간접원가의 잔액 및 총원가에 비례하여 그 차액을 할당한다.

1) 제조간접원가 기준법

제조간접원가 기준법은 재공품, 제품 및 매출원가에 배부된 제조간접원가에 비례하여 차이를 배부하는 방법이다. 예제의 제조간접원가차이 ₩3,200은 재공품, 제품 및 매출원가에 배부된 제조간접원가에 따라 배부된다. 예제의 과소 배부된 금액에 대한 각 계정의 조정금액 산출은 다음과 같다.

각 계정의 배부된 제조간접원가의 잔액은 다음과 같이 산출할 수 있다.

계정	작업	기초재고	직접 원재료원가	직접 노무원가	제조간접원가	총원가
재공품	#201	4,000	16,000	15,000	16,800	51,800
제품	#202	–	4,500	5,000	7,000	16,500
매출원가	#202	–	13,500	15,000	21,000	49,500
		4,000	34,000	35,000	44,800	117,800

예제에서 과소배부된 ₩3,200의 제조간접원가 차이를 각 계정에 배부된 제조간접원가의 잔액에 비례하여 계정별로 배부한 결과는 다음과 같다.

계정	작업	제조간접원가	배부율	차이배부액
재공품	#201	16,800	37.500%	1,200
제품	#202	7,000	15.625%	500
매출원가	#202	21,000	46.875%	1,500
		44,800	100%	3,200

예제에서 과소배부된 금액의 조정에 대한 회계처리는 다음과 같다.

– 제조간접원가 조정

(차)	재 공 품	1,200	(대) 제조간접원가차이	3,200
	제 품	500		
	매 출 원 가	1,500		

2) 총원가 기준법

총원가 기준법은 제조간접원가차이를 조정하기 전의 각 계정별 총원가에 비례하여 제조간접원가차이를 배부하는 방법이다. 예제에서 과소배부된 ₩3,200의 제조간접원가차이를 각 계정에 배부된 제조간접원가의 잔액에 비례하여 계정별로 배부한 결과는 다음과 같다.

계정	작업	제조간접원가	배부율	차이배부액
재공품	#201	51,800	43.98%	1,407
제품	#202	16,500	14.00%	448
매출원가	#202	49,500	42.02%	1,345
		117,800	100%	3,200

예제에서 과소배부된 금액의 조정에 대한 회계처리는 다음과 같다.

– 제조간접원가 조정

(차)	재 공 품	1,407	(대) 제조간접원가차이	3,200
	제 품	448		
	매 출 원 가	1,345		

연습문제

E·x·e·r·c·i·s·e

객관식

개별원가계산

01 (주)대한은 20×1년 1월 1일에 처음으로 생산을 시작하였으며, 실제원가에 의한 개별원가계산을 적용하고 있다. 제조간접원가는 기계시간을 기준으로 이중배분율(dual rate)에 의해 제품에 배부된다. 회사의 정상조업도 수준의 기계시간은 20시간이다. 20×1년의 생산 및 원가자료는 다음과 같다.

(1) 당기에 작업 #101과 #102를 착수하여 #102는 완성하였고,#101은 기말 현재 생산 중이다. 작업 #102는 당기 중 ₩1,000에 판매되었다.
(2) 원재료 구입액은 ₩700이고, 원재료 기말재고액은 ₩100이다.
(3) 노무원가는 ₩1,000이고, 제조경비는 ₩750이다. 제조경비는 전액 제조간접원가이다.
(4) 작업별 실제원가 및 실제기계시간은 다음과 같다.

구분	#101	#102	합계
직접재료원가	₩350	₩150	₩500
직접노무원가	₩520	₩330	₩850
실제기계시간	10시간	5시간	15시간

(5) 제조간접원가의 30%는 변동원가이고, 나머지는 고정원가이다.
(6) 회사는 배부되지 않은 제조간접원가를 전액 당기비용으로 처리한다.

(주)대한의 20×1년 당기순이익은 얼마인가? (18. 회계사)

① ₩70 ② ₩120 ③ ₩175
④ ₩210 ⑤ ₩245

제조간접원가 배부차이

02 (주)관세는 제조간접원가를 직접노동시간에 따라 예정배부한다. 20×1년 예산 및 동년 3월

의 자료가 다음과 같을 때 3월의 제조간접원가 실제발생액은? (18. 관세사)

연간 직접노동시간(예산)	3,700시간
연간 제조간접원가(예산)	₩192,400
3월 직접노동시간(실제)	450시간
3월 제조간접원가 배부차이	₩1,300(과대배부)

① ₩21,200 ② ₩22,100 ③ ₩23,200
④ ₩23,400 ⑤ ₩24,700

03 (주)관세는 20×1년 초 영업을 개시하여 선박을 제조 · 판매하고 있으며, 직접노무시간을 기준으로 제조간접원가를 예정 배부하는 정상개별원가계산을 적용하고 있다. 제조 및 판매와 관련된 자료는 다음과 같다.

연간 제조간접원가 예산	₩360,000
연간 예정조업도	40,000직접노무시간
실제 발생한 제조간접원가	₩362,500
실제 임률	직접노무시간 당 ₩11
당기총제조간접원가	₩2,500,000
직접재료원가	₩1,650,000

(주)관세의 20×1년 제조간접원가 배부차이는? (21. 관세사)

① ₩20,000(과대) ② ₩20,000(과소) ③ ₩15,000(과대)
④ ₩15,000(과소) ⑤ ₩10,000(과소)

04 실제개별원가계산제도를 사용하는 (주)감평의 20×1년도 연간 실제 원가는 다음과 같다.

직접재료원가	₩4,000,000	직접노무원가	₩5,000,000
제조간접원가	₩1,000,000		

(주)감평은 20×1년 중 작업지시서 #901을 수행하였는데 이 작업에 320시간의 직접노무시간이 투입되었다. (주)감평은 제조간접원가를 직접노무시간을 기준으로 실제배부율을 사용하여 각 작업에 배부한다. 20×1년도 실제 총직접노무시간은 2,500시간이다. (주)감평이 작업지시서 #901에 배부하여야 할 제조간접원가는? (18. 감정평가사)

① ₩98,000 ② ₩109,000 ③ ₩128,000
④ ₩160,000 ⑤ ₩175,000

05 (주)감평은 제조간접원가를 기계 작업시간 기준으로 예정 배부하고 있다. 20×1년 실제 기계작업시간은? (21. 감정평가사)

제조간접원가(예산)	₩928,000
제조간접원가(실제)	960,000
제조간접원 배부액	840,710
기계작업시간(예산)	80,000시간

① 70,059시간 ② 71,25시간 ③ 72,475시간
④ 73,039시간 ⑤ 74,257시간

06 (주)세무는 단일 제품을 생산하며, 정상원가계산제도를 채택하고 있다. 제조간접원가는 계시간을 기준으로 배부한다. 20×1년 제조간접원가 예산은 ₩40,000이고, 예정 기계시간은 2,000시간이다. 20×1년 실제 기계시간은 2,100시간, 제조간접원가 과대배부액은 ₩3,000이다. 20×1년 (주)세무의 제조간접원가 실제 발생액은? (20. 세무사)

① ₩39,000 ② ₩40,000 ③ ₩41,000
④ ₩42,000 ⑤ ₩45,000

정상원가 배부차이의 매출원가조정

07 (주)관세는 20×1년 영업을 개시하여 선박을 제작 · 판매하고 있으며, 직접노무시간을 기준으로 제조간접원가를 배부하는 정상개별원가계산을 채택하고 있다. 제조와 관련된 원가 및 활동 자료는 다음과 같다.

구분	화물선	유람선	LNG선
직접재료원가	₩240,000	₩400,000	₩520,000
직접노무원가	280,000	520,000	640,000
실제직접노무시간	700시간	1,200시간	1,600시간

(주)관세는 20×1년 초 연간 제조간접원가 ₩2,000,000과 직접노무시간 5,000시간을 예상하였으며, 20×1년에 실제 발생한 제조간접원가는 ₩1,500,000이다. 20×1년 말 화물선은 완성되어 판매되었고, 유람선은 완성되었으나 판매되지 않았으며, LNG선은 미완성 상태이다. (주)관세가 제조간접원가 배부차이를 매출원가에서 전액조정한다면 제조간접원가 배부차이를 조정한 후의 매출원가는? (20. 관세사)

① ₩700,000 ② ₩780,000 ③ ₩800,000
④ ₩820,000 ⑤ ₩900,00

08 (주)감평은 정상원가계산을 사용하고 있으며, 직접노무시간을 기준으로 제조간접원가를 예정배부하고 있다. (주)감평의 20×1년도 연간 제조간접원가 예산은 ₩600,000이고, 실제 발

생한 제조간접원가는 ₩650,000이다. 20×1년도 연간 예정조업도는 20,000시간이고, 실제 직접노무시간은 18,000시간이다. (주)감평은 제조간접원가 배부차이를 전액 매출원가에서 조정하고 있다. 20×1년도 제조간접원가 배부차이 조정 전 매출총이익이 ₩400,000이라면, 포괄손익계산서에 인식할 매출총이익은? (19. 감정평가사)

① ₩290,000 ② ₩360,000 ③ ₩400,000
④ ₩450,000 ⑤ ₩510,000

09 (주)세무는 정상개별원가계산을 사용하고 있으며, 제조간접원가는 직접노무시간을 기준으로 배부하고, 제조간접원가 배부차이는 전액 매출원가에 조정하고 있다. 당기의 직접재료매입액은 ₩21,000이고, 제조간접원가 배부차이는 ₩7,000(과소배부)이며, 제조간접원가 배부차이 조정 전 매출원가는 ₩90,000이다. 당기 재고자산 관련 자료는 다음과 같다. (21. 세무사)

구분	직접재료	재공품	제품
기초재고	₩3,000	₩50,000	₩70,000
기말재고	4,000	45,000	60,000

직접노무원가가 기초원가(prime cost)의 60%인 경우, 당기에 실제 발생한 제조간접원가는?

① ₩18,000 ② ₩25,000 ③ ₩30,000
④ ₩32,000 ⑤ ₩37,000

10 (주)세무는 20×1년에 영업을 시작하였으며, 정상원가계산을 적용하고 있다. 다음은 (주)세무의 20×1년 배부차이를 조정하기 전의 제조간접원가 계정과 기말재공품, 기말제품 및 매출원가에 관한 자료이다. (22. 세무사)

제조간접원가	
630,000	?

	기말재공품	기말제품	매출원가
직접재료원가	₩225,000	₩250,000	₩440,000
직접노무원가	125,000	150,000	210,000
제조간접원가	150,000	200,000	250,000
합 계	₩500,000	₩600,000	₩900,00

제조간접원가의 배부차이를 매출원가조정법으로 회계처리하는 경우, 총원가비례배분법에 비해 당기순이익이 얼마나 증가(혹은 감소)하는가?

① ₩16,500 감소 ② ₩13,500 감소 ③ ₩13,500 증가

④ ₩16,500 증가 ⑤ ₩30,000 증가

11 (주)대한은 정상원가계산제도를 채택하고 있다. 제조간접원가예정배부율은 직접노무원가의 50%이며, 제조간접원가 배부차이는 전액 매출원가에서 조정한다. (주)대한의 20×1년 2월 원가 관련 자료는 다음과 같다.

- 직접재료 구입액은 ₩40,000이다.
- 직접노무원가는 기본원가(기초원가, prime costs)의 40%이다.
- 직접재료 기말재고액은 ₩10,000, 제품 기말재고액은 ₩4,000이다.
- 당기제품제조원가에는 직접재료원가 ₩25,500이 포함되어 있다.
- 기말재공품에는 제조간접원가 배부액 ₩1,500이 포함되어 있다.
- 실제 발생한 제조간접원가는 ₩8,000이다.

제조간접원가 배부차이를 조정한 후 (주)대한의 2월 매출원가는 얼마인가? 단, 기초재고자산은 없다. (22. 회계사)

① ₩44,000 ② ₩45,000 ③ ₩46,000
④ ₩47,000 ⑤ ₩49,000

정상원가 배부차이의 총원가기준 비례배분

12 (주)관세는 정상개별원가계산을 채택하고 있으며, 제조간접원가 배부차이를 총원가비례배분법에 의해 기말재고자산과 매출원가에 배분한다. 다음은 당기 말 제조 간접원가 배부차이를 조정하기 전 각 계정의 잔액이다.

• 재고자산	
원재료	₩250,000
재공품	90,000
제 품	230,000
• 매출원가	680,000

당기에 발생한 제조간접원가 배부차이가 ₩150,000(과소배부)일 경우, 배부차이 조정 후 기말재고자산은? (22. 관세사)

① ₩358,400 ② ₩368,000 ③ ₩608,400
④ ₩618,000 ⑤ ₩638,400

13 (주)대한은 20×1년 초에 설립되었으며 정상원가계산을 적용하고 있다. 제조간접원가 배부기준은 기계시간이다. (주)대한은 20×1년 초에 연간 제조간접원가를 ₩80,000으로, 기계시간

을 4,000시간으로 예상하였다. (주)대한의 20×1년 생산 및 판매 관련 자료는 다음과 같다.

- 20×1년 중 작업 #101, #102, #103을 착수하였다.
- 20×1년 중 작업별 실제 발생한 원가 및 기계시간은 다음과 같다.

구분	#101	#102	#103	합계
직접재료원가	₩27,000	₩28,000	₩5,000	₩60,000
직접노무원가	₩25,000	₩26,000	₩13,000	₩64,000
기계시간	1,400시간	1,800시간	600시간	3,800시간

- 20×1년 실제 발생한 제조간접원가는 총 ₩82,000이다.
- 작업 #101과 #102는 20×1년 중 완성되었으나, #103은 20×1년 말 현재 작업 중이다.
- 20×1년 중 #101은 ₩120,000에 판매되었으나, #102는 20×1년 말 현재 판매되지 않았다. (주)대한의 매출은 #101이 유일하다.

(주)대한이 총원가기준 비례배부법을 이용하여 배부차이를 조정한다면, 20×1년 매출총이익은 얼마인가? (21. 회계사)

① ₩24,600 ② ₩27,300 ③ ₩28,600
④ ₩37,600 ⑤ ₩39,400

정상원가 배부차이의 원가요소기준 비례배분

14 (주)관세는 20×1년 영업을 개시하여 우주선을 제작·판매하고 있으며, 정상개별원가계산을 채택하고 있다. 제조와 관련된 원가 및 활동 자료는 다음과 같다.

구분	단거리 우주선	중거리 우주선	장거리 우주선
직접재료원가	₩240,000	₩370,000	₩480,000
직접노무원가	150,000	300,000	450,000
실제기계시간	495시간	1,485시간	1,980시간

(주)관세는 20×1년 초 연간 제조간접원가는 ₩1,280,000, 제조간접원가 배부기준인 기계시간은 4,000시간으로 예상하였으며 20×1년에 실제 발생한 제조간접원가는 ₩1,170,000이다. 20×1년 말 단거리 우주선은 완성되어 판매되었고 중거리 우주선은 완성되었으나 판매되지 않았으며 장거리 우주선은 미완성 상태이다. (주)관세는 제조간접원가 배부차이를 원가요소별 비례배분법으로 조정한다. 제조간접원가 배부차이를 조정한 후의 매출원가는? (19. 관세사)

① ₩451,200 ② ₩536,250 ③ ₩560,550
④ ₩562,150 ⑤ ₩645,600

15 (주)세무는 정상원가계산을 적용하고 있으며, 제조간접원가는 기본원가(prime costs)의 50%를 예정 배부한다. (주)세무는 제조간접원가 배부차이를 원가요소기준 비례배부법으로 조정한다. 9월의 기본원가, 매출액과 배부차이 조정 후 기말재고자산은 다음과 같다.

기본원가	₩750,000	매출액	₩1,000,000
기말재공품	120,000	기말제품	180,000

9월의 배부차이 조정 후 매출원가율이 80%일 때, 배부차이는? (단, 기초재고 자산은 없다.)

(18. 세무사)

① ₩10,000 과대배부 ② ₩15,000 과소배부 ③ ₩15,000 과대배부
④ ₩25,000 과소배부 ⑤ ₩25,000 과대배부

16 (주)세무는 개별원가계산제도를 채택하고 있으며, 제품 A와 제품 B를 생산하고 있다. 기초재공품은 없으며, 제품이 모두 기말에 완성되었다. (주)세무의 20×1년 원가자료는 다음과 같다. 제조간접원가를 직접노무원가 발생액에 비례하여 배부하는 경우, 제품 A와 제품 B의 제조원가는?

(20. 세무사)

	제품 A	제품 B
직접재료원가		
기초재고액	₩20,000	₩10,000
당기매입액	40,000	30,000
기말재고액	10,000	15,000
직접노무원가		
전기말 미지급액	₩22,000	₩30,000
당기지급액	45,000	60,000
당기말 미지급액	20,000	27,000
제조간접원가	₩30,000	

① 제품 A: ₩94,900 제품 B: ₩110,100 ② 제품 A: ₩99,100 제품 B: ₩105,900
③ 제품 A: ₩105,900 제품 B: ₩94,900 ④ 제품 A: ₩105,900 제품 B: ₩99,100
⑤ 제품 A: ₩110,100 제품 B: ₩94,900

17 (주)대한은 정상개별원가계산을 사용하고 있으며, 제조간접원가 배부기준은 기본원가(prime costs)이다. 20×1년 제조간접원가 예정배부율은 기본원가의 40%이었다. 20×1년도 생산 및 판매 자료는 다음과 같다.

(1) 기초재고자산 중 재공품 및 제품의 작업별 원가는 다음과 같다.

항목	기초재공품		기초제품
	작업 #102	작업 #103	작업 #101
기본원가	₩4,000	₩3,500	₩5,000
제조간접원가	2,000	1,750	2,500
합계	₩6,000	₩5,250	₩7,500

(2) 당기에 작업 #102와 #103에 소비된 기본원가는 각각 ₩1,500과 ₩1,000이었다.
(3) 당기에 신규로 착수된 작업은 없었고, 작업 #102와 #103은 완성되었다.
(4) 당기에 작업 #101과 #102는 각각 ₩8,300과 ₩10,000에 판매되었다.
(5) 당기에 제조간접원가 실제발생액은 ₩1,250이었다.
(6) (주)대한은 배부차이를 원가요소기준비례배부법으로 조정한다.

배부차이 조정 후 매출총이익은 얼마인가? (19. 회계사)

① ₩2,210 ② ₩2,320 ③ ₩2,440
④ ₩2,520 ⑤ ₩2,550

제5장

활동기준원가계산

제 5 장 활동기준원가계산

많은 기업은 제조간접원가를 배부하는 데 있어서 전통적으로 수량기준에 따른 배부기준을 사용하여 왔다. 그러나 생산환경이 다품종 소량 생산, 자동화 등으로 변화됨에 따라 제품별 제조간접자원의 소비가 생산량 등 수량에 의해서만 이루어지지 않는 것이 일반적인 현상으로 되었다. 활동기준원가계산은 이와 같은 제조간접원가 발생원인의 변화를 인지하고 이를 제조간접원가의 배부에 반영한 원가계산 방식이다. 즉, 활동이 자원을 소비하고 제품은 활동을 소비하는데 활동과 간접자원소비와는 직접적인 대응(활동의 수와 간접자원소비)이 발생하나 활동과 제품 간에는 직접적인 대응(제품 생산수량과 활동의 수)이 일반적이지 않다. 활동기준원가계산은 재무보고에도 사용되나 관리회계 목적으로 경영관리에 많은 효과가 있다.

제1절 활동기준원가계산의 의의

최근 20여 년간 제조활동 및 판매활동에 있어서의 다양한 소비자의 욕구, 국제화 및 범세계적인 경쟁 등 급격한 변화가 있어왔다. 이에 대한 대응으로 기업은 소비자의 욕구충족을 위해 종전의 소품종 대량생산체제에서 다양한 제품을 소량으로 생산하는 다품종 소량생산체제로 전환하였으며, 또한 자동화, 공정개선, JIT(just in time), TQM(total quality management) 등 수많은 혁신관리기법들이 개발되었다. 이와 같은 관리기법이 도입되고, 공장자동화로 인하여 종업원의 수작업을 기계작업으로 대체함에 따라 원가측면에서 직접비의 비중은 줄어든 반면, 제조활동을 지원하는 제조간접원가의 비중은 증가하였다.

제품의 종류가 다양해지고 제조간접원가의 비중이 증가함에 따라 전통적인 원가시스템에서 사용해오던 기계사용시간, 직접노동시간 등과 같은 조업도에 근거한 배부기준에 의하여 제조간접원가를 제품에 배부하는 방법은 제품원가를 왜곡시키고 있다. 이에 따라 새로운 제조환경에서 보다 정확한 원가계산을 가능케 하는 새로운 원가시스템이 필요하게 되었다.

1. 활동기준원가계산의 의의

활동기준원가계산(activity based costing)의 개념은 제품의 다양화와 제조기술의 급속한 발달로 제조간접원가의 비중이 증가하는 상황에서 더 정확한 원가를 계산하여야 할 필요에 의해서 발생하였다. 전통적 원가계산에서는 원가대상이 원가를 소비한다는 견해에서 출발하는데 반하여, 활동기준원가계산은 기업의 자원을 소비하는 활동을 원가대상으로 하여 원가를 집계하고 이를 토대로 원가를 제품, 작업 또는 고객 등의 다른 원가대상에 배부하는 원가계산제도이다. 따라서 활동기준원가계산은 원가를 원가대상에 직접 추적하는 것이 아니라 자원을 소비하는 활동(activity)과 활동을 소비하는 원가대상간의 인과관계를 추적하여 계산하는 원가계산시스템이다.

2. 활동의 유형

활동기준원가계산에서는 기업이 수행하는 활동을 그 수준에 따라 단위수준활동, 배치수준활동, 제품수준 활동, 설비수준 활동으로 분류하고 있다. 각 활동수준이 가지고 있는 특징을 살펴보면 다음과 같다.

(1) 단위수준 활동

단위수준(unit level) 활동은 직접재료원가, 직접노무원가, 기계사용시간 등과 같이 제품 한 단위가 생산될 때마다 수행되어지는 활동을 말한다. 예를 들어 제품의 생산량이 1%로 증가하면 생산량에 비례하여 직접재료원가, 직접노무원가, 기계사용시간 등의 비용이 1% 더 발생하게 된다.

(2) 배치수준 활동

배치수준(batch level) 활동은 작업준비, 품질검사 등과 같이 생산되는 제품의 배치(batch)별로 수행되어지는 활동을 말한다. 예를 들어 검정, 파랑 및 빨강색 볼펜을 생산하는 경우에 검정색 볼펜을 생산하다가 파랑색 볼펜을 생산을 위해 잉크를 교환하게 되는데 그 때마다 작업준비 자원이 소비되는 것이다. 따라서 보다 많은 배치를 생산할수록 작업준비 자원은 더 많이 소비하게 된다. 이와 같이 배치수준 활동에 속한 작업준비활동을 위한 자원의 수요는 배치수에 비례하여 증가하지만 생산량 등과 같은 조업도에는 비례하지 않는다.

(3) 제품수준 활동

제품수준(product level) 활동은 기업이 생산하는 개별제품에 관련하여 제품별로 이루어지는 활동을 말한다. 따라서 제품의 수가 증가하면 제품수준 활동은 증가한다. 예를 들어 제품설계, 제품테스트, 엔지니어링 변경 등의 활동들은 제품의 한 단위수준이나 배치수준보다는 제품종류별로 이루어지는 활동으로 볼 수 있다. 따라서 제품수준 원가는 제품의 종류의 수가 증가하면 할수록 비례적으로 증가하며, 제품의 생산량이나 배치수에 비례하지 않는다.

(4) 설비수준 활동

설비수준(facility level) 활동은 생산설비와 관련하여 발생하는 활동을 말한다. 예로써 공장관리, 건물관리, 안전유지, 조경 및 조명 등은 이 활동에 해당한다. 이와 같이 설비수준 활동은 기업의 전체차원에서는 유익하지만 각 개별제품 등에 직접적으로 관련이 되지 않는다. 따라서 설비수준 활동의 원가는 기업전체의 원가를 파악하는 데는 유익하지만 제품원가

표 5-1 활동의 수준과 원가동인

활동수준	활동	원가동인
단위수준 활동	• 자동화공정 • 수작업공정 • 유틸리티 소비	• 기계작업시간 • 직접노동시간 • 생산량
배치수준 활동	• 구매주문처리 • 작업준비 • 원자재 이동	• 구매주문처리시간 / 횟수 • 작업준비시간 / 횟수 • 이동횟수 / 이동물량
제품수준 활동	• 제품설계 • 원자재 재고관리 • 신제품 검사	• 제품 수/설계시간 • 원자재 수 • 검사시간
설비수준 활동*	• 공장관리 • 감가상각비	• 직접노동시간 • 기계작업시간

주) 설비수준활동은 원가대상에 인과관계를 추적할 수 없어 조업도를 기준으로 배분.

를 파악하는 데는 각 제품에 인위적인 배부로 인하여 제품원가의 왜곡으로 잘못된 의사결정을 초래할 가능성이 있다. 이상의 내용을 활동유형과 원가동인을 요약하면 다음 [표 5-1]과 같다.

제2절 활동기준원가계산 절차

활동기준원가계산의 절차를 다음과 같이 구분할 수 있다. 먼저 각 부문에서 수행하는 활동들을 정의하고 이들 활동을 대하여 체계적으로 분석하고 이렇게 파악된 각 활동에 대하여 원가를 집계한다. 그리고 이러한 활동을 유발시키는 근본원인을 파악하여 원가동인을 결정하고 이를 바탕으로 원가동인 단위당 원가를 산출한 후 이에 의거하여 각 원가대상에 활동소비량을 기준으로 원가를 부과함으로써 원가계산이 이루어진다.

1. 활동분석

활동분석이란 기업이 생산하는 제품과 서비스 제공에 필요한 활동을 체계적으로 분석하는 것을 말한다. 활동분석은 각 조직의 직무기술서나 부문 관리자들과 함께 일련의 체계적인 인터뷰를 통해 실시할 수 있다. 인터뷰를 통해서 수집된 자료는 설문지 등을 통해서 확인할 수 있다. 이렇게 파악된 활동들로써 재료구매부터 판매된 제품의 사후 서비스까지 가치사슬의 모든 활동들을 나타내는 흐름도를 작성한다.

흐름도에 표시되어 있는 활동들을 분석하여 이들을 부가가치활동과 비 부가가치활동으로 구분한다. 부가가치활동이란 제품의 가치를 증진시키는 활동으로 가공, 조립 및 포장 등과 같은 필수적인 공정 등이 이에 해당한다. 반면 비 부가가치활동은 제품의 가치를 증가시키지 못하면서 자원을 낭비하는 활동을 말하며 재료의 검수, 재료의 이동 및 저장 등이 이에 해당한다.

이와 같이 제품의 가치를 증가시키지 못하는 활동을 제거하거나 감소시킴으로써 생산시간의 단축 및 원가를 절감시킬 수 있다.

2. 활동별 원가집계

활동별 원가집계란 활동분석에서 실시한 활동분석 자료를 활용하여 각 활동에 원가를 집계하는 것을 말한다. 즉, 활동분석에서 파악된 각 활동들이 어느 정도 자원을 소비하였는가에 대한 활동당 총원가를 계산하는 것이다. 이때 활동수준을 정함에 있어서 비용−효익분석을 고려하여 유사한 활동을 통합하거나 확대하여 사용할 수 있다. 또한 정확한 원가를 측정하는데 발생하는 측정비용과 정확하지 못한 데서 초래되는 오류비용을 고려하여 최소비용의 수준에서 활동수준을 결정하여야 한다.

3. 원가동인의 규명

활동이 분류되고 활동별로 원가가 집계되면 활동별로 원가를 유발하는 원가동인을 규명하여야 한다. 원가동인이란 활동을 유발시키는 요인으로 이는 생산과정에서 특정자원을 소비한 활동과 활동을 소비한 제품에 대하여 생산활동원가를 추적하는 데 사용된다. 그러나 기업 내에는 수많은 활동이 존재하기 때문에 각 활동에 대하여 각각의 원가동인을 사용하는 것은 경제적이지 못하다. 따라서 몇 가지 활동을 통합하여 하나의 원가동인을 사용한다.

원가동인의 수와 종류를 결정하는데 있어 원가동인의 측정비용, 실제활동소비와의 상관관계 및 임직원의 행위에 미치는 영향 등을 고려해야 한다. 따라서 모든 조건이 동일하다면 희망하는 제품원가의 정확한 수준이 높으면 높을수록, 제품 간 자원소비 형태의 차이가 크면 클수록 원가동인의 수와 종류는 많아진다.

4. 원가동인 단위당 원가산출

원가동인을 선택한 다음 각 활동별로 산출된 활동별 총원가를 원가동인으로 나누어 활동 한 단위당 원가를 산출한다. 즉, 각 활동의 대용치로 사용하고 있는 원가동인의 단위당 원가를 산출하는 것이다. 이를 활동별 제조간접원가 배부율이라고도 한다.

5. 활동원가계산

원가동인 단위당 원가가 산출되면 원가동인으로 각 제품을 생산하기 위해 소비된 활동을 측정하고 이렇게 측정된 활동 수에 원가동인 단위당 원가를 곱하여 각 제품별 활동원가를 계산한다.

제3절 전통적 원가계산과 활동기준원가계산

지금까지 활동기준원가계산시스템의 원가계산절차를 설명하였다. 이번 절에서는 직접노동시간을 기준으로 제조간접원가를 제품에 배분하는 전통적 원가계산과 활동기준원가계산을 비교하고자 한다. 직접노동시간은 생산기술이 자동화되기 전 과거에 많은 기업들이 이용해온 제조간접원가 배분기준이다.

예제 5-1

(주)규성밸브는 두 종류의 밸브를 생산한다. 밸브 A는 이 회사의 주력제품이고 밸브 B는 고객의 요구에 의한 특수한 밸브이다. 202×년 일 년 동안 생산한 생산량 및 원가 관련 자료는 다음과 같다.

제품별 생산량 및 원가자료

	밸브 A	밸브 B	합계
직접재료원가	₩4,200,000	₩700,000	₩4,900,000
직접노무원가	1,800,000	300,000	2,100,000
제조간접원가			945,000
연간생산량	30,000개	5,000개	35,000개
직접노동시간	45,000시간	7,500시간	52,500시간

1. 전통적 원가계산

전통적 원가계산제도에서는 조업도를 기준으로 제조간접원가 예정배부율을 산정하고 이에 의해서 각 제품에 제조간접원가를 배부하여 제품별 원가를 계산한다. 예제에서 전통적 원가계산에 의한 제조간접원가 예정배부율은 직접노동시간당 ₩18이다.

$$\text{제조간접원가 예정배부율} = \frac{₩945,000}{52,500} = ₩18/\text{직접노동시간}$$

이에 따라 각 제품별 제조간접원가 배부액은 다음 [표 5-2]와 같다.

표 5-2 제조간접원가 배부액

제품	예정배부율	직접노동시간	배부 제조간접원가
밸브 A	₩18	45,000	₩810,000
밸브 B		7,500	135,000
합계		52,500	₩945,000

전통적 원가계산에 의한 제품별 총원가 및 단위당 원가는 [표 5-3]과 같다.

표 5-3 전통적 원가계산의 제품별 총원가 및 단위당 원가

	밸브 A	밸브 B	합계
직접재료원가	₩4,200,000	₩700,000	₩4,900,000
직접노무원가	1,800,000	300,000	2,100,000
제조간접원가	810,000	135,000	945,000
총원가	₩6,810,000	₩1,135,000	₩7,945,000
생산량	30,000개	5,000개	35,000개
단위당 원가	₩227	₩227	₩227

전통적 원가계산에서 제조간접원가를 직접노동시간에 의해서 배부함에 따라 밸브 A, B 모두 단위당 원가는 ₩227으로 나타났다.

2. 활동기준원가계산

전통적 원가계산은 하나의 원가풀(cost pool)에서 직접노동시간과 같은 조업도 동인에 의하여 제조간접원가를 배부하였으나, 활동기준원가계산은 여러 개의 원가풀(활동)에서 각 원가동인에 의하여 제조간접원가를 배부하는 원가계산시스템이다. 이와 같이 활동을 여러 개로 분리함으로써 원가동질성이 증가하고 또한 적절한 원가동인에 의하여 제조간접원가를 배분하기 때문에 원가대상별로 보다 정확한 원가를 산정할 수 있다. 활동기준원가계산시스템을 그림으로 표시하면 다음 [그림 5-1]과 같다.

그림 5-1 활동기준원가계산프로세스

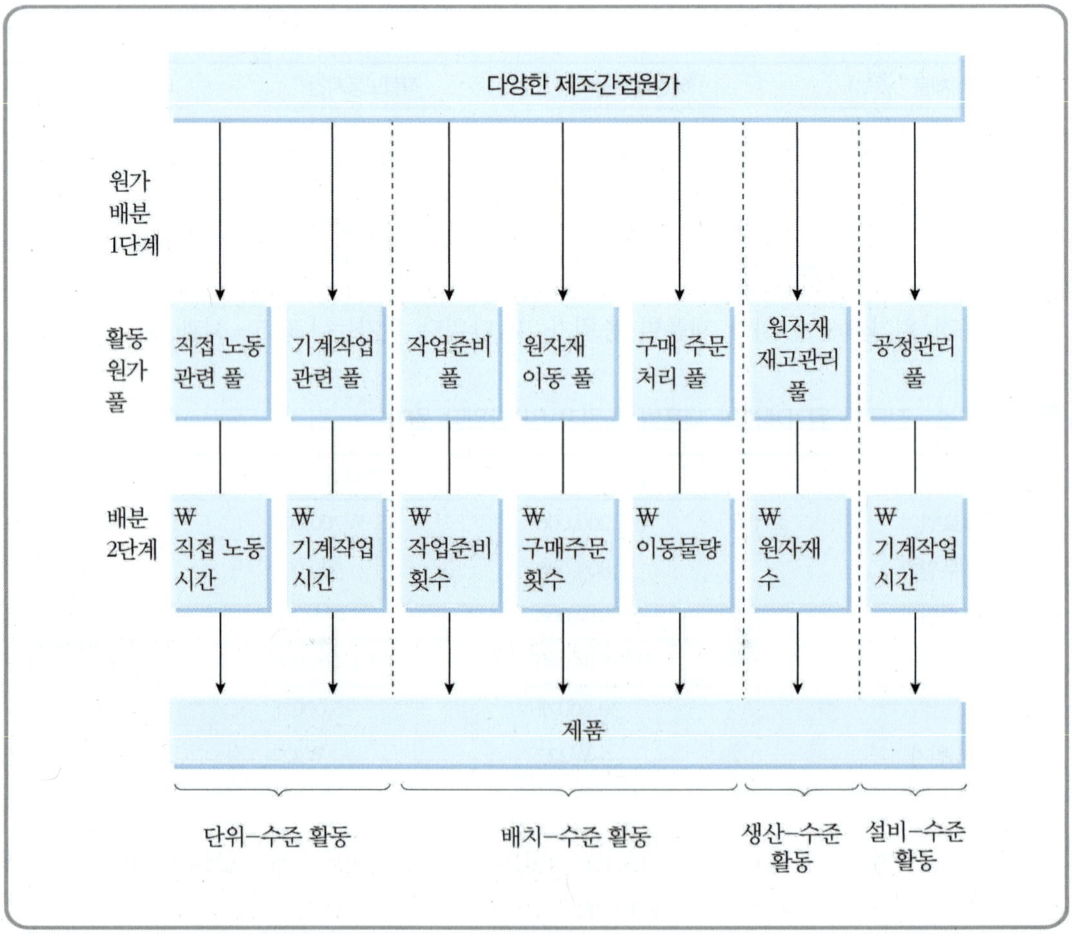

규성밸브는 활동을 분석한 후에 202×년 일 년 동안 이루어진 활동을 5가지 활동으로 구분하고 원가동인을 규명하였다. 활동과 원가동인에 관한 정보는 [표 5-4]와 같다.

표 5-4 활동과 원가동인에 관한 정보

활동	제조간접원가	원가동인	원가동인 수행		원가동인의 총량
			밸브 A	밸브 B	
작업준비	₩6,000	작업준비	20회	100회	120회
엔지니어링	210,000	엔지니어링시간	1,000	6,000	7,000시간
자재취급	22,000	자재무게	17,000Kg	5,000Kg	22,000Kg
품질검사	32,000	품질검사	150회	650회	800회
기계작업	675,000	기계가동시간	30,000시간	15,000시간	45,000시간
합계	₩945,000				

제조간접원가의 활동별 원가동인 배부율은 [표 5-5]와 같다.

표 5-5 활동별 원가동인 배부율

활동	제조간접원가	원가동인	원가동인의 총량	활동별 배부율
작업준비	₩6,000	작업준비	120회	₩50
엔지니어링	210,000	엔지니어링시간	7,000시간	₩30
자재취급	22,000	자재무게	22,000Kg	₩1
품질검사	32,000	품질검사	800회	₩40
기계작업	675,000	기계가동시간	45,000시간	₩15
합계	₩945,000			

[표 5-5]에 나타난 바와 같이 작업준비 1회 수행하는 데 원가는 ₩50이 소요되고, 엔지니어링은 한 시간당 ₩30이, 자재는 자재 1Kg당 ₩1이 소요되며, 품질검사는 회당 ₩40이, 그리고 기계작업은 한 시간당 ₩15이 소요된다.

활동별 배부율을 이용하여 제품별 제조간접원가 배부액을 산정하면 [표 5-6]과 같다.

표 5-6 제품별 제조간접원가 배부액

활동	원가	활동별 배부율	원가동인 수행		원가동인 수행	
			밸브 A	밸브 B	밸브 A	밸브 B
작업준비	₩6,000	₩50	20회	100회	₩1,000	₩5,000
엔지니어링	210,000	30	₩1,000	₩6,000	30,000	180,000
자재취급	22,000	1	17,000Kg	5,000Kg	17,000	50,000
품질검사	32,000	40	150회	650회	6,000	26,000
기계작업	675,000	15	30,000시간	15,000시간	450,000	225,000
합계	₩945,000				₩504,000	₩441,000

활동별원가계산에 의한 제품별 총원가 및 단위당 원가는 [표 5－7]과 같다.

표 5-7 활동적원가계산의 제품별 총원가 및 단위당 원가

	밸브 A	밸브 B	합계
직접재료원가	₩4,200,000	₩700,000	₩4,900,000
직접노무원가	1,800,000	300,000	2,100,000
제조간접원가	504,000	441,000	945,000
총원가	₩6,504,000	₩1,441,000	₩7,945,000
생산량	30,000개	5,000개	35,000개
단위당 원가	₩216.8	₩288.2	₩227

활동기준원가계산의 밸브 A의 단위당 원가는 각각 ₩216.8이고, 밸브 B의 단위당 원가는 ₩288.2으로 전통적 원가계산에서의 단위당 원가와는 상이하다. 전통적 원가시스템에서는 모든 제품의 원가가 ₩227인데 반하여 활동기준원가계산에서는 고객의 요구에 따라 소량 생산되는 특수밸브의 원가가 ₩288.2으로 나타나고 있다. 이는 특수밸브를 생산하는 데 보다 많은 활동이 소요되기 때문에 제조간접원가가 많이 배부되었다. 그러나 밸브 A는 30,000개로 대량생산되는 제품이고 보다 적은 활동이 소요되기 때문에 활동기준원가계산에서 제품단위당 원가가 적게 계상된다.

이와 같이 전통적 원가계산에 의하여 제품원가를 산정하면 제조간접원가가 제대로 배분되지 않아 제품원가의 왜곡현상이 발생하며 왜곡된 정보를 활용하여 의사결정을 내리는 경영자는 왜곡된 의사결정을 할 수 있다.

제4절 활동기준원가계산의 장단점

1. 활동기준원가계산의 장점

(1) 정확한 원가정보 제공

활동기준원가계산에서는 각 부문별로 원가를 집계하지 않고 보다 다양하고 세분화된 활동별로 원가를 분류하고 집계하기 때문에 적절한 배부기준을 선택할 수 있다. 따라서 제품별로 정확한 원가정보를 제공할 수 있다.

(2) 원가동인의 관리를 통한 원가관리

활동기준원가계산은 제품수량 이외의 다양한 원가동인을 인식하고 원가와의 관계를 분석하여 원가관리를 가능케 한다. 따라서 원가를 유발시키는 원가동인이 무엇인가를 파악하고 이를 체계적으로 관리함으로서 상대적으로 많은 자원을 소비하는 활동과 원가동인을 줄여 나아갈 수 있다.

(3) 올바른 의사결정이 가능

활동기준원가계산은 보다 정확한 원가계산이 이루어지기 때문에 제품가격 결정 및 제품별 수익성 등을 정확히 측정할 수 있다. 따라서 제품믹스(product mix) 결정 등에 관한 올바른 의사결정이 가능하다.

(4) 활동중심의 성과 평가

활동기준원가계산에서는 수집하고 관리하는 자료가 활동에 관련된 자료이다. 전통적 원가시스템에서의 재무정보에 비해 활동기준원가계산에서 제공하는 활동관련 정보는 기업 전체의 운영의 효율성여부를 판단하는데 도움이 된다. 따라서 활동기준원가계산에서는 활동

정보를 이용하여 성과평가를 수행함으로써 생산현장의 관리자와 의사소통을 원활히 할 수 있으며 기업전체의 효율성 향상을 가져올 수 있다.

2. 활동기준원가계산의 단점

(1) 측정비용이 과다

활동기준원가계산에서는 정확한 원가계산을 위해 최대한 세분화된 활동원가를 집계하고, 활동원가별로 원가동인을 파악하기 때문에 각 원가대상별 활동을 측정하는 데 소요되는 비용이 상당히 크다.

(2) 자의적 배분이 여전하다

전통적 원가계산에서 제조간접원가 배분기준과 제조간접원가 기준간의 자의적 기준에 의해서 배부됨에 따라 원가의 왜곡을 초래하였는데, 활동기준원가계산의 설비수준 활동의 경우 여전히 자의적인 기준에 의해서 배부되어야 한다. 즉, 조명 및 공장건물의 감가상각비 등은 그 원가동인을 파악하기 어려우므로 기계가동시간이나 직접노동시간 등과 같은 자의적인 배부기준에 의해 제품이 배부되어야 한다.

(3) 활동분석의 타당성 입증이 어려움

정확한 원가계산이나 원가절감을 위해서는 활동분석이 이루어지고 그 결과 활동을 부가가치활동과 비부가가치활동으로 구분하여 비부가가치활동을 제거하거나 줄여나가야 하는데 이에 대한 타당성을 현실적으로 입증하기가 어렵다.

연습문제

E·x·e·r·c·i·s·e

객관식

활동기준원가계산 개념

01 활동기준원가계산(ABC)에 관한 설명으로 옳지 않은 것은? (22. 세무사)

① 제조기술이 발달되고 공장이 자동화되면서 증가되는 제조간접원가를 정확하게 제품에 배부하고 효과적으로 관리하기 위한 원가계산기법이다.

② 설비유지원가(facility sustaining cost)는 원가동인을 파악하기가 어려워 자의적인배부기준을 적용하게 된다.

③ 제품의 생산과 서비스 제공을 위해 수행하는 다양한 활동을 분석하고 파악하여, 비부가가치활동을 제거하거나 감소시킴으로써 원가를 효율적으로 절감하고 통제할 수 있다.

④ 원가를 소비하는 활동보다 원가의 발생행태에 초점을 맞추어 원가를 집계하여 배부하기 때문에 전통적인 원가계산보다 정확한 제품원가 정보를 제공한다.

⑤ 고객별·제품별로 공정에서 요구되는 활동의 필요량이 매우 상이한 경우에 적용하면 큰 효익을 얻을 수 있다.

02 활동기준원가계산에 대한 다음 설명 중 옳지 않은 것은? (22. 회계사)

① 활동기준원가계산은 발생한 원가를 활동중심점별로 집계하여 발생한 활동원가동인수로 배부하는 일종의 사후원가계산제도이다.

② 활동기준원가계산을 활용한 고객수익성분석에서는 제품원가뿐만 아니라 판매관리비까지도 활동별로 집계하여 경영자의 다양한 의사결정에 이용할 수 있다.

③ 제조간접원가에는 생산량 이외의 다른 원가동인에 의하여 발생하는 원가가 많이 포함되어 있다.

④ 활동이 자원을 소비하고 제품이 활동을 소비한다.

⑤ 원재료구매, 작업준비, 전수조사에 의한 품질검사는 묶음수준활동(batch level activities)으로 분류된다.

전통적 원가계산과 활동기준원가계산의 비교

03 (주)대한은 제품 A와 제품 B를 생산하는 기업으로, 생산량을 기준으로 제품별 제조간접원가를 배부하고 있다. (주)대한은 제품별 원가계산을 지금보다 합리적으로 하기 위해 활동기준원가계산제도를 도입하고자 한다. 다음은 활동기준원가계산에 필요한 (주)대한의 활동 및 제조에 관한 자료이다.

활동	활동원가(₩)	원가동인
재료이동	1,512,000	운반횟수
조립작업	7,000,000	기계작업시간
도색작업	7,200,000	노동시간
품질검사	8,000,000	생산량
총합계(제조간접원가)	23,712,000	

원가동인	제품별 사용량	
	제품 A	제품 B
운반횟수	400회	230회
기계작업시간	600시간	800시간
노동시간	3,000시간	6,000시간
생산량	X개	Y개

(주)대한이 위 자료를 바탕으로 활동기준원가계산에 따라 제조간접원가를 배부하면, 생산량을 기준으로 제조간접원가를 배부하였을 때보다 제품 A의 제조간접원가가 ₩3,460,000 더 작게 나온다. 활동기준원가계산으로 제조간접원가를 배부하였을 때 제품 B의 제조간접원가는 얼마인가? (20. 회계사)

① ₩8,892,000 ② ₩9,352,000 ③ ₩11,360,000
④ ₩12,352,000 ⑤ ₩14,820,000

활동기준원가계산 기본문제

04 다음은 활동기준원가계산을 사용하는 제조기업인 (주)감평의 20×1년도 연간 활동원가 예산자료이다. 20×1년에 회사는 제품 A를 1,000단위 생산하였는데 제품 A의 생산을 위한 활동원가는 ₩830,000으로 집계되었다. 제품 A의 생산을 위해서 20×1년에 80회의 재료이동과 300시간의 직접노동시간이 소요되었다. (주)감평이 제품 A를 생산하는 과정에서 발생한 기계작업시간은? (18. 감정평가사)

연간 활동원가 예산자료

활동	활동원가	원가동인	원가동인총수량
재료이동	₩4,000,000	이동횟수	1,000회
성형	₩3,000,000	제품생산량	15,000단위
도색	₩1,500,000	직접노동시간	7,500시간
조립	₩1,000,000	기계작업시간	2,000시간

① 400시간 ② 500시간 ③ 600시간
④ 700시간 ⑤ 800시간

05 (주)감평은 활동기준원가계산방법에 의하여 제품의 원가를 계산하고 있다. 다음은 (주)감평의 연간 활동제조간접원가 예산자료와 작업 #203의 원가동인에 관한 자료이다.

• 연간 활동제조간접원가 예산자료

활동	활동별 제조간접원가	원가동인	원가동인수량
생산준비	₩200,000	생산준비시간	1,250시간
재료처리	₩300,000	재료처리횟수	1,000회
기계작업	₩500,000	기계작업시간	50,000시간
품질관리	₩400,000	품질관리횟수	10,000회

• 작업 #203의 원가동인 자료

작업	생산준비시간	재료처리횟수	기계작업시간	품질관리횟수
#203	60시간	50회	4,500시간	500회

작업 #203의 제조원가가 ₩300,000이라면, 작업 #203의 기본(기초)원가는? (19. 감정평가사)

① ₩210,400 ② ₩220,000 ③ ₩225,400
④ ₩230,400 ⑤ ₩255,400

06 제품 A와 B를 생산 · 판매하고 있는 (주)감평의 20×1년 제조간접원가를 활동별로 추적한 자료는 다음과 같다.

	원가동인	제품 A	제품 B	추적가능원가
자재주문	주문횟수	20회	35회	₩55
품질검사	주문횟수	10회	18회	84

기계수리	기계가동시간	80시간	100시간	180

제조간접원가를 활동기준으로 배부하였을 경우 제품 A와 B에 배부될 원가는?

(22. 감정평가사)

	제품 A	제품 B		제품 A	제품 B
①	₩100	₩219	②	₩130	₩189
③	₩150	₩169	④	₩189	₩130
⑤	₩219	₩100			

07 (주)세무는 20×1년에 제품 A 1,500단위, 제품 B 2,000단위, 제품 C 800단위를 생산하였다. 제조간접원가는 작업준비 #100,000, 절삭작업 #600,000, 품질검사 ₩90,000이 발생하였다. 다음 자료를 이용한 활동기준원가계산에 의한 제품 B의 단위당 제조간접원가는?

(20. 세무사)

활동	원가동인	제품 A	제품 B	제품 C
작업준비	작업준비횟수	30	50	20
절삭작업	절삭작업시간	1,000	1,200	800
품질검사	검사시간	50	60	40

① ₩43 ② ₩120 ③ ₩163
④ ₩255 ⑤ ₩395

활동기준원가계산 응용문제

08 세 종류의 스키를 생산·판매하는 (주)관세의 제조간접원가를 활동별로 분석하면 다음과 같다.

활동	제조간접 원가	원가동인	원가동인 수		
			초급자용 스키	중급자용 스키	상급자용 스키
절단	₩70,000	절단횟수	150회	250회	300회
성형	180,000	제품생산량	400대	300대	200대
도색	225,000	직접노무시간	400시간	600시간	500시간
조립	88,000	기계작업시간	100시간	?	150시간

(주)관세가 활동기준원가계산에 의해 중급자용 스키에 제조간접원가를 ₩208,000 배부하였다면 중급자용 스키 생산에 소요된 기계작업시간은?

(19. 관세사)

① 100시간 ② 120시간 ③ 150시간
④ 200시간 ⑤ 300시간

09 활동기준원가계산을 적용하는 (주)관세는 두 종류의 제품 A, B를 생산하고 있다. 활동 및 활동별 전환(가공)원가는 다음과 같다.

활동	원가동인	배부율
선반작업	기계회전수	회전수당 ₩150
연마작업	부품수	부품당 ₩200
조립작업	조립시간	시간당 ₩50

500단위의 제품 B를 생산하기 위한 직접재료원가는 ₩150,000, 재료의 가공을 위해 소요된 연마작업 부품수는 300단위, 조립작업 조립시간은 1,000시간이다. 이렇게 생산한 제품 B의 단위당 제조원가가 ₩760이라면, 제품 B를 생산하기 위한 선반작업의 기계회전수는?

(20. 관세사)

① 200회 ② 300회 ③ 800회
④ 1,000회 ⑤ 1,200회

10 (주)세무는 고객별 수익성 분석을 위하여 판매관리비에 대해 활동기준원가계산을 적용한다. 당기 초에 수집한 관련 자료는 다음과 같다. (19. 세무사)

(1) 연간 판매관리비 예산 ₩3,000,000(급여 ₩2,000,000, 기타 ₩1,000,000)
(2) 자원소비단위(활동)별 판매관리비 배분비율

	고객주문처리	고객관계관리	계
급여	40%	60%	100%
기타	20%	80%	100%

(3) 활동별 원가동인과 연간 활동량

	원가동인	활동량
고객주문처리	고객주문횟수	2,000회
고객관계관리	고객수	100명

(주)세무는 당기 중 주요 고객인 홍길동이 30회 주문할 것으로 예상하고 있다. 홍길동의 주문 1회당 예상되는 (주)세무의 평균 매출액은 ₩25,000이며 매출원가는 매출액의 60%이다. 활동기준원가계산을 적용하여 판매관리비를 고객별로 배분하는 경우, (주)세무가 당기에 홍길동으로부터 얻을 것으로 예상되는 영업이익은?

① ₩255,000 ② ₩265,000 ③ ₩275,000
④ ₩279,500 ⑤ ₩505,000

11 (주)세무는 단일 제품을 생산하여 단위당 ₩150에 판매한다. 연간 생산가능 수량 2,000 단위에 근거한 제품 단위당 원가는 다음과 같다.

직접재료원가	₩10
직접노무원가	15
단위수준 활동원가	25
제품수준 활동원가	14
설비수준 활동원가	6
	₩70

위 원가 항목 중 제품수준 활동원가와 설비수준 활동원가는 고정원가로, 나머지는 변동원가로 가정한다. 총고정원가 중 ₩10,000은 세법상 손금(비용)으로 인정되지 않으며, 이 회사에 적용되는 세율은 20%이다. 세후순이익 ₩16,000을 얻기 위한 제품 판매수량은? (19. 세무사)

① 460단위　② 520단위　③ 550단위
④ 600단위　⑤ 625단위

제6장

종합원가계산

제 6 장 종합원가계산

종합원가계산은 개별원가계산과는 달리 소품종 대량 연속생산에 적합한 원가계산방법이다. 이는 원가계산방법이 개별원가계산에 비해서 매우 간편하나 제품별 원가의 정확성이 개별원가계산에 비해서는 떨어진다는 단점이 있다. 종합원가계산에 있어서의 핵심 과제는 재고자산 평가방법에 따른 원가요소별 완성품환산량의 계산이다. 종합원가계산에서는 완성품환산량에 의해 원가의 배부가 이루어진다. 한편 제품 제조과정에서 발생하는 불량품인 공손품에 대한 원가계산도 살펴본다.

제1절 종합원가계산의 의의

종합원가계산(process costing systems)은 반복 생산되는 제조환경에서 이용되는 시스템으로 대량의 동종제품이나 유사제품이 연속 생산공정 하에서 생산되는 제품상황에 적합한 원가계산방법이다. 종합원가계산을 이용하는 산업으로는 제지, 정유, 화학, 섬유, 제분, 목제 및 전자산업 등이 있다. 많은 점에서 개별원가계산과 종합원가계산은 유사하다. 양 제품원가시스템의 궁극적인 목적은 생산단위당 원가를 산출하는 것이며, 또한 제조원가계정을 통한 원가흐름은 동일하다.

[그림 6-1]은 하나의 생산부문에서 생산되는 경우와 두 개의 생산부문에서 연속 생산되는 경우의 종합원가계산 원가흐름을 나타내고 있다. 그림에서 보는 바와 같이 앞장의 개별원가계산에서 이용된 계정들이 동일하게 이용되고 있다. 즉, 직접재료원가, 직접노무원가 그리고 제조간접원가가 재공품계정에 대체되고, 제품이 생산되면 제품계정에 그리고 제품이 판매되면 매출원가계정으로 대체된다. 두 개의 연속된 생산부문의 경우에 A의 생산부문에서 제품생산이 완료되면 A 생산부문의 재공품 계정에 누적된 원가는 다음 생산부문인 B 생산부문의 재공품에 대체된다. 이와 같이 다음 공정에 대체되는 원가를 차공정대체원가

그림 6-1 종합원가에서 원가흐름

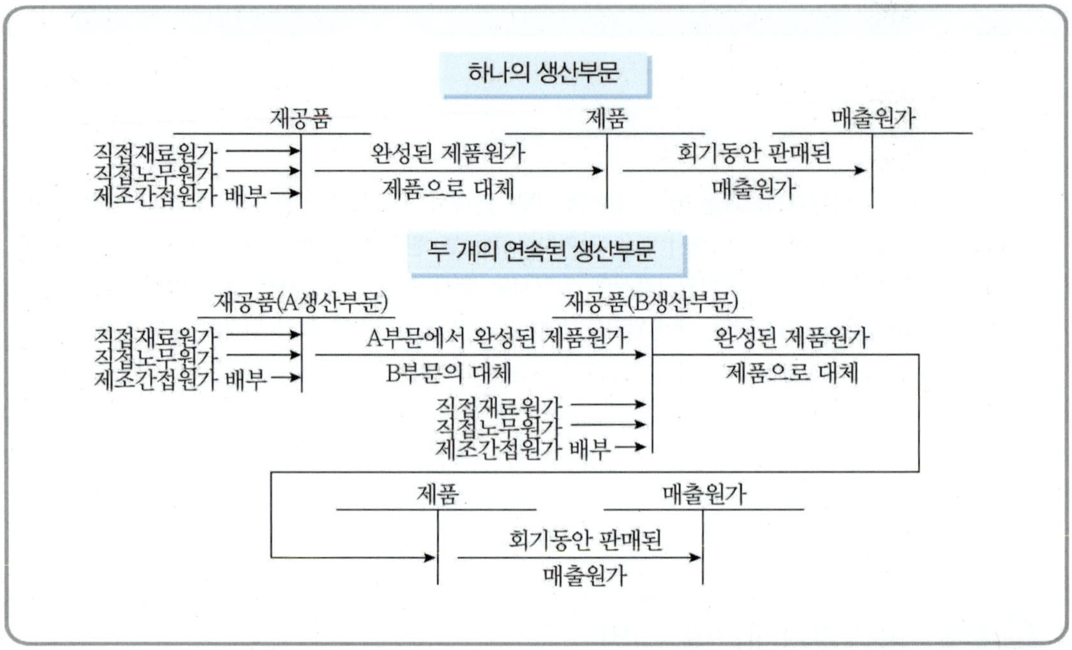

(transferred-out costs)라 한다.

두 개의 연속된 생산부문에 대한 가상의 예를 통한 회계처리는 다음과 같다. A 생산부문에서 사용된 직접재료원가, 직접노무원가는 A 생산부문의 재공품에 부가되고 제조간접원가는 예정제조간접원가 배부율에 의하여 배부된다. 예정제조간접원가 배부율은 개별원가와 동일한 방법으로 계산한다. 이에 대한 회계처리는 다음과 같다.

(차)	재공품(A 생산부문)	×××	(대) 직접재료원가	×××
			직접노무원가	×××
			제조간접원가배부	×××

A 생산부문의 생산이 완료되면 A 부문에서 생산된 제품이 B 생산부문으로 이전된다. 이에 대한 회계처리는 A 생산부문의 재공품 원가가 B 생산부문의 재공품에 대체된다.

(차)	재공품(B 생산부문)	×××	(대) 재공품(A 생산부문)	×××

B 생산부문에서 사용된 직접재료원가, 직접노무원가 및 예정배부율에 의하여 배부된 제조간접원가가 B 생산부문의 재공품에 부가된다. 이에 대한 회계처리는 다음과 같다.

(차) 재공품(B 생산부문)	×××	(대)	재공품(A 생산부문)	×××
			직 접 노 무 원 가	×××
			제 조 간 접 원 가 배 부	×××

B 생산부문의 생산이 완료되면 B 부문에서 생산된 제품은 제품창고로 이전되고 이에 대한 회계처리는 다음과 같다.

(차) 제 품	×××	(대)	재공품(B 생산부문)	×××

이 제품이 판매되면 제품재고를 매출원가로 대체한다.

(차) 매 출 원 가	×××	(대)	제 품	×××

제2절 종합원가계산과 개별원가계산의 차이

개별원가계산(job-order costing)에서는 원가가 개별작업별로 집계된다. 작업지시에 따라 개별작업이 수행됨에 따라 원가는 작업원가표에 집계되고 작업이 완료되면 제공품계정에서 제품계정으로 대체된다. 특정작업에 대한 단위당원가는 총작업원가를 작업에서 생산된 수량으로 나누어 계산한다.

종합원가계산(Process costing)에서는 원가가 생산부문별로 집계된다. 각 제조공정에서 수행된 원가는 각 제조공정에 기록되고 생산이 완료되면 다음 제조공정으로 대체된다. 그리고 차기 제조공정에서 생산이 완전히 완료되면 재공품계정에서 제품계정으로 대체된다. 단위당 원가는 한 단위생산을 위해 발생한 총평균원가를 적용한다.

개별원가계산과 종합원가계산의 중요한 차이는 [그림 6-2]에 잘 나타나 있다.

개별원가계산은 작업에 대한 작업원가표를 기초로 하여 원가배부가 이루어지지만 종합

그림 6-2 개별원가계산과 종합원가의 비교

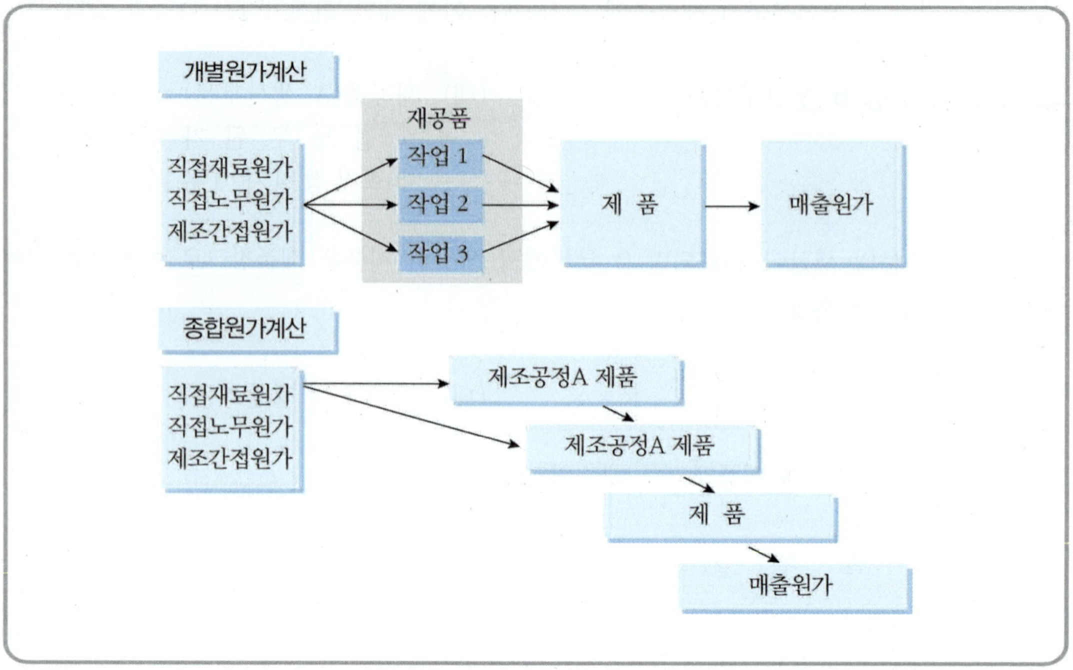

원가계산은 제조공정에 대한 제조원가 보고서를 기준으로 원가배부가 이루어진다. 제조원가 보고서는 각 공정별 생산량 및 원가자료를 요약 표시하는 것으로서 생산량, 공정별 배부원가, 단위당 원가, 완성품원가 및 기말재공품원가 등을 요약 표시한 것이다. 개별원가계산과

표 6-1 관리회계 및 재무회계시스템

	개별원가계산	종합원가계산
산업유형	– 건설업, 조선업, 병원, 회계사무소, 법률사무소	– 정유, 화학, 제지, 식품가공업, 및 시멘트제조업
생산형태	– 다품종 소량 주문생산 – 고객주문제품	– 동종제품의 대량 반복생산 – 연속흐름 생산방식 – 표준화 제품
원가계산접근법	– 작업 원가표를 이용 – 작업별원가/작업별 생산량	– 제조원가보고서 이용 – 기간별 평균원가
기말재공품 평가	– 미완성된 작업원가표에 집계된 원가	– 기말재공품환산량×평균원가

종합원가계산에 대한 구체적인 비교는 [표 6－1]과 같다.

제3절 완성품환산량(Equivalent Unit)

직접원재료, 직접노무원가 및 제조간접원가는 생산과정에서 일정한 비율로 투입되지 않는다. 직접원재료는 생산과정의 시작 시점에서 투입되는 데 반하여, 직접노무원가와 제조간접원가, 즉 가공(전환)원가는 제조공정 전반을 통해 균등하게 투입된다. [그림 6－3]에서 보는 바와 같이 직접재료원가는 생산초기에 이미 모두 투입되기 때문에 완성도가 100%이고, 가공활동은 제조공정 전반에 걸쳐 투입되기 때문에 완성도는 가공활동의 완성수준에 의하여 결정된다. 따라서 가공활동이 65% 완성되었으면 완성도는 65%이다.

예를 들어 기말생산공정에 1,000 단위가 있다고 가정하고, 이 단위에 대한 가공(직접노무원가와 제조간접원가)이 65%가 이루어졌다고 가정한다. 가공활동을 생산과정의 전공을 통해 일정하게 수행되기 때문에 1,000단위에 대한 65%의 가공활동이 수행된 제품의 가공량은 650단위와 동일하다. 이를 계산식으로 표시하면 다음과 같다.

제조공정에서 부분적으로 완성된 1,000단위×65%의 가공＝650단위

그림 6–3 생산공정에서의 직접원재료, 가공활동

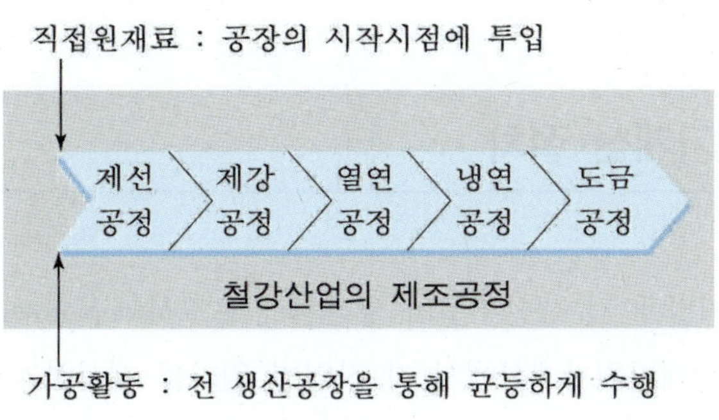

완성품환산량은 종합원가의 핵심요소로서 제조활동에서 현재 진행되고 있는 작업의 양을 측정하기 위해 이용된다. 제조공정상의 1,000단위는 가공활동의 650단위 완성품환산량으로 표시된다. 또한 완성품환산량은 제조공정상에 있는 직접재료의 양을 측정하는데도 이용된다. 직접원재료는 제조공정 초기에 투입되기 때문에 직접원재료의 완성도는 100%가 된다. 따라서 1,000 단위의 직접원재료의 완성품환산량은 1,000단위(1,000단위×100% 완성도)이다.

종합원가의 특징은 물량단위에 의해 원가를 부과하기보다는 직접원재료비와 가공(전환)원가를 완성품 환산량에 의해서 부과한다는 점이다. 예를 들어 단순화하기 위해 현 회계기간동안 오직 하나의 제조활동이 이루어진다고 가정하고, 직접원재료비 150,000원과 가공(전환)원가 65,000원이 발생하였다고 가정하면, 현 회계기간동안 단위당 직접원재료비는 150원, 단위당 가공(전환)원가는 100원이다. 이에 대한 계산식은 다음과 같다.

$$\frac{150{,}000(\text{직접원재료비})}{1{,}000(\text{직접원재료 완성품 환산량})} = 150(\text{단위당 직접원재료비})$$

$$\frac{65{,}000(\text{가공(전환)원가})}{650(\text{가공(전환)원가 완성품환산량})} = 100(\text{단위당 가공(전환)원가})$$

이 예는 기초재공품 재고가 없고 회계기간 동안 완성품이 없기 때문에 아주 단순한 예이지만, 종합원가에서는 단위당 원가계산을 물량보다 완성품환산량(equivalent units)에 의해서 이루어지고 있다는 의미를 잘 나타내주는 예이다.

제4절 종합원가계산 절차

종합원가계산은 기말에 각 생산부문의 생산원가 보고서(departmental production cost report)를 작성한다. 이는 개별원가계산에서 각 작업별 원가를 계산하기 위해 이용되는 작업원가표 같은 것이다. 부문별 생산보고서는 회계기간 동안 특정 생산부문을 통과하는 생산물량의 흐름 및 발생한 원가를 파악하고, 그 부문에서 수행한 작업량(완성품환산량)을 기준으로 평준화하여 차공정대체원가와 기말재공품재고를 구한다.

종합원가계산에서는 부문별 생산보고서를 작성하기 위해 일반적으로 다음과 같은 4단계의 과정을 거친다.

1단계: 물량흐름을 파악한다.
2단계: 원가요소별로 완성품환산량을 계산한다.
3단계: 원가요소별로 단위당 원가를 계산한다.
4단계: 완성품원가 및 기말재공품의 원가를 계산한다.

종합원가계산의 절차를 이해하기 위해 다음과 같은 예제를 이용하기로 하자.

예제 6-1

포항제철은 철강제품을 생산하고 있으며, 5개의 연속되는 생산공정으로 이루어져 있다. 예제의 편의상 제강공정과 열연공정을 이용하기로 한다. 제강공정에서 쇠물에 산소를 취입하여 슬라브를 생산하고, 열연공정에서는 슬라브에 압연공정을 거쳐 열연강판을 생산한다. 제강공정에서 쇠물로 이루어진 직접원재료는 생산의 초기에 투입되고, 직접노무원가와 제조간접원가는 전 생산공정을 통하여 균등하게 투입된다. 그리고 제강공정에서 이용하는 예정제조간접원가 배부율은 직접노무원가의 125%를 적용한다.

포항제철의 11월중 제강공장에 대한 활동과 원가에 대한 자료는 다음과 같다.

기초재공품(40,000톤, 직접원재료 100%, 가공활동 10%완성)

직접원재료	₩100,000
가공(전환)원가	14,400
기초재공품원가	₩114,400
당기투입량	60,000톤
완성품량	80,000톤

기말재공품(직접원재료 100%, 가공활동 50%완성) 20,000톤

당기투입원가	₩567,000

직접원재료	₩180,000
가공(전환)원가	387,000
직접노무원가	₩172,000
제조간접원가	215,000

1. 가중평균법에 의한 종합원가계산

1) 물량흐름 파악

첫 번째 단계는 11월 한 달 동안의 물량흐름표를 작성하는 것이다. 이 표는 [표 6−2]에 제시되어 있으며, 그 계산식은 다음과 같다.

기초재공품량 + 당기투입량 = 완성품량(차공정 대체량) + 기말재공품량

제강공정에서는 11월중 기초재공품 40,000톤과 당기투입량 60,000톤이 투입되어 총투입량은 100,000톤이며, 이 결과 완성품 80,000톤과 기말재공품 20,000톤으로 총산출량은 100,000톤이다. 완성품은 열연공정으로 대체된다.

표 6−2 1단계 물량흐름 파악

투입량		산출량	
기초재공품	40,000톤	완성품량	80,000톤
당기투입량	60,000톤	기말재공품량	20,000톤
총투입량	100,000톤	총산출량	100,000톤

2) 원가요소별 완성품환산량 계산

종합원가계산의 두 번째 단계에서는 직접원재료와 가공활동의 완성품환산량을 측정하는 단계이다. [표 6−3]은 1단계에서 파악된 물량흐름을 근거로 각 원가요소별 완성품환산량을 표시하고 있다. 완성되어 열연공정으로 대체된 80,000톤은 100% 완성되었다. 따라서 80,000톤은 직접원재료비와 가공(전환)원가의 완성품환산량이다. 기말재공품 20,000톤은 직접원재료비는 완성되고 가공활동은 50% 완성되었으므로 직접원재료 완성품환산량은 20,000

톤이고, 가공(전환)원가의 완성품환산량은 10,000톤이다. 이에 대한 등식은 다음과 같다.

완성품환산량 + 기말재공품 완성품환산량 = 총완성품환산량

표 6-3 2단계 원가요소별 완성품환산량 계산

			완성품환산량	
	물량	완성도	직접원재료	가공활동
기초재공품	40,000	10%		
당기투입량	60,000			
총투입량	100,000			
완성품	80,000	100%	80,000	80,000
기말재공품	20,000	50%	20,000	10,000
총완성품환산량	100,000		100,000	90,000

직접원재료와 가공(전환)원가 활동에 대한 총완성품환산량은 당 회계기간 동안 달성된 활동을 초과하고 있다. 이는 11월 한 달 동안 직접원재료 60,000톤이 기초에 투입되기 때문에 직접원재료 완성품환산량 60,000톤이 실질적으로 제조공정에 투입되었다. 그러나 가중평균법에 의한 종합원가계산에서는 총 완성품환산량은 100,000톤이다. 왜냐하면 직접원재료 완성품환산량에 대한 차이 40,000톤이 전기에 제조공정에 투입되었기 때문이다. 이와 같이 완성품환산량을 산출하는 데 전기 및 당기에 수행한 활동을 구분하지 않고 산출하는 것이 가중평균법의 특징이다.

3) 원가요소별 단위당 원가계산

종합원가계산의 세 번째 단계는 직접원재료 및 가공활동에 대한 단위당 원가를 측정하는 것이다. 직접원재료에 대한 단위당 원가는 총직접원재료비를 2단계에서 산출한 직접원재료 완성품환산량으로 나누어 산출한다. 총직접원재료비는 기초재공품의 직접원재료와 11월 한 달 동안 발생한 직접원재료비를 포함한다. 가공활동에 대한 단위당 원가도 직접원재료와 동일한 절차로 이루어진다. 이를 정리하면 [표 6-4]와 같다.

표 6-4 3단계 원가요소별 단위당 원가계산

	직접원재료비	가공(전환)원가	총계
기초재공품	₩100,000	₩14,400	₩114,400
당기투입원가	180,000	387,000	567,000
총원가	₩280,000	₩401,400	₩681,400
완성품환산량(톤)	100,000톤	90,000톤	
단위당원가	@2.8	@4.46	@7.26

4) 완성품원가 및 기말재공품의 원가계산

종합원가계산의 마지막 단계는 완성품원가와 기말재공품원가를 계산하는 것이다. [표 6-5]는 포항제철의 제강공정에서 가중평균법을 이용하여 완성품원가와 기말재공품원가를 계산한 것이다. 계산의 편의를 위하여 3단계의 단위당 원가계산이 제시되어 있으며, 완성품원가와 기말재공품원가의 합계인 ₩681,400의 금액은 제 3단계에서의 총원가와 정확히 일치한다. 즉 당기총원가를 총완성품환산량 단위당 원가라는 배부율로 완성품원가와 기말재공품에 적절히 배부하는 과정이 제 4단계이다.

표 6-5 4단계 완성품원가 및 기말재공품의 원가계산

	직접원재료비	가공(전환)원가	합계
기초재공품	₩100,000	₩14,400	₩114,400
당기투입원가	180,000	387,000	567,000
총원가	₩280,000	₩401,400	₩681,400
완성품 환산량(톤)	100,000	90,000	
단위당 원가	@2.8	@4.46	@7.26
완성품원가	80,000×2.8+80,000×4.46		₩580,800
기말재공품원가	20,000×2.8+10,000×4.46		₩100,600
검증	완성품원가		₩580,800
	기말재공품원가		100,600
	총원가		₩681,400

가중평균법에 의한 포항제철 제강공정의 11월중 생산원가 보고서를 작성하면 [표 6-

6]과 같다.

표 6-6 부문별 생산원가 보고서

(1) 물량흐름 및 완성품환산량				
	물량흐름	완성도	완성품환산량	
			직접원재료비	가공(전환)원가
기초재공품	40,000톤	10%		
당기투입량	60,000톤			
총투입량	100,000톤			
완성품량	80,000톤	100%	80,000	80,000
기말재공품	20,000톤	50%	20,000	10,000
총산출량	100,000톤			
당기 완성품 환산량			100,000	90,000

(2) 원가요소별 총원가 및 단위원가			
	직접원재료비	가공(전환)원가	총원가
기초재공품원가	₩100,000	₩14,400	₩114,400
당기투입원가	180,000	387,000	567,000
당기총원가	280,000	401,400	681,400
당기완성품환산량	100,000톤	90,000톤	
단위원가	@2.80	@4.46	@7.26

(3) 가중평균법에 의한 원가배부		
완성품	800,000×2.8+80,000×4.46	₩580,800
기말재공품	20,000×2.8+10,000×4.46	₩100,600
총원가		₩681,400

2. 선입선출법에 의한 종합원가계산

선입선출법(first－in first－out, FIFO)에서는 먼저 투입된 물량은 먼저 완성된다고 가정하기 때문에 가중평균법과 달리 원가계산에 있어서 기초재공품을 당기에 투입된 물량과 혼합하지 않고 모두 완성품에 포함시키고 당기투입원가를 완성품과 기말재공품에 배부하는 방법이다.

1) 물량흐름 파악

첫 번째 단계는 11월 한 달 동안의 물량흐름표를 작성하는 것으로 가중평균법과 선입선출법이 일치한다. 따라서 제강공정에서는 11월중 기초재공품 40,000톤과 당기투입량 60,000톤이 투입되어 총투입량은 100,000톤이며, 이 결과 완성품 80,000톤과 기말재공품 20,000톤으로 총산출량은 100,000톤이다. 완성품은 열연공정으로 대체된다.

2) 원가요소별 완성품환산량 계산

선입선출법은 가중평균법과 달리 먼저 투입된 물량이 먼저 완성된다고 가정하기 때문에 완성품환산량 계산시 당기완성품량을 기초재공품과 당기 착수 완성량으로 구분하여 산출하여야 한다. 선입선출법의 원가요소별 완성품환산량 계산은 [표 6-7]에 나타나 있다.

표 6-7 선입선출법에 의한 원가요소별 완성품환산량 계산

	물량	완성도	완성품환산량	
			직접원재료	가공활동
완성품				
기초재공품	40,000	90%*	0	36,000
당기착수	40,000	100%	40,000	40,000
기말재공품	20,000	50%	20,000	10,000
총완성품환산량			60,000	86,000

* 기초완성도가 10%이므로 당기완성도는 90%(100%－10%)

여기서 주목해야 할 것은 기초재공품이 존재하기 때문에 가중평균법과 선입선출법의 차이가 발생한다는 점이다. 만일 기초재공품이 없다면 원가흐름의 가정이 필요 없기 때문에 가중평균법과 선입선출법의 결과는 일치한다.

3) 원가요소별 단위당 원가계산

선입선출법에서 원가요소별 단위당 원가는 요소별 당기투입원가를 요소별 완성품환산량으로 나누어 요소별 단위당 원가를 계산한다. 이 때 기초재공품원가는 제외된다. 이는 [표 6-8]과 같이 나타낼 수 있다.

표 6-8 선입선출법에 의한 원가요소별 단위당 원가계산

	직접원재료비	가공(전환)원가	총계
기초 재공품	₩100,000	₩14,400	₩114,400
당기 투입원가	180,000	387,000	567,000
총원가	₩280,000	₩401,400	₩681,400
당기투입원가	₩180,000	₩387,000	
완성품환산량(톤)	60,000	86,000	
단위당 원가	@3.0	@4.5	@7.5

4) 완성품원가 및 기말재공품의 원가계산

선입선출법의 경우 두 단계로 구분하여 완성품원가와 기말재공품원가를 산출한다. 완성품 80,000톤 중 전기투입분 40,000톤과 당기투입분 40,000톤으로 구분된다. 기초재공품 40,000톤에 대한 직접원재료는 이미 모두 투입되었으므로 당기에 추가로 투입할 필요가 없으며, 가공활동이 10%만 이루어진 상태에서 당기로 이월되었기 때문에 나머지 90%를 추가 가공하여 완성시키게 된다. 나머지 40,000톤은 당기에 직접원재료 투입과 가공활동을 통하여 완성시키게 된다. 따라서 기초재공품원가와 전기투입분 40,000톤에 대한 가공원가 및 당

표 6-9 선입선출법에 의한 완성품원가와 기말재공품원가

	직접원재료비	가공(전환)원가	합계
기초재공품	₩100,000	₩14,400	₩114,400
당기 투입원가	180,000	387,000	567,000
총원가	₩280,000	₩401,400	₩681,400
당기투입원가	180,000	387,000	
완성품 환산량(톤)	60,000	86,000	
단위당 원가	@3.0	@4.50	@7.50
완성품원가	₩114,400+40,000×3.0+76,000×4.50		₩576,400
기말재공품원가	20,000×3.0+10,000×4.50		₩105,000
	완성품원가		₩576,400
검증	기말재공품원가		105,000
	총원가		₩681,400

기투입분 40,000톤에 대한 당기투입원가의 합계가 바로 완성품원가가 된다.

기말재공품 20,000톤은 선입선출법을 가정하였기 때문에 당기에 투입하여 아직 완성되지 않은 물량을 말한다. 따라서 기말재공품은 당기에 수행된 활동만으로 구성되며, 직접원재료는 전부 투입되었기 때문에 완성품환산량은 20,000톤이며, 가공활동은 50%만 이루어졌기 때문에 완성품환산량은 10,000톤이다. 기말재공품원가는 당기 투입원가 및 기말재공품 완성품환산량을 이용하여 산출한다.

선입선출법에 의한 완성품원가와 기말재공품 원가는 [표 6-9]와 같다.

선입선출법에 의한 포항제철소 제강공정의 11월중 생산원가 보고서를 작성하면 [표 6-10]과 같다.

표 6-10 부문별 생산원가 보고서

(1) 물량흐름 및 완성품환산량				
	물량흐름	완성도	완성품환산량	
			직접원재료비	가공(전환)원가
기초재공품	40,000톤	10%		
당기투입량	60,000톤			
총투입량	100,000톤			
당기완성				
기초재공품	40,000톤	90%	0	36,000
당기착수	40,000톤	100%	40,000	40,000
기말재공품	20,000톤	50%	20,000	10,000
총산출량	100,000톤			
당기 완성품 환산량			60,000	86,000

(2) 원가요소별 총원가 및 단위원가	직접원재료비	가공(전환)원가	총원가
기초재공품원가	₩100,000	₩14,400	₩114,400
당기투입원가	180,000	387,000	567,000
당기총원가	280,000	401,400	681,400
당기투입원가	₩180,000	₩387,000	₩567,000
당기완성품환산량	60,000톤	86,000톤	

단위원가	@3.0	@4.50	@7.50
(3) 선입선출법에 의한 원가배부			
완성품	₩114,400+40,000×3.0+76,000×4.50		₩576,400
기말재공품	20,000×3.0+10,000×4.50		₩105,000
총원가			₩681,400

3. 가중평균법과 선입선출법의 비교

위의 포항제철 제강공장의 예에서 가중평균법에 의한 차공장 대체원가는 ₩580,800인데 비하여 선입선출법에 의한 완성품원가는 ₩576,400으로 나타나 가중평균법이 보다 높게 나타나고 있다. 그러나 기말재공품 원가는 가중평균법이 ₩100,600으로 선입선출법의 ₩105,000보다 다소 낮게 평가하고 있다. 이와 같은 원가차이는 원가계산 시 기초재공품의 당기투입량 구분 여부에 따라 달라진다. 이에 따라 완성품환산량과 원가요소별 단위원가가 상이해진다.

가중평균법에 의한 원가계산은 기초재공품과 당기투입량을 구분하지 않기 때문에 계산이 용이한 반면 원가계산의 정확성이 떨어진다. 가중평균법하에서는 전기와 당기의 원가가 가중평균되어 당기에 완성된 모든 완성품의 원가가 동일하다. 그러나 선입선출법에 의한 원가계산은 기초재공품과 당기투입량을 구분하기 때문에 계산이 복잡하나, 계획 및 통제목적

표 6-11 가중평균법과 선입선출법의 차이

가중평균법	선입선출법
• 완성품환산량 계산시 기초재공품을 당기에 투입한 것으로 가정하여 당기투입량과 동일하게 취급한다. – 완성품환산량=당기 완성품+기말재공품 완성품환산량	• 완성품환산량 계산시 기초재공품과 당기투입량을 구분한다. – 완성품환산량=당기완성량+기말재공품 완성품환산량−기초재공품 완성품환산량
• 원가계산 대상금액은 기초재공품원가와 당기투입원가의 합계액이다.	• 기초재공품원가는 완성품원가의 일부이며, 당기투입원가는 완성품과 기말재공품으로 구분된다.
• 완성품환산량 단위원가는 전기의 원가가 포함되어 있다.	• 완성품환산량 단위원가는 당기투입원가로만 이루어진다.
• 완성품원가는 당기완성량과 완성품환산량 단위원가를 곱한 금액이다.	• 완성품원가는 기초재공품원가와 당기투입원가중 완성분으로 구성된다.

에는 유용하다. 이는 전기의 성과와 당기의 성과를 구분하여 당기의 효율성을 측정하고자 하거나, 표준과 실적을 대비하기 위하여 당기에 수행한 활동을 기준으로 평가하기 때문이다.

가중평균법과 선입선출법의 차이를 정리하면 [표 6-11]과 같다.

제5절 연속공정의 종합원가

지금까지는 단일 공정만을 가정하였으나, 대부분의 기업은 연속적인 공정을 통하여 제품을 생산하고 재공품이 공정간 이동됨에 따라 원가도 공정간 대체된다. 따라서 본 절에서는 연속공정의 종합원가를 검토하고자 한다.

연속공정에서 다음공정으로 대체되는 원가는 전공정원가(transferred-in costs)라 하며, 이는 공정착수 시점에 투입되어 가공되므로 후속공정의 관점에서는 일종의 투입물과 같은 역할을 하기 때문에 직접원재료비와 같이 취급된다. 따라서 후속공정의 경우 앞 공정에서 대체되는 전공정원가와 추가로 투입되는 직접원재료비, 가공(전환)원가 등 원가요소별로 나누어 원가계산을 한다.

전공정원가를 이해하기 위해 포항제철의 제강공정만을 대상으로 한 원가계산을 열연공정까지 확장해보자.

예제 6-2

포항제철 제강공정의 완성품은 즉시 열연공정으로 대체되고, 열연공정은 최종단계에서 포장재료를 포함한 직접재료가 투입되며, 가공활동은 공정에서 균등하게 발생한다. 포항제철의 12월 열연공정의 원가자료는 다음과 같다.

기초재공품(30,000톤, 전공정 100%, 가공활동 50% 완성)	
전공정	₩255,200
직접원재료	0
가공(전환)원가	84,000

기초재공품원가	₩339,200
전공정대체량	80,000톤
완성품량	90,000톤
기말재공품(전공정 100%, 가공활동 75% 완성)	20,000톤
당기투입원가	
전공정	?
직접원재료비	₩157,500
가공(전환)원가	₩630,000

※ 전공정 대체원가는 가중평균법: ₩580,800, 선입선출법: ₩576,400

1. 가중평균법에 의한 열연공정의 종합원가계산

가중평균법을 이용한 열연공정의 종합원가계산은 [표 6-12]와 같다. [표 6-12]에서 보는 바와 같이 완성품원가와 기말재공품원가의 합계인 ₩1,707,500은 제 3단계에서의 총원가와 정확히 일치한다.

표 6-12 가중평균법에 의한 열연공정 종합원가계산

(1) 물량흐름 및 완성품환산량					
	물량흐름	완성도	완성품환산량		
			전공정	직접원재료	가공활동
기초재공품	30,000톤	50%			
당기투입량	80,000톤				
총투입량	110,000톤				
완성품량	90,000톤	100%	90,000	90,000	90,000
기말재공품	20,000톤	75%	20,000	0	15,000
총산출량	110,000톤				
당기완성품환산량(톤)			110,000	90,000	105,000
(2) 원가요소별 총원가 및 단위원가					

	전공정비	직접원재료비	가공(전환)원가	총원가
기초재공품원가	₩255,200	₩0	₩84,000	₩339,200
당기투입원가	580,800	157,500	630,000	1,368,300
당기총원가	₩836,000	₩157,500	₩714,000	₩1,707,500
당기완성품환산량(톤)	110,000	90,000	105,000	
단위원가	@7.60	@1.75	@6.80	@16.15

(3) 가중평균법에 의한 원가배부		
완성품	90,000×7.6+90,000×1.75+90,000×6.80	₩1,453,500
기말재공품	20,000×7.6+15,000×6.80	₩254,000
총원가		₩1,707,500

2. 선입선출법에 의한 열연공정의 종합원가계산

선입선출법을 이용한 열연공정의 종합원가계산은 [표 6−13]과 같다. 선입선출법의 경우 완성품원가와 기말재공품원가를 산출하는 데 있어서 완성품의 경우는 두 단계로 구분하여 산출한다. 당기 완성량을 전기 투입량과 당기 착수량으로 구분하고 이에 대한 원가를 산정한다. 따라서 완성품원가는 기초재공품원가에 전기 투입량에 대한 당기 추가가공(전환)원가와 당기 착수량에 대한 당기 직접원재료 투입비와 가공(전환)원가의 합계로 계산된다. 예제에서 완성품 원가는 기초재공품 ₩339,200과 전기 투입량 추가가공(전환)원가 ₩157,500과 당기 착수량에 대한 원재료 및 가공(전환)원가 ₩957,300의 합인 ₩1,454,000이다. 기말재공품은 원재료가 공정이 완료된 후에 투입되기 때문에 전공정비와 가공(전환)원가의 합계로 이루어진다. 예제에서 전공정비 ₩144,100과 가공(전환)원가 ₩105,000의 합은 ₩249,100이다. 따라서 완성품가와 기말재공품원가의 합계인 ₩1,703,100은 제 3단계에서의 총원가와 정확히 일치한다.

표 6–13 선입선출법에 의한 열연공정 종합원가계산

(1) 물량흐름 및 완성품환산량

	물량흐름	완성도	완성품환산량		
			전공정	직접원재료	가공활동
기초재공품	30,000톤	50%			

당기투입량	80,000톤				
총투입량	110,000톤				
당기완성					
기초재공품	30,000톤	50%	0	30,000	15,000
당기착수	60,000톤	100%	60,000	60,000	60,000
기말재공품	20,000톤	75%	20,000	0	15,000
총산출량	110,000톤				
당기완성품환산량(톤)			80,000	90,000	90,000

(2) 원가요소별 총원가 및 단위원가

	전공정비	직접원재료비	가공(전환)원가	총원가
기초재공품원가	₩255,200	₩0	₩84,000	₩339,200
당기투입원가	576,400	157,500	630,000	1,363,900
당기총원가	₩831,600	₩157,500	₩714,000	₩1,703,100
당기투입원가	₩576,400	₩157,500	₩630,000	
당기완성품환산량(톤)	80,000	90,000	90,000	
단위원가	@7.205	@1.75	@7.00	@15.955

(3) 선입선출법에 의한 원가배부

완성품	₩339,200＋60,000×7.205＋90,000×1.75＋75,000×7.00	₩1,454,000
기말재공품	20,000×7.205＋15,000×7.0	₩249,100
총원가	20,000×7.205＋15,000×7.0	₩1,703,100

제6절 공손

1. 정상공손과 비정상공손

기업이 제품을 생산하는 과정에서 제품의 손실이 발생하여 폐기처분되거나 처분가치로 처분되는 불량품을 공손품(spoilage units)이라 한다. 공손품에 대한 회계처리는 정상공손인가 비정상공손인가에 따라 달라진다. 정상공손(normal spoilage)은 효율적인 작업환경의 생산과정에서 불가피하게 발생하는 공손을 말하고, 비정상공손(abnormal spoilage)은 효율적인 작업 환경의 생산과정에서는 발생하지 않는 공손으로 즉, 생산자의 부주의 등으로 발생하는 공손을 말한다.

원가계산을 위해서는 정상공손과 비정상공손을 구분하여야 하는데 현실적으로 공손물량 자체가 정상공손과 비정상공손으로 구분되어 발생하는 것은 아니다. 따라서 대부분의 기업에서는 정상공손과 비정상공손을 구분하기 위하여 일반적으로 정상공손의 허용수준을 사전에 품질검사에 합격한 합격품의 일정비율 등으로 설정한다. 이 허용한도 내에서 발생한 공손은 정상공손으로 간주하고 허용수준을 초과하여 발생한 공손은 비정상공손으로 간주한다. 다음의 예를 이용하여 정상공손과 비정상공손의 수량을 파악하는 방법에 대하여 구체적으로 살펴보도록 하자.

예제 6-3

(주) 한양철강은 형강을 생산하는데 직접원재료는 가공공정의 초기에 투입되고, 가공비는 전 생산공정을 통하여 균등하게 투입된다. 일반적인 상황에서 공손품은 정상제품의 10%를 허용하고 있다. 회사의 12월의 원가계산에 대한 자료는 다음과 같다.

기초재공품 : 수량 2,000톤	당기완성량 : 10,000톤
완성도 25%	기말재공품 : 수량 2,700톤
당기투입량 : 12,000톤	완성도 50%

품질검사가 공정의 10%, 40%, 100% 시점에서 각각 이루어진다고 가정할 경우 품질검사시점에서 품질검사에 합격한 수량은 다음과 같다. 편의상 기초재공품은 당기에 정상적으로 완성되었다고 가정한다.

품질검사가 공정의 10%시점에서 이루어진다면 기초재공품 2,000톤은 완성도 25%이므로 이미 전기에서 검사시점을 통과하였을 것이다. 따라서 당기에 10% 검사시점을 통과한 합격품은 당기완성량 10,000톤에서 기초재공품 2,000톤을 차감한 8,000톤과 당기착수 미완성품 2,700톤을 합한 10,700톤이다. 반면에 검사시점이 공정의 40%시점에서 이루어진다면 기초재공품도 당기에 검사시점을 통과하였으므로 이를 당기 품질검사를 통과해서 합격한 수량에 포함시켜야 한다. 그리고 품질검사가 공정의 100% 시점에서 이루어진다면 기말재공품

표 6-14 품질검사 시점에 따른 당기합격 물량

	물량흐름	검사시점 0%	10%	40%	100%
완성품					
기초재공품	2,000(25%)				
당기착수	8,000(100%)				
기말재공품	2,700(50%)				
합 계	12,700				
당기검사합격물량			10,700	12,700	10,000

은 품질검사를 통과하지 못하였기 때문에 당기 품질 검사를 통과해서 합격한 수량에 포함시켜서는 안 된다. 예제에서 정상공손수량은 검사에 합격한 정상제품의 10%라고 하였으므로 정상공손과 비정상공손 수량은 다음과 같다.

표 6-15 품질검사시점에 따른 정상공손과 비정상공손 수량

	품질검사시점		
	10%	40%	100%
정상공손	10,700×10%=1,070	12,700×10%=1,270	10,000×10%=1,000
비정상공손	1,300−1,070=230	1,300−1,270=30	1,300−1,000=300
총공손 수량	1,300	1,300	1,300

2. 공손의 회계처리

공손품이 있는 경우 원가배부도 일반적인 종합원가계산의 4단계에 따르게 된다. 공손품이 있는 경우 종합원가계산을 함에 있어 다음 사항에 주의하여야 한다.

첫째, 물량흐름은 공손품을 포함하여 파악한다.

기초재공품량＋당기투입량＝당기완성품량＋기말재공품량＋정상공손＋비정상공손

둘째, 선입선출법을 사용할 경우 모든 공손품은 기초재공품과 당기착수량을 구분하여 원가배분이 이루어져야 하나 계산상 어려움으로 계산의 편이를 위하여 당기착수량에서 발생하는 것으로 가정한다.

셋째, 공손품의 완성품환산량을 계산할 때 공손품에 대한 가공활동의 완성도는 제품이 완료된 시점으로 가정한다. 공손품은 제품이 완성된 후 품질검사가 이루어진 이후에 발생하기 때문이다.

정상공손(normal spoilage)은 효율적인 작업환경의 생산과정에서 불가피하게 발생하는 공손으로 제품의 제조원가에 포함하고, 비정산공손(abnormal spoilage)은 효율적인 작업환경의 생산과정에서 발생하지 않는 공손으로 제품의 제조원가에 포함시키지 않고 손실, 즉 영업외비용으로 처리한다.

정상공손원가는 기말재공품이 품질검사시점 통과여부에 따라 제품의 제조원가에 배분하는 것이 다르다. 기말재공품이 품질검사시점을 통과하지 않았으면 정상공손원가는 완성품에 포함시키지만, 기말재공품이 품질검사를 통과한 경우는 정상공손원가를 완성품과 기말재공품에 물량기준에 의하여 배분하여야 한다.

공손품이 있는 경우 회계처리를 다음과 같은 예를 통해 살펴보기로 한다.

예제 6-4

(주)한양철강은 형강을 생산하는데 직접원재료는 가공공정의 초기에 투입되고, 가공(전환)원가는 전 생산공정을 통하여 균등하게 투입된다. 제품은 공정의 최종단계에서 품질검사를 거쳐 공손여부를 판단한다. 일반적인 상황에서 공손품은 정상제품의 10%를 허용하고 있다. (주)한양철강의 12월의 원가계산에 대한 자료는 다음과 같다.

기초재공품(2,000톤, 직접원재료 100%, 가공활동 25%완성)	
직접원재료	₩35,000
가공(전환)원가	10,120
당기투입량	12,000톤
완성품량(정상품)	10,000톤
기말재공품(직접원재료 100%, 가공활동 50%완성)	2,700톤
당기투입원가	₩517,395

직접원재료 ₩210,000
가공(전환)원가 307,395

1) 공손품이 있는 경우 가중평균법

공손품이 있는 경우 가중평균법을 이용한 종합원가계산은 [표 6-16]과 같다. 정상공손에 대한 원가 ₩42,600은 완성품에 포함하여 제품에 배부하고, 비정상공손원가 ₩12,780은 영업외비용으로 처리한다.

공손품에 대한 회계처리는 다음과 같다.

① 완성품의 대체

(차) 제 품 468,600 (대) 재 공 품 468,600

* 정상제품+정상공손(426,000+42,600)

표 6-16 공손품이 있는 경우 가중평균법에 의한 종합원가계산

(1) 물량흐름 및 완성품환산량

	물량흐름	완성도	완성품환산량	
			직접원재료비	가공(전환)원가
기초재공품	2,000톤	25%		
당기투입량	12,000톤			
총투입량	14,000톤			
완성품량	10,000톤	100%	10,000	10,000
기말재공품	2,700톤	50%	2,700	1,350
정산공손	1,000톤	100%	1,000	1,000
비정산공손	300톤	100%	300	300
총산출량	14,000톤			
당기 완성품 환산량			14,000	12,650

(2) 원가요소별 총원가 및 단위원가

	직접원재료비	가공(전환)원가	총원가
기초재공품원가	₩35,000	₩10,120	₩45,120
당기투입원가	210,000	307,395	517,395
당기총원가	245,000	317,515	562,515

당기완성품환산량	14,000톤	12,650톤	
단위원가	@17.5	@25.1	@42.6

(3) 가중평균법에 의한 원가배부		
완성품		₩468,600
정상제품	10,000×17.5+10,000×25.1	426,000
정산공손	1,000×17.5+1,000×25.1	42,600
기말재공품	2,700×17.5+1,350×25.1	₩81,135
비정상공손	300×17.5+300×25.1	₩12,780
총원가		₩562,515

② 비정상공손 손실인식

(차) 비 정 상 공 손 12,780 (대) 재 공 품 12,7800

2) 공손품이 있는 경우 선입선출법

공손품이 있는 경우 선입선출법을 이용한 종합원가계산은 <표 6-17>과 같다. 정상공손에 대한 원가 ₩42,800은 완성품에 포함하여 제품에 배부하고, 비정상공손원가 ₩12,840은 영업외비용으로 처리한다.

공손품에 대한 회계처리는 다음과 같다.

① 완성품의 대체

(차) 제 품 468,270 (대) 재 공 품 468,270

* 정상제품+정상공손(425,470+42,800)

② 비정상공손 손실인식

(차) 비 정 상 공 손 12,840 (대) 재 공 품 12,840

표 6-17 공손품이 있는 경우 선입선출법에 의한 종합원가계산

(1) 물량흐름 및 완성품환산량				
	물량흐름	완성도	완성품환산량	
			직접원재료비	가공(전환)원가
기초재공품	2,000톤	25%		
당기투입량	12,000톤			

총투입량	14,000톤			
당기완성				
기초재공품	2,000톤	25%	0	1,500
당기착수	8,000톤	100%	8,000	8,000
기말재공품	2,700톤	50%	2,700	1,350
정상공손	1,000톤	100%	1,000	1,000
비정상공손	300톤	100%	300	300
총산출량	14,000톤			
당기 완성품 환산량			12,000	12,150

(2) 원가요소별 총원가 및 단위원가

	직접원재료비	가공(전환)원가	총원가
기초재공품원가	₩35,000	₩10,120	₩45,120
당기투입원가	210,000	307,395	517,395
당기총원가	245,000	317,515	562,515
당기투입원가	₩210,000	₩307,395	₩517,395
당기완성품환산량	12,000톤	12,150톤	
단위원가	@17.5	@25.3	@42.8

(3) 선입선출법에 의한 원가배부

완성품		₩468,270
정상제품	45,120+8,000×17.5+9,500×25.3	425,470
정상공손	1,000×17.5+1,000×25.3	42,800
기말재공품	2,700×17.5+1,350×25.3	₩81,405
비정산공손	300×17.5+300×25.3	₩12,840
총원가		₩562,515

제7절 혼합원가

개별원가계산과 종합원가계산은 정반대의 원가계산방법이다. 그러나 어떤 생산 공정의 경우 개별원가와 종합원가의 특징을 포함하고 있는 경우가 있다. 이러한 생산 공정의 예로 의류공정과 식품공정을 들 수 있다. 이들 생산 공정은 비록 직접재료원가는 상당히 다르지만, 가공 공정은 상당히 유사하거나 동일하다. 예를 들어 섬유업의 경우 면, 울, 폴리에스테르와 같은 다른 섬유 재료가 사용되지만 가공 공정이 유사하다. 또 다른 예로써 식품산업에서, 일반사과 재료상품과 고급사과 재료상품은 투입되는 사과인 직접재료의 품질이 다르지만, 그러나 이 두 제품을 생산하기 위한 조리, 가공, 캔 포장 활동은 동일하다.

이와 같은 생산 공정을 배치 제조공정이라 하는데, 이러한 공정은 다른 부분에서는 거의 같으나 몇몇 중요한 방식에서 차이가 나는 몇 개의 생산라인을 가지고 대량생산하는 특징을 가지고 있다.

배치 공정활동이 개별원가와 종합원가의 특성을 가지기 때문에, 혼합원가 시스템이 필요하다. 이러한 방법은 활동원가로 분류되며, 이 원가 시스템은 생산라인과 관계없이 가공(전환)원가는 매우 유사하지만 직접재료가 다를 때 사용한다. 먼저 가공(전환)원가는 종합원가 방

그림 6-4 배치 제조공정 생산흐름

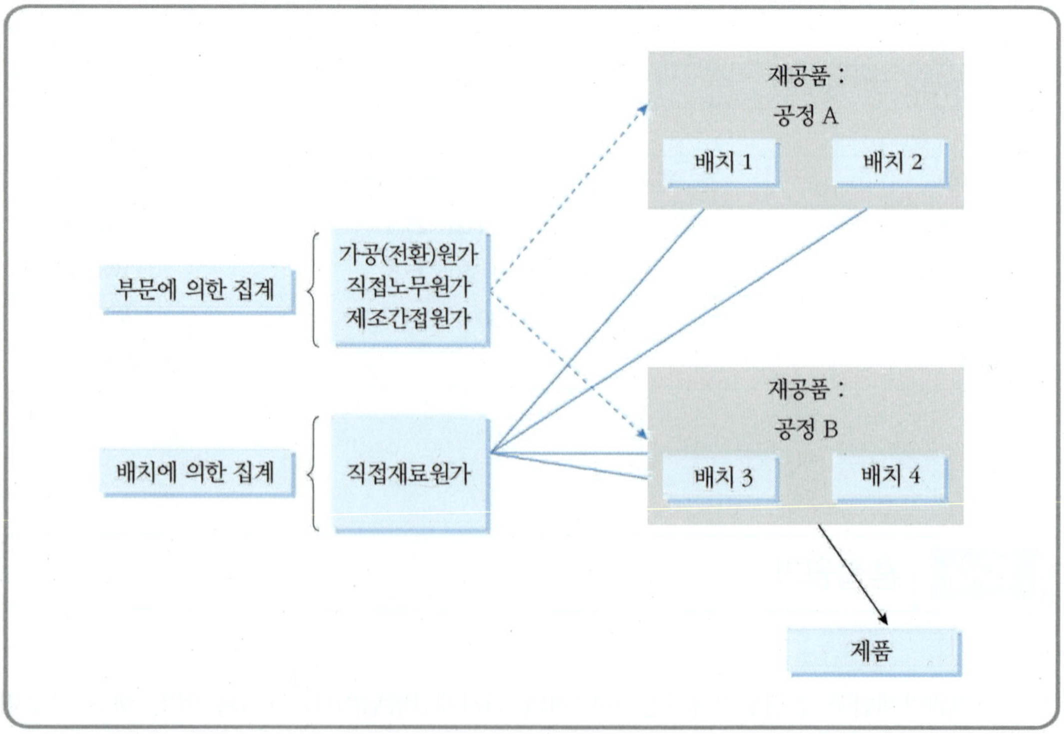

식처럼 부문에 의해서 생산물로 할당되어진다. 반대로, 직접재료원가는 개별원가처럼 작업 지시서나 배치에 의해서 생산물로 할당한다. 이와 같은 생산흐름은 [그림 6-4]와 같다.

직접재료원가는 직접적으로 생산물의 각 배치로 추적되어지고, 가공(전환)원가는 부문을 기준으로 할당된다. 이는 직접노무원가와 제조간접원가가 개별적으로 직접노무원가에 대응되는 것보다 소위 가공(전환)원가인 단일원가 범주 안에 결합되어짐을 의미한다. 그리고 가공(전환)원가는 아래와 같이 예산가공(전환)원가를 기준으로 산정된 예정배부율을 기준으로 만들어진 제품에 부여된다.

$$\text{가공(전환)원가를 위한 예정배부율} = \frac{\text{편성된 가공(전환)원가예산(직접노무원가와 제조간접원가)}}{\text{편성된 원가동인예산(혹은 활동기준)}}$$

혼합원가의 예로써, 우리는 야구공 생산 공장의 예를 들어 설명하면 다음과 같다. 이 공장은 선수를 위한 표면이 진짜 가죽으로 된 고급형야구공과 학생들을 위한 인조가죽을 사용한 학생용 야구공 2개의 다른 등급의 야구공을 제조한다. 그러나 2개의 다른 생산물에 대한 커팅과 제봉공정의 활동은 동일하다. 또한 고급형의 경우 고급포장 재료를 사용한다. 야구공의 제조원가는 아래와 같다.

표 6-18 야구공의 단위당 제조원가

	선수용	학생용
직접재료원가 :		
Batch #1 (₩20,000÷1,000)	₩20.00	
Batch #2 (₩30,000÷3,000)		₩10.00
가공(전환)원가 : 커팅부문		
(가공(전환)원가 ₩30,000÷4,000단위)	7.50	7.50
가공(전환)원가 : 제봉부문		
(가공(전환)원가 ₩24,000÷4,000단위)	6.00	6.00
가공(전환)원가 : 포장부문		
(가공(전환)원가 ₩500÷1,000단위)*	0.50	0
총 원 가	₩34.00	₩23.50

* 포장부문은 고급형농구공 1,000개만을 다룬다.

위에서와 같이 2개의 제품은 직접재료원가와 포장부문의 원가는 두 제품이 다르지만 가공활동이 동일하기 때문에 각각의 공은 커팅부문과 제봉부문이 동일한 가공(전환)원가를 갖는다. 또한 야구공의 총원가는 ₩104,500이다.

표 6-19 야구공의 총 제조원가

선수용 야구공: 1,000×₩34.00	₩34,000
학생용 야구공: 3,000×₩23.50	70,500
총원가	₩104,500

연습문제

Exercise

객관식

완성도 및 완성품환산량

01 (주)관세는 가중평균법을 적용하여 종합원가계산을 하고 있다. 가공원가는 공정의 완성도에 따라 균등하게 발생하며, 검사는 가공원가(전환원가) 완성도 60% 시점에서 이루어진다. 정상공손수량이 검사를 통과한 정상품의 5%일 때 당기의 정상공손수량은? (18. 관세사)

기초재공품 수량	260단위(완성도 70%)
당기 완성품 수량	1,360단위
기말재공품 수량	300단위(완성도 80%)
공손수량	140단위

① 55단위 ② 68단위 ③ 70단위
④ 81단위 ⑤ 83단위

02 (주)감평은 종합원가계산제도를 채택하고 단일제품을 생산하고 있다. 재료는 공정이 시작되는 시점에서 전량 투입되며, 가공(전환)원가는 공정 전체에 걸쳐 균등하게 발생한다. 가중평균법과 선입선출법에 의한 가공(전환)원가의 완성품환산량은 각각 108,000단위와 87,000단위이다. 기초재공품의 수량이 70,000단위라면 기초재공품 가공(전환)원가의 완성도는? (18. 감정평가사)

① 10% ② 15% ③ 20%
④ 25% ⑤ 30%

03 (주)세무는 가중평균법에 의한 종합원가계산제도를 채택하고 있다. 직접 재료는 공정초기에 전량 투입되고, 전환원가(conversion costs)는 공정 전반에 걸쳐 균등하게 발생한다. 20×1년 직접 재료원가에 대한 총완성품환산량은 20,000단위, 전환원가에 대한 총완성품환산량은 18,000단위, 완성품 수량은 15,000단위이다. 20×1년 기말재공품의 전환원가 완성도는?

(18. 세무사)

① 50% ② 60% ③ 75%
④ 280% ⑤ 90%

04 (주)세무는 직접 재료를 가공하여 제품을 생산하고 있다. 직접재료는 공정 초기에 전량 투입되며, 전환원가는 공정전반에 걸쳐 균등하게 발생한다. 직접 재료의 20%가 제조과정에서 증발되는 데, 이러한 증발은 정상적이며 제조과정에서 평균적으로 발생한다. 완성품 1단위에는 직접 재료 0.1kg이 포함되어 있고, 당기에 2,000단위가 완성되었다. 당기에 투입된 직접 재료는 190kg, 기말재공품(전환원가 완성도 25%)은 38kg, 기초재공품은 90kg이었다. 기초재공품의 전환원가 완성도는? (단, 공손은 발생하지 않는다.) (18. 세무사)

① 25% ② 30% ③ 40%
④ 50% ⑤ 60%

05 (주)세무는 단일 제품을 생산하고 있으며, 종합원가계산제도를 채택하고 있다. 재료는 공정이 시작되는 시점에서 전량 투입되며, 전환원가는 공정 전체에 걸쳐 균등하게 발생한다. 재료원가의 경우 평균법에 의한 완성품환산량은 87,000단위이고 선입선출법에 의한 완성품환산량은 47,000 단위이다. 또한 전환원가의 경우 평균법 에 의한 완성품환산량은 35,000 단위이고 선입선출법에 의한 완성품환산량은 25,000단위이다. 기초재공품의 전환원가 완성도는? (19. 세무사)

① 10% ② 20% ③ 25%
④ 75% ⑤ 80%

06 (주)세무는 종합원가계산제도를 채택하고 있다. 직접재료는 공정의 초기에 전량투입되며, 전환원가(conversion costs)는 공정 전반에 걸쳐 균등하게 발생한다. 당기 제조활동과 관련하여 가중평균법과 선입선출법에 의해 각각 계산한 직접재료원가와 전환원가의 완성품환산량은 다음과 같다.

	직접재료원가 완성품환산량	전환원가 완성품환산량
가중평균법	2,000단위	2,400단위
선입선출법	2,000단위	1,800단위

기초재공품의 전환원가 완성도는? (22. 세무사)

① 20% ② 30% ③ 40%
④ 50% ⑤ 60%

종합원가계산

07 (주)관세는 단일공정을 통해 제품을 생산하고 있으며, 가중평균법에 의한 종합원가계산을 채택하고 있다. 모든 원가는 공정전반에 걸쳐 균등하게 발생한다. (주)관세의 당기 완성품 단위당 원가는 ₩900이며, 생산 및 원가자료는 다음과 같다.

구분	수량	완성도	직접재료원가	전환원가
기초재공품	400단위	?	₩160,000	₩210,000
당기투입	1,100	–	340,000	460,000
완성품	1,000	100%	?	?
기말재공품	500	?	?	?

당기 완성품환산량이 선입선출법에 의한 완성품환산량에 비해 300단위가 더 많은 경우, 선입선출법에 의한 기말재공품원가는? (22. 관세사)

① ₩240,000 ② ₩270,000 ③ ₩320,000
④ ₩340,000 ⑤ ₩370,000

08 (주)관세는 종합원가계산을 채택하고 있으며, 제품생산 관련 정보는 다음과 같다.

기초재공품수량	1,000개 (완성도 60%)
당기착수량	2,000개
당기완성품수량	2,400개
기말재공품수량	600개 (완성도 50%)

직접재료는 공정 초에 모두 투입되고 전환(가공)원가는 공정 전반에 걸쳐 균등하게 발생한다. 평균법과 선입선출법하의 완성품환산량에 관한 다음 설명 중 옳지 않은 것은? (20. 관세사)

① 평균법에 의한 직접재료원가의 완성품환산량은 3,000개이다.
② 선입선출법에 의한 직접재료원가의 완성품환산량은 2,000개이다.
③ 평균법에 의한 전환(가공)원가의 완성품환산량은 2,700개이다.
④ 선입선출법에 의한 전환(가공)원가의 완성품환산량은 2,200개이다.
⑤ 평균법과 선입선출법간에 각 원가요소의 완성품환산량 차이가 발생하는 것은 기초재공품 때문이다.

09 (주)감평은 선입선출법에 의한 종합원가계산을 채택하고 있다. 전환원가(가공원가)는 공정 전반에 걸쳐 균등하게 발생한다. 다음 자료를 활용할 때, 기말재공품원가에 포함된 전환원가(가공원가)는? (단, 공손 및 감손은 발생하지 않는다.) (17. 감정평가사)

기초재공품	1,000단위	(완성도 40%)
당기착수	4,000단위	
당기완성	4,000단위	
기말재공품	1,000단위	(완성도 40%)
당기발생 전환원가(가공원가)	₩1,053,000	

① ₩98,000 ② ₩100,300 ③ ₩102,700
④ ₩105,300 ⑤ ₩115,500

10 (주)세무는 종합원가계산제도를 채택하고 있다. (주)세무의 20×1년 당기제조착수량은 100단위, 기말재공품은 40단위(전환원가 완성도 25%)이며, 당기투입원가는 직접 재료원가 ₩40,000, 전환원가(conversion cost) ₩70,000이다. 직접 재료는 공정이 시작되는 시점에서 전량 투입되며, 전환원가는 공정 전반에 걸쳐 균등하게 발생할 때, 기말재공품의 원가는? (단, 기초재공품, 공손 및 감손은 없다.) (20. 세무사)

① ₩10,000 ② ₩16,000 ③ ₩26,000
④ ₩28,000 ⑤ ₩56,000

11 (주)대한은 종합원가계산을 적용하고 있다. 직접재료는 공정의 시작 시점에서 100% 투입되며, 가공원가는 공정 전반에 걸쳐 균등하게 발생한다. (주)대한의 생산 관련 자료는 다음과 같다.

구분	물량	재료원가	가공원가
기초재공품	2,000단위(가공(전환)원가완성도 60%)	₩24,000	₩10,000
당기착수량	10,000단위		
기말재공품	4,000단위(가공(전환)원가완성도 50%)		
당기투입원가		₩1,500,000	₩880,000

(주)대한의 종합원가계산과 관련된 다음의 설명 중 옳지 않은 것은? 단, 당기 중에 공손이나 감손은 발생하지 않았다고 가정한다. (21. 회계사)

① 평균법을 사용한다면 가공원가에 대한 완성품환산량은 10,000단위이다.
② 평균법을 사용한다면 기말재공품 원가는 ₩686,000이다.
③ 선입선출법을 사용한다면 완성품 원가는 ₩1,614,000이다.
④ 선입선출법을 사용한다면 기초재공품 원가는 모두 완성품 원가에 배부된다.
⑤ 완성품 원가는 선입선출법으로 계산한 값이 평균법으로 계산한 값보다 크다.

평균법

12 단일공정을 통해 손소독제를 생산하는 (주)관세는 가중평균법에 의한 종합원가계산을 채택하고 있다. 공정전반에 걸쳐 25%의 감손이 비례적으로 발생하며, 모든 감손은 정상적인 것으로 간주한다. 직접재료는 공정초기에 전량 투입되고, 전환원가는 공정전반에 걸쳐 균등하게 발생한다. 생산 관련 자료가 다음과 같을 때, 비분리계산법에 의한 당기 완성품의 단위당 원가는? (22. 관세사)

구분	수량	완성도	직접재료원가	전환원가
기초재공품	1,750단위	?	₩250,000	₩300,000
당기투입	8,000	–	1,200,000	800,000
완 성 품	6,000	100%	?	?
기말재공품	1,800	40%	?	?

① ₩270 ② ₩275 ③ ₩360
④ ₩362 ⑤ ₩367

13 다음은 종합원가계산제도를 채택하고 있는 (주)감평의 당기 제조활동에 관한 자료이다.

기초재공품	₩3,000	(300단위, 완성도 60%)
당기투입원가	₩42,000	
당기완성품수량	800단위	
기말재공품	200단위	(완성도 50%)

모든 원가는 공정 전체를 통하여 균등하게 발생하며, 기말재공품의 평가는 평균법을 사용하고 있다. 기말재공품원가는? (단, 공손 및 감손은 없다.) (22. 감정평가사)

① ₩4,200 ② ₩4,500 ③ ₩5,000
④ ₩8,400 ⑤ ₩9,000

선입선출법

14 (주)감평은 단일공정을 통해 단일제품을 생산하고 있으며, 선입선출법에 의한 종합원가계산을 적용하고 있다. 직접재료는 공정 초에 전량 투입되고, 가공원가는 공정 전반에 걸쳐 균등하게 발생한다. (주)감평의 20×1년 기초재공품은 10,000단위(가공원가 완성도 40%), 당기착수량은 30,000단위, 기말재공품은 8,000단위(가공원가 완성도 50%)이다. 기초재공품의 직접재료원가는 ₩170,000이고, 가공원가는 ₩72,000이며, 당기투입된 직접재료원가와 가공원가는 각각 ₩450,000과 ₩576,000이다. 다음 설명 중 옳은 것은? (단, 공손 및 감손

은 발생하지 않는다.) (20. 감정평가사)

① 기말재공품원가는 ₩192,000이다.
② 가공원가의 완성품환산량은 28,000단위이다.
③ 완성품원가는 ₩834,000이다.
④ 직접재료원가의 완성품환산량은 22,000단위이다.
⑤ 직접재료원가와 가공원가에 대한 완성품환산량 단위당원가는 각각 ₩20.7과 ₩20.3 이다.

15 (주)세무는 20×1년에 영업을 시작하였으며, 표준원가계산제도를 적용하고 있다. 20×2년의 제품 단위당 표준원가는 20×1년과 동일하게 다음과 같이 설정하였다. 직접재료는 공정의 초기에 전량 투입되며, 전환원가(conversion costs)는 공정 전반에 걸쳐 균등하게 발생한다.

직접재료원가	4kg × ₩6 =	₩24
직접노무원가	2시간 × ₩4 =	8
변동제조간접원가	2시간 × ₩4 =	8
고정제조간접원가	2시간 × ₩5 =	10
		₩50

(주)세무의 20×2년 기초재공품은 1,000단위(완성도 40%), 당기 완성량은 5,500단위이며, 기말재공품은 700단위(완성도 60%)이다. 표준종합원가계산 하에서 완성품원가와 기말재공품원가는? (단, 원가흐름은 선입선출법을 가정하고, 공손 및 감손은 없다.) (22. 세무사)

	완성품원가	기말재공품원가		완성품원가	영업이익
①	₩225,000	₩21,000	②	₩240,600	₩27,720
③	₩240,600	₩28,420	④	₩275,000	₩21,000
⑤	₩275,000	₩27,720			

16 (주)대한은 단일상품을 제조하는 기업으로 종합원가계산제도를 채택하고 있으며, 재고자산 평가방법은 선입선출법(FIFO)을 사용한다. 제품제조시 직접재료는 공정 초에 전량 투입되며 전환원가(가공원가)는 공정에 걸쳐 균등하게 발생한다. 다음은 (주)대한의 당기 생산 및 제조에 관한 자료이다.

항목	물량
기초재공품(가공완성도%)	1,800개 (90%)
당기착수물량	15,000개
기말재공품(가공완성도%)	3,000개 (30%)

당기에 발생한 직접재료원가는 ₩420,000이며, 전환원가는 ₩588,600이다. 당기 매출원가는 ₩1,070,000, 기초제품재고는 ₩84,600, 기말제품재고는 ₩38,700이다. 당기 기초재공

품은 얼마인가? (20. 회계사)

① ₩140,000 ② ₩142,000 ③ ₩144,000
④ ₩145,000 ⑤ ₩146,000

공손품

17 (주)관세는 종합원가계산을 적용하고 있으며, 제품생산 관련 정보는 다음과 같다.

기초재공품수량	2,000단위 (전환원가 완성도 60%)
당기착수량	18,000단위
당기완성품수량	14,000단위
기말재공품수량	3,000단위 (전환원가 완성도 80%)

원재료는 공정초에 전량 투입되고 전환원가는 공정 전반에 걸쳐 균등하게 발생한다. (주)관세는 재고자산 평가방법으로 평균법을 사용하며, 공정의 종료시점에서 품질검사를 실시하였다. (주)관세가 당기 중 품질검사를 통과한 물량의 10%를 정상공손으로 간주할 경우, 비정상공손수량은? (21. 관세사)

① 1,300단위 ② 1,400단위 ③ 1,600단위
④ 1,700단위 ⑤ 2,000단위

18 (주)감평은 단일 제품을 대량생산하고 있으며, 가중평균법을 적용하여 종합원가계산을 하고 있다. 직접재료는 공정초에 전량 투입되고, 전환원가는 공정 전체에서 균등하게 발생한다. 당기 원가계산자료는 다음과 같다.

기초재공품	3,000개 (완성도 80%)
당기착수수량	14,000개
당기완성품	13,000개
기말재공품	2,500개 (완성도 60%)

품질검사는 완성도 70%에서 이루어지며, 당기 중 검사를 통과한 합격품의 10%를 정상공손으로 간주한다. 직접 재료원가와 전환원가의 완성품환산량 단위당 원가는 각각 ₩30과 ₩20이다. 완성품에 배부되는 정상공손원가는? (21. 감정평가사)

① ₩35,000 ② ₩44,000 ③ ₩55,400
④ ₩57,200 ⑤ ₩66,000

19 (주)세무는 종합원가계산제도를 채택하고 있다. 직접 재료는 공정이 시작되는 시점에서 전량 투입되며, 전환원가는 공정 전반에 걸쳐서 균등하게 발생한다. 당기완성품환산량 단위당 원가는 직접 재료원가 ₩2,000, 전환원가 ₩500이었다. 생산 공정에서 공손품이 발생하는데

이러한 공손품은 제품을 검사하는 시점에서 파악된다. 공정의 50% 시점에서 검사를 수행하며, 정상공손수량은 검사 시점을 통과한 합격품의 10%이다. (주)세무의 생산활동 자료가 다음과 같을 때, 정상공손원가는? (20. 세무사)

- 기초재공품: 500단위(전환원가 완성도 30%)
- 당기완성량: 1,800단위
- 당기투입량: 2,000단위
- 기말재공품: 400단위(전환원가 완성도 70%)

① ₩440,000 ② ₩495,000 ③ ₩517,000
④ ₩675,000 ⑤ ₩705,000

20 (주)세무는 단일제품을 생산하고 있으며, 선입선출법에 의한 종합원가계산을 적용하고 있다. 직접재료 A는 공정초기에 전량 투입되고, 직접재료 B는 품질검사직후 전량 투입되며, 전환원가는 공정 전반에 걸쳐 균등하게 발생한다. 품질검사는 공정의 80% 시점에서 이루어지며, 당기 검사를 통과한 합격품의 10%를 정상공손으로 간주한다. 당기 생산 및 원가자료는 다음과 같다.

구분	물량 (전환원가 완성도)
기초재공품	500단위(60%)
당기 착수	4,500
당기 완성	3,500
기말재공품	1,000(60%)

구분	직접재료원가		전환원가
	직접재료 A	직접재료 B	
기초재공품	₩11,200	₩0	₩18,000
당기발생원가	90,000	87,500	210,000

정상공손원가 배분 후, (주)세무의 당기 완성품원가는? (21. 세무사)

① ₩307,500 ② ₩328,500 ③ ₩336,700
④ ₩357,700 ⑤ ₩377,450

21 (주)대한은 20×1년 1월 1일에 처음으로 생산을 시작하며, 종합원가계산을 적용한다. 직접재료는 공정초에 전량 투입되고, 전환원가는 공정 전반에 걸쳐 균등하게 발생한다. 20×1년의 생산활동 및 완성품환산량 단위당 원가는 다음과 같이 예상된다.

구분	물량단위	완성품환산량/원가	
		직접재료원가	전환원가
완성품	900개	900개	900개
비정상공손품	100	100	100

기말재공품	300	300	100
합계	1,300개	1,300개	1,100개
당기투입원가		₩104,000	₩115,500
완성품환산량 단위당 원가		₩80	₩105

20×1년도 완성품은 단위당 ₩250에 전량 판매된다. 비정상공손품은 모두 폐기되고, 비정상공손원가는 당기비용으로 처리된다. 품질관리팀에서는 공정의 50% 시점에서 검사를 실시하여 공손품발생요인을 통제하면, 비정상공손품 100단위는 모두 품질기준을 충족하는 완성품이 되어 단위당 ₩250에 판매할 수 있다고 한다. 품질검사를 현재의 시점에서 공정의 50% 시점으로 옮긴다면, (주)대한의 당기순이익은 얼마나 증가하는가? 단, 검사원가는 검사시점에 관계없이 동일하고, 공손품 발생요인을 통제하기 위해 추가되는 원가는 없다고 가정한다. (18. 회계사)

① ₩6,500 ② ₩12,500 ③ ₩23,000
④ ₩24,500 ⑤ ₩25,00

22 (주)대한은 표준종합원가계산을 사용하고 있다. 정상공손이 반영되기 전의 제품 단위당 표준원가는 다음과 같다.

항목	제품 단위당 표준원가
직접재료원가	₩20
전환원가	30
합계	₩50

직접재료는 공정초에 모두 투입되며, 전환원가는 공정 전반에 걸쳐 평균적으로 발생한다. 당기의 생산활동에 관한 자료는 다음과 같다.

항목	물량	전환원가 완성도
기초재공품	300단위	50%
기말재공품	500	80%
완성품	2,000	
공손품	100	

(주)대한은 공정의 60% 시점에서 품질검사를 실시하며, 당기에 검사를 통과한 합격품의 2%를 정상공손으로 허용한다. 정상공손원가는 합격품원가에 가산하고 비정상공손원가는 기간원가로 처리한다. 정상공손원가 배부 후 표준원가로 기록된 완성품원가와 기말재공품원가는 각각 얼마인가? 단, 전기와 당기의 단위당 표준원가는 동일하고, 공손품은 전량 폐기된다. (19. 회계사)

	완성품원가	기말재공품원가
①	₩101,000	₩21,380
②	₩101,000	₩22,000
③	₩101,520	₩21,380
④	₩101,520	₩22,000
⑤	₩101,520	₩22,380

23 (주)대한은 유리컵을 생산하는 기업으로 종합원가계산제도를 채택하고 있으며, 재고자산 평가방법은 선입선출법(FIFO)을 사용한다. 직접재료는 공정 초에 전량 투입되며, 전환원가(가공원가)는 공정에 걸쳐 균등하게 발생한다. 다음은 (주)대한의 생산 및 제조에 관한 자료이다.

항목	물량
기초재공품(가공완성도%)	800개 (70%)
당기착수물량	6,420개
기말재공품(가공완성도%)	1,200개 (40%)

품질검사는 가공완성도 80% 시점에 이루어지며, 당기에 품질검사를 통과한 물량의 5%를 정상공손으로 간주한다. 당기에 착수하여 당기에 완성된 제품이 4,880개일 때 (주)대한의 비정상공손은 몇 개인가? (20. 회계사)

① 34개　② 56개　③ 150개
④ 284개　⑤ 340개

※ 다음 자료를 이용하여 24번과 25번에 답하시오. (22. 회계사)

- ㈜대한은 선입선출법에 의한 종합원가계산을 적용하여 제품원가를 계산하고 있다.
- 원재료는 공정 초에 전량 투입되고, 전환원가는 공정 전반에 걸쳐 균등하게 발생한다.
- 공정의 80% 시점에서 품질검사를 실시하며, 정상공손 허용수준은 합격품의 10%이다. 정상공손원가는 합격품원가에 가산되고, 비정상공손원가는 기간원가로 처리된다.
- 공손품은 모두 폐기되며, 공손품의 처분가치는 없다.
- 다음은 20x1년 2월 공정의 생산 및 원가자료이다. 단, 괄호 안의 숫자는 전환원가의 완성도를 의미한다.

구분	물량단위	직접재료원가	전환원가
기초재공품	2,000(70%)	₩70,000	₩86,000
당기투입	10,000	₩2,000,000	₩860,000
완성품	8,000		
기말재공품	3,000(40%)		

24 (주)대한의 20×1년 2월 직접재료원가와 전환원가의 완성품환산량 단위당 원가를 계산하면 각각 얼마인가?

	직접재료원가	전환원가
①	₩200	₩100
②	₩200	₩80
③	₩220	₩100
④	₩220	₩80
⑤	₩250	₩100

25 (주)대한의 20×1년 2월 완성품 단위당 원가는 얼마인가?

① ₩242 ② ₩250 ③ ₩252
④ ₩280 ⑤ ₩282

제7장

결합원가와 부산물회계

제 7 장 결합원가와 부산물회계

하나의 공정에서 여러 제품이 동시에 생산되는 경우 공정의 원가를 결합원가라 하고 생산되는 제품을 결합제품이라 한다. 본장에서는 결합원가를 결합제품에 배부하는 방법에 대해 살펴보고 결합공정에서 생산되는 제품 중 주요 결합제품에 비해 판매가치가 상대적으로 떨어지는 부산물에 대한 회계처리 방법을 살펴본다. 또한 결합공정에서 생산된 결합제품의 추가 가공여부에 대해서도 살펴본다.

제1절 결합원가의 배분

1. 결합원가의 의의

동일한 생산공정에서 동일한 원재료를 투입하여 두 개 이상의 서로 다른 제품이 생산될 때 이 공정을 결합생산공정(joint production process)이라 한다. 결합생산공정에서 생산되는 주요 제품들은 결합제품(joint products) 혹은 연산품이라고 한다. 이에는 낙농업의 유제품, 화학산업의 화학제품, 정유산업의 석유제품 및 정육산업의 육제품 등이 있다.

결합생산공정에 투입된 투입물들은 일정한 생산프로세스를 거치면 개별적으로 식별가능한 상태에 도달하게 되는데 원가회계 담당자는 이때 비로소 개별 결합제품이나 부산물에 발생된 제품원가를 배분할 수 있게 된다.

2. 결합원가계산과 관련된 기본개념

결합제품의 원가배분에 앞서 관련된 개념을 이해하여야 한다. 동일한 생산 공정에서 동일한 원재료를 투입하여 두 개 이상의 서로 다른 제품들이 생산될 경우 이 제품들을 결합제

그림 7-1 결합원가, 분리점, 분리원가

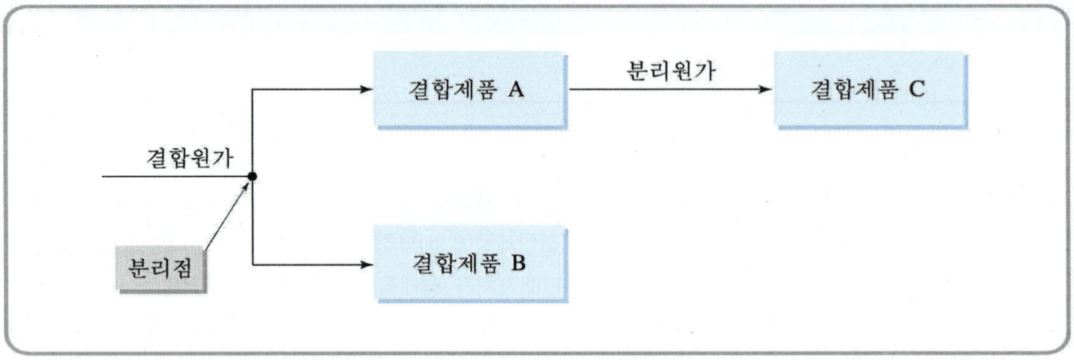

품이라고 한다. 이 결합제품의 상대적 판매가치의 크기에 따라 크게 주산품, 부산물과 작업폐물로 구분할 수 있다. 주산품(major products)은 결합제품 중에서 기업이 생산하고자 하는 제품으로 상대적 판매가치가 높은 제품이며, 부산물(by-products)은 주산품을 생산하는 과정에서 부수적으로 생산되는 제품으로 상대적 판매가치가 낮은 제품을 말한다. 작업폐물(scrap)은 주산품을 생산하는 과정에서 부수적으로 생산되는 제품으로 상대적 판매가치가 거의 없는 제품을 말한다.

결합생산공정에서 결합제품이 개별적으로 식별가능한 상태에 도달한 시점을 분리점(split-off point)이라 하고, 분리점 이전에 발생된 제조원가는 결합원가(joint cost)라고 한다. 또한 분리점 이후에 추가가공으로 발생한 원가를 추가가공원가(additional processing costs) 또는 분리원가(separable costs)라 한다. 추가가공원가는 해당제품에 직접적으로 추적이 가능하기 때문에 결합원가와는 달리 원가배분 문제가 발생되지 않는다. 이를 그림으로 표시하면 [그림 7-1]과 같다.

3. 결합원가 배분방법

결합원가는 결합제품을 생산하기 위하여 소요되는 원가로 결합제품의 원가에 포함되어야 한다. 그러나 결합원가는 분리점 이전에 발생한 원가로 결합제품에 추적이 불가능하다. 따라서 결합원가는 일정한 기준을 가지고 각 제품에 배분되어야 한다. 결합원가를 결합제품에 배분하는 방법은 물량기준법, 상대적 판매가치법, 순실현가치법 및 균등이익률법 등이 있다.

예제 7-1

(주)안산화학은 202×년 12월에 1,000kg의 광석을 가공하여 750kg의 은과 250kg의 금을 생산하는데, 12월 한 달 동안 발생된 원가는 다음과 같다. 직접재료원가 ₩300,000, 직접노무원가 ₩400,000, 제조간접원가 ₩300,000이다. 12월에 생산된 금과 은은 전량 판매되었으며, kg당 판매가격은 ₩3,500, ₩500이다.

(1) 물량기준법

물량기준법(physical-units method)은 각 결합제품의 생산량 즉, 중량, 부피 등의 상대적 비율에 의해서 결합원가를 배부시키는 방법이다. 물량기준법은 제품의 가격이 알려져 있지 않거나, 제품의 가격과 물량사이에 밀접한 관계가 있는 경우에 적용가능하다. 만약에 제품별 가격과 물량이 관계가 없는 경우 수익창출력과 무관하게 원가배분이 이루어질 것이다. 예를 들면, 정육업의 경우 등심, 안심 및 우족 등에 결합원가를 물량에 의해서 배분할 경우 단위당 원가는 동일할 것이다. 이러한 경우 판매가치가 낮은 뼈는 많은 원가배분으로 손실이 발생할 것이다. 물리적 단위가 비교가능하지 않으면 결합원가를 배분하는 데 많은 문제가 발생한다. 예를 들면, 액체인 석유와 기체인 가스를 생산하는 경우 물량을 비교할 수가 없다.

[예제 7-1]의 결합원가를 물량기준법에 의하여 결합원가를 배분하면 [표 7-1]과 같다.

표 7-1 물량기준법에 의한 결합원가 배분

제품	물량	배분비율	결합원가	결합원가배분액	단위원가
금	250kg	25%	₩1,000,000	₩250,000	₩1,000
은	750kg	75%		750,000	1,000
	1,000kg	100%		₩1,000,000	

[예제 7-1]의 결합원가를 물량기준법에 의하여 결합원가를 배분한 경우 제품별 손익계산서를 작성하면 [표 7-2]와 같다.

표 7-2 (주)안산광산의 제품별 손익계산서(물량기준법)

	금	은	합계
판매량	250kg	750kg	1,000kg
매출	₩875,000	₩375,000	₩1,250,000
매출원가	250,000	750,000	1,000,000
매출총이익(손실)	₩625,000	₩(375,000)	₩250,000
매출총이익률	71.4%	-100%	20%

물량기준법에 의하여 결합원가를 배분하면 제품에 관계 없이 각 제품의 kg당 원가는 ₩1,000이다. 따라서 이 방법은 각 제품의 Kg당 판매가격이 서로 유사하다면 적절하지만, 제품별로 kg당 판매가격이 크게 차이가 날 경우에는 개별제품의 수익성이 잘못 추정될 수 있다.

(2) 상대적 판매가치법

상대적 판매가치법(relative sales value method)은 결합원가를 배분하는데 분리점에서의 각 결합제품의 상대적 판매가치를 배분기준으로 사용하는 방법이다. 따라서 물량기준법과는 달리 분리점에서 각 결합제품의 판매가격을 알아야 이 방법을 적용할 수 있다.

[예제 7-1]의 결합원가를 상대적 판매가치법에 의하여 결합원가를 배분하면 [표 7-3]과 같다.

표 7-3 상대적 판매가치법에 의한 결합원가 배분

제품	상대적 판매가치	배분비율	결합원가	결합원가 배분액	단위원가
금	250×3,500=₩875,000	70%	₩1,000,000	₩700,000	₩2,800
은	750×500=375,000	30%		300,000	400
	₩1,250,000	100%		₩1,000,000	

[예제 7-1]의 결합원가를 상대적 판매가치법에 의하여 결합원가를 배분한 경우 제품별 손익계산서를 작성하면 [표 7-4]와 같다.

표 7-4 (주) 안산광산의 제품별 손익계산서(상대적 판매가치법)

	금	은	합계
판매량	250kg	750kg	1,000kg
매출	₩875,000	₩375,000	₩1,250,000
매출원가	700,000	300,000	1,000,000
매출총이익(손실)	₩175,000	₩75,000	₩250,000
매출총이익률	20%	20%	20%

상대적 판매가치법에 의하면 금의 kg당 원가는 ₩2,800(₩700,000÷250)이며, 은의 kg당 원가는 ₩400(₩300,000÷750)이다. 그러나 판매가치 ₩1당 배분금액은 제품에 관계없이 ₩0.8이다. 왜냐하면 결합원가를 상대적 판매가치 즉, 수익에 기여하는 능력에 따라 배분하였기 때문이다. 따라서 각 제품의 매출총이익률은 똑같이 20%로 나타났다.

지금까지는 분리점에서 각 결합제품이 추가가공 없이 판매되는 경우 결합원가 배분방법을 적용하였다. 그러나 많은 경우에는 분리점에서 분리된 결합제품은 추가가공 후에 판매된다. 이런 경우에는 순실현가치법과 균등이익률법에 의해서 결합원가를 배분한다.

예제 7-2

[예제 7-1]의 자료에서 금과 은은 분리점에서 그대로 판매할 수 없고 추가가공을 해서 판매할 수 있다. 추가가공원가는 금과 은 각각 ₩250,000이며, 추가가공 후에 kg당 판매가격은 ₩7,000, ₩1,000이다.

(3) 순실현가치법

순실현가치법(net realizable value method)은 순실현가치를 기준으로 결합원가를 배분하는 방법이다. 순실현가치는 제품의 최종판매가격에서 추가가공 원가 및 판매비용을 차감한 금액이다.

순실현가치 = 최종판매가격 − (추가가공원가 + 판매비용)

[예제 7-2]에서 금의 순실현가치는 금의 최종판매가치 ₩1,750,000(250×₩7,000)에서 추가가공(전환)원가 ₩250,000을 차감한 ₩1,500,000이며 은의 순실현가치는 ₩750,000(750×₩1,000)에서 추가가공(전환)원가 ₩250,000을 차감한 ₩500,000이다. 따라서 순실현가치법에 의한 각 결합제품에의 결합원가의 배분은 [표 7-5]와 같다.

표 7-5 순실현가치법에 의한 결합원가 배분

제품	순실현가치	배분비율	결합원가	결합원가 배분액	분리원가	단위원가
금	₩1,500,000[1)]	75%	₩1,000,000	₩750,000	₩250,000	₩4,800
은	500,000[2)]	25%		250,000	250,000	667
	₩2,000,000	100%		₩1,000,000	₩500,000	

1) (250kg×₩7,000)－₩250,000＝₩1,500,000
2) (750kg×₩1,000)－₩250,000＝₩500,000

[예제 7-2]의 결합원가를 순실현가치법에 의하여 결합원가를 배분한 경우 제품별 손익계산서를 작성하면 [표 7-6]과 같다.

표 7-6 (주)안산광산의 제품별 손익계산서(순실현가치법)

	금	은	합계
판매량	250kg	750kg	1,000kg
매출	₩1,750,000	₩750,000	₩2,500,000
매출원가	1,000,000	500,000	1,500,000
매출총이익(손실)	₩750,000	₩250,000	₩1,000,000
매출총이익률	42.86%	33.3%	40%

순실현가치법에 의해 결합원가를 배부하여 제품별 손익계산서는 [표 7-6]에 나타난 바와 같이 제품별 매출총이익률이 상이하다. 즉, 금의 매출총이익률은 42.86%인 데 비해 제품 은의 매출총이익률은 33.33%이다. 그러나 상대적 판매가치법에 의한 제품별 손익계산서는 [표 7-4]와 같이 각 제품별 매출총이익률이 20%로 동일하게 나타났다.

분리점에서 판매가치를 알 수 없는 경우에는 상대적 판매가치법을 적용할 수 없기 때문에 순실현가치법을 사용하였다. 그 결과 각 제품별 매출총이익률이 서로 상이하게 나타났다.

(4) 균등이익률법

균등이익률법(costant gross－margine percentage)은 분리점 이후 추가가공이 이루어지는 경우 각 결합제품의 매출총이익률이 모두 동일하도록 결합원가를 결합제품에 배분하는 방법이다. 균등이익률법에 의해 결합원가를 배분하는 절차는 다음과 같다.

① 전체 매출총이익률을 산정한다.
② 전체 매출총이익률을 이용하여, 최종판매가격에서 매출총이익을 차감한 개별제품의 매출원가를 산정한다.
③ 제품별 매출원가에서 분리원가를 차감하여 결합원가배분액을 산정한다.

[예제 7－2]를 균등이익률법에 의해 결합원가 배분절차에 따라 결합원가를 배분하면 다음과 같다.

(가) 전체 매출총이익률을 산정한다.

전체 매출액(₩1,750,000＋₩750,000)	₩2,500,000
전체 매출원가(₩1,000,000＋₩500,000)	1,500,000
전체 매출총이익	₩1,000,000
불변 매출총이익률(₩1,000,000÷₩2,500,000)	40%

(나) 개별제품의 매출원가를 산정한다.

금의 매출총이익: ₩1,750,000×0.40＝₩700,000
은의 매출총이익: ₩750,000×0.40＝₩300,000

금의 매출원가: ₩1,750,000－₩700,000＝₩1,050,000
은의 매출원가: ₩750,000－₩300,000＝₩450,000

(다) 각 제품별 매출원가에서 각 제품별 분리원가를 차감하여 결합원가를 배분한다.

금의 결합원가 배분액: ₩1,050,000－₩250,000＝₩800,000
은의 결합원가 배분액: ₩450,000－₩250,000＝₩200,000

[예제 7－2]를 균등이익률법에 의하여 결합원가를 배분한 결과는 [표 7－7]과 같다.

표 7-7 균등이익률법에 의한 결합원가 배분

제품	최종판매가격	매출총이익	매출원가	분리원가	결합원가
금	₩1,750,000	₩700,000	₩1,050,000	₩250,000	₩800,000
은	750,000	300,000	450,000	250,000	200,000
	₩2,500,000	₩1,000,000	₩1,500,000	₩500,000	₩1,000,000

* 전체 매출총이익율: ₩1,000,000÷₩2,500,000＝40%

[예제 7－2]의 결합원가를 균등이익률법에 의하여 결합원가를 배분한 경우 제품별 손익계산서를 작성하면 [표 7－8]과 같다.

표 7-8 (주) 안산광산의 제품별 손익계산서(균등이익률법)

	금	은	합계
판매량	250kg	750kg	1,000kg
매출	₩1,750,000	₩750,000	₩2,500,000
매출원가	1,050,000	450,000	1,500,000
매출총이익(손실)	₩700,000	₩300,000	₩1,000,000
매출총이익률	40%	40%	40%

[표 7－8]에서와 같이 균등이익률법에 의해 결합원가를 배분하여 제품별 손익계산서를 작성해 보면 각 제품별 매출총이익률은 전체 매출총이익률과 같은 40%로 동일하다.

4. 복수의 분리점이 있는 경우 결합원가 배분

지금까지는 분리점이 하나만 있는 경우의 결합원가 배분방법에 대해 알아보았다. 여기에서는 분리점이 복수로 있는 경우 순실현가치법에 의한 결합원가의 배분하는 방법을 살펴보고자 한다. 이와 같이 복잡한 상황에서의 결합원가를 배분하는 절차는 다음과 같다.

① 제품의 물량흐름, 분리점, 개별 결합제품, 결합원가 그리고 분리원가(추가가공원가)

등이 표시되는 물량흐름도를 작성한다.

② 물량흐름의 최종 분리점부터 최초 분리점까지 각 분리점에서의 결합제품의 순실현 가치를 산정한다.

③ 순실현가치를 근거로 결합원가를 최초 분리점에서 최종 분리점까지 순서대로 결합원가를 배분한다.

예제 7-3

행당회사는 제1공정에서 원재료 10,000ℓ를 투입 · 가공하여 제품 A를 6,500ℓ, 제품 B를 3,500ℓ 생산하였으며, 제2공정에서는 제1공정에서 생산된 중간제품 B 3,500ℓ를 추가 가공하여 제품 C를 2,000ℓ와 제품 D를 1,500ℓ 생산하였다. 또한 제3공정에서는 제2공정에서 생산된 중간제품 C를 추가 가공하여 제품 E를 2,000ℓ 생산하였다.

다음은 각 공정에서 발생한 원가이다.

	제1공정	제2공정	제3공정
직접원재료원가	₩1,000,000	₩0	₩0
직접노무원가	400,000	600,000	300,000
제조간접원가	400,000	500,000	100,000
합 계	₩1,800,000	₩1,100,000	₩400,000

제품별 판매가격은 다음과 같다.
A제품: ₩400, D제품: ₩600, E제품: ₩1,000

우선 [예제 7-3]의 제품의 물량흐름, 분리점, 결합제품, 결합원가, 그리고 분리원가 등에 대한 물량흐름도를 작성하면 [그림 7-2]와 같다.

그림 7-2 분리점, 결합제품, 결합원가 및 분리원가에 관한 물량흐름도

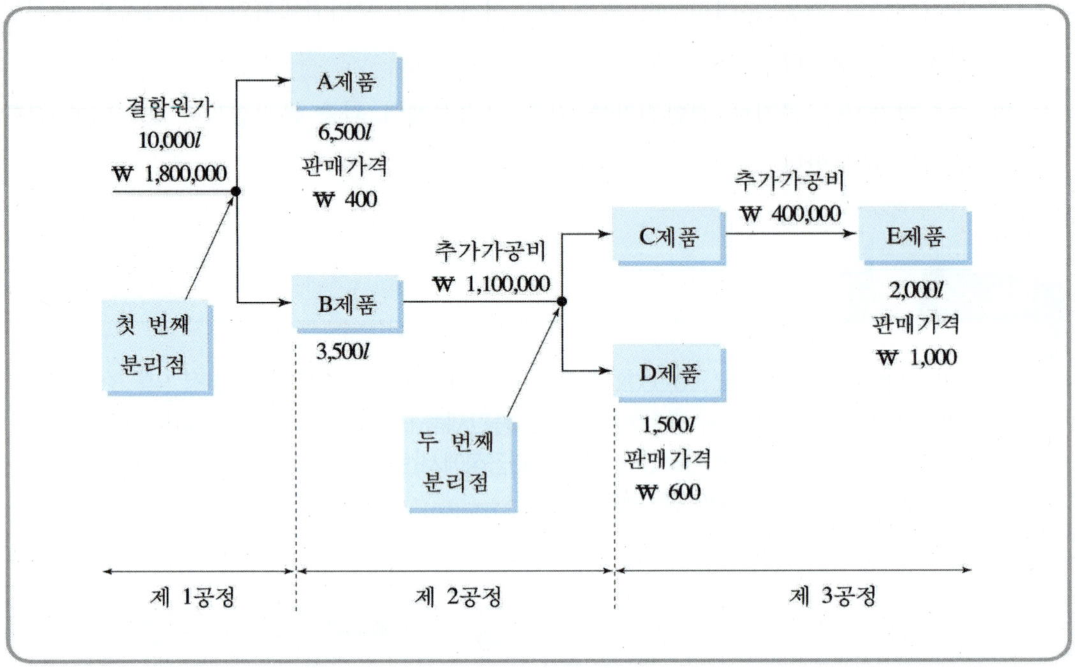

다음으로 뒤에서부터 순서대로 두 번째 분리점에서 제품 E와 제품 D의 순실현가치를 구하고, 그 다음으로 첫 번째 분리점에서 제품 A와 제품 B의 순실현가치를 산정하면 다음과 같다.

① 두 번째 분리점에서 결합원가 배분율

제 품	판매가치		추가가공(전환)원가		순실현가치	배분비율
C→E	2,000×₩1,000=₩2,000,000	−	₩400,000	=	₩1,600,000	64%
D	1,500×₩600=₩900,000	−	0	=	900,000	36%
					₩2,500,000	100%

② 첫 번째 분리점에서 결합원가 배분율

제 품	판매가치		추가가공(전환)원가		순실현가치	배분비율
A	6,500×₩400=₩2,600,000	−	0	=	₩2600,000	65%
B	2,500,000	−	₩1,100,000	=	1,400,000	35%
					₩4,000,000	100%

두 번째 분리점에서 제품 E와 제품 D의 순실현가치는 각각 ₩1,600,000과 ₩900,000이다. 따라서 첫 번째 분리점에서 제품 B의 순실현가치는 앞에서 산정한 제품 E와 제품 D의 순실현가치를 합산 후 추가가공(전환)원가를 차감하여 산정한 결과 ₩1,400,000이며 제품 A의 순실현가치는 ₩2,600,000이다.

마지막으로 앞서 산정된 순실현가치를 적용하여 첫 번째 분리점부터 결합원가를 각 결합제품에 배분하면 다음과 같다.

① 첫 번째 분리점에서 결합원가 배분

제 품	배분결합원가		결합원가		총결합원가	배분율	결합원가배분액
A						65%	₩1,170,000
	₩0	+	₩1,800,000	=	₩1,800,000		
B						35%	630,000
						100%	₩1,800,000

② 두 번째 분리점에서 결합원가 배분율

제 품	배분결합원가		결합원가		총결합원가	배분율	결합원가배분액
C→E						64%	₩1,107,200
	₩630,000	+	₩1,100,000	=	₩1,730,000		
D						36%	622,800
						100%	₩1,730,000

첫 번째 분리점에서 결합원가 ₩1,800,000은 순실현가치를 기준으로 제품 A와 제품 B에 결합원가를 배분하면 각각 ₩1,170,000과 ₩630,000이 배분되고, 두 번째 분리점에서는 첫 번째 분리점에서 제품 B에 배분된 ₩630,000과 제2공정에서 발생된 결합원가 ₩1,100,000이 합쳐져서 총 ₩1,730,000이 제품 E와 제품 D에 각각 ₩1,107,200과 ₩622,800이 배분되었다. 이러한 결과에 따라 각 제품별 총원가와 단위당 원가를 산정하면 다음과 같다.

제품	배분 결합원가		추가 가공(전환)원가		총원가		생산량		단위당 원가	판매 가격
A	₩1,170,000	+	₩0	=	₩1,170,000	÷	6,500	=	₩180.00	₩400
E	1,107,200	+	400,000	=	1,507,200	÷	2,000	=	₩753.60	₩1,000
D	622,800	+		=	622,800	÷	1,500	=	₩415.20	₩600
					₩3,300,000		10,000			

5. 추가가공에 관한 의사결정

결합제품을 생산하는 기업은 결합제품을 분리점에서 판매할 것인가 또는 분리점 이후 추가가공해서 판매할 것인가에 대한 의사결정에 직면하게 된다. 이때 추가가공에 관한 의사결정은 이미 결합제품을 분리점까지 가공한 후에 내리는 것이다. 따라서 그 이전에 발생된 결합원가는 추가가공에 관한 의사결정에 영향을 줄 수 없으므로 의사결정에 관련이 없는 비관련원가이다.

분리점에서 추가가공에 대한 의사결정은 추가가공 후의 수익증가분과 추가가공원가를 비교하여 의사결정을 한다. 즉, 추가가공 후의 수익증가분이 추가가공원가보다 클 때 추가가공을 하고, 반대로 수익증가분이 추가가공원가보다 작을 때는 추가가공을 하지 않는다.

예제 7-4

[예제 7-3]에서 제품 C를 추가가공하지 않고 판매할 경우 ℓ당 ₩750이라고 가정하면, 행당회사는 추가가공하지 않고 제품 C를 판매해야 하는가, 아니면 추가가공하여 제품 E를 판매하여야 하는가를 결정하시오.

[예제 7-4]를 증분법으로 분석하면 추가가공의 증분이익이 ₩100,000으로 나타났다.

	분리점에서 판매할 경우	추가가공할 경우	차이
매출액	₩1,500,000	₩2,000,000	₩500,000
매출원가			
배분결합원가	1,107,200	1,107,200	
추가가공(전환)원가	0	400,000	
	₩1,107,200	₩1,507,200	₩400,000
매출총이익	₩392,800	₩492,800	₩100,000

총액접근법은 의사결정과 관련 없는 결합원가까지 포함하여 분석함으로써 계산이 복잡

하고 시간이 많이 소요되는 단점이 있다. 의사결정에 관련 있는 추가가공 후의 수익증가분과 추가가공(전환)원가를 비교하는 증분법을 적용하여도 역시 추가가공한 것이 ₩100,000만큼 유리하다는 것을 확인할 수 있다.

추가가공 후 증분수익: ₩500,000 {(₩1,000 − ₩750) × 2,000}
추가가공(전환)원가 ₩400,000
추가가공의 증분이익 ₩100,000

위와 같이 증분법은 계산이 용이하다는 장점이 있다. 따라서 추가가공 여부를 결정하는 의사결정에서는 의사결정에 관련이 없는 결합원가를 포함하지 않고 추가가공 후의 수익증가분과 추가가공(전환)원가를 비교하는 증분법이 많이 이용된다.

제2절 부산물회계

1. 부산물의 의의

부산물(by−products)은 주산품을 생산하는 과정에서 부수적으로 생산되는 제품으로 상대적 판매가치가 낮은 제품을 말한다. 또 작업폐물(scrap)은 주산품을 생산하는 과정에서 부수적으로 생산되는 제품으로 상대적 판매가치가 거의 없는 제품을 말한다. 부산물과 작업폐물의 구별은 상대적 판매가치에 의해서 구분한다. 그러나 이와 같은 구분이 절대적인 것은 아니다. 예를 들면 어떤 회사는 부산물로 간주하는 제품을 다른 회사는 작업폐물로 간주하는 경우도 있다. 따라서 부산물과 작업폐물을 구분하는 것이 용이하지 않다.

2. 부산물의 회계처리

부산물의 회계처리방법은 여러 가지가 있으나 가장 많이 이용되는 방법을 두 가지로 나눌 수 있는데 하나는 잡이익법이고 또 다른 하나는 순실현가치법이다.

(1) 잡이익법

잡이익법에 의하면 부산물의 존재를 인정하지 않고, 부산물이 판매되면 판매시점에서 이를 잡이익으로 처리하는 방법이다. 부산물의 존재를 인정하지 않기 때문에 모든 결합원가는 주산품(major products)에 배분된다. 이 방법은 부산물의 가치가 불확실하거나 아주 적을 때 적합한 방법이다. 가령 부산물을 추가가공하게 되는 경우에는 그 가치가 커지게 되기 때문에 잡이익법은 적절한 방법이 아니다. 이 방법에 의한 회계처리는 다음과 같다.

① 부산물 생산시점

부산물 생산에 대한 회계처리는 없다. 단지 모든 결합원가는 주산품에 할당한다.

② 부산물 판매

(차) 현금(또는 매출채권) ××× (대) 잡 이 익 ×××

부산물의 처분비용이 있으면 위의 금액은 이를 공제한 순판매가치(판매가치－처분비용)로 표시된다.

(2) 순실현가치법

순실현가치법에 의하면 부산물의 존재를 인정한다. 따라서 부산물이 생산되면 그 순실현가치 만큼을 부산물원가를 계상한다. 즉, 부산물 생산시점에 결합원가에서 부산물의 순실현가치만큼 부산물에 할당되고 나머지 금액(결합원가－부산물 순실현가치)을 주산품에 배분한다. 이 방법은 부산물의 원가를 순실현가치로 기록하기 때문에 부산물의 판매 시 수익은 인식되지 않는다. 이 방법은 부산물의 가치가 상당히 커서 기업의 재고자산이나 이익에 상당한 영향을 미치는 경우에 적합한 방법이다. 이 방법에 의한 회계처리는 다음과 같다.

① 부산물 생산시점

(차) 부 산 물 ××× (대) 재 공 품 ×××

분리점에서 부산물의 순실현가치만큼 부산물에 배분된다. 따라서 주산품에 배분되는 결합원가는 그만큼 작아진다.

② 부산물 판매

(차) 현금(또는 매출채권) ××× (대) 부 산 물 ×××

예제 7-5

규성화학사는 원재료를 가공하여 주산품 A, B와 부산물 C를 생산하고 있다. 7월 한 달간 주산품 A, B를 각각 80ℓ, 100ℓ와 부산물 20ℓ를 생산하였다. 이들 결합원가는 ₩300,000이며 각 제품의 판매가격은 각각 ₩1,000, ₩200, ₩100이다. 잡이익법과 순실현가치법에 의하여 부산물의 회계처리를 하시오.

잡이익법에 의하여 부산물 C를 회계처리하면 다음과 같다.

① 생산시점의 결합원가 배분 및 회계처리

제품	순실현가치	배분비율	결합원가	결합원가배분액
A	₩80,000	80%	₩300,000	₩240,000
B	20,000	20%		60,000
	₩100,000	100%		₩300,000

(차) 제 품 A 240,000　　(대) 재 공 품 300,000
　　 제 품 B 60,000

② 부산물 판매시점

(차) 현 금 2,000　　(대) 잡 이 익 2,000

* 20×₩100＝2,000

순실현가치법에 의하여 부산물 C를 회계처리하면 다음과 같다.

① 생산시점의 결합원가 배분 및 회계처리

제품	순실현가치	배분비율	결합원가	결합원가배분액
A	₩80,000	80%	₩298,000*	₩238,400
B	20,000	20%		59,600
소계	₩100,000	100%		₩298,000
C				2,000
합계				₩300,000

* ₩300,000－₩2,000(20ℓ ×₩100)

(차)	제 품 A	238,400	(대)	재 공 품	300,000
	제 품 B	59,600			
	부 산 물	2,000			

② 부산물 판매시점

(차)	현 금	2,000	(대)	부 산 물	2,000

* 20×₩100=2,000

E·x·e·r·c·i·s·e

연습문제

객관식

순실현가치법

01 (주)관세는 결합공정을 통해 제품 A와 B를 생산하고 있으며, 결합원가를 순실현가치법에 의해 배분한다. 제품 A는 분리점에서 즉시 판매되고 있으나, 제품 B는 추가가공을 거쳐서 판매된다. (주)관세의 당기 영업활동 관련 자료는 다음과 같다.

구분	생산량	판매량	단위당 추가가공원가	단위당 판매가격
제품 A	4,000단위	3,000단위	–	₩250
제품 B	6,000	4,000	?	350

당기 결합원가 발생액이 ₩800,000이고, 제품 B에 배분된 결합원가가 ₩480,000일 경우, 제품 B의 단위당 추가가공원가는? (단, 기초 및 기말재공품은 없다.) (22. 관세사)

① ₩32 ② ₩48 ③ ₩69
④ ₩80 ⑤ ₩100

02 20×1년 초 설립된 (주)관세는 결합된 화학처리 공정을 통해 두 가지 연산품 A 제품과 B 제품을 생산한다. A 제품은 분리점에서 판매되고, B 제품은 추가가공을 거쳐 판매된다. 연산품에 관한 생산 및 판매 관련 자료는 다음과 같다.

제품	생산량	기말재고량	kg당 판매가격
A	1,200kg	200kg	₩100
B	800kg	100kg	₩120

결합원가는 ₩40,000이고, B 제품에 대한 추가가공원가가 ₩16,000이다. (주)관세가 결합원가를 순실현가치법으로 배부할 경우, 20×1년 매출원가는? (단, 기말재공 품은 없다.) (21. 관세사)

① ₩45,000 ② ₩46,500 ③ ₩48,000

④ ₩49,500 ⑤ ₩50,500

03 (주)감평은 동일 공정에서 결합제품 A와 B를 생산하여 추가로 원가(A: ₩40, B: ₩60)를 각각 투입하여 가공한 후 판매하였다. 순실현가치법을 사용하여 결합원가 ₩120을 배분하면 제품 A의 총제조원가는 ₩70이며, 매출총이익률은 30%이다. (22. 감정평가사)

① 27.5% ② 30% ③ 32.5%
④ 35% ⑤ 37.5%

04 (주)세무는 결합 공정에서 제품 A, B, C를 생산한다. 당기에 발생된 결합원가총액은 ₩80,000이며 결합원가는 분리점에서의 상대적 판매가치를 기준으로 제품에 배분되며 관련 자료는 다음과 같다. 추가가공이 유리한 제품만을 모두 고른 것은? (단, 결합공정 및 추가가공 과정에서 공손과 감손은 발생하지 않고, 생산량은 모두 판매되며 기초 및 기말 재공품은 없다.) (19. 세무사)

제품	분리점에서의 단위당 판매가격	생산량	추가가공원가	추가가공 후 단위당 판매가격
A	₩20	3,000단위	₩10,000	₩23
B	30	2,000단위	15,000	40
C	40	2,000단위	15,000	50

① A ② A, B ③ A, C
④ B, C ⑤ A, B, C

05 (주)세무는 결합공정을 통하여 연산품 A, B를 생산한다. 제품 B는 분리점에서 즉시 판매되고 있으나, 제품 A는 추가가공을 거친 후 판매되고 있으며, 결합원가는 순실현가치에 의해 배분되고 있다. 결합공정의 직접재료는 공정 초에 전량 투입되며, 전환원가는 공정 전반에 걸쳐 균등하게 발생한다. 당기 결합공정에 기초재공품은 없었으며, 직접재료 5,000kg을 투입하여 4,000kg을 제품으로 완성하고 1,000kg은 기말재공품(전환원가 완성도 30%)으로 남아 있다. 당기 결합공정에 투입된 직접재료원가와 전환원가는 ₩250,000과 ₩129,000이다. (주)세무의 당기생산 및 판매 자료는 다음과 같다.

구분	생산량	판매량	추가가공원가(총액)	단위당 판매가격
제품 A	4,000단위	2,500단위	₩200,000	₩200
제품 B	1,000	800	–	200

제품 A의 단위당 제조원가는? (단, 공손 및 감손은 없다.) (21. 세무사)

① ₩98 ② ₩110 ③ ₩120

④ ₩130 ⑤ ₩15

06 (주)대한은 결합공정과 추가공정을 통해 제품을 생산하며, 분리점에서 순실현가능가치를 기준으로 결합원가를 배부한다. 20×1년의 생산 및 원가자료는 다음과 같다.

> (1) 제1공정
> 제1공정에서는 원재료를 투입하여 제품 A 100단위와 제품 B 300단위를 생산하였으며, 결합원가는 총 ₩40,000이었다. 제품 A는 단위당 ₩200에 판매되고, 제품 B는 제2공정에서 추가가공을 거쳐 제품 C로 판매된다.
>
> (2) 제2공정
> 당기에 제1공정으로부터 대체된 제품 B는 제품 C 280단위로 생산되었으며, 추가가공원가는 총 ₩12,400이었다. 제품 C의 단위당 판매가격은 ₩150이다. 제품 B를 제품 C로 추가 가공하는 과정에서 부산물 20단위가 생산되었다. 부산물은 단위당 ₩20에 즉시 판매할 수 있다. 부산물은 생산시점에 순실현가능가치로 인식한다.

제품 C의 총제조원가는 얼마인가? 단, 각 공정의 기초 및 기말 재공품은 없다. (19. 회계사)

① ₩35,600 ② ₩36,000 ③ ₩36,400
④ ₩36,700 ⑤ ₩37,000

균등이익률법

07 (주)관세는 균등이익률법을 적용하여 결합원가계산을 하고 있다. 당기에 결합제품 A와 B를 생산하였고, 균등매출총이익률은 30%이다. 관련 자료가 다음과 같을 때 결합제품 A에 배부되는 결합원가는? (단, 재공품 재고는 없다.) (18. 관세사)

제품	생산량	판매가격(단위당)	추가가공원가(총액)
A	300단위	₩30	₩2,100
B	320단위	25	3,200

① ₩2,400 ② ₩3,200 ③ ₩3,800
④ ₩4,200 ⑤ ₩5,100

08 (주)세무는 20×1년 원재료 X를 가공하여 연산품 A와 연산품 B를 생산하는데 ₩36,000의 결합원가가 발생하였다. 분리점 이후 최종제품 생산을 위해서는 각각 추가가공원가가 발생한다. 균등매출총이익률법으로 결합원가를 연산품에 배부할 때, 연산품 B에 배부되는 결합원가는? (단, 공손 및 감손은 없으며, 기초 및 기말 재공품은 없다.) (20. 세무사)

제품	생산량	최종 판매단가	최종판매가격	추가가공원가(총액)
A	1,000리터	₩60	₩60,000	₩8,000
B	500리터	₩40	₩20,000	₩4,000
합계	1,500리터		₩80,000	₩12,000

① ₩4,000 ② ₩8,000 ③ ₩12,000
④ ₩18,000 ⑤ ₩28,000

09 (주)세무는 원유를 투입하여 결합제품 A를 1,000단위, B를 1,500단위 생산하였다. 분리점 이전에 발생한 직접재료원가는 ₩1,690,000, 직접노무원가는 ₩390,000, 제조간접원가는 ₩520,000이다. 제품 A와 B는 분리점에 시장이 형성되어 있지 않아서 추가가공한 후에 판매하였는데, 제품 A는 추가가공원가 ₩850,000과 판매비 ₩125,000이 발생하며, 제품 B는 추가가공원가 ₩1,100,000과 판매비 ₩200,000이 발생하였다. 추가가공 후 최종 판매가치는 제품 A가 단위당 ₩2,000이며, 제품B는 단위당 ₩3,000이다. 균등매출총이익률법에 따라 결합원가를 각 제품에 배부할 때, 제품 A에 배부되는 결합원가는? (22. 세무사)

① ₩525,000 ② ₩550,000 ③ ₩554,000
④ ₩600,000 ⑤ ₩604,000

10 (주)대한은 동일 공정에서 세 가지 결합제품 A, B, C를 생산한다. 제품 A, 제품 B는 추가가공을 거치지 않고 판매되며, 제품 C는 추가가공원가 ₩80,000을 투입하여 추가가공 후 제품 C^+로 판매된다. (주)대한이 생산 및 판매한 모든 제품은 주산품이다. (주)대한은 제품 A, 제품 B, 제품 C^+를 각각 판매하였을 때 각 제품의 매출총이익률이 연산품 전체매출총이익률과 동일하게 만드는 원가배부법을 사용한다. 다음은 (주)대한의 결합원가배부에 관한 자료이다. 제품 C^+에 배부된 결합원가는 얼마인가? (20. 회계사)

제품	배부된 결합원가	판매(가능)액
A	?	₩96,000
B	₩138,000	?
C^+	?	?
합계	₩220,000	₩400,000

① ₩10,000 ② ₩12,000 ③ ₩15,000
④ ₩20,000 ⑤ ₩30,000

11 (주)대한은 결합생산공정을 통해 결합제품 X와 Y를 생산 및 판매하고 있으며, 균등매출총이

익률법을 적용하여 결합원가를 배부한다. (주)대한은 20×1년에 결합제품 X와 Y를 모두 추가가공하여 전량 판매하였으며, 추가가공원가는 각 제품별로 추적가능하고 모두 변동원가이다. (주)대한의 20×1년 생산 및 판매 관련 자료는 다음과 같다.

제품	생산량	추가가공원가	최종판매단가
X	6,000단위	₩30,000	₩50
Y	10,000	20,000	20

20×1년 중 발생한 결합원가가 ₩350,000일 경우, (주)대한이 제품 X와 Y에 배부할 결합원가는 각각 얼마인가? 단, 공손 및 감손은 없으며, 기초 및 기말재공품은 없다. (22. 회계사)

	제품 X	제품 Y
①	₩200,000	₩150,000
②	₩210,000	₩140,000
③	₩220,000	₩130,000
④	₩230,000	₩120,000
⑤	₩240,000	₩110,000

추가가공 의사결정

12 (주)감평은 동일한 원재료를 투입하여 제품 X, 제품 Y, 제품 Z를 생산한다. (주)감평은 결합원가를 분리점에서의 상대적 판매가치를 기준으로 결합제품에 배부한다. 결합제품 및 추가가공과 관련된 자료는 다음과 같다.

	제품 X	제품 Y	제품 Z	합계
생산량	150단위	200단위	100단위	450단위
결합원가	₩15,000	?	?	?
분리점에서의 단위당 판매가격	₩200	₩100	₩500	
추가가공원가	₩3,500	₩5,000	₩7,500	₩16,000
추가가공 후 단위당 판매가격	₩220	₩150	₩600	

(주)감평은 각 제품을 분리점에서 판매할 수도 있고, 분리점 이후에 추가가공을 하여 판매할 수도 있다. (주)감평이 위 결합제품을 전부 판매할 경우, 예상되는 최대 매출총이익은? (단, 결합공정 및 추가가공과정에서 재공품 및 공손은 없다.) (19. 감정평가사)

① ₩25,000 ② ₩57,000 ③ ₩57,500
④ ₩82,000 ⑤ ₩120,000

13 (주)감평은 동일한 원재료를 결합공정에 투입하여 세 종류의 결합제품 A, B, C를 생산 · 판매하고 있다. 결합제품 A, B, C는 분리점에서 판매될 수 있으며, 추가가공을 거친 후 판매될 수도 있다. (주)감평의 20×1년 결합제품에 관한 자료는 다음과 같다.

구분	생산량	분리점에서의 단위당 판매가격	추가가공원가	추가가공후 단위당 판매가격
A	400단위	₩120	₩150,000	₩450
B	450단위	150	80,000	380
C	250단위	380	70,000	640

결합제품 A, B, C의 추가가공 여부에 관한 설명으로 옳은 것을 모두 고른 것은?(단, 기초 및 기말 재고자산은 없으며, 생산된 제품은 모두 판매된다. (20. 감정평가사)

ㄱ. 결합제품 A, B, C를 추가가공 하는 경우, 단위당 판매가격이 높아지기 때문에 모든 제품을 추가가공 해야 한다.
ㄴ. 제품 A는 추가가공을 하는 경우, 증분수익은 ₩132,000이고 증분비용은 ₩150,000이므로 분리점에서 즉시 판매하는 것이 유리하다.
ㄷ. 제품 B는 추가가공을 하는 경우, 증분이익이 ₩23,500이므로 추가가공을 거친 후에 판매해야 한다.
ㄹ. 제품 C는 추가가공을 하는 경우, 증분수익 ₩65,000이 발생하므로 추가가공을 해야 한다.
ㅁ. 결합제품에 대한 추가가공 여부를 판단하는 경우, 분리점까지 발생한 결합원가를 반드시 고려해야 한다.

① ㄱ, ㄴ ② ㄴ, ㄷ ③ ㄱ, ㄴ, ㄷ
④ ㄴ, ㄷ, ㄹ ⑤ ㄷ, ㄹ, ㅁ

부산물

14 (주)감평은 당기부터 단일의 공정을 거쳐 주산물 A, B, C와 부산물 X를 생산하고 있고 당기 발생 결합원가는 ₩9,900이다. 결합원가의 배부는 순실현가치법을 사용하며, 부산물의 평가는 생산기준법(순실현가치법)을 적용한다. 주산물 C의 기말재고자산은? (16. 감정평가사)

구분	최종 생산량(개)	최종 판매량(개)	최종 단위당 판매가격(원)	추가 가공원가(원)
A	9	8	100	0
B	27	10	150	450
C	50	20	35	250
X	40	1	10	0

① ₩800 ② ₩1,300 ③ ₩1,575

④ ₩1,975 ⑤ ₩2,375

15 (주)대한은 제1공정에서 주산물 A, B와 부산물 C를 생산한다. 주산물 A와 부산물 C는 즉시 판매될 수 있으나, 주산물 B는 제2공정에서 추가가공을 거쳐 판매된다. 20×1년에 제1공정과 제2공정에서 발생된 제조원가는 각각 ₩150,000과 ₩60,000이었고, 제품별 최종 판매가치 및 판매비는 다음과 같다.

구분	최종 판매가치	판매비
A	₩100,000	₩2,000
B	180,000	3,000
C	2,000	600

(주)대한은 주산물의 매출총이익률이 모두 동일하게 되도록 제조원가를 배부하며, 부산물은 판매시점에 최초로 인식한다. 주산물 A의 총제조원가는? (단, 기초 및 기말 재고자산은 없다.)

(17. 감정평가사)

① ₩74,500 ② ₩75,000 ③ ₩76,000
④ ₩77,500 ⑤ ₩78,000

16 (주)세무는 주산품 A, B와 부산품S를 생산한다. 당기 중 발생한 결합원가는 ₩9,500이다. 결합원가는 분리점에서 순실현가능가치(NRV)를 기준으로 각 제품에 배부하며, 당기의 생산 및 원가자료는 다음과 같다.

구분	분리점이후 추가가공원가(총액)	추가가공후 단위당 판매가격	생산량	판매량
A	₩2,000	₩40	200단위	180단위
B	1,000	20	250	200
S	500	15	100	90

주산품 B의 매출총이익은? (단, 기초 재고자산은 없으며, 부산품 S는 생산시점에서 순실현가능가치로 인식한다.)

(18. 세무사)

① ₩480 ② ₩560 ③ ₩580
④ ₩750 ⑤ ₩810

주관식

17 (주)세무는 결합생산공정을 통해 동일한 원재료 T를 가공처리하여 결합제품 A, B, C를 생산하며, 이 때 폐물 P가 산출된다. 제1공정에서는 반제품이 생산되는데 그 가운데 일부는 제품 A라는 이름만 붙여 외부에 판매되며, 또 일부는 제2공정을 거쳐 제품 B가 생산되고, 나머지는 제3공정을 거쳐 제품 C가 생산된다. (주)세무는 실제원가를 이용하여 선입선출법에 의한 종합원가계산을 사용하고 있다. 결합원가는 순실현가능가치법에 의해 각 결합제품에 배부되며, 부산물과 폐물에 대한 회계처리는 생산시점에서 순실현가능가치로 평가하여 인식한다. 다음은 20×1년 9월 생산 및 관련 자료이다. (19. 세무사 2차)

(1) 제1공정에서 직접재료원가와 전환원가는 공정전반에 걸쳐 균등하게 발생한다. 기초재공품 200단위(전환원가 완성도 40%), 당기투입 2,600단위, 당기완성량 2,000단위, 기말재공품 600단위(전환원가 완성도 60%), 1차 공손수량 100단위, 2차 공손수량 100단위이다. 품질검사는 두 차례 실시하는데 공정의 20% 시점에서 1차검사를 하고, 공정의 종료시점에서 2차검사를 한다. (주)세무의 정상공손수량은 1차검사에서는 검사시점을 통과한 합격품의 2%, 2차검사에서는 검사시점을 통과한 합격품의 2.5%이다. 공손품은 발생 즉시 추가비용 없이 폐기된다. 기초재공품 원가는 ₩22,600(직접재료원가 ₩10,000, 전환원가 ₩12,600)이며, 당기투입원가는 ₩2,400,000(직접재료원가 ₩1,440,000, 전환원가 ₩960,000)이다. (주)세무는 정상공손원가를 당월에 검사시점을 통과한 합격품의 물량단위에 비례하여 배부하며, 공손품의 처분가치는 없다.

(2) 제품 A는 400단위 생산되었으며, 추가가공원가는 발생하지 않는다. 제2공정에서는 제품 B가 600단위 생산되었으며, 추가가공원가는 총 ₩200,000 발생하였다. 제3공정에서는 제품 C가 800단위 생산되었으며, 추가가공원가는 총 ₩300,000 발생하였다. 폐물 P는 200단위 생산되었으며, 정부의 환경관련 법규에 따라 폐기하는데 단위당 ₩500의 비용이 소요된다. 제2공정, 제3공정에서 재료의 투입은 이루어지지 않았으며, 재공품과 공손 및 감손은 없었다.

(3) 제품 A의 단위당 판매가격은 ₩2,000, 제품 B의 단위당 판매가격은 ₩1,500, 제품 C의 단위당 판매가격은 ₩2,000이다. 제품 A의 총 판매비는 ₩200,000, 제품 B의 총 판매비는 ₩200,000, 제품 C의 총 판매비는 ₩400,000이다.

물음 1 제1공정의 1차 검사시점과 2차 검사시점의 정상공손수량을 각각 계산하시오.

물음 2 제1공정에서 완성품환산량단위당원가, 결합제품에 배부해야 할 결합원가 총액, 그리고 정상공손원가 배부 후 비정상공손원가를 각각 계산하시오.

물음 3 20×1년 9월에 발생한 결합원가를 배부하여 제품 A, B, C의 제품원가를 각각 계산하시오.

물음 4 (주)한국이 폐물 P를 추가재료로 사용하기 위해 단위당 ₩1,500에 구입하겠다고 (주)세무에게 제안을 하였다. 이 경우 (주)세무는 폐물 P를 생산시점부터 부산물로 처리하려고 하며, (주)세무는 폐물 P를 추가가공해서 판매할 수 있으며, 추가가공원가는 ₩350,000이다. (주)한국의 제안에 대해 (주)세무의 의사결정에 대한 증분손익을 계산하고 수락 또는 거절의 의사결정을 제시하시오.

물음 5 물음 4)의 의사결정을 수락할 경우, 20×1년 9월에 발생한 결합원가를 배부하여 제품 A, B, C의 제품원가를 각각 계산하시오.

제8장

전부원가계산과 변동원가계산

제 8 장 전부원가계산과 변동원가계산

기간손익을 결정하기 위한 원가계산방식에는 여러 가지가 있는데 다음 두 가지 방식, 전부원가계산(absorption costing) 방식과 변동원가계산(variable costing) 방식이 주로 사용된다. 대부분의 경우 전부원가계산과 변동원가계산은 상이한 영업이익을 도출한다. 이 장에서는 두 방식의 차이와 각 원가계산방식에 대한 찬 · 반 논거를 검토한다. 또한 채택된 원가계산방식이 경영자의 의사결정에 어떻게 영향을 미치는지를 설명한다.

제1절 전부원가계산과 변동원가계산의 의의

1. 전부원가계산과 변동원가계산의 의의

일반적으로 제품의 원가는 제품의 생산과 관련하여 발생한 모든 원가를 집계하여 원가대상에 적절하게 부과하여 계산한다. 그런데 원가를 부과하는 방식에 따라 제품의 원가가 달리 계산될 수 있다.

(1) 전부원가계산

이 책의 전반부에서 제품의 제조원가를 계산할 때 우리는 제조과정에 투입된 직접재료원가, 직접노무원가 및 제조간접원가를 모두 더하여 당기총제조원가를 산출하고 이어 당기제품제조원가를 계산하였다. 이렇듯이 제조과정에 투입된 모든 제조원가를 제품에 부과하는 방식을 전부원가계산(absorption costing) 방식이라 한다. 즉, 전부원가계산은 제품원가를 계산함에 있어서 직접원재료원가, 직접노무원가, 변동제조간접원가 및 고정제조간접원가 등의 모든 제조원가를 포함하여 제품원가를 계산하는 방법이다. 그리고 일반적으로 인정된 회계

원칙(GAAP, IFRS 포함)은 외부보고용 회계정보(재무제표) 작성을 위해 전부원가계산을 사용할 것을 요구하고 있다.

(2) 변동원가계산

변동원가계산(variable costing)은 제품원가를 계산함에 있어서 직접원재료원가, 직접노무원가, 변동제조간접원가만을 제조원가에 포함시키고 고정제조간접원가는 기간원가로 처리하는 방법이다.

즉, 변동원가계산에서는 생산량에 따라 변동하는 제조원가만을 제품원가로 처리하고, 생산량에 따라 변동하지 않는 고정제조간접원가를 제품원가로 처리하지 않고 판매비와 관리비 같은 기간원가로 처리한다. 따라서 재고자산과 매출원가를 계산하기 위한 단위당 제품원가에는 어떠한 고정제조간접원가도 포함되지 않는다.

(3) 판매비와 관리비

판매비와 관리비(selling and administrative expenses)는 비제조원가이므로 어떤 원가계산 방법에서도 제품원가로 처리하지 않는다. 즉, 전부원가계산이나 변동원가계산에서 변동 및 고정판매비와 관리비는 발생한 기간의 비용으로 처리한다.

제2절 전부원가계산과 변동원가계산의 비교

1. 기본구조의 차이

전통적인 전부원가계산에서는 해당 제품의 생산과 관련된 모든 원가를 제품의 원가계산에 포함시키는 반면, 변동원가계산에서는 제품생산과 밀접한 관련을 가지고 생산량에 따라 변동하는 원가만을 제품의 원가계산에 포함시킨다.

따라서 원가의 비용화 처리 여부 관점에서 볼 때, 생산에 투입된 직접재료원가, 직접노무원가 및 변동제조간접원가 등 변동원가의 처리에는 두 계산방식 간에 차이가 없으며 단지

고정제조간접원가의 처리에서만 차이가 발생한다. 즉, 전부원가계산에서 고정제조간접원가는 제품이판매될 때까지 재공품이나 제품, 즉 재고자산 원가의 일부로 남아있는 반면, 변동원가계산에서는 고정제조간접원가가 재고자산의 원가에 포함되지 않고 판매비와 관리비와 같은 기간원가(period costs)로 비용처리하여 발생한 기간에 즉시 손익계산서의 비용으로 보고한다. 결론적으로 두 방법 간의 차이는 고정제조간접원가를 어떻게 회계처리하는가에 있으며, 고정제조간접원가를 제외한 다른 원가에 대한 회계처리는 두 방법이 동일하다.

그림 8-1 전부원가계산과 변동원가계산의 비교

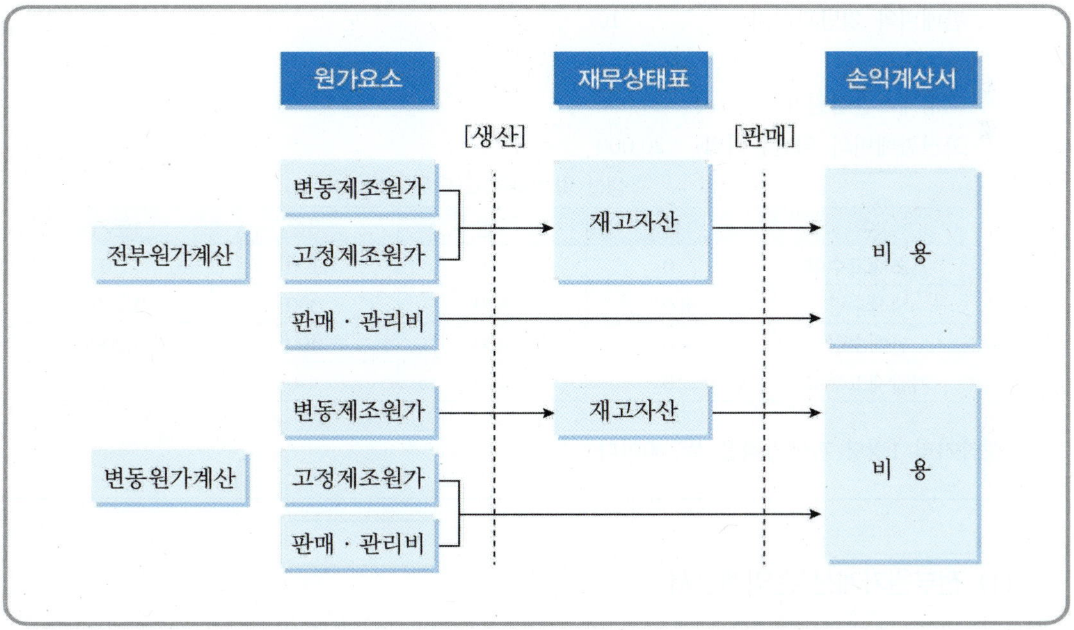

2. 손익계산서의 비교

제품원가를 구성하는 원가요소에 대한 회계처리의 차이(자산화 vs. 비용처리)로 인하여 전부원가계산과 변동원가계산은 재고자산에 대하여 상이한 평가를 하게 되고 이는 궁극적으로 영업이익에 차이를 초래할 수 있다. 전부원가계산과 변동원가계산의 차이점을 이해하기 위해, 산성막걸리를 생산하는 (주)제주의 예를 살펴보자.

예제 8-1

산성막걸리를 생산하는 (주)금정의 원가 및 생산자료는 다음과 같다.

원가자료

단위당 변동원가

직접재료원가	80
직접노무원가	40
변동제조간접원가	20
판매비와 일반관리비	10

총고정원가

고정제조간접원가	24,000
고정판매비와 일반관리비	20,000

생산 및 판매자료(단위: 병)

수	1월	2월	3월	1분기
기초재고수량	0	0	100	0
생산수량	400	500	300	1,200
판매수량	400	400	400	1,200
기말재고수량	0	100	0	0

산성막거리 1병당 판매가격은 ₩280이다.

(1) 전부원가계산 손익계산서

전부원가계산을 이용한 손익계산서는 원가를 기능별(매출, 판매관리활동 등)로 구분하여 보고한다. 이 전부원가계산 손익계산서에서 판매비와 관리비는 발생한 기간에 비용으로 즉시 처리되나, 제조원가는 원가의 흐름에 따라 판매된 기간에 매출원가로 비용처리되어 보고된다.

(주)금정의 각 월별 전부원가계산 손익계산서를 작성하기 위한 첫 단계는 산성막걸리의 각 월별 병당 제조원가를 계산하는 것이다.

표 8-1 제품 단위당 제조원가 – 전부원가계산

	병당	1월	2월	3월
직접재료원가	₩80	₩32,000	₩40,000	₩24,000
직접노무원가	₩40	16,000	20,000	12,000
변동제조간접원가	₩20	8,000	10,000	6,000
고정제조간접원가		24,000	24,000	24,000
제조원가 총계		₩80,000	₩94,000	₩66,000
생산수량 (병)		400	500	300
제품 단위당 제조원가		₩200	₩188	₩220

표 8-2 전부원가계산 손익계산서(1월~3월)

	단위당	1월	2월	3월	1분기
매출액	₩280	₩112,000	₩112,000	₩112,000	₩336,000
매출원가					
기초제품재고		0	0	18,800	0
당기제조원가					
직접재료원가	80	32,000	40,000	24,000	96,000
직접노무원가	40	16,000	20,000	12,000	48,000
변동제조간접원가	20	8,000	10,000	6,000	24,000
고정제조간접원가		24,000	24,000	24,000	72,000
당기제조원가 소계		80,000	94,000	66,000	240,000
기말제품재고		0	18,800	0	0
매출원가 소계		80,000	75,200	84,800	240,000
매출총이익		₩32,000	₩36,800	₩27,200	₩96,000
판매관리비					
변동판매관리비	10	4,000	4,000	4,000	12,000
고정판매관리비		20,000	20,000	20,000	60,000
판매관리비 소계		24,000	24,000	24,000	72,000
영업이익		₩8,000	₩12,800	₩3,200	₩24,000

산성막걸리의 병당 제조원가는 1월 ₩200, 2월 ₩188, 그리고 3월 ₩220으로 각각 계산된다. 이와 같이 전부원가계산을 이용하여 계산된 제품 단위당 원가에 기초하여 각 월별 영업이익을 계산하면 [표 8-2]와 같다.

선부원가계산 손익계산서 상에서 1월과 2월의 영업이익을 비교하면 월별 매출액이 동일하고, 원가구조가 변하지 않았음에도 불구하고 2월의 영업이익이 1월의 영업이익에 비해 ₩4,800 더 크다. 그 이유는 2월에 완성된 산성막걸리 500병 가운데 100병이 2월에 판매되지 않고 기말재고로 남았다가 3월에 판매되었기 때문이다. 자세히 설명하면, 2월에서 3월로 재고가 이월된 100병의 산성막걸리에는 2월에 발생한 고정제조간접원가 ₩4,800(₩48×100병)이 포함되어 있으며(즉, 2월에 매출원가로 보고되지 않으며), 3월에 판매될 때 이 ₩4,800이 비로소 매출원가에 포함되어 비용으로 보고되기 때문이다.

2월과 3월의 영업이익을 비교하면 월별 매출액이 동일하고, 원가구조가 변하지 않았음에도 불구하고 3월의 영업이익이 2월의 영업이익에 비해 ₩4,800 더 작다. 그 이유는 2월에서 3월로 이월된 산성막걸리 100병이 판매될 때 이 100병의 제품원가에는 2월에 이미 발생한 고정제조간접원가 ₩4,800(₩48×100병)이 포함되어 3월에 판매될 때 매출원가로 비용처리 되기 때문이다. 즉, 2월에 발생한 고정제조간접원가 ₩4,800은 2월에 발생하였으나 회계상 비용처리는 3월에 이루어지기 때문에 3월의 영업이익은 그만큼(₩4,800) 줄어들어 ₩3,200으로 보고된다. (만약 이월된 산성막걸리 100병에 포함된 고정제조간접원가를 3월에 매출원가로 비용처리를 하지 않는다면 3월의 영업이익은 1월의 영업이익과 같은 ₩4,000이 될 것이다.)

3월에 발생한 고정제조간접원가 ₩24,000은 3월에 생산한 제품 300개가 판매될 때 전부 매출원가로 비용처리 되어, 즉 비용이 발생한 기간에 비용처리 되어 영업이익에 특이한 영향을 주지 않는다.

(2) 변동원가계산 손익계산서(공헌이익 손익계산서)

변동원가계산 손익계산서는 원가의 발생 행태에 따라 원가를 변동원가와 고정원가로 구분하여 보고한다. 변동원가에는 직접재료원가, 직접노무원가 및 변동제조간접원가 등 변동제조원가와 변동판매비와 관리비가 포함되며, 고정원가에는 고정제조간접원가와 고정판매비와 관리비가 포함된다.

각 월별 변동원가계산 손익계산서를 작성하기 전에 우선 제품 단위당 원가를 계산해보자. 변동원가계산에서는 제품원가에 오직 변동제조원가만 포함한다.

표 8-3 제품 단위당 원가 – 변동원가계산

직접재료원가	₩80
직접노무원가	40
변동제조간접원가	20
제품 단위당 제조원가	₩140

전부원가계산에서와는 달리, 1월, 2월과 3월 생산수량이 각각 다르지만 제품 단위당 변동원가는 ₩140로 동일하고, 제품 단위당 판매비와 관리비가 ₩10이다. 이를 이용하여 1월~3월의 변동원가계산 손익계산서를 작성하면 다음과 같다.

표 8-4 변동원가계산 손익계산서(1월~3월)

	단위당	1월	2월	3월	1분기
매출액		₩112,000	₩112,000	₩112,000	₩336,000
변동원가					
변동매출원가	₩140	56,000	56,000	56,000	168,000
변동판매비와관리비	10	4,000	4,000	4,000	12,000
변동원가 소계		60,000	60,000	60,000	180,000
공헌이익		₩52,000	₩52,000	₩52,000	₩156,000
고정원가					
고정제조간접원가		24,000	24,000	24,000	72,000
고정판매비와관리비		20,000	20,000	20,000	60,000
고정원가 소계		44,000	44,000	44,000	132,000
영업이익		₩8,000	₩8,000	₩8,000	₩24,000

변동원가계산 손익계산서를 살펴보면 월별 영업이익이 1월, 2월 및 3월이 ₩8,000으로 동일하다. 이는 월별 판매수량이 400병으로 동일하고 단위당 판매가격, 단위당 변동원가, 월별 고정원가가 일정하기 때문이다. (손익계산서는 생산에 관한 보고서이기보다는 매출에 관한 보고서임을 상기하자)

[표 8-5]는 [표 8-2] 전부원가계산 손익계산서와 [표 8-4] 변동원가계산 손익계산서에 보고된 영업이익을 월별로 비교하여 그 차이를 보여주고 있다. 1월의 영업이익은 전부

원가계산과 변동원가계산 손익계산서에 ₩8,000으로 동일하여 두 영업이익 간에 차이가 없는 것으로 나타났다. 2월에는 전부원가계산 영업이익이 ₩12,800으로 보고되어 변동원가계산 영업이익보다 ₩4,800 더 크지만, 3월에는 전부원가계산 영업이익이 ₩3,200로 변동원가계산 영업이익보다 ₩4,800 작은 것으로 나타났다.

표 8-5 전부원가계산 영업이익과 변동원가계산 영업이익의 비교(1월~3월)

	1월	2월	3월	1분기
전부원가계산 영업이익(AC)	₩8,000	₩12,800	₩3,200	₩24,000
변동원가계산 영업이익(VC)	8,000	8,000	8,000	24,000
차이(AC−VC)	₩0	₩4,800	(₩4,800)	₩0

제3절 각 원가계산방법에 의한 영업이익의 차이조정

전부원가계산과 변동원가계산은 고정제조간접원가를 각기 다르게 처리함으로써 결과적으로 영업이익에서 차이가 발생하게 된다. 전부원가계산에서는 고정제조간접원가를 제품의 제조원가에 포함하여 제품원가를 계산하여, 제품이 고객에게 판매될 때까지는 재고자산으로 처리하고, 제품이 판매되면 매출원가로 비용 처리한다. 그러나 변동원가계산에서는 고정제조간접원가를 제품제조원가에 포함시키지 않고 고정제조원가가 발생한 기간에 판매비와 관리비처럼 기간원가로 처리한다.

구체적으로 설명하면, 변동원가계산에서는 당기의 고정제조간접원가 발생액 전액이 당기의 비용으로 처리되는 반면, 전부원가계산에서는 고정제조간접원가가 일단 제품의 원가로 배부되었다가, 당기에 판매된 제품에 배부된 금액만 당기의 비용(매출원가)으로 처리된다. 만약 기말까지 팔리지 않아 남아있는 제품이 있다면, 그 기말제품재고에 포함된 고정제조간접원가 배부액은 매출원가로 처리되지 않아 그 금액만큼 영업이익이 증가하게 된다. 결론적으로 전부원가계산과 변동원가계산의 영업이익의 차이는 기초재고와 기말재고에 포함된 고정제조간접원가에 대한 회계처리의 차이에서 기인한다.

[표 8－5]가 보여주듯이 전부원가계산에 의한 영업이익과 변동원가계산에 의한 영업이익은 일반적으로 같지 않다. 1월의 영업이익은 두 방법에 의한 결과가 ₩8,000로 동일하다. 그러나 2월의 전부원가계산 손익계산서의 영업이익은 ₩12,800인데 반해 변동원가계산 영업이익은 ₩8,000로 전부원가계산 영업이익이 변동원가계산 영업이익보다 ₩4,800 크다.

이런 차이는 기말재고로 남아있는 산성막걸리 100병에 포함된 고정제조간접원가의 회계처리에 있다. 2월처럼 생산량의 일부가 판매되지 않고 기말재고로 남는 경우, 전부원가계산에서 매출원가는 변동제조원가(직접재료원가, 직접노무원가, 변동제조간접원가)와 고정제조간접원가를 포함하지만, 변동원가계산에서는 변동제조원가만을 매출원가에 포함한다. 이에 따라 기말재고가 증가하면 전부원가계산에서는 기말재고자산에 고정제조간접원가의 일부가 포함되어 차기에 판매될 때까지 이 일부 고정제조간접원가가 비용으로 처리되지 않아 전부원가계산 영업이익이 변동원가계산 영업이익보다 크게 나타난다.

[표 8－2] 전부원가계산 손익계산서를 보면 매출원가에 포함된 고정제조간접원가는 ₩19,200(400병×₩48)인데 반하여, [표 8－4] 변동원가계산 손익계산서에서는 고정제조간접원가 ₩24,000 전액이 당기비용으로 처리됨으로써 두 원가계산 사이에 ₩4,800의 비용차이가 나타난다. 이러한 ₩4,800의 비용차이가 두 원가계산 사이의 영업이익 차이를 가져온다.

일반적으로 전부원가계산과 변동원가계산의 이익차이는 다음과 같이 계산할 수 있다.

$$\text{영업이익차이} = \text{재고수준 변동} \times \text{단위당 고정제조간접원가}$$

따라서 기초재고와 기말재고를 비교하여 재고량이 증가하면 전부원가계산 영업이익이 크게 나타나며, 반대로 재고량이 감소하면 변동원가계산 영업이익이 크게 나타난다.

위 예제에서 산성막걸리의 재고량은 기초 0병에서 기말 100병으로 증가하였다. 단위당 고정제조간접원가는 ₩48(₩24,000/500병)이다. 이를 위 식에 대입하면 다음과 같다.

$$\text{100병 증가} \times \text{₩48/병} = \text{₩4,800}$$

기초재고보다 기말재고가 100병 증가하여 전부원가계산 영업이익이 변동원가계산 영업이익보다 ₩4,800 크게 나타난다.

한편, 3월의 전부원가계산 손익계산서의 영업이익은 ₩3,200인데 반해 변동원가계산 영업이익은 ₩8,000로 변동원가계산 영업이익이 전부원가계산 영업이익보다 ₩4,800 크다. 3월에는 영업이익이 2월과는 반전된 양상을 보이는데, 그 이유는 3월에는 생산량(300병)보다 판매량(400병)이 많기 때문이다. 3월 기초재고 100병에 포함된 고정제조간접원가 ₩4,800 (100병 × ₩48/병)은 2월에 비용이 발생하지만, 판매시점인 3월에야 비용으로 회계처리 되어 3월의 전부원가계산 영업이익을 그만큼 감소시킨다.

3월에 산성막걸리 재고량이 100병에서 0병으로 감소한 효과를 계산하면,

$$100병\ 감소 \times ₩48/병 = ₩4,800$$

기초재고보다 기말재고가 100병 감소하여 전부원가계산 영업이익이 변동원가계산 영업이익보다 ₩4,800 작게 나타난다.

1월부터 3월까지 전부원가계산과 변동원가계산의 차이를 요약하면 [표 8−6]와 같다.

표 8–6 전부원가계산과 변동원가계산의 차이요약

	1월	2월	3월
전부원가계산 하에서 고정제조간접원가[A]			
기초재고에 포함된 고정제조간접원가	0	0	4,800
(+) 당기고정제조간접원가	24,000	24,000	24,000
(−) 기말재고에 포함된 고정제조간접원가	0	(4,800)	0
고정제조간원가 소계	24,000	19,200	28,800
변동원가계산 하에서 고정제조간접원가[B]			
당기고정제조간접원가	24,000	24,000	24,000
차이 [B−A]	0	4,800	(4,800)

2월 손익계산서에 나타난 고정제조간접원가는 전부원가계산 하에서는 ₩19,200, 변동원가계산 하에서는 ₩24,000으로 변동원가계산에서 더 많이 비용처리 하였으나, 3월에는 전부원가계산 하에서는 ₩28,800, 변동원가계산 하에서는 ₩24,000으로 전부원가계산에서 더 많이 비용처리 한 것으로 나타났다. 이 차이는 [표 8−5]에 제시된 영업이익의 차이와 같음을 알 수 있다.

전부원가계산과 변동원가계산에 의한 영업이익의 차이는 다음 식에 의해 조정될 수

있다.

전부원가계산의 영업이익－변동원가계산의 영업이익
=기말재고에 포함된 고정제조간접원가－기초재고에 포함된 고정제조간접원가

∵ 전부원가계산의 영업이익=변동원가계산의 영업이익
+기말재고에 포함된 고정제조간접원가
－기초재고에 포함된 고정제조간접원가

예제의 영업이익 차이를 조정하면 [표 8－7]과 같다.

표 8-7 영업이익 차이조정

영업이익 차이조정	1월	2월	3월
변동원가계산 영업이익	8,000	8,000	8,000
(+) 기말재고에 포함된 고정제조간접원가	0	4,800	0
(−) 기초재고에 포함된 고정제조간접원가	0	0	(4,800)
전부원가계산 영업이익	8,000	12,800	3,200

일반적으로, 제품 생산량이 제품 판매량을 초과하면(즉 재고가 증가하면), 전부원가계산에 의한 영업이익이 변동원가계산에 의한 영업이익보다 더 크다. 그 이유는 전부원가계산 하에서는 당기에 발생한 고정제조간접원가의 일부가 재고자산에 포함되어 다음 기로 이연되어 그만큼 비용으로 처리되는 금액이 작아지기 때문이다. 반대로, 제품 판매량이 제품 생산량을 초과하면(즉 재고가 감소하면), 전부원가계산에 의한 영업이익이 변동원가계산에 의한 영업이익보다 작다. 그 이유는 전부원가계산 하에서는 재고자산에 포함되어 이월된 고정제조간접원가가 당기에 판매되면서(당기의 매출원가에 포함되어) 비용으로 처리되기 때문이다. 제품 생산량과 제품 판매량이 같은 경우(즉 재고의 변동이 없다면) 전부원가계산에 의한 영업이익과 변동원가계산에 의한 영업이익은 동일하게 된다.

제4절 변동원가계산과 공헌이익 접근법의 장점

계획 및 통제, 업적평가 등 기업내부 경영의사결정 과정에서 변동원가계산이 갖는 유용성은 다음과 같다.

1. 원가-조업도-이익(CVP) 분석에 유용

변동원가계산은 단기적 이익계획모형인(CVP) 분석과 매우 잘 어울린다. 분석을 수행하기 위해서는 원가를 고정원가 요소와 변동원가 요소로 구분해야 한다. 변동원가계산 손익계산서는 원가를 변동원가와 고정원가로 구분하여 작성하기 때문에 이 손익계산서를 이용하여 원가-조업도-이익 분석을 수행하면 변동원가와 고정원가가 구별되지 않고 작성된 전부원가계산 손익계산서를 이용하는 것보다 편리하다.

2. 경영의사결정 지원

변동원가계산은 원가계획 및 통제에 사용되는 표준원가 및 변동예산과 매우 잘 어울린다. 변동원가계산은 제품을 한 개 더 생산하기 위해 발생하는 변동원가를 정확하게 식별한다. 변동원가계산 손익계산서는 고정제조간접원가를 손익계산서 상에 별도로 보고함으로써 고정원가가 이익에 미치는 영향을 확실하게 보여준다. 또한 변동원가계산 손익계산서는 조금만 변형시키면 사업부문별 업적보고서로 사용될 수 있어 경영자의 성과측정 및 평가과정에 주로 사용된다. 이렇듯 변동원가계산은 경영자의 의사결정에 보다 유용한 정보를 제공해준다.

3. 영업이익의 변동을 설명함

변동원가계산에 의한 손익계산서는 이해하기 쉽고 명확하다. 다른 모든 환경이 일정한 상태에서 매출이 증가하면 영업이익도 증가하고, 매출이 감소하면 영업이익도 감소한다. 또한 매출이 일정하면 영업이익도 일정하다. 매출과 관련이 없는 생산량의 변동이 영업이익에 영향을 미치지 않는다. 따라서 생산량의 변동을 통한 이익조작 가능성이 낮아지게 된다.

이에 반해 전부원가계산에 의한 손익계산서 정보는 혼란스러우며 오해할 여지가 많다. 전부원가계산으로 작성된 손익계산서 [표 8-2]를 다시 한번 살펴보자. 1월과 2월의 매출액이 동일함에도 불구하고 영업이익이 증가하는 점이 경영자에게는 의아스러울 것이다. 영업의 효율이 향상되어서인지, 판매비가 감소해서 나타난 결과인지, 또는 다른 요인이 있는 것인지 판단하기 어려울 것이다.

제5절 초변동원가계산

최근 들어 로봇의 사용 및 생산설비의 자동화 등 제조환경의 변화로 많은 기업에서 직접노무원가가 발생하지 않아 대부분의 노무원가를 간접원가 즉 고정원가가 차지하는 경우가 많아졌다. 즉, 공장 설비를 유지하기 위한 노무인력은 주로 자동화 설비를 운영, 점검, 보수, 유지하는 업무를 하므로 생산량과 무관하게 인력이 필요하고, 또한 제조간접원가도 자동화된 설비의 감가상각비와 수선유지비가 대부분이므로 이 원가들은 고정원가이다. 이러한 자동화된 생산설비를 보유하고 있는 기업의 모든 가공원가 즉, 직접노무원가와 제조간접원가를 고정원가로 보아 기간원가로 처리하는 원가계산방법을 초변동원가계산(super-variable costing)이라 한다. 초변동원가계산에서는 직접원재료원가만을 제품원가에 포함하고, 나머지 제조원가는 기간원가로 처리한다.

[예제 8-1]을 이용하여 (주)금정의 1월 변동원가계산 손익계산서를 작성하면 [표 8-8]과 같다.

표 8-8 변동원가계산 손익계산서(2월)

	단위당	400개 판매		
매출액	₩280			₩112,000
변동원가				
변동매출원가				
직접재료원가	80	32,000		
직접노무원가	40	16,000		
변동제조간접원가	20	8,000	56,000	
변동판매관리비	10		4,000	60,000
공헌이익				52,000
고정원가				
고정제조간접원가			24,000	
고정판매관리비			20,000	44,000
영업이익				8,000

동일한 자료를 이용하여 (주)제주의 초변동원가계산 손익계산서를 작성하면 [표 8-9]와 같다.

표 8-9 초변동원가계산 손익계산서(2월)

	단위당	400개 판매	
매출액	₩280		₩112,000
초변동매출원가			
직접재료원가	80	32,000	32,000
재료처리공헌이익			80,000
운영비용			
직접노무원가	40	20,000	
변동제조간접원가	20	10,000	
고정제조간접원가		24,000	
변동판매관리비	10	4,000	
고정판매관리비		20,000	78,000
영업이익			₩2,000

[표 8-8]과 [표 8-9]에 제시된 두 손익계산서를 비교하면 ₩6,000의 영업이익이 차이가 발생함을 알 수 있다. 변동원가계산 손익계산서의 영업이익은 ₩8,000인데 반해 초변동원가계산 손익계산서의 영업이익은 ₩2,000으로 ₩6,000이 작다. 이와 같은 차이는 직접원재료원가만 제품원가로 보아 매출원가에 포함시키고 그 이외의 직접노무원가, 변동제조간접원가, 고정제조간접원가, 변동판매관리비 및 고정판매관리비를 기간원가로 간주하여 운영비용에 포함시켰기 때문이다. 이에 따라 재고량이 변동하면 영업이익에 차이가 발생하게 된다. 2월의 경우처럼(500병 생산, 400병 판매) 재고량이 증가하면 변동원가계산에서는 기말재고자산(100병)에 직접노무원가 및 변동제조간접원가가 포함되기 때문에 변동원가계산의 영업이익이 초변동원가계산의 영업이익보다 크게 나타난다.

[표 8-8] 변동원가계산 손익계산서를 보면 매출원가에 포함된 직접노무원가 ₩16,000(₩40×400)과 변동제조간접원가 ₩8,000(₩20×400)의 합이 ₩24,000인데 반하여, 초변동원가계산에서는 직접노무원가 ₩20,000(₩40×500)과 변동제조간접원가 ₩10,000(₩20×500)의 합 ₩30,000이 운영비용으로 당기비용 처리됨으로써 두 원가계산 사이에서 ₩6,000의 비용차이가 나타나게 된다. 이러한 ₩6,000의 비용차이는 두 원가계산 사이의 영업이익차이를 초래한다.

초변동원가계산에서는 생산량이 증가하면 이에 따라 변동가공원가(직접노무원가+변동제

표 8-10 전부원가계산, 변동원가계산 및 초변동원가계산의 비교

	전부원가계산	변동원가계산	초변동원가계산
용도	재무보고	의사결정 및 성과평가	의사결정 및 성과평가
재고수준과 이익	재고의 증가가 이익을 증가시킴	재고의 증가가 이익과 무관함	재고의 증가가 이익을 감소시킴
경영자의 동기	생산을 통한 과잉재고 유인	생산이 아닌 판매에 집중 유인	불필요한 재고보유 억제 유인
재고화 원가	직접원재료원가 직접노무원가 변동제조간접원가 고정제조간접원가	직접원재료원가 직접노무원가 변동제조간접원가	직접원재료원가
기간원가	판매관리비	고정제조간접원가 판매관리비	직접노무원가 변동제조간접원가 고정제조간접원가 판매관리비

조간접원가)가 증가하게 되고, 이는 이익의 감소를 초래한다. 따라서 이익감소를 원치 않는 경영자는 과다한 생산을 하기보다는 생산을 줄여 이익을 증가시키고자 할 것이다. 전부원가계산방식이 단기이익을 추구하는 경영자에게 과도한 생산을 유도하는 측면이 있다면, 이와 반대로 초변동원가계산방식은 적극적으로 생산량 감소와 그에 따른 기말재고 감소를 유도하는 역할을 한다.

초변동원가계산에서는 직접원재료원가와 가공원가의 분리만 필요하므로 변동원가계산과 같이 변동원가와 고정원가를 분리하는 수고를 덜 수 있다. 그러나 제품재고자산의 가치를 지나치게 낮게 평가하여 초변동원가계산에서 계산된 영업이익이 실제로 외부에 보고되는 전부원가계산에 의한 영업이익과 차이가 나는 문제점이 있다. 전부원가계산, 변동원가계산 및 초변동원가계산의 차이를 요약하면 다음과 같다.

연습문제

E·x·e·r·c·i·s·e

객관식

전부원가계산과 변동원가계산의 기초개념

01 전부원가계산, 변동원가계산, 초변동원가계산에 관한 설명으로 옳지 않은 것은? (21. 관세사)

① 기초재고가 없다면, 당기 판매량보다 당기 생산량이 더 많을 때 전부원가계산상의 당기영업이익보다 초변동원가계산상의 당기 영업이익이 더 작다.

② 변동원가계산은 전부원가계산에 비해 판매량 변화에 의한 이익의 변화를 더 잘 파악할 수 있다.

③ 초변동원가계산에서는 기초재고가 없고 판매량이 일정할 때 생산량이 증가하더라도 재료처리량 공헌이익(throughput contribution)은 변하지 않는다.

④ 일반적으로 인정된 회계원칙에서는 전부원가계산에 의해 제품원가를 보고하도록 하고 있다.

⑤ 전부원가계산은 변동원가계산에 비해 경영자의 생산과잉을 더 잘 방지한다.

02 당기에 설립된 (주)관세는 3,000단위를 생산하여 2,500단위를 판매하였으며, 영업활동 관련 자료는 다음과 같다.

구분	단위당 변동원가	고정원가
직접재료원가	₩250	–
직접노무원가	150	–
제조간접원가	100	?
판매관리비	200	₩150,000

변동원가계산에 의한 영업이익이 전부원가계산에 의한 영업이익에 비해 ₩62,500이 적을 경우, 당기에 발생한 고정제조간접원가는? (단, 기말재공품은 없다.) (22. 관세사)

① ₩312,500 ② ₩325,000 ③ ₩355,000
④ ₩375,000 ⑤ ₩437,500

03 제조기업인 (주)감평이 변동원가계산방법에 의하여 제품원가를 계산할 때 제품원가에 포함되는 항목을 모두 고른 것은? (18. 감정평가사)

ㄱ. 직접재료원가	ㄴ. 직접노무원가
ㄷ. 본사건물 감가상각비	ㄹ. 월정액 공장임차료

① ㄱ, ㄴ ② ㄱ, ㄹ ③ ㄴ, ㄷ
④ ㄴ, ㄹ ⑤ ㄱ, ㄷ, ㄹ

04 (주)감평의 전부원가계산에 의한 영업이익은 ₩374,000이고, 변동원가계산에 의한 영업이익은 ₩352,000이며, 전부원가계산에 의한 기말제품재고액은 ₩78,000이다. 전부원가계산에 의한 기초제품재고액이 변동원가계산에 의한 기초제품재고액보다 ₩20,000이 많은 경우, 변동원가계산에 의한 기말제품재고액은? (단, 기초 및 기말 재공품은 없으며, 물량 및 원가흐름은 선입선출법을 가정한다. (20. 감정평가사)

① ₩36,000 ② ₩42,000 ③ ₩56,000
④ ₩58,000 ⑤ ₩100,000

05 (주)감평이 20×2년 재무제표를 분석한 결과 전부원가계산보다 변동원가계산의 영업이익이 ₩30,000 더 많았다. 20×2년 기초재고수량은? (단, 20×1년과 20×2년의 생산 · 판매 활동 자료는 동일하고, 선입선출법을 적용하며, 재공품은 없다.) (21. 감정평가사)

당기 생산량	5,000개
기초재고수량	?
기말재고수량	500개
판매가격(개당)	₩1,500
변동제조간접원가(개당)	500
고정제조간접원가(총액)	750,000

① 580개 ② 620개 ③ 660개
④ 700개 ⑤ 740개

06 다음은 제품 A를 생산 · 판매하는 (주)감평의 당기 전부원가 손익계산서와 공헌이익 손익계산서이다.

전부원가 손익계산서		공헌이익 손익계산서	
매출액	₩1,000,000	매출액	₩1,000,000
매출원가	650,000	변동원가	520,000
매출총이익	350,000	공헌이익	480,000

판매관리비	200,000	고정원가	400,000
영업이익	150,000	영업이익	80,000

제품의 단위당 판매가격 ₩1,000, 총고정판매관리비가 ₩50,000일 때 전부원가계산에 의한 기말제품 재고는? (단, 기초 및 기말 재공품, 기초제품은 없다.) (22. 감정평가사)

① ₩85,000 ② ₩106,250 ③ ₩162,500
④ ₩170,000 ⑤ ₩212,500

07 (주)세무는 20×1년 초에 영업을 개시하였다. (주)세무는 전부원가계산을 적용하고 있으며, 재고자산의 원가흐름가정은 선입선출법이다. 20×1년과 20×2년의 생산 및 원가자료는 다음과 같다.

항목	20×1년	20×2년
제품 생산량	1,500단위	1,750단위
제품 판매량	1,200단위	( )단위
기말제품 수량	( )단위	150단위
제품단위당 변동제조원가	₩38	₩40
고정제조간접원가	₩48,000	₩70,000

(주)세무의 20×2년도 매출원가는? (단, 기초 및 기말 재공품은 없다.) (18. 세무사)

① ₩147,000 ② ₩148,050 ③ ₩148,600
④ ₩149,000 ⑤ ₩149,400

08 (주)세무는 20×1년 초에 영업을 개시하였다. 20×1년에는 4,000단위를 생산하였고, 20×2년에는 전부원가계산에 의한 영업이익이 변동원가계산에 의한 영업이익보다 ₩25,000 많았다. 20×2년의 생산 및 원가 자료는 다음과 같다.

항목		수량/금액
기초제품 수량		( )단위
생산량		4,000단위
기말제품 수량		1,200단위
제품 단위당	판매가격	₩250
	직접재료원가	80
	직접노무원가	40
	변동제조간접원가	30

	변동판매관리비	10
고정제조간접원가(총액)		₩200,000
고정판매관리비(총액)		100,000

(주)세무의 20×2년도 기초제품 수량은? (단, 20×1년과 20×2년의 제품 단위당 판매가격과 원가구조는 동일하고, 기초 및 기말 재공품은 없다. (18. 세무사)

① 500단위 ② 650단위 ③ 700단위
④ 950단위 ⑤ 1,700단위

09 (주)세무의 기초 제품수량은 없고 당기 제품 생산수량은 500단위, 기말 제품수량은 100단위이다. 제품 단위당 판매가격은 ₩1,300이며, 당기에 발생한 원가는 다음과 같다. 변동원가계산에 의한 당기 영업이익은? (단, 기초 및 기말 재공품은 없다.) (19. 세무사)

직접재료원가	₩250,000
직접노무원가	80,000
변동제조간접원가	160,000
변동판매관리비	40,000
고정제조간접원가	40,000
고정판매관리비	15,000

① ₩13,000 ② ₩23,000 ③ ₩33,000
④ ₩43,000 ⑤ ₩53,000

10 (주)세무는 단일 제품을 생산 · 판매하고 있으며, 3년간의 자료는 다음과 같다.

항목	20×1년	20×2년	20×3년
기초제품재고량(단위)	–	20,000	10,000
당기생산량(단위)	60,000	30,000	50,000
당기판매량(단위)	40,000	40,000	40,000
기말제품재고량(단위)	20,000	10,000	20,000

3년간 판매가격과 원가구조의 변동은 없다. 20×1년 전부원가계산하의 영업이익은 ₩800,000이고, 고정원가가 ₩600,000일 때, 20×3년 전부원가계산하의 영업이익은? (단, 원가흐름은 선입선출법을 가정하며, 기초 및 기말 재공품은 없다.) (20. 세무사)

① ₩640,000 ② ₩660,000 ③ ₩680,000
④ ₩700,000 ⑤ ₩720,000

11 (주)대한은 20×1년 1월 1일에 처음으로 생산을 시작하였고, 20×1년과 20×2년의 영업활동 결과는 다음과 같다.

구분	20×1년	20×2년
생산량	1,000단위	1,400단위
판매량	800단위	1,500단위
고정제조간접원가	?	?
전부원가계산에 의한 영업이익	₩8,000	₩8,500
변동원가계산에 의한 영업이익	₩4,000	₩10,000

(주)대한은 재공품 재고를 보유하지 않으며, 재고자산 평가방법은 선입선출법이다. 20×1년과 20×2년에 발생한 고정제조간접원가는 각각 얼마인가? 단, 두 기간의 단위당 판매가격, 단위당 변동제조원가와 판매관리비는 동일하였다. (18. 회계사)

	20×1년	20×2년		20×1년	20×2년
①	₩20,000	₩35,000	②	₩20,000	₩37,500
③	₩20,000	₩38,500	④	₩27,000	₩35,000
⑤	₩27,600	₩42,000			

12 전부원가계산, 변동원가계산, 초변동원가계산과 관련한 다음 설명 중 가장 옳은 것은? 단, 직접재료원가, 직접노무원가, 제조간접원가는 ₩0보다 크다고 가정한다. (20. 회계사)

① 변동원가계산은 초변동원가계산에 비해 경영자의 생산과잉을 더 잘 방지한다.
② 변동원가계산은 전환원가(가공원가)를 모두 기간원가로 처리한다.
③ 기초재고가 없다면, 당기 판매량보다 당기 생산량이 더 많을 때 전부원가계산상의 당기 영업이익보다 초변동원가계산상의 당기 영업이익이 더 작다.
④ 변동원가계산상의 공헌이익은 주로 외부이용자를 위한 재무제표에 이용된다.
⑤ 제품의 재고물량이 늘어나면 변동원가계산의 공헌이익계산서상 영업이익은 전부원가계산의 손익계산서상 영업이익보다 항상 낮거나 같다.

전부원가계산과 변동원가계산의 영업이익 차이

13 (주)관세의 20×1년도 상반기 생산 및 판매 자료 일부이다.

구 분	1분기	2분기
기초제품재고수량	1,000단위	?
당기 생산량	8,000단위	9,000단위
당기 판매량	7,000단위	?

직접노무원가	₩1,360,000	₩1,500,000
변동제조간접원가	800,000	885,000
고정제조간접원가	1,600,000	1,620,000

20×1년 2분기 변동원가계산의 영업이익이 초변동원가계산의 영업이익보다 ₩241,750이 더 많았다. 2분기 말 제품재고수량은? (단, 선입선출법을 적용하며, 재공품은 없다.) (20. 관세사)

① 2,950단위 ② 2,960단위 ③ 2,970단위
④ 2,980단위 ⑤ 2,990단위

14 20×1년 초에 설립된 (주)관세는 단일제품을 생산 · 판매하며, 실제원가계산을 사용하고 있다. (주)관세는 20×1년에 6,000단위를 생산하여 4,000단위를 판매하였고, 20×2년에는 6,000단위를 생산하여 7,000단위를 판매하였다. 연도별 판매가격과 원가구조는 동일하며 원가자료는 다음과 같다.

원가항목	단위당 원가	연간 총원가
직접재료원가	₩85	
직접노무원가	40	
변동제조간접원가	105	
변동판매관리비	50	
고정제조간접원가		₩120,000
고정판매관리비		350,000

20×2년 전부원가계산에 의한 영업이익이 ₩910,000일 경우, 20×2년 변동원가계산에의한 영업이익은? (단, 기초 및 기말 재공품은 없는 것으로 가정한다.) (19. 관세사)

① ₩890,000 ② ₩900,000 ③ ₩910,000
④ ₩920,000 ⑤ ₩930,000

15 정상원가계산을 사용하는 (주)감평은 단일제품을 제조 · 판매하는 기업이다. 20×1년도의 고정제조간접원가 총예산액 및 실제 발생액은 ₩720,000이었다. 20×1년 제품의 생산 및 판매량은 다음과 같고, 기초 및 기말 재공품은 없다.

기초재고 40,000단위 판매량 160,000단위	생산량 140,000단위

고정제조간접원가배부율은 120,000단위를 기준으로 산정하며, 이 배부율은 매년 동일하게 적용된다. 한편, 제조원가의 원가차이는 전액 매출원가에서 조정한다. 변동원가계산에 의한 영업이익이 ₩800,000인 경우, 전부원가계산에 의한 영업이익은? (18. 감정평가사)

① ₩680,000 ② ₩700,000 ③ ₩750,000
④ ₩830,000 ⑤ ₩920,000

16 20×1년 초 영업을 개시한 (주)감평의 20×1년도와 20×2년도의 생산 및 판매와 관련된 자료는 다음과 같다.

	20×1년	20×2년
생산량	5,000개	10,000개
판매량	4,000개	10,000개
직접재료원가	₩500,000	₩1,000,000
직접노무원가	₩600,000	₩1,200,000
변동제조간접원가	₩400,000	₩800,000
고정제조간접원가	₩200,000	₩250,000
변동판매관리비	₩200,000	₩400,000
고정판매관리비	₩300,000	₩350,000

(주)감평의 20×2년도 전부원가계산에 의한 영업이익이 ₩100,000일 때, 변동원가계산에 의한 영업이익은? (단, 재공품은 없으며 원가흐름은 선입선출법을 가정한다.) (19. 김정평가사)

① ₩85,000 ② ₩115,000 ③ ₩120,000
④ ₩135,000 ⑤ ₩140,000

17 20×1년에 영업을 개시한 (주)세무는 단일제품을 생산 · 판매하고 있으며, 전부원가계산제도를 채택하고 있다. (주)세무는 20×1년 2,000단위의 제품을 생산하여 단위당 ₩1,800에 판매하였으며, 영업활동에 관한 자료는 다음과 같다.

• 제조원가
  단위당 직접재료원가 : ₩400
  단위당 직접노무원가 : 300
  단위당 변동제조간접원가 : 200
  단위당 고정제조간접원가 : 250,000
• 판매관리비
  단위당 변동판매관리비 : ₩100
  단위당 고정판매관리비 : 150,000

(주)세무의 20×1년 영업이익이 변동원가계산에 의한 영업이익보다 ₩200,000이 많을 경우, 판매수량은? (단, 기말재공품은 없다.) (21. 세무사)

① 200단위 ② 400단위 ③ 800단위
④ 1,200단위 ⑤ 1,600단위

18 (주)대한은 20×1년 초에 설립되었으며 단일제품을 생산한다. 20×1년과 20×2년에 전부원가계산에 의한 영업활동 결과는 다음과 같다.

항목	20×1년	20×2년
생산량	100단위	120단위
판매량	80단위	110단위
매출액	₩24,000	₩33,000
매출원가	17,600	22,400
매출총이익	₩6,400	₩10,600
판매관리비	5,600	6,200
영업이익	₩800	₩4,400

(주)대한은 재공품 재고를 보유하지 않으며, 원가흐름 가정은 선입선출법이다. 20×2년도 변동원가계산에 의한 영업이익은 얼마인가? 단, 두 기간의 단위당 판매가격, 단위당 변동제조원가, 고정제조간접원가, 단위당 변동판매관리비, 고정판매관리비는 동일하다. (19. 회계사)

① ₩3,200 ② ₩3,400 ③ ₩3,600
④ ₩3,800 ⑤ ₩4,200

19 (주)대한은 설립 후 3년이 경과되었다. 경영진은 외부보고 목적의 전부원가계산 자료와 경영의사결정 목적의 변동원가계산에 의한 자료를 비교분석하고자 한다. ㈜대한의 생산과 판매에 관련된 자료는 다음과 같다.

	1차연도	2차연도	3차연도
생 산 량(단위)	40,000	50,000	20,000
판 매 량(단위)	40,000	20,000	50,000

• 1단위당 판매가격은 ₩30이다.
• 변동제조원가는 1단위당 ₩10, 변동판매관리비는 1단위당 ₩4이다.
• 고정제조간접원가는 ₩400,000, 고정판매관리비는 ₩100,000이다.
• 과거 3년 동안 (주)대한의 판매가격과 원가는 변하지 않았다.

위 자료에 대한 다음 설명 중 옳지 않은 것은? (21. 회계사)

① 3차년도까지 전부원가계산과 변동원가계산에 따른 누적영업손익은 동일하다.
② 3차년도 변동원가계산에 따른 영업이익은 ₩300,000이다.
③ 2차년도의 경우 전부원가계산에 의한 기말제품 원가가 변동원가계산에 의한 기말제품 원가보다 크다.
④ 변동원가계산에서 고정원가는 모두 당기비용으로 처리한다.

⑤ 3차년도 전부원가계산에 의한 매출원가는 ₩1,120,000이다.

20 (주)대한은 20×1년 1월 1일에 처음으로 생산을 시작하였고, 20×1년과 20×2년의 영업활동 결과는 다음과 같다.

구분	20×1년	20×2년
생산량	2,000단위	2,800단위
판매량	1,600단위	3,000단위
변동원가계산에 의한 영업이익	₩16,000	₩40,000

(주)대한은 재공품 재고를 보유하지 않으며, 재고자산 평가방법은 선입선출법이다. 20×1년 전부원가계산에 의한 영업이익은 ₩24,000이며, 20×2년에 발생한 고정제조간접원가는 ₩84,000이다. 20×2년 (주)대한의 전부원가계산에 의한 영업이익은 얼마인가? 단, 두 기간의 단위당 판매가격, 단위당 변동제조원가와 판매관리비는 동일하다. (22. 회계사)

① ₩26,000 ② ₩30,000 ③ ₩34,000
④ ₩36,000 ⑤ ₩38,000

전부원가계산, 변동원가계산과 초변동원가계산의 영업이익 차이

21 (주)세무는 20×1년 초에 영업을 개시하였다. 20×2년도 기초제품 수량은 100단위, 생산량은 2,000단위, 판매량은 1,800단위이다. 20×2년의 제품 판매가격 및 원가자료는 다음과 같다.

항목		금액
제품 단위당	판매가격	₩250
	직접재료원가	30
	직접노무원가	50
	변동제조간접원가	60
	변동판매관리비	15
고정제조간접원가(총액)		₩50,000
고정판매관리비(총액)		10,000

20×2년도 변동원가계산에 의한 영업이익과 초변동원가계산 (throughput costing)에 의한 영업이익의 차이 금액은? (단, 20×1년과 20×2년의 제품 단위당 판매가격과 원가구조는 동일하고, 기초 및 기말 재공품은 없다.) (18. 세무사)

① ₩10,000 ② ₩11,000 ③ ₩20,000
④ ₩22,000 ⑤ ₩33,000

22 (주)세무는 단일제품을 생산 · 판매하고 있으며, 선입선출법에 의한 종합원가계산을 적용하고 있다. 직접재료는 공정 초에 전량 투입되며, 전환원가는 공정 전반에 걸쳐 균등하게 발생한다. 당기 재고자산 관련 자료는 다음과 같다.

구분	기초재고	기말재고
재공품(전환원가 완성도)	1,500단위(40%)	800단위(50%)
제품	800	1,000

(주)세무는 당기에 8,500단위를 제조공정에 투입하여 9,200단위를 완성하였고, 완성품환산량 단위당 원가는 직접재료원가 ₩50, 전환원가 ₩30으로 전기와 동일하다. (주)세무의 당기 전부원가계산에 의한 영업이익이 ₩315,000일 경우, 초변동원가계산에 의한 영업이익은? (21. 세무사)

① ₩300,000 ② ₩309,000 ③ ₩315,000
④ ₩321,000 ⑤ ₩330,000

주관식

23 다음 물음에 답하시오. 특별한 가정이 없는 한 각 물음은 상호 독립적이다. (20. 세무사)

〈기본 자료〉

(주)세무는 제품 A를 생산 · 판매하고 있다. (주)세무는 안정적인 시장환경을 가지고 있어 매년 4,500단위의 제품 A 생산 · 판매량을 기준으로 예산을 편성하고 있으며, 매 연도에 실제 생산된 제품 A는 각 연도에 모두 판매된다. 다음은 (주)세무의 20×1년 초 예산편성을 위한 기초자료이다.

항목	금액
단위당 판매가격	₩200
단위당 변동매출원가	
직접재료원가	40
직접노무원가	25
변동제조간접원가	15
단위당 변동판매관리비	50
고정제조간접원가(총액)	135,000
고정판매비와 관리비(총액)	78,000

물음 1 다음은 20×1년 변동원가계산을 기준으로 한 (주)세무의 실제 공헌이익손익계산서

일부)이며, 동 기간 동안 제품 A 4,200단위를 생산 · 판매하였다. ① 매출조업도차이, ② 변동예산차이는 각각 얼마인가? (단, 금액 뒤에 유리 또는 불리를 반드시 표시하시오.)

항목	금액
매출액	₩924,000
변동원가	
변동매출원가	344,400
변동판매비와관리비	201,600
공헌이익	378,000
고정원가	
고정제조간접원가	140,000
고정판매비와관리비	80,000
영업이익	158,000

물음 2 〈기본 자료〉와 물음 1)의 자료를 같이 이용했을 때, ① (주)세무의 20×1년 변동원가계산과 전부원가계산에 의한 실제 영업이익의 차이금액은 얼마이며, ② (주)세무에서 그러한 차이금액이 발생한 이유는 무엇인가? (단, 재공품은 없다.)

제9장

원가-조업도-이익 분석

제 9 장 원가-조업도-이익 분석

원가-조업도-이익분석은 원가(cost), 조업도(volume), 그리고 이익(profit)의 상호영향을 분석하는 기법으로서 CVP 분석이라고 한다. CVP 분석은 경영자들에게 중요한 의사결정을 하는 데 도움을 주는 도구이다.

제1절 원가-조업도-이익 관계의 기본적 분석

1. 의 의

원가-조업도-이익 분석(cost-volume-profit analysis, CVP 분석)은 다양한 가격, 원가 및 조업도와 이익의 관계를 체계적으로 분석하는 기업으로서 경영자들이 어떤 제품을 얼마나 생산하여 판매할지, 가격을 어떻게 책정해야 할지, 그리고 제품 생산과정에서 어떤 원가구조를 선택해야 할지 등의 다양하고 중요한 의사결정을 하는 데 주로 활용하는 의사결정도구이다. 구체적으로 CVP 분석은 다음 다섯 가지 요소들이 이익에 어떻게 영향을 미치는지를 예측하는 분석기법이다.

① 판매가격

② 판매량

③ 단위당 변동원가

④ 총고정원가

⑤ 제품의 매출배합

따라서 CVP 분석은 다음과 같은 의사결정에 주로 활용된다.

① 손익분기점은 얼마인가?

② 특정 수준의 판매에서 기대할 수 있는 이익은 얼마인가?

③ 목표로 정한 기대이익을 달성하기 위한 매출수량은 얼마인가?

④ 판매가격의 변경은 이익에 어떠한 영향을 미치는가?

⑤ 재료가격 또는 임금이 인상될 경우 이익에 미치는 영향은 얼마인가?

⑥ 설비변경은 이익에 어떠한 영향을 미칠 것인가?

이와 같이 CVP 분석은 단기적 의사결정에 유용하게 활용된다. 왜냐하면, 기업의 단기적 의사결정은 대부분 이익과 가격, 원가 및 조업도의 관계를 근거로 하여 이루어지기 때문이다.

2. CVP 분석의 가정

CVP 분석은 현실의 복잡한 현상을 단순화한 것이기 때문에 CVP 분석 모형에는 다음과 같은 가정들이 바탕에 깔려있다.

첫째, 수익과 원가는 조업도와 선형적 관계를 지니고 또한 원가는 변동원가와 고정원가로 명확하게 구분될 수 있다고 가정한다. 이러한 가정 하에서 혼합원가는 변동원가와 고정원가로 분류할 수 있다.

둘째, 조업도가 관련범위 내에 있을 경우에만 선형적 가정이 실질적이다. 즉, 관련범위 내에서 단위당 판매가격, 단위당 변동원가 및 총고정원가가 조업도에 관계없이 일정하다는 것이다. 여기서 단위당 변동원가가 일정하다는 가정은 생산성 및 생산요소의 가격이 일정하다는 가정을 의미한다.

셋째, 단일제품만 생산, 판매한다고 가정한다. 여러 제품을 생산, 판매하는 경우에는 매출배합이 일정하다고 가정한다. 여기서 매출배합이란 여러 가지 제품을 판매하는 경우 총판매량 중에서 각 제품의 판매량이 차지하는 상대적 비율을 말한다.

넷째, 제조업의 경우 기초재고와 기말재고 수준이 동일하다고 가정한다. 즉, 생산량과 판매량이 같다고 가정한다.

다섯째, 분석기간이 단기이므로 화폐의 시간가치는 중요하지 않다.

제2절 공헌이익을 이용한 CVP 관계의 이해

1. 공헌이익 손익계산서

원가를 고정원가와 변동원가 요소로 구분할 수 있다면 공헌이익접근법에 의한 손익계산서를 작성할 수 있다. 공헌이익접근법은 경영자들에게 고정원가와 변동원가가 명확하게 구분된 공헌이익 손익계산서를 제공해주며, 이로 인해 계획, 통제 등의 다양한 의사결정을 용이하게 해준다.

[표 9-1]은 공헌이익 손익계산서의 예를 보여주고 있다.

2. 공헌이익

공헌이익(contribution margin)이란 매출액에서 변동원가를 차감하고 남은 잔액이다. 따라서 공헌이익은 고정원가를 회수한 후, 당기의 이익에 기여하는 금액을 의미한다. 만약 공헌이익이 고정원가를 회수하기에 충분하지 않다면, 당기에 손실이 발생하게 된다. 만약 공헌이익이 충분하여 고정원가를 회수하고도 남는다면 그 남은 금액은 모두 이익이 된다.

표 9-1 공헌이익 손익계산서

매출액		₩6,000
변동원가		
변동제조원가	₩3,000	
변동판매비와 일반관리비	500	3,500
공헌이익		2,500
고정원가		
고정제조원가	₩500	
고정판매비와 일반관리비	1,000	1,500
영업이익		₩1,000

공헌이익 = 매출액 − 변동원가

예제 9-1

서울전자(주)는 스마트폰을 생산하고 있다. 스마트폰의 가격은 대당 ₩1,000이고, 대당 변동원가는 ₩600이며, 총고정원가는 ₩120,000이다. 서울전자(주)가 스마트폰을 1대만 판매한다고 가정해보자.

이 경우 서울전자(주)의 손익계산서는 다음과 같을 것이다.

공헌이익 손익계산서
스마트폰 1대 판매

	단위당	총액
매출액	₩1,000	₩1,000
변동원가	600	600
공헌이익	400	400
총고정원가		120,000
영업이익		₩(119,600)

즉, 서울전자(주)가 스마트폰 1대씩 판매할 때마다 ₩400의 공헌이익이 발생한다. 이 경우 총고정원가가 ₩120,000이므로 ₩119,600의 영업손실이 발생하게 된다.

만약 스마트폰이 1대 더 팔린다면(총 2대), 총공헌이익은 ₩400 증가하여 서울전자(주)의 손실은 ₩400 줄어든 ₩119,200가 된다.

공헌이익 손익계산서
스마트폰 2대 판매

	단위당	총액
매출액	₩1,000	₩2,000
변동원가	600	₩1,200
공헌이익	400	800
총고정원가		120,000
영업이익		₩(119,200)

만약 총공헌이익이 ₩120,000가 될 정도로 스마트폰이 판매된다면, 모든 고정원가(₩120,000)가 회수되어, 서울전자(주)는 손익분기(break even)를 달성하게 될 것이다. 스마트폰 1대 판매될 때마다 공헌이익이 ₩400씩 증가하므로, 서울전자(주)가 손익분기점에 도달하기 위해서는 매월 300대의 스마트폰을 판매해야 한다(₩120,000/₩400 = 300).

공헌이익 손익계산서
스마트폰 300대 판매

	단위당	총액
매출액	₩1,000	₩300,000
변동원가	600	₩180,000
공헌이익	400	120,000
총고정원가		120,000
영업이익		₩0

일단 손익분기점에 도달하게 되면, 영업이익은 손익분기점을 초과하는 판매 단위에 대하여 단위당 공헌이익만큼 증가할 것이다. 예를 들어 월 301대의 스마트폰을 판매한다면, 서울전자(주)는 손익분기점보다 1대 초과하여 판매한 것이므로 공헌이익이 ₩400 증가하여 영업이익은 ₩400가 된다.

공헌이익 손익계산서
스마트폰 301대 판매

	단위당	총액
매출액	₩1,000	₩301,000
변동원가	600	₩180,600
공헌이익	400	120,400
총고정원가		120,000
영업이익		₩400

만약 스마트폰 302대를 판매한다면(손익분기점을 2대 초과), 영업이익은 ₩800이 될 것이다, 만약 스마트폰 303대를 판매한다면(손익분기점을 3대 초과), 영업이익은 ₩1,200이 된다. 따라서 손익분기점을 초과한 판매량에 대한 이익을 추정하고자 한다면, 손익분기점을 초과하는 판매량에 단위당 공헌이익을 곱하여 당기의 예상이익을 계산할 수 있다.

현재 월 350대의 스마트폰을 판매하고 있는데, 만약 스마트폰 매출을 월 400대로 증가시킬 수 있다면 기대 영업이익은 다음과 같이 계산할 수 있다.

스마트폰 판매량 증가분	50대
스마트폰 1대당 공헌이익	₩400
영업이익의 증가	₩20,000

이는 다음과 같이 공헌이익 손익계산서를 작성하여 확인할 수 있다.

공헌이익 손익계산서

		판매수량		차이
	단위당	350대	400대	50대 증가
매출액	₩1,000	₩350,000	₩400,000	₩50,000
변동원가	600	210,000	240,000	30,000
공헌이익		140,000	160,000	20,000
총고정원가		120,000	120,000	0
영업이익		₩20,000	₩40,000	₩20,000

3. 그래프를 이용한 CVP 분석의 이해

매출액, 원가, 이익 및 조업도의 관계는 원가－조업도－이익 그래프(cost－volume－profit graph)로 나타낼 수 있다. CVP 그래프는 넓은 활동 범위에서의 원가－조업도－이익 간의 관계를 표시한다.

(1) CVP 그래프의 작성

CVP 그래프는 손익분기 차트(break－even chart)라고도 부르는데, 이 그래프는 조업도를 수평축(x)에 나타내고, 금액을 수직축(y)에 나타낸다. CVP 그래프는 다음과 같은 단계로 작성된다.

첫째, 좌표를 그리고 수평축에는 조업도를 표시하고, 수직축에는 수익과 비용을 금액으로 표시한다.

둘째, 고정원가를 나타내기 위하여 수평축(조업도 축)에 평행선을 그린다. 고정원가는 조업도의 변동에 따라 변하지 않기 때문에 수평축과 평행하게 나타난다.

셋째, 특정 조업도를 선책하고 선택한 수준에서의 총원가(변동 및 고정원가)를 나타내는 점을 표시한다. [예제 9-1]의 350대 판매량에 대한 총원가는 ₩330,000(₩600×350+₩120,000)이다.

넷째, 이 점(350, ₩330,000)과 고정원가 직선이 y축과 만나는 점(0, ₩120,000)을 연결하는 선을 그린다(총비용선). 이때 그 기울기는 단위당 변동원가를 의미한다.

다섯째, 특정 조업도를 선택하고 선택한 수준에서 총매출액을 나타내는 점을 표시한다. [예제 9-1]의 400대 판매량에 대한 매출액은 ₩400,000이다. 이 점(400, ₩400,000)과 원점을 통과하는 총수익선을 그린다. 그 기울기는 단위당 판매가격을 의미한다.

이러한 내용을 그림으로 나타내면 [그림 9-1]과 같다.

이 그래프에서 총수익선과 총비용선이 만나는 점이 손익분기점이며, 손익분기점보다 낮은 조업도에서는 손실이 발생하고 손익분기점보다 높은 조업도에서는 이익이 발생함을 알

그림 9-1 CVP 그래프

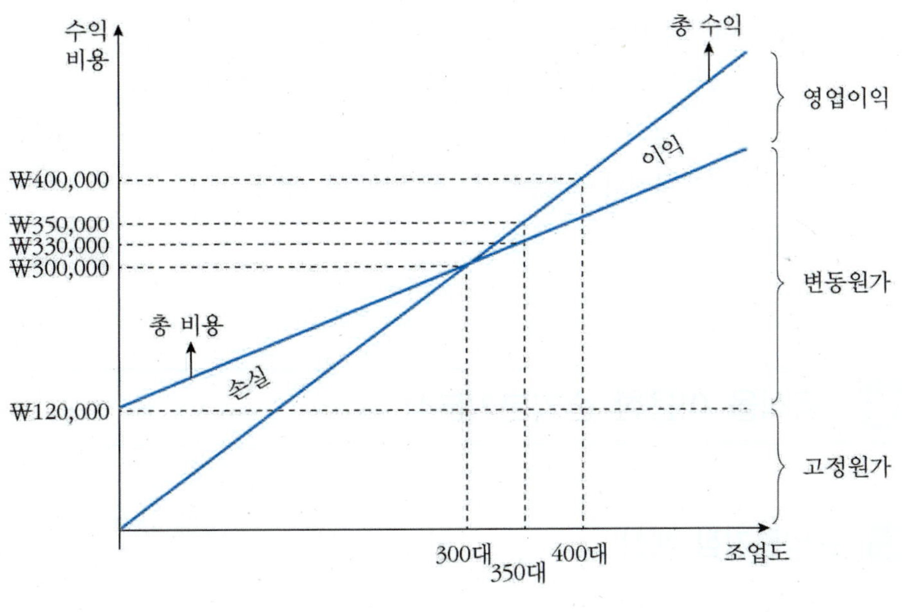

그림 9-2 PV 그래프

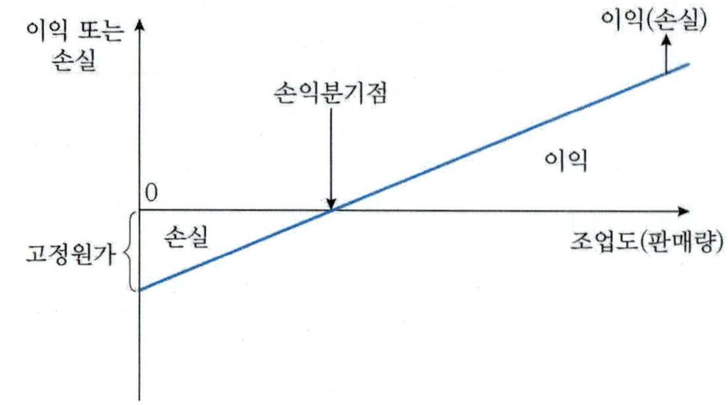

수 있다. [예제 9-1]의 손익분기점은 300대이고 400대를 판매한 경우 영업이익은 ₩40,000임을 알 수 있다.

한편, CVP 그래프를 이익-조업도 그래프(profit-volume graph, PV 그래프)로 단순화하여 표현하면 [그림 9-2]와 같다. 이익-조업도 그래프(profit-volume graph, PV 그래프)란 조업도의 변동에 따른 이익의 변동을 그림으로 나타낸 것이다.

[그림 9-2]에서 이익선이 수평축과 만나는 점은 손익분기점을 의미하며, 조업도가 0인 점에서는 총고정원가만큼의 손실이 발생하고, 조업도가 한 단위 증가할 때마다 단위당 공헌이익만큼 이익이 증가하거나 손실이 감소함을 알 수 있다.

제3절 등식을 이용한 손익분기분석

1. 손익분기점 계산

회사의 영업활동 성과를 나타내는 영업이익은 매출액에서 총비용을 차감한 다음의 등식으로 나타낼 수 있다.

$$\text{영업이익}(\pi) = \text{매출액}(TR) - \text{총비용}(TC)$$

CVP 첫 번째 가정을 이용하여 총비용(TC)을 변동원가와 고정원가로 분리하면

$$\text{총비용}(TC) = \text{변동원가} + \text{총고정원가}$$

로 표시할 수 있다. 따라서

$$\text{영업이익}(\pi) = \text{매출액}(TR) - \text{변동원가} - \text{총고정원가}$$

논의를 간단하게 하기 위해 영업이익이라는 용어 대신 이익이라는 용어를 사용하기로 하자. 단위당 판매가격을 p, 판매량을 Q, 단위당 변동원가를 v, 그리고 총고정원가를 FC로 표기하면,

$$\text{매출액} = \text{단위당 판매가격} \times \text{판매량} = p \times Q$$
$$\text{변동원가} = \text{단위당 변동원가} \times \text{판매량} = v \times Q$$

이므로 이익은 다음과 같은 등식으로 표시할 수 있다.

$$\text{이익}(\pi) = (p \times Q - v \times Q) - FC = (p - v) \times Q - FC$$

따라서 손익분기점의 정의에 따라 이익을 0으로 놓으면 손익분기점에서는 다음의 등식이 성립한다.

$$\pi = (p - v) \times Q - FC = 0$$

손익분기 판매량 Q*는

$$Q^* = FC/(p-v)$$

로 계산된다. 즉, 손익분기 판매량은 총고정원가를 단위당 공헌이익으로 나누어 계산할 수 있다.

이 등식을 활용하여 [예제 9-1]의 손익분기점을 계산하면 다음과 같다.

$$0 = (₩1,000 - ₩600) \times Q - ₩120,000$$
$$400^* Q = 120,000$$
$$Q = 300\text{대}$$

즉, 서울전자(주)의 손익분기점 판매량은 300대이고 손익분기 매출액은 ₩300,000이다.

2. 공헌이익률

공헌이익률(contribution margin ratio, cmr)이란 매출액에 대한 공헌이익의 비율로, 한 단위를 판매하였을 때 판매가격에서 단위당 공헌이익이 차지하는 비율을 나타낸다. 공헌이익률은 공헌이익을 매출액으로 나누어 계산할 수도 있고 단위당 공헌이익을 단위당 판매가격으로 나누어 구할 수도 있다. 단위당 공헌이익과 공헌이익률은 CVP 분석을 이용하는 많은 의사결정에서 판단의 기준으로 널리 사용되고 있다.

$$\begin{aligned}\text{공헌이익률(cmr)} &= \text{공헌이익/매출액}\\ &= \text{단위당 공헌이익/단위당 판매가격}\\ &= (p-v)\times Q/(p\times Q)\\ &= (p-v)/p = cm/p\end{aligned}$$

[예제 9-1]의 경우 공헌이익률은 다음과 같이 계산할 수 있다.

$$\text{공헌이익률} = ₩400/₩1,000 = 40\%$$

공헌이익률은 매출액의 변동이 공헌이익에 어떻게 영향을 미치는지를 보여준다. 공헌이익률이 40%라는 것은 매출액이 ₩1 증가하면 총공헌이익이 ₩0.4(매출액 ₩1×공헌이익률 40%)만큼 증가한다는 것을 의미한다.

일반적으로 매출액의 변동이 공헌이익의 변동에 미치는 영향은 다음의 식으로 나타낼 수 있다.

$$\text{공헌이익의 변동} = \text{공헌이익률} \times \text{매출액의 변동}$$

따라서 매출액의 변동이 영업이익에 미치는 영향은 공헌이익률을 이용하여 쉽게 계산할 수 있다. 서울전자(주)가 다음 달에 매출액을 ₩50,000 증가시킬 계획이라면, 공헌이익은 ₩20,000(공헌이익률 40%×매출액 증가분 ₩50,000) 증가하게 된다. 만약 고정원가의 변동이 없다면, 영업이익도 ₩20,000 증가하게 될 것이다.

		매출액		
	단위당	현재	예상	증가
매출액	₩1,000	₩350,000	₩400,000	₩50,000
변동원가	600	210,000	240,000	30,000
공헌이익		140,000	160,000	20,000
총고정원가		120,000	120,000	0
영업이익		₩20,000	₩40,000	₩20,000

3. 손익분기 매출액

지금까지는 손익분기점을 판매량으로 파악하는 방법에 대해 검토하였다. 이제는 손익분기점을 금액으로 계산하는 방법에 대해 살펴보자. 첫째, 앞에서 계산한 손익분기 판매수량에 단위당 판매가격을 곱함으로써 손익분기 매출액을 계산할 수 있다. 위 예제에서 손익분기 판매량이 300대로 계산되었으므로 여기에 1대당 가격인 ₩1,000을 곱하면 ₩300,000이 되어 이 금액이 손익분기점을 금액으로 표현한 손익분기 매출액이 된다. 두 번째 방법은 등식을 이용하는 방법이다.

$$
\begin{aligned}
\text{이익}(\pi) &= \text{매출액} - \text{변동원가} - \text{고정원가} \\
&= p \times Q - v \times Q - FC = (p - v) \times Q - FC \\
&= (p - v) \times p/p \times Q - FC = (p - v)/p \times TR - FC \\
&= \text{공헌이익률} \times \text{매출액} - \text{고정원가}
\end{aligned}
$$

손익분기점에서 이익은 0이므로

$$\text{손익분기 매출액} = \text{고정원가}/\text{공헌이익률}$$

위 예제에서는

$$
\begin{aligned}
&₩0 = 0.4 \times \text{매출액} - ₩120,000 \\
&\text{매출액} = ₩120,000/0.4 = ₩300,000
\end{aligned}
$$

4. 목표이익분석

경영자는 손익분기점의 달성을 목표로 삼지 않고, 그 이상의 특정한 목표이익의 달성을 목표로 삼는다. 따라서 목표이익을 달성하기 위해서 제품 몇 개를 판매해야 하는지, 얼마만큼의 매출액을 달성해야 하는지를 계산할 필요가 있다. 이렇듯 목표이익(target income)을 달성하는 데 필요한 판매량이나 매출액을 계산하는 분석방법을 목표이익분석이라고 한다.

목표이익을 달성하기 위한 판매량은 앞에서 소개한 공헌이익 또는 등식을 이용하여 계산할 수 있다.

월 ₩20,000의 목표이익을 달성하기 위한 판매량을 계산해보자.

$$
\begin{aligned}
&\text{이익} = \text{단위당 공헌이익} \times \text{판매량} - \text{고정원가} \\
&₩20,000 = ₩400 \times Q - ₩120,000 \\
&₩400 \times Q = ₩140,000 \\
&Q = 350\text{대}
\end{aligned}
$$

위의 식을 앞의 손익분기점 계산시 이용한 식과 비교하면 이익에 ₩0 대산 ₩20,000을 바꾸어 계산한 것을 제외하고는 동일하다. 손익분기점 계산에서는 이익이 ₩0가 되는 판매량을 의미하기 때문에 손익분기점 계산공식에서 이익에 ₩0을 대입한 것이고, 이번에는 목표이익이 ₩20,000이므로 이익에 ₩20,000을 대입한 것이다.

따라서 단일 제품의 경우 특정한 목표이익을 달성하기 위한 판매량은 다음 공식을 이용하여 계산할 수 있다.

목표이익 달성을 위한 판매량 = (목표이익 + 고정원가)/단위당 공헌이익

위 식을 이용하여 목표이익 월 ₩20,000 달성을 위한 판매량을 계산하면

목표이익 달성을 위한 판매량 = (₩20,000 + ₩120,000)/₩400 = 350대

5. 목표이익 달성을 위한 매출액

목표이익 달성을 위한 판매목표를 수량 대신 금액으로 계산하기 위해서는 손익분기점 달성을 위한 매출액을 계산하기 위해 사용한 방법을 그대로 사용하면 된다. 첫째 목표이익 달성을 위한 판매량이 350대로 결정되었으므로 대당 판매가격 ₩1,000을 곱하면 목표이익 달성을 위한 매출액은 ₩350,000로 계산된다.

둘째, 등식을 이용하여 목표이익 달성을 위한 매출액을 계산해보자.

이익(π) = 공헌이익률 × 매출액 − 고정원가
₩40,000 = 0.4 × 매출액 − ₩120,000
매출액 = ₩140,000/0.4 = ₩350,000

셋째, 다음과 같은 목표이익 달성을 위한 매출액 계산 공식을 이용하여 계산할 수 있다.

목표이익 달성을 위한 매출액 = (목표이익 + 고정원가)/공헌이익률

위 예제에 적용하면,

$$\text{목표이익 달성을 위한 매출액} = (\text{목표이익} + \text{고정원가})/\text{공헌이익률}$$
$$= (₩20,000 + ₩120,000)/0.4 - ₩350,000$$

위 세 가지 방법 중 어떤 방법을 이용하더라도 목표이익 ₩20,000을 달성하기 위한 매출액은 ₩350,000로 동일하게 계산되어 나온다.

6. 법인세를 고려한 이익계획

법인세는 기업이 회피할 수 없는 비용이기 때문에 과세후의 이익계획을 수립하려면 법인세를 고려하여야 한다. 과세후 이익은 과세전 이익에서 법인세를 차감한 금액이다. CVP 분석에서는 일반적으로 매출액=변동원가+고정원가+영업이익의 관계가 성립한다. 따라서 영업이익을 과세전 이익 즉 과표로 가정하면 이 식은 다음과 같이 표시할 수 있다.

$$\text{매출액} = \text{변동원가} + \text{고정원가} + \text{세전이익}$$

세전이익과 법인세관계를 살펴보면 다음과 같다.

$$\text{세전이익} - \text{법인세} = \text{세후이익}$$
$$\text{법인세} = \text{세전이익} \times \text{세율}$$
$$\text{세전이익} - \text{세전이익} \times \text{세율} = \text{세후이익}$$
$$\text{세전이익} \times (1 - \text{세율}) = \text{세후이익}$$
$$\text{세전이익} = \text{세후이익}/(1 - \text{법인세율})$$

따라서 위 식은 다음과 같이 나타낼 수 있다.

$$\text{매출액} = \text{변동원가} + \text{고정원가} + \text{과세 후 이익}/(1 - \text{법인세율})$$

따라서 법인세를 고려한 이익계획에서 세후 목표이익을 달성하기 위한 목표판매수량과 목표매출액은 다음과 같다.

목표판매수량=[고정원가+세후목표이익/(1−세율)]/단위당 공헌이익
목표매출액=[고정원가+세후목표이익/(1−세율)]/공헌이익률

예제 9-2

서울통신(주)은 세후 목표이익을 ₩40,000로 설정하였다. 다른 상황은 동일하고 법인세율은 20%이다. 법인세율이 20%이므로 세전 목표이익은 ₩50,000이다.

세전 목표이익=세후 목표이익/(1−0.2)=₩40,000/0.8=₩50,000

이 ₩50,000를 목표이익 달성 공식에 대입하여

목표이익 달성을 위한 판매량=(목표이익+고정원가)/단위당 공헌이익
=(₩50,000+₩120,000)/₩400=425대

목표이익 달성을 위한 매출액=단위당 판매가격×목표이익 달성을 위한 판매량
=₩1,000×425대=₩425,000

	단위당	425대 판매
매출액	₩1,000	₩425,000
변동원가	600	255,000
공헌이익		170,000
총고정원가		120,000
영업이익		50,000
법인세	20%	10,000
세후 이익		₩40,000

목표판매수량=[고정원가+세후목표이익/(1−세율)]/단위당 공헌이익
=[₩120,000+₩40,000/(1−0.2)]/₩400
=₩170,000/₩400=425대

목표매출액=[고정원가+세후목표이익/(1−세율)]/공헌이익률

$$= [₩120,000 + ₩40,000 \ /(1-0.2)]/0.4$$
$$= ₩170,000/0.4 = ₩425,000$$

7. 안전한계

안전한계(margin of safety)란 실제 또는 예상매출액이 손익분기점매출액을 초과하는 금액으로, 매출액이 감소하더라도 손실이 발생하지 않는 매출액의 최대 감소액을 나타낸다. 이를 수식으로 표현하면 다음과 같다.

안전한계 = 현재(또는 예상) 매출액 − 손익분기 매출액

판매량으로 표시하면

안전한계 = 현재 판매량 − 손익분기 판매량

안전한계를 매출액으로 나누어 비율 형태로 나타낼 수 있는데 이를 안전한계율(margin of safety ratio, M/S비율)이라고 한다.

안전한계율 = 안전한계/매출액

안전한계율은 매출이 감소하더라도 손실이 발생하지 않는 최대한의 매출감소비율을 나타내므로 이 값이 클수록 더 안전하다고 할 수 있다.

위 사례에서 서울통신(주) 현재 350대의 스마트폰을 판매하고 있다.

손익분기점은 300대이므로

안전한계 = 현재 판매량 − 손익분기 판매량 = 350 − 300 = 50대이다.

또는 안전한계 = 현재 매출액 − 손익분기 매출액 = ₩350,000 − ₩300,000 = ₩50,000

안전한계율 = ₩50,000/₩350,000 = 14.3%

만약 예상 판매량을 400대로 가정하고 안전한계와 안전한계율을 계산하면

안전한계 = 100대(또는 ₩100,000)

안전한계율 = ₩100,000/₩300,000 = 33.3%

따라서 현재 (또는 예상) 판매량이 400대인 상황이(안전한계율 = 33.3%) 현재 판매량이 350대인 상황(안전한계율 = 14.3%)보다 더 안전하다고 할 수 있다.

8. 민감도분석

민감도분석(sensitivity analysis)은 모형의 하나 또는 그 이상의 독립변수가 변화할 때 종속변수가 어떻게 변화하는가를 분석하는 방법이다. CVP 분석과 관련하여 민감도분석은 판매량, 단위당 판매가격, 단위당 변동원가, 고정원가, 매출배합 등이 변화할 때 영업이익 및 손익분기점 등이 어떻게 변화하는가를 분석하는데 사용될 수 있다. 따라서 CVP 분석에서 민감도분석은 다음과 같은 의사결정에 이용될 수 있다.

① 판매수량이 10% 증가하면 영업이익은 얼마나 증가하는가?

② 단위당 판매가격이 10% 증가하면 판매수량과 영업이익은 어떻게 변할까?

③ 단위당 변동원가가 5% 감소하고 고정원가가 10% 증가하면 영업이익은 얼마일까?

표 9–1 CVP관계 요소의 변화와 영향

	요소의 변화	공헌이익	손익분기점	이익
가격	+	+	−	+
	−	−	+	−
변동원가	+	−	+	−
	−	+	−	+
고정원가	+	변동 없음	+	−
	−	변동 없음	−	+

이러한 각 요소의 변화가 공헌이익, 손익분기점 및 이익에 미치는 영향을 요약하면 다음과 같다. 여기에 요약한 영향은, 특정 요소가 변화할 때 다른 요소들은 일정한 것으로 가

정한 경우 발생하는 영향을 분석하여 나타낸 것으로, 특히 이익에 대한 영향은 현재의 매출액이 유지된다는 가정하에서 분석한 것이다.

민감도분석은 불확실성이 미치는 잠재적 영향을 파악하게 함으로써 경영자의 의사결정에 도움이 되는 정보를 제공한다. 경영자는 민감도 분석을 역으로 이용하여 결과적인 목표(이익 등)의 달성을 위하여 어떤 요소를 어떻게 변화시킬 것인가에 대한 해답을 찾기도 한다.

9. 원가구조와 영업레버리지

(1) 원가구조

원가구조(cost structure)란 기업 내에서 변동원가와 고정원가의 상대적 비율을 의미한다. 기업은 그가 속한 업종이나 특성에 따라 다양한 원가구조를 갖는다. 즉, 섬유 및 신발산업 같이 노동력에 의존하는 노동집약적 산업에 속한 기업은 변동원가의 비중이 크며, 철강업과 같이 설비투자가 큰 자본집약적 산업에 속한 기업은 고정원가의 비중이 크다. 일반적으로 변동원가의 비중이 큰 기업은 공헌이익률이 낮고, 고정원가 비중이 큰 기업은 공헌이익률이 높게 나타난다.

예제 9-3

다음은 (주)동해와 (주)서해의 20×8년 영업활동에 관한 자료이다.

	(주)동해	(주)서해
매출액	600,000	600,000
변동원가	180,000	390,000
공헌이익	420,000	210,000
총고정원가	360,000	150,000
영업이익	60,000	60,000

두 기업의 공헌이익률을 살펴보면 다음과 같다.

(주)동해의 공헌이익률＝₩420,000/₩600,000＝70%

(주)서해의 공헌이익률＝₩210,000/₩600,000＝35%

위 예제에서 (주)동해는 (주)서해에 비하여 고정원가가 크고 변동원가는 작아 공헌이익률이 더 높게 나타난다. 따라서 매출액이 동일하게 증가하더라도 (주)동해와 같이 공헌이익률이 높은 기업은 공헌이익률이 상대적으로 낮은 (주)서해보다 공헌이익의 증가가, 결과적으로 영업이익의 증가가, 더 크게 나타날 것이다. 반대로, 매출액이 감소하는 경우, 동일한 매출액의 감소에 대하여 (주)동해의 공헌이익 감소(결과적으로 영업이익 감소)가 (주)서해의 공헌이익 감소보다 크게 나타날 것이다. 따라서 어느 특정기업의 공헌이익률이 크다고 해서 항상 유리하다고는 말할 수 없다.

(2) 영업레버리지

레버리지(leverage)란 작은 힘으로 큰 물체를 쉽게 움직일 수 있는 지렛대의 작용을 말한다. 영업레버리지(operating leverage)는 매출액의 변화에 대응하여 영업이익의 변화가 얼마나 민감하게 반응하는 지를 나타내는 개념이다. 영업레버리지는 고정원가가 지레작용을 함으로써 나타나기 때문에 고정원가의 비중이 큰 기업은 영업레버리지가 높고, 반대로 고정원가의 비중이 작은 기업은 영업레버리지가 낮게 나타난다.

영업레버리지는 승수로서의 역할을 한다. 영업레버리지가 높으면, 낮은 비율의 매출 증가에도 높은 비율의 영업이익 증가를 가져오고, 반대로 영업레버리지가 낮으면 같은 비율의 매출 증가에도 영업이익의 증가율이 상대적으로 낮게 나타난다.

위 예제에서 매출액이 30% 증가하였다고 가정하였을 때 두 기업의 손익계산서를 작성하면 다음과 같다.

	(주)동해	(주)서해
매출액	₩780,000	₩780,000
변동원가	234,000	507,000
공헌이익	546,000	273,000
총고정원가	360,000	150,000
영업이익	₩186,000	₩123,000

영업레버리지는 매출액의 변화가 영업이익에 미치는 영향을 나타내기 때문에 영업레버리지도(degree of operating leverage: DOL)는 다음과 같이 계산된다.

영업레버리지도(DOL) = 영업이익의 변화율/매출액의 변화율
= 공헌이익/영업이익

위 예제에서 매출이 ₩600,000이고 영업이익이 ₩60,000일 때 (주)동해와 (주)서해의 영업레버리지는 각각 7(₩420,000/₩36,000)과 3.5(₩210,000/₩60,000)로 계산된다.

위 식에서

영업이익의 변화율 = 영업레버리지도 × 매출액의 변화율

따라서 영업레버리지도를 이용하여 영업이익 증가율을 예측할 수 있다.

이 식을 (주)동해와 (주)서해의 자료에 적용하여 영업이익의 증가율을 계산하면 다음과 같다.

(주)동해의 영업이익증가율 = 7 × 30% = 210%
(주)서해의 영업이익증가율 = 3.5 × 30% = 105%

위 예제에서 매출액이 30% 증가하는 경우 (주)동해의 영업이익은 ₩60,000에서 210% 증가하여 ₩186,000(₩60,000 + 210% × ₩60,000)이 되고, (주)서해의 영업이익은 ₩60,000에서 105% 증가하여 ₩123,000(₩60,000 + 105% × ₩60,000)이 된다. 따라서 영업레버리지도가 클수록 매출액의 변화율보다 영업이익의 변화율이 더 커지게 된다.

제4절 확장된 CVP 분석

지금까지 한 제품을 대상으로 CVP 분석을 살펴보았다. 그러나 대부분의 기업은 다양한 종류의 제품을 생산 판매하고 있으며, 이러한 제품들의 수익성에는 서로 차이가 있기도 하다. 따라서 기업의 이익은 제품들의 매출배합에 따라 상당부분 좌우된다. 만약 마진이 큰 제품의 비중이 마진이 작은 제품의 비중보다 크다면 그 기업의 이익은 그 반대의 경우보다 훨씬 클 것이다.

제품수량에 의한 매출배합(sales mix)이란 총판매량 중에서 각 제품의 판매량이 차지하는 상대적인 비율을 말한다. 예를 들어 제품 A, B, C의 판매량이 각각 200톤, 300톤, 500톤이라면 매출배합은 2 : 3 : 5 이다. 또한 매출액에 의한 매출배합은 총매출액 중에서 각 제품의 매출액이 차지하는 상대적인 비율을 가리킨다. 예를 들어 제품 A, B, C의 매출액이 각각 ₩6,000, ₩3,000, ₩1,000이라면 매출액구성비는 6 : 3 : 1이다.

복수제품의 CVP 분석에서 매출배합이 제품수량으로 주어지면 이를 이용하여 우선 복수제품의 손익분기 판매량을 구한 후 각 제품별 판매량을 구하게 된다. 이때 손익분기 판매량은 평균 공헌이익에 의하여 산정한다. 그리고 매출배합이 매출액으로 주어지는 경우 우선 평균공헌이익률을 이용하여 복수제품의 손익분기 매출액을 구한 후 매출액 비율에 의하여 각 제품별 손익분기점 매출액을 산정한다. 이때 손익분기매출액은 평균공헌이익률에 의하여 산정한다.

복수제품의 손익분기점을 구하는 방법에는 꾸러미법, 단위당 가중평균공헌이익법과 가중평균공헌이익률법이 있다.

예제 9-4

(주)오륜은 제품 A, B, C를 생산, 판매하는데 20×8년 영업활동에 관한 자료이다.

	제품 A	제품 B	제품 C	합계
판 매 량	5,000개	2,000개	3,000개	10,000개
단위당 판매가격	₩480	₩1,200	₩400	

단위당 변동원가	300	720	160	
단위당 공헌이익	180	480	240	
고정원가				₩1,290,000

(1) 꾸러미법

꾸러미법은 매출배합을 반영하여 복수의 제품을 하나의 꾸러미(set)에 묶어 판매한다고 가정하고 꾸러미 단위당 공헌이익을 계산하여 손익분기점을 구하는 방법이다. 이를 수식으로 표현하면 다음과 같다.

손익분기 꾸러미 판매수량 = 고정원가/꾸러미 단위당 공헌이익

위 예제에서 제품 A, B, C의 제품수량에 의한 매출배합이 5 : 2 : 3 이므로 제품 A, 5개와 제품 B, 2개 및 제품 C, 3개를 하나의 꾸러미(총 제품 10개)에 묶어 판매한다고 가정하면, 꾸러미 단위당 공헌이익과 손익분기 꾸러미 판매량은 다음과 같다.

꾸러미 단위당 공헌이익 = 5개 × ₩180 + 2개 × ₩480 + 3개 × ₩240 = ₩2,580/꾸러미
손익분기 꾸러미 판매량 = ₩1,290,000/₩2,580 = 500꾸러미

따라서 손익분기 판매량은 제품 A, 2,500개(500꾸러미 × 5개), 제품 B, 1,000개(500꾸러미 × 2개), 제품 C, 1,500개(500꾸러미 × 3개)로 총 5,000개가 된다.

(2) 단위당 가중평균공헌이익법

단위당 가중평균공헌이익법은 매출배합을 반영한 단위당 가중평균공헌이익을 이용하여 손익분기점을 구하는 방법이다. 단위당 가중평균 공헌이익과 손익분기 판매량은 다음과 같이 계산한다.

단위당 가중평균 공헌이익 = 총공헌이익/총판매량
손익분기 판매량 = 고정원가/단위당 가중평균공헌이익

제품 A, B, C의 판매량이 각각 5,000개, 2,000개, 3,000개 등 총 10,000개이고 단위당 공헌이익이 각각 ₩180, ₩480, ₩240이므로,

총공헌이익＝5,000개×₩180＋2,000개×₩480＋3,000개×₩240＝₩2,580,000

단위당 가중평균공헌이익＝₩2,580,000/10,000개＝₩258/개

손익분기 판매량＝₩1,290,000/₩258＝5,000개

따라서 제품 A, B, C의 제품수량에 의한 매출배합이 5 : 2 : 3이므로 손익분기 판매량은 제품 A, 2,500개(0.5×,000개), 제품 B, 1,000개(0.2×5,000개), 제품 C, 1,500개(0.3×5,000개)로 총 5,000개가 된다.

(3) 가중평균공헌이익률법

가중평균공헌이익률법은 매출배합을 반영한 가중평균공헌이익률을 이용하여 손익분기점을 구하는 방법이다. 가중평균 공헌이익률은 다음과 같이 계산한다.

가중평균 공헌이익률＝공헌이익/총매출액

이렇게 계산된 가중평균 공헌이익률을 손익분기점 공식에 대입하여 다음과 같이 손익분기 판매량과 손익분기 매출액을 구하는 식을 유도할 수 있다.

손익분기 매출액＝고정원가/가중평균공헌이익률

(주)오륜의 매출액에 의한 매출배합 및 제품 A, B, C의 공헌이익률은 다음과 같이 정리할 수 있다.

	제품 A	제품 B	제품 C	합계
매출액	₩2,400,000	₩2,400,000	₩1,200,000	₩6,000,000
매출배합(매출액기준)	40%	40%	20%	
공헌이익	₩900,000	₩960,000	₩720,000	₩2,580,000
공헌이익률	37.5%	40%	60%	

제품 A, B, C의 매출액에 의한 매출배합이 4 : 4 : 2이므로 이에 의한 가중평균공헌이익률은 다음과 같다.

가중평균 공헌이익률＝총공헌이익/총매출액
＝₩2,580,000/₩6,000,000＝43%

또는 40%×37.5%＋40%×40%＋20%×60%＝43%

따라서 손익분기 매출액은 고정원가 ₩1,290,000을 가중평균공헌이익률 43%로 나누어 나오는 ₩3,000,000이다.

손익분기 매출액＝고정원가/가중평균 공헌이익률
＝₩2,580,000/0.43＝₩3,000,000

매출액에 의한 매출배합이 4 : 4 : 2이므로 제품별 손익분기점 매출액은 제품 A ₩1,200,000, 제품 B ₩1,200,000, 제품 C ₩600,000으로 구성된다.

이렇듯 매출배합의 변동은 다양한 형태로 회사의 이익에 영향을 미치고 있다. 총매출액이 증가하더라도, 높은 공헌이익률을 가지는 제목에서 낮은 공헌이익률을 가지는 제품으로 판매변화가 발생하게 되면, 총이익은 오히려 감소할 수도 있다. 따라서 경영자는 기업이익을 극대화하기 위해서 생산하고 있는 다양한 제품 중 그 기업이 좀 더 집중해야 할 제품을 선정하는 의사결정문제에 직면하게 된다. 이때 다양한 매출배합 중에서 이익을 극대화하는 최적의 매출배합은 판매량이 일정할 경우 단위당 공헌이익이 큰 제품을 판매하는 것이고, 매출액이 일정할 경우 공헌이익률이 큰 제품을 판매하는 것이다. 왜냐하면, 공헌이익은 판매량×단위당 공헌이익 또는 매출액×공헌이익률로 결정되기 때문에 판매량이 일정하면 단위당 공헌이익을, 매출액이 일정하면 공헌이익률을 크게 하여야 공헌이익이 증가한다.

연습문제

Exercise

객관식

손익분기점 기본(안전한계, 영업레버리지, 목표이익)

01 (주)관세의 20×1년 자료는 다음과 같다. 다음 설명 중 옳은 것은? (18. 관세사)

매출액	₩50,000
변동원가	30,000
공헌이익	20,000
고정원가	15,000
영업이익	5,000

① 공헌이익률은 60%이다.
② 안전한계율(margin of safety percentage)은 30%이다.
③ 손익분기점 매출액은 ₩40,000이다.
④ 영업레버리지도는 5이다.
⑤ 판매량이 10% 증가하면 영업이익은 ₩2,000 증가한다.

02 (주)관세와 (주)한국의 공헌이익 손익계산서는 다음과 같다.

	(주)관세	(주)한국
매출액	₩100,000	₩100,000
변동원가	52,000	64,000
공헌이익	48,000	36,000
고정원가	28,000	16,000
영업이익	₩20,000	₩20,000

판매량이 증감한다고 할 때 다음 설명 중 옳은 것은? (단, 다른 조건은 동일하다.)
(20. 관세사)

① 두 기업 모두 판매량 증감률보다 영업이익 증감률이 더 낮다.
② (주)관세보다 (주)한국의 영업이익 증감률이 더 높다.
③ 두 기업의 영업이익 차이 원인은 각 기업의 변동원가율이 달라지기 때문이다.
④ 영업레버리지도는 손익분기점 부근의 판매량 수준에서 가장 높고, 판매량이 증가할수록 낮아지게 된다.
⑤ 판매량이 감소하는 경기침체 상황에서 (주)관세보다 (주)한국의 영업손실 발생 위험도가 더 커진다.

03 (주)관세의 20×1년 매출액은 ₩5,000(판매수량 1,000단위)이고, 영업이익은 ₩2,000이다. 변동원가율은 36%, 법인세율이 20%일 때, 안전한계율(가)과 법인세차 감후 영업이익 ₩2,112을 달성하기 위한 매출액(나)은? (22. 관세사)

	(가)	(나)		(가)	(나)
①	57.5%	₩5,250	②	57.5%	₩6,000
③	62.5%	₩6,000	④	62.5%	₩6,250
⑤	64%	₩6,250			

04 (주)감평의 총변동원가가 ₩240,000, 총고정원가가 ₩60,000, 공헌이익률이 40%이며, 법인세율은 20%이다. 이에 관한 설명으로 옳지 않은 것은? (단, 기초재고와 기말재고는 동일하다.) (19. 감정평가사)

① 매출액은 ₩400,000이다.
② 안전한계율은 62.5 %이다.
③ 영업레버리지도는 1.2이다.
④ 세후 영업이익은 ₩80,000이다.
⑤ 세후 영업이익은 ₩80,000이다.

05 (주)감평은 단위당 판매가격이 ₩300이고, 단위당 변동원가가 ₩180인 단일제품을 생산 및 판매하고 있다. (주)감평의 최대조업도는 5,000단위이고, 고정원가는 조업도 수준에 따라 변동하며 이와 관련된 자료는 다음과 같다.

연간 조업도	고정원가
0 ~ 2,000단위	₩300,000
2,001 ~ 4,000단위	450,000
4,001 ~ 5,000단위	540,000

(주)감평이 달성할 수 있는 최대 영업이익은? (19. 감정평가사)

① ₩12,000　② ₩15,000　③ ₩24,000
④ ₩3,000　⑤ ₩60,000

06 (주)감평은 단일 제품 A를 생산 · 판매하고 있다. 제품 A의 단위당 판매가격은 ₩2,000, 단위당 변동원가는 ₩1,400, 총고정원가는 ₩90,000이다. (주)감평이 세후목표이익 ₩42,000을 달성하기 위한 매출액과, 이 경우의 안전한계는? (단, 법인세율은 30%이다.)

(20. 감정평가사)

	매출액	안전한계		(가)	(나)
①	₩300,000	₩100,000	②	₩440,000	₩140,000
③	₩440,000	₩200,000	④	₩500,000	₩140,000
⑤	₩500,000	₩200,000			

07 (주)감평의 20×1년 매출 및 원가자료는 다음과 같다.

매출액	?
변동원가	₩700,000
공헌이익	500,000
고정원가	300,000
영업이익	₩200,000

20×2년에는 판매량이 20% 증가할 것으로 예상된다. (주)감평의 20×2년 예상영업 이익은? (단, 판매량 이외의 다른 조건은 20×1년과 동일하다.)　(21. 감정평가사)

① ₩260,000　② ₩280,000　③ ₩300,000
④ ₩340,000　⑤ ₩380,000

08 (주)감평의 20×1년 제품 A의 생산 · 판매와 관련된 자료는 다음과 같다.

단위당 판매가격	₩25
단위당 변동제조원가	10
단위당 변동판매관리비	6
연간 총고정제조간접원가	1,500 (감가상각비 ₩200 포함)
연간 총판매관리비	2,500 (감가상각비 ₩300 포함)

(주)감평은 변동원가계산을 채택하고 있으며, 감가상각비를 제외한 모든 수익과 비용은 발생시점에 현금으로 유입되고 지출된다. 법인세율이 20%일 때 (주)감평의 세후현금흐름분기점 판매량은?

(22. 감정평가사)

① 180단위　② 195단위　③ 360단위

④ 375단위　　⑤ 390단위

09 (주)세무의 20×1년 매출액은 ₩3,000,000이고 세후이익은 ₩360,000이며, 연간고정원가의 30%는 감가상각비이다. 20×1년 (주)세무의 안전한계율은 40%이고 법인세율이 25%일 경우, 법인세를 고려한 현금흐름분기점 매출액은? (단, 감가상각비를 제외한 수익발생과 현금유입시점은 동일하고, 원가(비용)발생과 현금유출시점도 동일하며, 법인세 환수가 가능하다.) (21. 세무사)

① ₩1,080,000　　② ₩1,200,000　　③ ₩1,260,000
④ ₩1,800,000　　⑤ ₩2,100,000

10 원가 · 조업도 · 이익(CVP) 분석에 대한 다음 설명 중 옳지 않은 것은? 단, 아래의 보기에서 변동되는 조건 외의 다른 조건은 일정하다고 가정한다. (21. 회계사)

① 생산량과 판매량이 다른 경우에도 변동원가계산의 손익분기점은 변화가 없다.
② 영업레버리지도가 3이라는 의미는 매출액이 1% 변화할 때 영업이익이 3% 변화한다는 것이다.
③ 법인세율이 인상되면 손익분기 매출액은 증가한다.
④ 안전한계는 매출액이 손익분기 매출액을 초과하는 금액이다.
⑤ 단위당 공헌이익이 커지면 손익분기점은 낮아진다.

복수제품(시장)의 손익분기점

11 (주)관세는 제품 A와 B, C를 생산 및 판매하고 있으며, 20×1년의 예산자료는 다음과 같다.

	제품 A	제품 B	제품 C	합계
매출액	₩900,000	₩2,250,000	₩1,350,000	₩4,500,000
변동원가	540,000	1,125,000	810,000	2,475,000
고정원가	₩810,000			

예산 매출배합이 일정하게 유지된다고 가정할 경우, 제품 A의 연간 손익분기점매출액은? (18. 관세사)

① ₩360,000　　② ₩380,000　　③ ₩400,000
④ ₩405,000　　⑤ ₩540,000

12 (주)관세는 제품 A, B, C를 생산 및 판매하고 있으며, 20×1년 3월 제품에 관한 자료는 다음과 같다.

	제품 A	제품 B	제품 C
단위당 판매가격	₩150	₩100	₩250
단위당 변동원가	₩105		

제품 A, B, C의 매출구성비(매출액 기준)가 3 : 2 : 5이다. (주)관세가 3월에 세후순이익 ₩12,000을 달성하기 위한 총매출액은? (단, 법인세율은 40%이다.) (21. 관세사)

① ₩80,000 ② ₩100,000 ③ ₩120,000
④ ₩140,000 ⑤ ₩160,000

13 (주)감평은 제품 A와 제품B를 생산 · 판매하고 있다. 20×1년 (주)감평의 매출액과 영업이익은 각각 ₩15,000,000과 ₩3,000,000이며, 고정원가는 ₩2,250,000이다. 제품 A와 제품 B의 매출배합비율이 각각 25%와 75%이며, 제품 A의 공헌이익률은 23%이다. 제품 B의 공헌이익률은? (21. 감정평가사)

① 29.25% ② 34.4% ③ 35%
④ 37.4% ⑤ 39%

14 (주)세무는 직접재료를 투입하여 두 개의 공정을 거쳐 제품을 생산하고 있다. 제1공정에서는 직접 재료 1톤을 투입하여 제품 A 400kg과 중간제품M 600kg을 생산하며, 제2공정에서는 중간제품M을 가공하여 제품 B 600kg을 생산한다. 직접재료는 제1공정 초기에 전량 투입되고, 전환원가는 공정 전반에 걸쳐 균등하게 발생하며, 모든 공정에서 공손 및 감손은 발생하지 않는다. 제1공정에서는 변동전환원가가 ₩200/톤, 고정원가는 ₩70,000이 발생하였으며, 제2공정에서는 변동전환원가가 ₩1,200/톤, 고정원가는 ₩58,000이 발생하였다. 직접재료 구입원가는 ₩2,000/톤이며, 제품 A와 B의 판매가격은 각각 ₩3,000/톤, ₩5,000/톤이다. 생산된 모든 제품이 전량 판매된다고 가정할 경우, 각 제품의 손익분기점 판매량은? (18. 세무사)

	제품 A	제품 B		제품 A	제품 B
①	40톤	60톤	②	48톤	72톤
③	50톤	75톤	④	60톤	90톤
⑤	80톤	120톤			

15 (주)세무는 20×1년 초에 설립되어 인공지능을 이용한 스피커를 생산하고 있다. 스피커의 단위당 변동원가는 ₩6,000이며 연간 고정원가 총액은 ₩1,500,000이다. (주)세무는 당기에 국내시장에서 스피커 300단위를 판매하고, 국내시장에서 판매하고 남는 스피커는 해외시장에 판매할 계획이다. 스피커의 국내 판매가격은 단위당 ₩10,000이며, 해외 판매가격은

단위당 ₩9,000이다. 해외시장에 판매하더라도 원가구조에는 변함이 없으며, 국내시장에 미치는 영향은 없다. 법인세율이 20%일 경우 손익분기점 판매량은? (18. 세무사)

① 350단위 ② 375단위 ③ 400단위
④ 450단위 ⑤ 500단위

16 (주)세무는 제품 A와 제품 B를 생산 · 판매한다. 각 제품의 단위당 판매가격은 제품 A는 ₩200, 제품 B는 ₩150이며, 공헌이익률은 제품 A는 40%, 제품 B는 50%이다. 제품 A와 제품 B의 매출수량배합은 1:2로 일정하고, 당기 총고정원가는 ₩34,500이다. 당기 이익 ₩23,000을 얻기 위한 총매출액은? (19. 세무사)

① ₩120,000 ② ₩125,000 ③ ₩128,000
④ ₩132,500 ⑤ ₩138,000

17 (주)세무는 제품 A와 B를 생산 · 판매하고 있다. 제품별 판매 및 원가에 관한자료는 다음과 같다.

구분	제품 A	제품 B	합계
판매량	?	?	100단위
매출액	₩200,000	₩300,000	₩500,000
변동원가	?	?	₩375,000
고정원가			₩150,000

제품 A의 단위당 판매가격은 ₩4,000이다. 손익분기점에 도달하기 위한 제품 B의 판매량은? (단, 매출배합은 일정하다고 가정한다.) (22. 세무사)

① 55단위 ② 60단위 ③ 80단위
④ 85단위 ⑤ 90단위

손익분기점 분석 응용

18 다음은 단일 제품을 생산 · 판매하는 (주)관세의 20×1년 요약 공헌이익 손익계산서이다.

구분	금액	단위당 금액
매출액	₩80,000	₩250
변동원가	48,000	150
공헌이익	₩32,000	₩100
고정원가	15,000	

영업이익	₩17,000	

(주)관세는 20×2년에 고정원가를 ₩5,000 증가시키고 단위당 변동원가를 ₩20 감소시켜, ₩22,000의 영업이익을 달성하고자 한다. 20×2년의 판매단가가 20×1년과 동일하다면 20×2년의 판매량은 20×1년보다 몇 단위가 증가하여야 하는가? (단, 매년 생산량과 판매량은 동일하다.) (19. 관세사)

① 10단위 ② 15단위 ③ 20단위
④ 25단위 ⑤ 30단위

19 (주)감평은 20×1년 3월 제품 A(단위당 판매가격 ₩800) 1,000단위를 생산 · 판매 하였다. 3월의 단위당 변동원가는 500이고, 총고정원가는 ₩250,000이 발생하였다. 4월에는 광고비 ₩15,000을 추가 지출하면 ₩50,000의 매출이 증가할 것으로 기대하고 있다. 이를 실행할 경우 (주)감평의 4월 영업이익에 미치는 영향은? (단, 단위당 판매가격, 단위당 변동원가, 광고비를 제외한 총고정원가는 3월과 동일하다.) (22. 감정평가사)

① ₩3,750 감소 ② ₩3,750 증가 ③ ₩15,000 감소
④ ₩15,000 증가 ⑤ ₩35,000 증가

20 (주)세무는 단일 제품을 생산 · 판매하는데 단위당 변동원가는 ₩225이고 공헌이익률은 40%이다. 당기 예상 판매량은 2,000단위부터 6,000단위 사이에서 균등분포(uniform distribution)를 이룬다. 당기 총고정원가가 ₩630,000일 때 ₩120,000 이상의 이익을 얻을 확률은? (19. 세무사)

① 25% ② 45% ③ 55%
④ 60% ⑤ 75%

21 (주)세무는 단일제품을 생산 · 판매하고 있다. 제품 단위당 판매가격은 ₩7,500으로 매년 일정하게 유지되고, 모든 제품은 생산된 연도에 전량 판매된다. 최근 2년간 생산량과 총제조원가에 관한 자료는 다음과 같다. 20×2년 1월 1일에 인력조정 및 설비투자가 있었고, 이로 인해 원가구조가 달라진 것으로 조사되었다.

기간		생산량	총제조원가
20×1년	상반기	200단위	₩1,200,000
	하반기	300	1,650,000
20×1년	상반기	350	1,725,000
	하반기	400	1,900,000

다음 중 옳은 것은? (단, 20×2년 초의 인력조정 및 설비투자 이외에 원가행태를 변화시키

는 요인은 없으며, 고저점법으로 원가함수를 추정한다.) (22. 세무사)

① 20×2년의 영업레버리지도는 2.5이다.
② 20×2년의 안전한계율은 약 33%이다.
③ 20×1년에 비해 20×2년의 영업레버리지도는 증가하였다.
④ 20×1년에 비해 20×2년에 연간 총고정제조원가는 ₩200,000 증가하였다.
⑤ 20×1년에 비해 20×2년의 연간 손익분기점 판매량은 50단위 증가하였다.

22 (주)대한은 20×1년도 예산을 다음과 같이 편성하였다.

구분	제품 A	제품 B	회사전체
매출액	₩125,000	₩375,000	₩500,000
변동원가	75,000	150,000	225,000
공헌이익			₩275,000
고정원가			225,000
세전이익			₩55,000
법인세비용			11,000
세후이익			₩44,000

경영자는 예산을 검토하는 과정에서 20×1년에 제품 C의 판매를 추가하기로 하였다. 20×1년도 제품 C의 예상매출액은 ₩125,000이고 변동원가율은 30%이다. (주)대한의 고정원가는 회사전체 매출액 구간별로 다음과 같은 행태를 갖는다.

회사전체 매출액	고정원가
₩0 ~ ₩500,000	₩220,000
₩500,001 ~ ₩1,000,000	₩300,000

상기 예산손익계산서에 제품 C를 추가함으로써 나타나는 변화에 대한설명으로 옳은 것은? 단, (주)대한에 적용되는 법인세율은 20%이다. (18. 회계사)

① 회사전체 평균공헌이익률은 55%에서 60%로 높아진다.
② 제품 C의 매출액이 회사전체 매출액에서 차지하는 비중은 25%이다.
③ 손익분기점에 도달하기 위한 회사전체 매출액은 ₩100,000만큼 증가한다.
④ 회사전체의 영업레버리지도(degree of operating leverage)는 5에서 5.8로 높아진다.
⑤ 회사전체 세후이익은 ₩8,000만큼 증가한다.

23 (주)대한은 제품 A, 제품 B, 제품 C를 생산 및 판매한다. (주)대한은 변동원가계산제도를 채택하고 있으며, 20×1년도 예산을 다음과 같이 편성하였다.

구분	제품 A	제품 B	제품 C
판매수량	2,500단위	5,000단위	2,500단위
단위당 판매가격	₩100	₩150	₩100
단위당 변동원가	60	75	30

(주)대한은 20×1년도 영업레버리지도(degree of operating leverage)를 5로 예상하고 있다. 세 가지 제품의 매출액 기준 매출구성비율이 일정하다고 가정할 때, (주)대한의 20×1년 예상 손익분기점을 달성하기 위한 제품 C의 매출액은 얼마인가? (22. 회계사)

① ₩160,000 ② ₩180,000 ③ ₩200,000
④ ₩220,000 ⑤ ₩250,000

제10장

표준원가계산

제 10 장 표준원가계산

성과측정은 조직을 효율적인 운영하는 데 있어 중요한 역할을 한다. 경영자는 기업 활동의 성과를 측정하기 위한 하나의 기준으로 표준원가를 설정하여 사용하고 있다. 표준원가계산의 핵심인 표준원가는 기업이 생산활동을 효율적으로 수행하면 달성되어야 하는 원가이다. 표준원가계산은 제조기업뿐만 아니라 맥도날드, 은행 또는 병원 등과 같은 서비스업에도 적용될 수 있는 관리회계기법이다.

제1절 표준원가계산의 의의

1. 표준원가계산의 의의

표준(standard)은 기업 활동의 성과를 측정하기 위한 하나의 기준(norm)이 되는 것으로서 기업의 활동이 효율적으로 수행될 경우 마땅히 달성되어야 할 수준에 대한 수치이다. 따라서 표준원가(standard costs)는 기업이 생산활동을 효율적으로 수행하면 달성되어야 하는 원가이다. 이러한 표준원가개념은 일반적으로 제품이나 서비스의 생산활동 등에 대하여 기업이 달성해야 할 목표를 제공하고, 이러한 목표 달성여부를 평가하며 이에 따라 보상과 벌을 주는 성과관리목적에 활용된다. 이와 함께 표준원가계산은 실제원가계산의 단점을 보완하기 위하여 기업이 활동을 정상적이고 효율적으로 수행한다면 발생하리라 예상되는 표준원가로 제품원가를 측정함으로써 생산 활동이 완료됨과 동시에 제품원가를 파악할 수 있는 원가계산시스템이다.

2. 표준개념의 유형

기업이 실제 사용하는 표준의 유형은 이상적인 표준(ideal standard)과 현재 달성가능한 표준(currently attainable standard)이 있다. 이상적인 표준은 최적의 환경조건에서 달성 가능한 표준으로 기업이 보유하는 모든 자원이 낭비 또는 부족함이 없이 완벽하게 사용되는 경우에만 달성이 가능한 개념이다. 그러나 현실적으로 이 같은 이상적인 표준의 달성은 매우 어렵다. 생산에 투입되는 기계설비의 사소한 고장도 없이 제조활동이 항상 100% 효율적인 상태에서 이루어지는 것이 거의 불가능하기 때문이다.

현재 달성 가능한 표준은 정상적이고 효율적인 작업환경 하에서 달성 가능한 목표로서 정상적인 기계설비의 고장이나 작업중지 또는 기업이 현재 보유하고 있는 기술수준들을 고려하여 설정된 목표라고 볼 수 있다. 일반적으로 기업이 사용하고 있는 표준은 현재의 환경조건에서 활동이 정상적 또는 효율적으로 이루어지는 경우에 달성가능한 목표이다.

이상적인 표준을 도입한 경우에는 달성해야 할 목표가 현실적으로 달성 불가능하기 때문에 근로자들에게 적절한 동기부여가 되지 못한다. 그러나 현재 달성가능한 표준을 도입하는 경우 근로자의 도전의식과 성취감을 동시에 느낄 수 있는 동기를 부여하기 때문에 근로자의 활동성과를 향상시킬 수 있다.

제2절 표준원가의 표준설정

표준원가의 설정은 성과평가와 관련되기 때문에 기업의 경영자와 종업원 모두에게 편의가 없고 공평해야 하며, 합리적이고 명백하게 설정되어야 한다. 이를 위해서는 투입되는 자원의 가격과 수량에 대하여 책임 있는 담당자 즉, 관리회계담당자, 구매담당자, 마케팅담당자, 엔지니어 및 생산감독자 등의 전문지식과 의견을 종합하는 것이 필요하다.

1. 직접재료원가 표준설정

경영자는 투입되는 원재료의 단위당 가격표준과 단위당 수량표준을 고려하여 직접재료원가의 표준을 설정한다. 직접재료원가에 대한 단위당 가격표준은 구입원가에 운송 및 하역 등과 관련된 부대비용을 고려하여 설정된다. 직접재료에 대한 단위당 수량표준은 제품 한 단위를 생산하는 데 투입되는 원재료의 수량뿐만 아니라 정상적인 감손 등을 고려하여 설정된다.

제품 단위당 표준직접원재료원가
=직접원재료 단위당 표준가격×제품 단위당 표준원재료수량

2. 직접노무원가 표준설정

직접노무원가의 가격표준과 수량표준은 임률과 노동시간에 의해서 설정된다. 시간당 표준임률은 근로자의 실질적인 임금뿐만 아니라 세금, 복리후생비 및 기타 노무관련비용을 고려하여 산정된다. 제품 단위당 표준노동시간은 제품 한 단위 생산에 필요한 실질적인 작업시간뿐만 아니라 기계고장시간, 휴식시간, 종업원의 개인용무, 청소 및 작업준비 등을 감안하여 설정된다.

제품 단위당 표준직접노무원가
=시간당 표준임률×제품 단위당 표준노동시간

3. 제조간접원가 표준설정

제조간접원가에 대한 표준설정은 원가행태에 따라 변동제조간접원가와 고정제조간접원가로 구분하여 설정하는 것이 일반적이다. 변동제조간접원가 표준은 직접노무원가 표준의 설정에서와 마찬가지로, 변동제조간접원가에 대한 가격표준과 수량표준에 의해서 산정된다. 가격표준은 개별원가계산에서 살펴본 제조간접원가 예정배부율 중 변동원가부분이다. 수량표준은 기계작업시간, 직접노동시간 등 변동제조간접원가와 밀접한 관련이 있는 조업도를

선택한다. 만약 섬유 및 신발산업과 같은 노동집약적인 산업에 속한 기업은 직접노동시간이, 그리고 철강산업과 같은 자본집약적인 산업에 속한 기업은 기계작동시간이 변동제조간접원가와 밀접한 관련이 있으므로 이들이 각 산업의 대표적인 조업도로 사용될 수 있다. 제품 단위당 표준조업도는 제품 한 단위 생산에 필요한 조업도로서 변동제조간접원가와 관련성이 높은 표준기계작동시간 등이 자주 사용된다. 제품 단위당 표준변동제조간접원가는 다음과 같이 산정된다.

제품 단위당 변동제조간접원가
=제품 단위당 변동제조간접원가 표준배부율×제품 단위당 표준 조업도

고정제조간접원가 표준은 기업이 사전에 설정하는 예산액과 같은 금액이 된다. 즉, 기업의 생산부서와 회계부서는 기초에 당해 연도에 달성할 제조활동의 수준 즉, 조업도를 결정하고 이를 기준으로 고정제조간접원가에 대한 예산을 책정한다. 이때 가격표준은 개별원가계산에서 살펴본 제조간접원가 예정배부율 중 고정원가부분이고 수량표준은 조업도로 결정된다. 따라서 제품 단위당 표준고정제조간접원가는 다음과 같이 산정된다.

제품 단위당 고정제조간접원가
=제품 단위당 고정제고간접원가 예정배부율×제품 단위당 표준 조업도

제3절 표준원가 차이분석

1. 변동제조원가 차이분석의 일반적 모형

시간이 지나 계획이 실행되어 결과가 나왔다고 하자. 이 결과는 예상과는 달리, 많은 항목에서 차이를 보일 수 있다. 왜 이러한 차이가 나왔는지 그 이유를 알아야 다음 기에 좀 더 정확한 계획을 세우고 필요한 조치를 취할 수 있을 것이다. 이와 같이 실제원가와 표준

원가를 비교하여 차이를 식별하고 각 차이의 원인을 분석하는 체계적 프로세스를 차이분석(variance analysis)이라 한다. 차이분석을 하여 예외적으로 크게 예상과 다른 결과를 초래한 항목을 중점적으로 조사하고 필요한 조치를 취하는 원가관리방법이 모든 항목에 대해서 조사를 하는 것보다는 효과적일 것이다. 이러한 관리방법을 예외에 의한 관리(management by exception: MBE)라 한다.

일반적으로 실제원가와 표준원가의 (총)차이를 가격차이와 수량차이로 구분하는데, 그 이유는 가격차이와 수량차이는 그 발생원인이 다르기 때문이다. 원재료의 경우 가격에 대한 통제는 구매시점에서 구매관리자에 의해서 이루어지는 반면, 수량에 대한 통제는 원재료가 생산에 투입된 시점에 생산을 담당하는 관리자에 의하여 이루어진다. 따라서 원가차이를 세분화하여 해당 원가를 담당하는 부서가, 예를 들어 재료가격차이는 구매부서가, 능률차이는 생산부서가 관리하는 것이 합리적이다. 그리고 어떠한 관리자도 그가 통제하지 않은 원가에 대하여 책임을 부담해서는 안 된다.

[표 10-1] 변동원가에 대한 소비차이를 가격차이와 수량차이로 분해하는 데 사용될 수 있는 일반적 모형을 보여준다. 이 표의 열(1)은 실제 발생한 원가에 해당하고, 열(3)은 변동예산 열에 해당한다. 열(2)는 변동원가(총)차이를 가격차이와 수량차이로 구분하도록 해준다.

표준원가 차이분석의 모형에서 두 가지를 주목해야 한다. 첫째, 이 모형은 직접재료원가, 직접노무원가, 변동제조간접원가의 세 가지 변동원가요소마다 가격차이와 수량차이를 계산하는 데 사용될 수 있다. 가격차이는 직접재료원가에 있어서는 직접재료 가격차이라고 부르고, 직접노무원가에 있어서는 직접노무 임률차이라 부르며, 변동제조간접원가에 있어서는 변동제조간접원가 소비차이라고 부른다. 수량차이는 직접재료원가에 있어서는 직접재료 수량차이라고 부르고, 직접노무원가에 있어서는 직접노무 능률차이라 부르며, 변동제조간접원가에 있어서는 변동제조간접원가 능률차이라고 부른다. 따라서 그 명칭이 무엇이든지 간에 가격차이와 수량차이는 직접재료원가, 직접노무원가, 변동제조간접원가를 취급하는 것에 무관하게 똑같은 방법으로 계산된다.

둘째, 이 표의 모든 열은 해당 기간 동안 생산된 실제 산출량을 근거로 한다. 변동예산에 해당하는 열(3)은 해당기간 동안 생산된 실제 산출량에 허용된 표준원가를 나타낸다. 허용된 표준수량(standard quantity allowed; SQ)은 해당 기간 동안 생산된 실제 완성품 산출량을 제조하는 데 사용되었어야 하는 투입수량을 지칭한다. 이는 실제 산출량에 단위당 표준수량

표 10-1 표준원가 차이분석의 모형

(1)	(2)	(3)
실제투입량을 실제가격으로 평가 (AP×AQ)	실제투입량을 표준가격으로 평가 (SP×AQ)	실제산출물에 대해 허용된 표준투입수량을 표준가격으로 평가 (SP×SQ)

가격차이	수량차이
(1)−(2)	(2)−(3)
직접재료가격차이	직접재료수량차이
직접노무임률차이	직접노무능률차이
변동제조간접원가소비차이	변동제조간접원가능률차이

총차이
(1)−(3)

AQ: 실제수량, AP: 실제가격, SQ: 허용된 표준수량, SP: 표준가격

(또는 표준시간)을 곱함으로써 계산된다. 예를 들어 한 회사가 해당 기간 동안 실제로 완성품 100개를 생산하였고, 직접재료원가의 완성품 단위당 표준수량이 4kg이라면, 허용된 표준수량(SQ)은 400kg이 된다. 만일 이 회사의 직접재료원가의 kg당 표준원가가 ₩30이라면, 변동예산의 총직접재료원가는 ₩12,000이 될 것이다.

(1) 변동제조원가 가격차이

변동제조원가의 가격차이는 기업이 사전에 설정한 가격표준과 실제가격과의 차이로 인하여 발생하는 원가차이를 말한다. 기업이 생산활동에 투입하는 직접재료의 단위당 실제원가는 직접재료 표준원가와, 생산활동에 종사하는 근로자의 시간당 실제임률은 표준임률과, 그리고 실제조업도에서 발생하는 변동제조간접원가 실제배부율은 표준배부율과 각기 차이가 날 수 있다.

가격차이는 생산활동에 투입된 원가요소의 실제수량을 고정하고 실제가격과 표준가격의 차이로 계산한다. 따라서 원가요소의 가격차이가 클수록, 그리고 투입되는 직접재료나 직접노무, 또는 실제조업도가 클수록 변동제조원가 가격차이는 크게 된다. 이를 식으로 표시하면 다음과 같다.

변동원가 가격차이

=실제발생원가(AP×AQ)−실제투입량을 표준가격으로 평가한 원가(SP×AQ)

=AP×AQ−SPxAQ=(AP−SP) AQ

(단, AP: 실제가격, AQ: 실제수량, SP: 표준가격)

(2) 변동제조원가 수량차이

변동제조원가의 수량차이는 기업이 생산활동에 투입한 원가요소의 수량과 실제 생산에 허용하는 표준수량과의 차이 때문에 발생하는 원가차이를 말한다. 기업이 생산활동에 투입하는 직접재료의 실제투입량은 실제 산출량에 허용된 표준투입량수량과, 생산활동에 종사하는 근로자의 실제투입시간은 실제 산출량에 허용된 표준투입시간과, 그리고 기업의 실제조업도는 표준조업도와 각기 차이가 날 수 있고 이로 인하여 각 원가요소별로 변동원가 수량차이가 발생하게 된다. 수량차이는 실제투입수량과 표준투입수량의 차이에 생산활동에 투입된 원가요소의 표준가격을 곱하여 계산한다. 이를 식으로 표시하면 다음과 같다.

변동원가 수량차이

=실제투입량을 표준가격으로 평가한 원가−실제생산에 허용된 표준원가

=AQ×SP−SQ×SP=(AQ−SQ) SP

(단, SQ: 실제생산에 허용된 표준수량)

2. 고정제조간접원가 차이분석 모형

고정제조간접원가를 제품과 같은 원가대상에 배부하는 과정을 이해하여야만 고정제조간접원가 차이분석을 이해할 수 있다. 따라서 고정제조간접원가를 원가대상에 배부하는 과정을 살펴보면 다음과 같다.

첫째, 기업의 생산부서와 회계부서는 기초에 당해 연도에 달성하고자하는 생산활동의 수준(기준조업도)을 결정하게 되고 이에 따라 필요한 고정제조간접원가에 대한 예산을 책정하게 된다.

둘째, 제품원가계산 목적상 고정제조간접원가를 제품에 배부하기 위하여 고정제조간접원가 예정배부율을 설정한다. 고정제조간접원가 예정배부율은 고정제조간접원가 예산과 기

준조업도에 의하여 산정한다. 여기서 기준조업도는 고정제조간접원가 예정배부율을 산정하기 위하여 기업이 미리 정해 놓은 조업도로서 기계작동시간, 직접노동시간 등이 주로 사용된다. 예정배부율은 다음과 같이 산정한다.

고정제조간접원가 예정배부율＝고정제조간접원가 (총)예산/기준조업도

셋째, 고정제조간접원가 예정배부율을 이용하여 고정제조간접원가를 재공품에 배부하고 이를 다시 제품에 배부한다.

(1) 고정제조간접원가 예산차이

고정제조간접원가는 변동제조원가와 달리 관련범위 내에서 일정하게 발생하므로 직접원재료나 생산에 종사하는 근로자 등의 원가요소들이 실제의 생산활동에 얼마나 효율적으로 투입되었는가를 나타내는 능률(효율)차이를 분리할 수 없다. 따라서 원가차이는 실제발생액과 예산총액을 비교하여 그 차이 전액이 가격차이 즉, 예산차이가 된다. 따라서 예산차이는 다음과 같이 계산된다.

고정제조간접원가 예산차이＝실제발생액－고정제조간접원가 예산

(2) 고정제조간접원가 조업도차이

기업이 변동원가계산을 도입한 경우에는 고정제조간접원가는 제품원가에 포함시키지 않고 기간원가로 처리하기 때문에 고정제조간접원가에 대한 표준은 예산이 되며, 이를 실제 발생한 고정제조간접원가와 비교하여 고정제조간접원가의 예산차이를 계산한다.

그런데 기업이 전부원가계산을 도입한 경우에는 고정제조간접원가를 예정배부율을 이용하여 각 제품에 배부한다. 이때 고정제조간접원가 예산과 배부액 사이에 차이가 발생하게 되는데 이러한 차이를 고정제조간접원가 조업도차이라 한다. 고정제조간접원가 조업도차이는 기준조업도와 실제생산에 허용된 조업도와의 차이를 말한다. 즉, 실제로 생산된 수량이 표준원가를 계산할 때 사용하였던 예상수량과 다른 경우에 발생하는 원가차이이다. 따라서 조업도 차이는 다음과 같이 계산된다.

고정제조간접원가 조업도차이

=고정제조간접원가 예산−예정배부율에 의거 실제생산량에 배부되는 원가

위에서 설명한 고정제조간접원가에 대한 원가차이분석을 기본모형으로 표시하면 <표 10−2>와 같다.

표 10−2 고정제조간접원가에 대한 차이분석

①	②	③
실제발생원가	고정제조간접원가 예산	예정배부율에 의거 실제생산량에 배부되는 원가
예산차이 (①−②)	조업도차이 (②−③)	
총차이		

고정제조간접원가의 예산차이와 조업도차이를 그림으로 표시하면 [그림 10−1]과 같다.

그림 10−1 고정제조간접원가 예산차이와 조업도차이

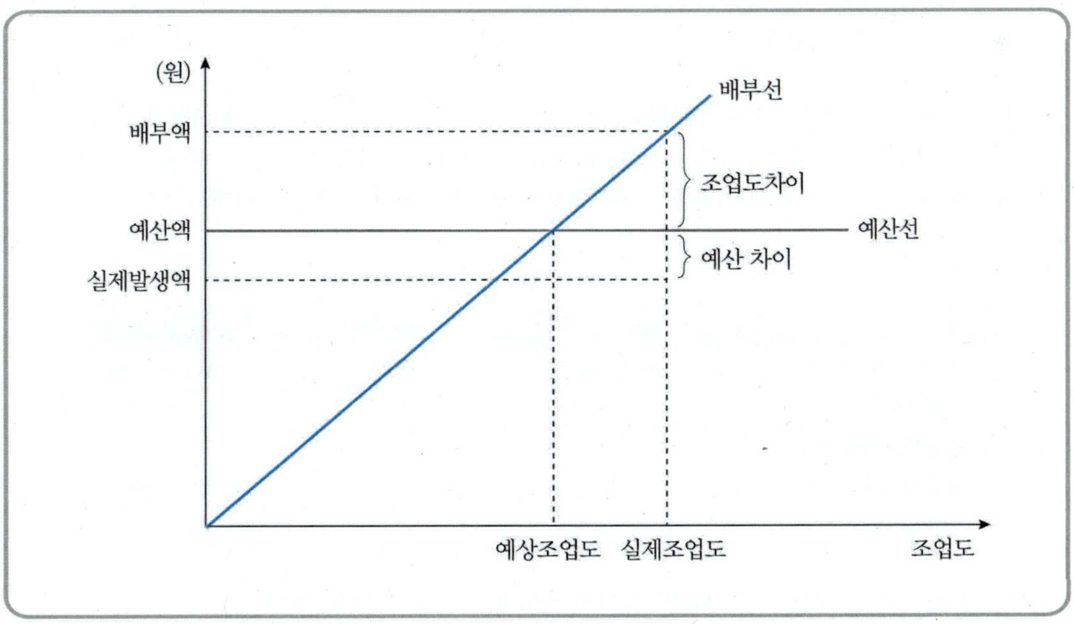

3. 예제를 통한 원가차이분석

원가차이란 표준원가와 실제원가와의 차이를 말한다. 그리고 원가차이는 유리한 차이와 불리한 차이로 나누어지는데 실제원가가 표준원가보다 크면 불리한 차이(unfavorable variance)라 하고, 반대로 실제원가가 표준원가보다 작으면 유리한 차이(favorable variance)라 한다. 유리 또는 불리의 의미는 실제원가와 표준원가의 차이가 이익에 미치는 영향을 말한다.

원가차이분석은 원가의 요소별로 이루어진다. 원가차이분석을 이해하기 위하여 다음의 예제를 이용하기로 하자.

• 예제 10-1

부산완구는 학생용 책상을 생산, 판매하는 회사이며 표준원가계산을 도입하고 있다. 다음은 제품 단위당 표준원가이다.

	표준수량	표준가격	표준원가
직접원재료원가	3.4kg	₩120	₩408
직접노무원가	6시간	12	72
변동제조간접원가	6시간	6	36
단위당표준원가			₩516

회사는 연간 고정제조간접원가예산은 ₩432,000이고, 연간 24,000 직접노동시간의 기준조업도를 근거로 하여 직접노동시간당 ₩18의 고정제조간접원가 예정배부율을 적용하고 있다. 회사는 2010년 중 책상 4,500단위를 생산하였으며, 20x8년 동안 실제발생한 제조원가는 다음과 같다.

	실제수량	실제가격	실제발생 제조원가
직접 원재료원가	16,000kg	₩105	₩1,680,000
직접노무원가	28,000시간	10.5	294,000
변동제조간접원가			176,400
고정제조간접원가			420,000
단위당 표준원가			₩2,570,400

당기의 원재료구입량은 20,000kg이며 실제 구입가격은 kg당 ₩105이다.

(1) 직접재료원가 차이분석

변동원가 원가차이분석 기본모형에 의하여 직접재료원가 차이를 분석하면 [표 10−3]과 같다.

표 10-3 직접재료원가 차이분석

①	②	③
실제발생원가 (AP×AQ)	실제투입량을 표준가격으로 평가한 원가 (SP×AQ)	실제생산에 허용된 표준원가(변동예산) (SP×SQ)
₩105×16,000kg=₩1,680,000	₩120×16,000kg=₩1,920,000	₩120×15,300kg=₩1,836,000

가격차이 ₩240,000(유리)　　수량차이 ₩84,000(불리)

직접재료원가 총차이 ₩156,000(유리)

직접재료원가의 가격차이(direct materials price variance)는 실제 발생한 직접재료원가에서 생산활동에 투입된 직접재료의 수량을 표준가격으로 표시한 금액을 차감하여 계산한다. [예제 10−1]의 직접재료원가 실제발생액인 ₩1,680,000에서 생산활동에 투입된 직접재료의 수량 16,000kg을 직접재료 단위당 표준가격인 ₩120으로 환산한 금액인 ₩1,920,000를 차감하여 직접재료가격차이를 계산한다. 이 경우 실제발생원가가 실제투입량의 표준원가 환산액보다 작으므로 유리한 차이가 발생하였다고 판정된다. 즉, 직접재료원가는 가격차이에서 ₩240,000 유리한 차이를 발생하여 ₩240,000(유리) 또는 ₩240,000F로 표시한다.

직접재료의 가격차이에 대한 책임은 원재료의 구매를 담당하는 구매담당 관리자의 책임으로 볼 수 있다. 가격차이는 매입규모, 인도방법, 이용 가능한 수량할인, 구입원재료의 질 등에 의하여 영향을 받는다. 예를 들면, 최상품의 재료보다 등급이 낮은 원재료를 매입하는 경우에 낮은 질의 원재료는 일반적으로 가격이 저렴하기 때문에 유리한 가격차이가 발생한다. 그러나 낮은 품질의 원재료사용은 원재료의 낭비를 가져와서 수량차이에서 불리한 차이가 발생하게 된다. 더욱이 불리한 수량차이가 유리한 가격차이보다 클 경우에는 직접재료원가 총차이에서 불리한 차이를 발생시킬 수 있다.

그런데 가격차이에 대하여 구매를 담당하는 관리자가 아닌 다른 부문관리자가 책임을 져야 하는 경우도 있다. 예를 들면, 고객의 요구에 부응하기 위해 고가의 원재료를 구매하는 경우가 발생하기도 있다. 이러한 경우 고가 원재료 구매를 요청한 마케팅 또는 생산을 담당하는 관리자가 가격차이에 대한 책임을 부담하여야 한다.

직접재료원가의 수량차이(direct materials quantity variance)는 생산활동에 투입된 실제수량에 표준가격을 곱하여 산정한 금액에서 실제 생산에 허용된 표준투입량에 표준가격을 곱하여 산정한 금액을 차감하여 산정한다. [예제 10－1]의 직접재료의 실제 투입량 16,000kg에 단위당 표준원가 ₩120을 곱한 금액인 실제투입량에 의한 표준원가는 ₩1,920,000이다. 그리고 실제생산수량은 4,500단위이고, 제품 1단위에 대하여 표준으로 설정한 재료의 양은 3.4kg이므로 실제생산에 허용된 표준투입량은 15,300kg(4,500단위×3.4kg)이 산정되며 이에 원재료의 단위당 표준원가인 ₩120을 곱한 금액인 ₩1,836,000이 실제생산에 허용된 표준원가가 된다. 따라서 직접재료 수량차이는 ₩84,000으로 불리한 차이를 나타낸다.

직접재료 수량차이는 기본적으로 생산을 담당하는 관리자의 책임이다. 불리한 수량차이는 생산활동에 노후한 설비사용, 열악한 재료의 품질, 훈련되지 않은 근로자 및 서투른 감독 등 여러 요인에 의해서 발생된다. 그러나 때로는 생산 담당자의 책임보다는 마케팅 또는 구매 담당자의 책임일 수도 있다. 예를 들어 유리한 직접재료 가격차이를 얻기 위하여 구매담당자가 낮은 품질의 원재료를 구입하였기 때문에 불리한 직접재료 수량차이가 발생할 수 있다. 따라서 직접재료원가의 차이분석을 이용하여 성과평가를 할 때는 그 근원적인 원인을 파악하는 일이 선행되어야 한다.

직접재료원가 총차이는 실제 발생한 직접원재료원가 ₩1,680,000과 실제생산에 허용된 표준원가 ₩1,836,000의 차이로 ₩156,000 유리한 차이를 보여주고 있다. 이는 유리한 가격차이가 커서 불리한 수량차이를 상쇄하고도 남은 결과이다.

(2) 직접노무원가 차이분석

변동원가 원가차이분석 기본모형에 의하여 직접노무원가 차이를 분석하면 [표 10－4]와 같다.

직접노무원가의 임률차이(direct labor rate variance, 또는 효율차이)는 직접노무원가 실제발생액에서 실제 생산활동에 투입된 직접노무시간을 표준임률로 환산한 금액을 차감하여 계산한다. 직접노무원가 실제발생액(₩294,000)은 실제 투입된 직접노무 28,000시간에 실제 임

표 10-4 직접노무원가 차이분석

①	②	③
실제발생원가 (AP×AQ)	실제투입량을 표준가격으로 평가한 원가 (SP×AQ)	실제생산에 허용된 표준원가(변동예산) (SQ×SP)
₩10.5×28,000시간=₩294,000	₩12×28,000시간=336,000	₩12×27,000시간=₩324,000

임률차이 ₩42,000(유리) 능률차이 ₩12,000(불리)

직접노무원가 총차이 ₩30,000(유리)

률 ₩10.50을 곱하여 산출된다. 여기에서 실제 투입된 직접노무 28,000시간을 표준 임률 ₩12.00로 환산한 금액 ₩336,000를 차감하여 얻는 ₩42,000가 직접노무 임률차이가 된다. 이 예제에서는 직접노무원가 실제발생액이 실제투입량의 표준원가 환산액보다 작으므로 유리한 차이가 발생하였다고 판정하고 직접노무 임률차이 ₩42,000(유리) 또는 ₩42,000F로 나타낸다.

직접노무의 임률 차이에 대한 책임은 인력활용에 관련된 생산, 인사 및 회계를 담당하는 관리자의 책임으로 볼 수 있다. 그런데 직접노무원가의 임률은 대부분 노사협의에 의하여 이루어지기 때문에 경영자가 통제 불가능한 원가가 될 수도 있다.

직접노무원가의 능률차이(direct labor efficiency variance)는 생산활동에 투입된 실제노동시간을 표준임률로 환산한 금액에서 실제생산량에 허용된 표준노동시간을 표준임률로 환산한 금액을 차감하여 산정한다. [예제 10-1]에서 실제 생산량이 4,500단위이며 제품 한 단위를 생산하는데 6시간이 소요되므로 생산에 허용된 직접노무시간은 27,000시간이다. 그리고 시간당 표준 임률이 ₩12이므로 실제생산에 허용된 표준원가는 ₩324,000으로 산정된다. 따라서 차이분석 결과는 직접노무원가 능률차이를 ₩12,000 불리한 차이로 보여준다.

직접노무원가의 능률차이에 대한 책임은 생산을 담당하는 관리자의 책임이다. 이는 기업의 노동생산성을 측정하는 지표로도 활용된다. 그러나 생산활동에 숙련된 근로자 대신에 값싼 비숙련 근로자를 배치하는 경우 유리한 임률차이가 발생하나, 이로 인하여 직접노동시간이 증가하여 오히려 불리한 능률차이를 나타낼 수도 있다. 따라서 직접노무원가 차이분석을 이용하여 성과를 분석하는 경우 직접재료원가와 마찬가지로 그 근원적인 원인을 파악하는 일이 선행되어야 한다.

(3) 변동제조간접원가 차이분석

변동제조간접원가의 소비차이(variable overhead spending variance)는 변동제조간접원가 실제발생액에서 변동제조간접원가 배부기준 즉, 조업도의 실제 투입량에 표준배부율을 곱한 금액을 차감하여 계산한다. [예제 10－1]에서 변동제조간접원가 실제 발생액은 ₩176,400이고, 실제투입량에 의한 표준원가는 조업도인 직접노동시간 28,000시간에 표준배부율 ₩6을 곱한 금액 ₩168,000이다. 따라서 변동제조간접원가 소비차이는 ₩8,400 불리한 차이다. 소비차이는 변동제조간접원가와 이를 유발하는 원가동인인 조업도와 인과관계가 없는 경우 또는 제조간접활동의 비효율적인 처리에서 발생할 수 있다. 전자의 경우 소비차이에 대한 분석은 무의미하고, 후자의 경우는 생산활동을 담당하는 관리자의 책임사항이 된다.

변동제조간접원가의 능률차이(variable overhead efficiency variance)는 실제투입량에 의한 표준원가에서 실제생산에 허용된 표준원가를 차감한 금액이다. [예제 10－1]에서 실제투입량에 의한 표준원가는 ₩168,000(₩6×28,000시간)이다. 실제생산량 4,500단위 생산에 허용된 표준 직접노무시간 27,000시간이고 변동제조간접원가 표준배부율 ₩6를 곱하면 ₩162,000이 된다. 따라서 변동제조간접원가 능률차이는 ₩6,000 불리한 차이로 나타난다.

이를 변동원가 원가차이분석 기본모형에 의하여 표시하면 [표 10－5]와 같다.

표 10-5 변동제조간접원가 차이분석

①	②	③
실제발생원가 (AP×AQ)	실제투입량을 표준배부율로 평가한 원가 (SP×AQ)	실제생산에 허용된 표준원가(변동예산) (SQ×SP)
₩6.3×28,000시간＝₩176,400	₩6×28,000시간＝₩168,000	₩6×27,000시간＝₩162,000

소비차이 ₩8,400(불리)　　능률차이 ₩6,000(불리)

변동제조간접원가 총차이 ₩14,400(불리)

(4) 고정제조간접원가 차이분석

고정제조간접원가 예산차이(fixed overhead budget variance)는 실제 발생한 고정제조간접원가에서 실제조업도에 허용된 표준원가 즉, 고정제조간접원가의 예산액을 차감하여 계산한다. [예제 10-1]에서 고정제조간접원가 실제 발생액 ₩420,000에서 고정제조간접원가 예산인 ₩432,000을 차감한 ₩12,000이 예산차이이며, 실제발생원가가 작기 때문에 유리한 차이다.

고정제조간접원가 조업도차이(fixed overhead volume variance)는 고정제조간접원가 예산에서 실제생산량에 의하여 배부된 고정제조간접원가를 차감하여 계산한다. [예제 10-1]에서 고정제조간접원가 예산은 ₩432,000이고, 고정제조간접원가 기준조업도는 연 24,000시간 이므로 예정배부율은 직접노동시간당 ₩18이다. 그리고 제품 한 단위 생산하는 데 6시간이 소요되므로 제품 한 단위당 예정배부율은 ₩108이 된다. 이를 다시 실제생산 수량인 4,500단위에 곱하면 실제생산량에 대하여 배부된 고정제조간접원가는 ₩486,000이다. 따라서 고정제조간접원가 조업도차이는 ₩432,000에서 ₩486,000을 차감한 금액 ₩54,000이고 이는 유리한 차이다. 이를 고정제조간접원가 원가차이분석 기본모형에 의하여 표시하면 [표 10-6]과 같다.

표 10-6 고정제조간접원가 차이분석

①	②	③
실제발생원가	고정제조간접원가 예산	예정배부율에 의거 실제생산량에 배부되는 원가
₩420,000	₩432,000	₩18×27,000=₩486,000 또는 ₩108×4,500=₩486,000

예산차이 ₩12,000(유리)　조업도차이 ₩54,000(유리)

고정제조간접원가 총차이 ₩66,000(유리)

고정제조간접원가 조업도차이 ₩54,000의 유리한 차이는 [예제 10-1]에서 실제조업도 4,500단위가 예상조업도 4,000단위보다 크기 때문이다. 또 부산완구의 고정제조간접원가의 원가차이분석의 내용을 그림으로 표시하면 [그림 10-2]와 같다.

그림 10-2 고정제조간접원가의 원가차이분석

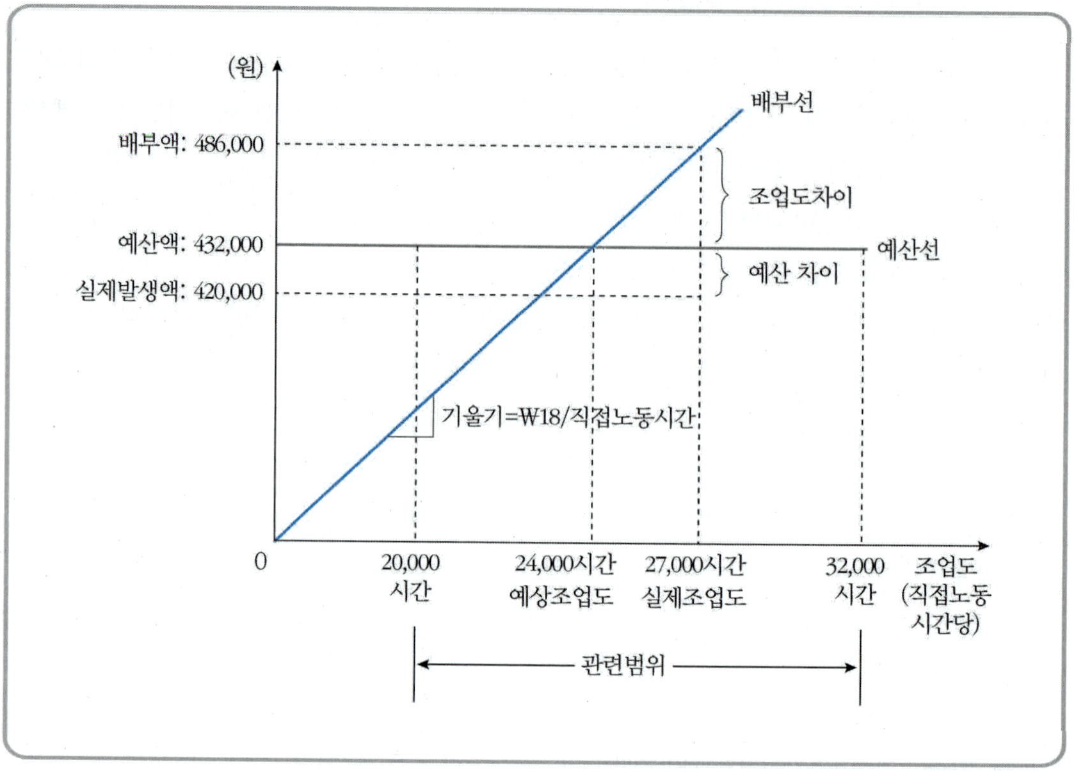

제4절 표준원가계산의 회계처리

지금까지 원가차이분석에 대하여 설명하였다. 지금부터는 표준원가계산을 적용하는 경우에 회계처리를 어떻게 하는지 살펴보고자 한다.

(1) 직접재료원가

[예제 10-1]에서 원재료의 사용시점에 가격차이를 분석하였기 때문에 원재료를 구입할 때에 가격차이를 분석하지 않았다. 그런데 원가관리 목적상 직접재료원가 가격차이는 원재료 구입시점에서 분리하는 것이 보다 합리적이고 능률적이다.

원재료 구입시점에서 가격차이를 분석하면 원재료를 구입할 때에 실제구입량을 표준원가로 원재료 계정의 차변에 기록하고 실제구입액은 현금을 지급한 경우 현금 계정을, 현금을 지급하지 않은 경우는 매입채무 계정을 대변에 기록한다. 그리고 두 금액의 차액은 직접재료 가격차이 계정으로 기록한다. 이때 불리한 차이는 비용의 성격을 가지기 때문에 차변에, 유리한 차이는 수익의 성격을 가지기 때문에 대변에 기록한다.

① 직접 원재료 구입

계정	차변	대변
원재료	2,400,000	
매입채무		2,100,000
직접원재료 가격차이		300,000

그리고 원재료 사용에 대한 회계처리는 재공품 계정의 차변에 실제생산량에 허용된 원재료원가의 표준원가를 기록하고 원재료 계정의 대변에 실제 사용된 원재료의 표준원가를 기록한다. 그리고 두 금액의 차액은 직접재료원가 수량차이 계정으로 기록한다.

② 직접 원재료 사용

계정	차변	대변
재공품	1,836,000	
원재료		1,920,000
직접재료수량차이		84,000

(2) 직접노무원가

임금을 지급하면 그 금액을 노무원가계정의 차변과 현금계정 등의 대변에 기록한다. 그리고 직접노무원가를 재공품에 대체할 때에는 재공품계정의 차변에 실제생산량에 허용된 직접노무원가의 표준원가를 기록하고 직접노무원가계정의 대변에 직접노무원가의 실제원가를 기록한다. 그리고 두 금액의 차액은 직접노무 임률차이와 직접노무 능률차이 계정으로 기록한다.

③ 직접노무원가 대체

계정	차변	대변
재공품	324,000	
직접노무 능률차이	12,000	
노무원가		294,000
직접노무 임률차이		42,000

(3) 변동제조간접원가

변동제조간접원가의 경우도 직접노무원가와 동일하게 회계처리한다 즉, 변동제조간접원가가 발생하면 실제원가로 각 계정에 기록하고, 변동제조간접원가를 재공품에 배부할 때에는 재공품계정의 차변에 실제생산량에 허용된 변동제조간접의 표준원가를 기록하고 변동제조간접원가계정의 대변에 변동제조간접원가의 실제원가를 기록한다. 그리고 두 금액의 차액은 변동제조간접원가 소비차이와 변동제조간접원가 능률차이계정으로 기록한다.

④ 변동제조간접원가 배부

계정	차변	대변
재공품	162,000	
변동제조간접원가소비차이	8,400	
변동제조간접원가능률차이	6,000	
변동제조간접원가		176,400

(4) 고정제조간접원가

고정제조간접원가의 경우도 직접노무원가와 동일하게 회계처리한다 즉, 고정제조간접원가가 발생하면 실제원가로 각 계정에 기록하고, 고정제조간접원가를 재공품에 배부할 때에는 재공품 계정의 차변에 실제생산량에 허용된 고정제조간접의 표준원가를 기록하고 고정제조간접원가 계정의 대변에 고정제조간접원가의 실제원가를 기록한다. 그리고 두 금액의 차액은 고정제조간접원가 예산차이와 고정제조간접원가 조업도차이 계정으로 기록한다.

④ 고정제조간접원가 배부

계정	차변	대변
재공품	486,000	
고정제조간접원가		420,000
고정제조간접원가예산차이		12,000
고정제조간접원가조업도차이		54,000

(5) 당기제품제조원가와 매출원가

지금까지 살펴본 바와 같이 표준원가계산에서는 재공품계정 차변에 모두 표준원가를 기록하므로 제품이 완성되고 판매가 이루어지면 제품계정과 매출원가계정 또한 표준원가로 기록한다. 따라서 표준원가계산에서는 원가흐름의 가정이 필요하지 않으며 재고수량만 파악이 되면 원가계산과 회계처리가 신속히 이루어진다. 만약 4,000단위가 판매되었다면 회계처리는 다음과 같다.

⑤ 제품의 완성

제품	2,808,000*	
재공품		2,808,000

* 표준원가 4,500단위×₩624=₩2,808,000

⑥ 제품의 판매

매출원가	2,496,000*	
제품		2,496,000

* 표준원가 4,000단위×₩624=₩2,496,000

5. 원가차이 조정

지금까지 살펴본 바와 같이 표준원가계산에서는 재공품, 제품 및 매출원가 계정이 모두 표준원가로 기록되어있다. 그러나 외부보고용인 재무제표를 작성할 때에는 실제원가로 기록되어 있어야 한다. 따라서 원가차이를 조정하여 표준원가로 기록된 재공품, 제품 및 매출원가 잔액이 실제원가와 기록되었을 때와 중요한 차이가 없도록 조정하는 과정이 필요하다. 원가차이의 조정방법에는 매출원가 조정법, 비례배분법 및 영업외손익법이 있다.

예제 10-2

부산완구는 당기에 영업활동을 개시하였으며 표준원가계산제도를 채택하고 있다. 당기말 현재 표준원가로 기록된 각 계정의 잔액은 다음과 같다.

	원재료	재공품	제품	매출원가	합계
원재료원가	₩240,000	₩96,000	₩180,000	₩360,000	₩876,000
가공원가		24,000	60,000	240,000	324,000
합계	₩240,000	₩120,000	₩240,000	₩600,000	₩1,200,000

당기의 원가차이는 다음과 같다.

	불리한 차이	유리한 차이
직접재료 가격차이		₩300,000
직접재료 수량차이	₩84,000	
직접노무 임률차이		42,000
직접노무 능률차이	12,000	
변동제조간접원가 소비차이	8,400	
변동제조간접원가 효율차이	6,000	
고정제조간접원가 예산차이		12,000
고정제조간접원가 조업도차이		54,000
유리/불리한 차이 소계	₩110,400	₩408,000
총원가차이		₩297,600

(1) 매출원가조정법

매출원가조정법은 원가차이를 매출원가에서 조정하는 방법으로 불리한 차이는 매출원가에 가산하고 유리한 차이는 매출원가에서 차감한다. 이 방법은 원가차이가 중요하지 않을 정도로 작을 경우에 사용된다. 이 방법에 의하면 원가차이는 모두 매출원가에서 조정되므로 재무제표상의 재공품과 제품계정은 모두 표준원가로 기록된다.

[예제 10－2]에서 매출원가 조정법에 따른 회계처리는 다음과 같다.

직접재료 가격차이	300,000	
직접노무 임률차이	42,000	
고정제조간접원가 예산차이	12,000	
고정제조간접원가조업도차이	54,000	
매출원가		297,600
직접재료 능률차이		84,000
직접노무 능률차이		12,000
변동제조간접원가 소비차이		8,400
변동제조간접원가 능률차이		6,000

즉, 이미 차변에 계상되어 있는 불리한 차이는 대변에, 대변에 계상된 유리한 차이는 차변에 기록함으로써 마감하고 원가차이 순액을 매출원가에 조정한다.

(2) 비례배분법

비례배분법은 원가차이를 재고자산과 매출원가 계정의 상대적 비율에 의하여 배분하는 방법으로서, 원가차이가 상대적으로 크고 중요한 경우에 사용된다. 이 방법은 총원가 비례배분법과 원가요소별 비례배분법이 있다. 총원가 비례배분법은 원가차이를 기말재고자산과 매출원가계정의 총원가의 비율에 따라 배분하는 방법이고, 원가요소별 비례배분법은 원가차이를 기말재고자산과 매출원가계정에 포함된 원가요소의 비율에 따라 배분하는 방법이다.

원가차이를 비례배분법을 적용하기 위하여 주의해야할 점은 위의 직접재료 가격차이를 제외한 어느 원가차이도 원재료계정에 배분하여서는 안 된다는 것이다. 만약 직접원재료 가격차이가 원재료 사용시점에 분리될 경우 원재료계정의 기말잔액은 실제원가로 표시되어 있기 때문에 직접원재료 가격차이를 포함한 어떠한 원가차이도 원재료계정에 배분하여서는 안 된다.

[예제 10－2]에서 원가차이를 총원가 비례배분법에 의하면 회계처리는 다음과 같다.

1) 배분비율 계산

	원재료	재공품	제품	매출원가	합계
직접재료가격차이					
총원가	240,000	120,000	240,000	600,000	1,200,000
배분비율	20%	10%	20%	50%	100%
직접재료능률차이 및 기타차이					
총원가		120,000	240,000	600,000	960,000
배분비율		12.5%	25%	62.5%	100%

2) 원가차이 배분

	원재료	재공품	제품	매출원가	합계
직접재료 가격차이	(60,000)	(3,000)	(60,000)	(150,000)	(300,000)*
직접재료 능률차이		10,500	21,000	52,500	84,000
직접노무 임률차이		(5,250)	(10,500)	(26,250)	(42,000)
직접노무 능률차이		1,500	3,000	7,500	12,000
변동제조간접원가 소비차이		1,050	2,100	5,250	8,400
변동제조간접원가 능률차이		750	1,500	3,750	6,000
고정제조간접원가 예산차이		(1,500)	(3,000)	(7,500)	(12,000)
고정제조간접원가 조업도차이		(6,750)	(13,500)	(33,750)	(54,000)
합 계	(60,000)	(29,700)	(59,400)	(148,500)	(297,600)

*차이배분 중 ( )는 유리한 차이를 표시한다.

직접재료 가격차이	300,000	
직접노무 임률차이	42,000	
고정제조간접원가 예산차이	12,000	
고정제조간접원가조업도차이	54,000	
원재료		60,000
재공품		29,700
제 품		59,400
매출원가		148,500
직접재료 능률차이		84,000
직접노무 능률차이		12,000
변동제조간접원가 소비차이		8,400
변동제조간접원가 능률차이		6,000

[예제 10－2]에서 원가차이를 원가요소별 비례배분법에 의하면 회계처리는 다음과 같다.

3) 배분비율 계산

	원재료	직접재료 수량차이	재공품	제품	매출원가	합계
직접재료가격차이						
원재료원가	240,000	84,000	96,000	180,000	360,000	960,000
배분비율	25%	8.75%	10%	18.75%	37.5%	100%
직접재료능률차이						
원재료원가			96,000	180,000	360,000	636,000
배분비율			15.1%	28.3%	56.6%	100%
직접노무임률차이 및 기타차이						
가공원가			60,000	60,000	240,000	360,000
배분비율			16.67%	16.67%	66.67%	100%

4) 원가차이 배분

	원재료	직접재료	재공품 수량차이	제품	매출원가	합계
직접재료 가격차이	(75,000)	(26,250)	(30,000)	(56,250)	(112,500)	(300,000)
직접재료 능률차이		26,250*	8,717	16,344	32,689	84,000
직접노무 임률차이			(3,111)	(7,778)	(31,111)	(42,000)
직접노무 능률차이			889	2,222	8,889	12,000
변동제조간접원가 소비차이			622	1,556	6,222	8,400
변동제조간접원가 능률차이			444	1,111	4,444	6,000
고정제조간접원가 예산차이			(889)	(2,222)	(8,889)	(12,000)
고정제조간접원가 조업도차이			(4,000)	(10,000)	(40,000)	(54,000)
합 계	(75,000)	0	(27,327)	(55,017)	(140,256)	(297,600)

* 직접재료 능률차이는 직접재료 가격차이에서 배분된 (₩26,250)을 포함한 총 ₩57,750이 재공품, 제품 및 매출원가에 배분된다.

직접재료 가격차이	300,000	
직접노무 임률차이	42,000	
고정제조간접원가 예산차이	12,000	
고정제조간접원가조업도차이	54,000	
원재료		75,000
재공품		27,327
제 품		55,017
매출원가		140,256
직접재료원가 능률차이		84,000
직접노무원가 능률차이		12,000
변동제조간접원가 소비차이		8,400
변동제조간접원가 능률차이		6,000

원가요소별 비례배분법을 적용하는 경우에는 직접재료 능률차이를 배분하기 이전에 직접재료 가격차이의 일부를 직접재료 능률차이에 배분하여야 한다. [예제 10－1]에서 당기에 원재료 20,000kg을 구매하여 16,000kg을 사용하였는데 실제생산에 허용된 표준사용량이 15,300kg이었다. 따라서 원재료 20,000kg에 대한 가격차이는 원재료 4,000kg, 직접재료 능률차이 700kg 그리고 재공품, 제품 및 매출원가 15,300kg에 배분해야 한다는 것이다. 즉, 재공품, 제품 및 매출원가계정은 표준사용량으로 기록되며 원재료의 실제사용량과 표준사용량과의 차이는 직접재료원가 능률차이계정에 기록되기 때문에 직접재료원가 능률차이에도 원재료 가격차이가 배분되어야 한다. 반면에 총원가 비례배분법은 각 계정에 포함된 원가요소를 무시하고 총원가의 비율에 따라 배분하는 간편법이므로 직접재료 가격차이를 직접재료원가 능률차이에 배분하지 않는 것이 일반적이다.

(3) 영업외손익법

영업외손익법은 원가차이를 영업외손익으로 처리하는 방법으로서, 원가차이가 일상적인 영업활동과 관계없이 비정상적인 사건에 의하여 발생한 경우에 사용된다. 영업외손익법에 의하면 이미 차변에 계상되어 있는 불리한 차이는 영업외비용으로 대체하고 대변에 계상된 유리한 차이는 영업외수익으로 대체한다. 그러나 이 방법은 생산활동, 즉 영업활동에 따른 원가차이를 영업외 손익으로 처리한다는 점에서 비판의 여지가 있다.

6. 조정 후 다음 회계기간의 회계처리

표준원가계산제도를 능률적으로 운영하기 위하여 외부보고용 재무제표를 작성하기 위한 기말을 제외하고는 연중 계속적으로 모든 계정이 표준원가로 기록되어야 한다. 따라서 원가차이를 조정하여 외부보고용 재무제표를 작성한 후에는 다음 회계기간의 기초시점에서 전기말에 원가차이 조정으로 조정된 재고자산계정의 원가를 표준원가로 전환하여야 한다. 이와 같이 재고자산계정의 원가를 표준원가로 전환하기 위해서는 전기에 처리한 분개에 대하여 반대분개를 하면 된다. 이 반대분개는 재고자산계정에 배분된 각각의 원가차이를 다시 분리함으로써 모든 재고자산계정을 표준원가로 전환하는 데 그 목적이 있다. 그러나 모든 원가차이에 대하여 반대분개를 하는 것은 아니라 재고자산에 배분된 금액에 대해서만 반대분개를 한다. 왜냐하면, 매출원가는 손익계정이므로 다음 회계기간에 이월되지 않기 때문에 매출원가에 배분된 원가차이에 대하여는 반대분개를 할 필요가 없다. 또한 이와 같은 논리로 매출원가조정법이나 영업외손익법에 의한 원가차이 조정역시 반대분개를 할 필요가 없다.

제5절 표준원가계산의 경영상 시사점

1. 표준원가의 장점

표준원가시스템은 여러 가지 장점을 지니고 있다.

(1) 표준원가는 예외에 의한 관리 방법에 있어서 경영의 핵심요인이다. 경영자가 사용가능한 시간은 제한되어 있으므로 일이 순조롭게 진행되는 조직부서나 중요하지 않은 차이(문제)에 경영자의 시간과 노력을 낭비해서는 안 된다. 만약 원가가 표준에 부합하면 경영자는 다른 문제들에 대해 주의를 기울일 수 있다. 원가가 뚜렷하게 표준에서 벗어나는 경우, 경영자는 이를 재빨리 인지하여 이 문제의 해결에 집중할 수 있게 된다.

(2) 표준원가는 생산과 관련된 일상적인 회계처리를 매우 간단히 할 수 있게 한다. 표준원가를 사용하는 경우, 생산과정의 각 작업에 대해 실제원가로 기록하는 대신에, 직접재

료원가와 직접노무원가, 제조간접원가에 대해 각각의 표준원가를 사용하여 회계처리를 간단하게 한다.

(3) 표준원가는 책임회계라는 통합된 시스템에 자연스럽게 적용될 수 있다. 표준원가는 원가차이가 발생할 경우, 실제원가가 제대로 통제되고 있는지 여부를 즉각 알 수 있게 하고, 또한 누가 그에 대해 책임이 있는지를 쉽게 파악할 수 있게 한다.

(4) 구성원에 의해 적절하다고 인정된 표준은 경제성과 능률성을 촉진한다. 또한 구성원이 자신의 성과를 평가하는 데 사용할 수 있는 기준을 제공해 준다.

2. 표준원가 사용시 잠재적인 문제점

표준원가시스템은 여러 장점을 지니고 있지만, 부적절한 표준원가의 사용은 많은 잠재적 문제점을 야기할 수 있다.

(1) 경영자가 차이보고서를 하급자를 처벌하는 목적으로만 사용한다면 구성원의 사기를 꺾을 수 있다. 이런 경우 구성원은 불리한 차이를 은폐하려는 유혹을 받거나 단기적으로 유리한 차이가 발생하지만 장기적으로는 회사에 불이익이 초래되는 조치를 취할 수도 있다.

(2) 표준원가가 차이보고서는 보통 매월 작성되고 그 얼마 후 또는 몇 주 후에 배포된다. 그 결과 보고서가 제공하는 정보의 적시성이 떨어져 정보의 유용성이 무용지물이 되기도 한다.

(3) 일부 사례에서는 어느 특정 부문에게는 유리한 차이가 불리한 차이보다 회사 전체적으로는 더 안 좋을 수 있다. 값싼 불량품을 투입하는 경우 가격차이는 유리하지만 수량차이는 불리하게 나타나고, 장기적으로 제품에 대한 신뢰도를 떨어뜨릴 수 있다.

(4) 표준을 충족하도록 지나치게 강조를 하는 것은 품질 유지와 개선, 적시 배송, 그리고 고객만족과 같은 중요한 목표에 소홀하게 할 수 있다.

결론적으로 경영자는 표준원가시스템을 사용할 때, 다양한 관점에서 상당한 주의를 기울여야 한다. 경영자는 표준원가가 가리키는 예외에 집중하여야 하지만, 이 과정에서 발생할 수도 있는 예기치 않은 부정적인 결과를 사전에 인식하고, 표준원가가 조직에 선순환을 가져올 수 있도록 표준원가시스템을 운영하여야 한다.

연습문제

E·x·e·r·c·i·s·e

객관식

표준원가계산 차이분석

01 표준원가계산에 관한 설명으로 옳은 것을 모두 고른 것은? (19. 감정평가사)

> ㄱ. 표준원가계산제도는 전부원가계산에서 적용할 수 있으나 변동원가계산에서는 적용할 수 없다.
> ㄴ. 표준원가계산제도는 종합원가계산제도에 적용이 가능하다.
> ㄷ. 직접재료원가 가격차이를 구입시점에서 분리하든 사용시점에서 분리하든 직접재료원가 능률차이는 동일하다.
> ㄹ. 고정제조간접원가의 예산차이는 실제투입량 변동예산과 실제산출량 변동예산의 차이를 의미한다.

① ㄱ, ㄴ ② ㄱ, ㄷ ③ ㄴ, ㄷ
④ ㄴ, ㄹ ⑤ ㄷ, ㄹ

직접재료원가 차이분석

02 (주)관세는 표준원가계산을 적용하고 있다. 20x1년 단위당 표준직접재료원가는 다음과 같다.

> 제품단위당 직접재료 표준원가 : 6kg × ₩10/kg = ₩60

20×1년 (주)관세의 실제생산량은 1,000단위, 직접재료구입량은 7,500kg, kg당 실제 구입가격은 ₩12이다. (주)관세는 직접재료 6,500kg을 생산에 투입하였다. (주)관세의 직접재료 가격차이와 수량차이는? (단, 직접재료 가격차이는 구입시점 에서 분리한다.) (21. 관세사)

	능률차이	조업도차이
①	₩13,000(불리)	₩5,000(불리)
②	₩15,000(불리)	₩5,000(불리)
③	₩13,000(유리)	₩5,000(유리)
④	₩15,000(유리)	₩5,000(유리)
⑤	₩15,000(불리)	₩10,000(유리)

03 (주)세무는 당기에 영업을 개시하였으며 표준원가계산제도를 채택하고 있다. 직접재료와 관련된 자료는 다음과 같다.

> • 제품 단위당 직접재료 표준원가: 3kg×₩10/kg=₩30
> • 직접재료 kg당 실제 구입가격: ₩12
> • 직접재료 구입가격차이: ₩12,600(불리)
> • 직접재료 능률차이: ₩4,000(유리)

당기 실제 제품 생산량이 2,000단위일 때 기말 직접재료 재고량은? (단, 기말 재공품은 없다.) (19. 세무사)

① 300kg ② 400kg ③ 500kg
④ 600kg ⑤ 700kg

04 다음 표준원가계산과 관련된 원가차이조정에 관한 설명으로 옳지 않은 것은? (단, 모든 재고자산의 기말잔액과 원가차이계정은 0이 아니다.) (21. 세무사)

① 직접재료원가 가격차이를 원재료 사용(투입)시점에 분리하는 경우, 직접재료원가가격차이는 원가차이조정시 원재료계정에 영향을 미치지 않는다.
② 직접재료원가 가격차이를 원재료 구입시점에 분리하는 경우, 직접재료원가 능률차이는 실제 구입량이 아니라 실제 사용량(투입량)을 기초로 계산한다.
③ 총원가비례배분법에 의해 원가차이조정을 하는 경우, 직접재료원가 구입가격차이는 직접재료원가 능률차이계정에 영향을 미친다.
④ 직접재료원가 가격차이를 원재료 구입시점에 분리하는 경우, 원재료계정은 표준원가로 기록된다.
⑤ 원가요소별비례배분법에 의해 원가차이조정을 하는 경우, 직접재료원가 구입가격차이는 원재료계정 기말잔액에 영향을 미친다.

05 (주)세무는 표준원가계산제도를 채택하고 있으며, 상호 대체가능한 원재료 A와 B를 이용하여 제품을 생산한다. 원재료 투입량과 표준가격은 다음과 같다.

원재료	실제투입량	표준투입량	kg당 표준가격
A	150kg	120kg	₩30
B	150kg	180kg	₩20

재료원가 차이분석에 관한 설명으로 옳은 것은? (단, 표준투입량은 실제생산량에 허용된 원재료 투입량을 의미하며, 원가차이의 유리(혹은 불리) 여부도 함께 판단할 것) (22. 세무사)

① 원재료 A와 B에서 발생한 수량차이(능률차이)는 총 ₩300 유리하다.
② 배합차이로 인해 재료원가가 예상보다 ₩600 더 발생했다.

③ 배합차이로 인해 원재료 A의 원가는 예상보다 ₩900 적게 발생했다.
④ 수율차이(순수수량차이)는 발생하지 않았다.
⑤ 원재료 A와 B의 실제투입량 합계가 300kg에서 400kg으로 증가하면 유리한 수율차이가 발생한다.

직접노무원가 차이분석

06 (주)감평은 표준원가계산제도를 채택하고 있다. 20×1년 직접노무원가와 관련된 자료가 다음과 같을 경우, 20×1년 실제 직접노무시간은? (20. 감정평가사)

• 실제생산량	25,000단위
• 직접노무원가 실제임률	시간당 ₩10
• 직접노무원가 표준임률	시간당 ₩12
• 표준 직접노무시간	단위당 2시간
• 직접노무원가 임률차이	₩110,000(유리)
• 직접노무원가 능률차	₩60,000(불리)

① 42,500시간 ② 45,000시간 ③ 50,000시간
④ 52,500시간 ⑤ 55,000시간

07 (주)감평은 표준원가계산제도를 채택하고 있으며, 20×1년도 직접노무원가와 관련된 자료는 다음과 같다. 20×1년도 실제 총직접노무원가는? (22. 감정평가사)

실제생산량	100단위
직접노무원가 실제임률	시간당 ₩8
직접노무원가 표준임률	시간당 ₩10
실제생산량에 허용된 표준 직접작업시간	생산량 단위당 3시간
직접노무원가 임률차이	₩700(유리)
직접노무원가 능률차이	₩500(불리)

① ₩1,800 ② ₩2,500 ③ ₩2,800
④ ₩3,500 ⑤ ₩4,200

08 (주)세무는 표준원가계산제도를 채택하고 있으며, 당기 직접노무원가와 관련된 자료는 다음과 같다.

제품 실제생산량	1,000단위
직접노무원가 실제 발생액	₩1,378,000

단위당 표준직접노무시간	5.5시간
직접노무원가 능률차이	₩50,000(유리)
직접노무원가 임률차이	₩53,000(불리)

(주)세무의 당기 직접노무시간당 실제임률은? (21. 세무사)

① ₩230 ② ₩240 ③ ₩250
④ ₩260 ⑤ ₩270

제조간접원가 차이분석

09 (주)관세는 기준조업도로 연 48,000시간의 직접노무시간을 적용하고 있다. 변동제조간접원가와 고정제조간접원가 연간 예산은 각각 ₩144,000과 ₩192,000이다. 제품단위당 표준직접노무시간은 2시간이며, 예산차이는 ₩4,000(불리), 조업도차이는₩6,000(유리)으로 나타났다. 실제생산량은 몇 단위인가? (단, 재공품은 없다.) (20. 관세사)

① 23,250단위 ② 23,400단위 ③ 23,800단위
④ 24,500단위 ⑤ 24,750단위

10 (주)관세는 단일 제품을 생산하며, 실제산출물에 허용된 표준직접노무시간을 기초로 제조간접원가를 제품에 배부하는 표준원가계산시스템을 사용한다. 20×1년 고정제조간접원가와 관련된 자료는 다음과 같다.

구분	자료 내용
연간 예산(예상) 고정제조간접원가	₩500,000
연간 표준직접노무시간(기준조업도)	25,000단위×직접노무시간 2시간/단위=50,0000시간
연간 실제고정제조간접원가	₩508,000
실제직접노무시간	54,000시간

(주)관세가 20×1년에 제품을 26,000단위 생산하였을 경우, 고정제조간접원가 조업도차이는? (19. 관세사)

① ₩20,000(유리) ② ₩20,000(불리) ③ ₩32,000(유리)
④ ₩32,000(불리) ⑤ ₩40,000(유리)

11 (주)관세는 표준원가계산제도를 채택하고 있으며, 20×1년 제품 2,000단위를 기준으로 제조간접원가에 대한 표준을 다음과 같이 설정하였다.

제조간접원가예산 = ₩720,000 + 직접노동시간 × ₩100 제품단위당 표준직접노동시간 5시간

20×1년 실제직접노동시간은 20,400시간이고, 실제생산량은 4,000단위이다. 변동제조간접원가 능률차이와 고정제조간접원가 조업도차이는? (18. 감정평가사)

	능률차이	조업도차이
①	₩40,000(불리)	₩720,000(유리)
②	₩40,000(유리)	₩720,000(불리)
③	₩40,000(불리)	₩1,280,000(유리)
④	₩40,000(유리)	₩1,280,000(불리)
⑤	차이 없음	₩1,280,000(불리)

12 (주)감평은 표준원가제도를 도입하고 있다. 변동제조간접원가의 배부기준은 직접노무시간이며, 제품 1개를 생산하는 데 소요되는 표준직접노무시간은 2시간이다. 20×1 년 3월 실제 발생한 직접노무시간은 10,400시간이고, 원가자료는 다음과 같다.

변동제조간접원가 실제 발생액	₩23,000
변동제조간접원가 능률차이	2,000(불리)
변동제조간접원가 총차이	1,000(불리)

(주)감평의 20×1년 3월 실제 제품생산량은? (21. 감정평가사)

① 4,600개 ② 4,800개 ③ 5,000개
④ 5,200개 ⑤ 5,400개

13 (주)세무는 표준원가계산제도를 도입하고 있다. 20×1년의 변동제조간접원가 예산은 ₩300,000이고, 고정제조간접원가 예산은 1800,000이다. (주)세무는 제조간접원가 배부기준으로 직접노무시간을 사용하고 있다. 기준조업도는 직접노무시간 1,000시간이고, 20×1년에 실제로 투입된 직접노무시간은 850시간이다. 20×1년의 고정제조간접원가 조업도차이가 ₩80,000(불리)할 경우 변동제조간접원가 능률차이는? (18. 세무사)

① ₩15,000 유리 ② ₩45,000 유리 ③ ₩10,000 불리
④ ₩15,000 불리 ⑤ ₩45,000 불리

14 (주)세무는 표준원가계산 제도를 채택하고 있으며 기계작업시간을 기준으로 고정제조간접원가를 배부한다. 다음 자료에 의할 경우 기준조업도 기계작업시간은? (단, 기초 및 기말 재공품은 없다.) (19. 세무사)

- 실제 제품 생산량: 700단위
- 제품 단위당 표준기계작업시간: 2시간
- 실제발생 고정제조간접원가: ₩12,000
- 고정제조간접원가 예산차이: ₩2,000(불리)
- 고정제조간접원가 조업도차이: ₩4,000(유리)

① 600 ② 800 ③ 1,000
④ 1,200 ⑤ 1,400

15 (주)세무는 표준원가계산제도를 채택하고 있으며, 직접노무시간을 기준으로 제조간접원가를 배부한다. 20×1년의 생산 및 원가자료가 다음과 같을 때, 변동제조간접원가 소비차이는?

(20. 세무사)

변동제조간접원가 실제발생액	₩130,000
실제총직접노무시간	8,000시간
당기제품생산량	3,600단위
제품당 표준직접노무시간	2시간
변동제조간접원가 능률차이	₩8,000(불리)

① ₩25,000(유리) ② ₩25,000(불리) ③ ₩50,000(유리)
④ ₩50,000(불리) ⑤ ₩75,000(불리)

16 (주)세무는 표준원가계산제도를 사용하고 있으며, 매월 동일한 표준원가를 적용한다. 20×1년 5월과 6월의 실제 제품 생산량은 각각 100단위와 120단위이었고, 다음과 같은 조업도차이가 발생했다.

기간	조업도차이
5월	₩1,00(불리)
6월	₩600(불리)

(주)세무의 고정제조간접원가 월간 예산은? (22. 세무사)

① ₩3,000 ② ₩3,200 ③ ₩4,800
④ ₩5,400 ⑤ ₩6,000

17 (주)대한은 변동제조간접원가를 통제할 목적으로 활동별 표준원가를 이용하고 있다. 20×1년 표준원가는 다음과 같다.

활동	원가동인	원가동인당 표준가격	제품단위당 원가동인소요량	제품단위당 표준원가
재료처리	재료길이	1m당 ₩10	5m	₩50
품질검사	검서횟수	1회당 ₩200	2회	₩400

20×1년 제품의 실제 생산량은 1,000단위이고, 실제로 발생한 활동소비량과 활동원가는 다음과 같다.

활동	실제 활동소비량	실제 활동원가
재료처리	6,000m	₩50,000
품질검사	2,200회	₩450,000

재료처리와 품질검사 활동에서 발생한 총가격차이와 총수량차이(또는 총능률차이)는 각각 얼마인가? (18. 회계사)

	총가격차이	총수량차이(또는 총능률차이)
①	₩0	₩30,000 불리
②	₩0	₩50,000 불리
③	₩10,000 불리	₩30,000 유리
④	₩20,000 유리	₩40,000 유리
⑤	₩20,000 불리	₩50,000 불리

18 표준원가계산제도를 사용하고 있는 (주)대한은 보급형 스키를 뱃치(batch) 단위로 생산한다. 제품 1뱃치를 생산할 때마다 새로운 작업준비를 해야 한다. 변동작업준비원가는 모두 작업준비활동으로 인해 발생하는 원가이며, 원가동인은 작업준비시간이다. 20×1년 초에 설정한 연간 예산자료와 20×1년 말에 수집한 실제결과는 다음과 같다.

항목	예산자료	실제결과
생산 및 판매량	10,000단위	11,000단위
뱃치크기(뱃치당 제품수량)	200단위	200단위
뱃치당 작업준비시간	1시간	0.8시간
변동작업준비원가 총액	₩1,500	₩1,100

20×1년도 변동작업준비원가에 대한 소비차이(spending variance)와 능률차이(efficiency variance)는 각각 얼마만큼 유리 또는 불리한가? 단, 기초 및 기말 재고자산은 없다. (19. 회계사)

	소비차이	능률차이
①	₩220 유리	₩330 유리

②	₩220 유리	₩330 불리
③	₩330 불리	₩220 유리
④	₩330 유리	₩220 유리
⑤	₩0	₩550 불리

19 (주)대한은 표준원가계산을 적용하고 있다. 20×1년 1월과 2월에 실제로 생산된 제품 수량과 차이분석 자료는 다음과 같다.

월	실제 생산된 제품 수량	고정제조간접원가 소비차이(예산차이)	고정제조간접원가 조업도차이
1월	1,500단위	₩500 불리	₩1,000 불리
2월	2,000단위	₩500 유리	₩500 유리

(주)대한이 20×1년 1월과 2월에 동일한 표준배부율을 적용하고 있다면, 제품 1단위당 고정제조간접원가 표준배부율은 얼마인가? 단, 고정제조간접원가의 배부기준은 제품 생산량이다. (21. 회계사)

① ₩3　② ₩4　③ ₩5
④ ₩6　⑤ ₩7

표준원가계산 응용

20 (주)대한은 20×2년초에 작업공정을 개선하였다. 두 회계기간 동안 생산량, 직접재료원가와 직접노무원가는 다음과 같다.

구분	20×1년	20×2년
생산량	100단위	150단위
직접재료원가	1,000kg×₩15=₩15,000	1,200kg×₩20=₩24,000
직접노무원가	2,000시간×₩5=₩10,000	2,500시간×₩8=₩20,000

20×1년을 기준으로, 20×2년에 생산성변동으로 인한 직접재료원가 및 직접노무원가 변화는 총 얼마만큼 유리(또는 불리)한가? 단, 가격변동효과를 제거하기 위해 생산성변동효과는 20×2년도 가격으로 평가한다. (18. 회계사)

① ₩3,000 유리　② ₩4,800 불리　③ ₩5,000 불리
④ ₩8,200 유리　⑤ ₩10,000 유리

21 (주)대한은 20×1년도 고정예산과 실제결과를 비교하기 위해 다음과 같은 손익계산서를 작성하였다.

구분	고정예산	실제결과
판매량	10,000단위	12,000단위
매출액	₩500,000	₩624,000
변동원가		
제조원가	₩250,000	₩360,000
판매관리비	50,000	84,000
공헌이익	₩200,000	₩180,000
고정원가		
제조원가	₩15,000	₩19,000
판매관리비	25,000	25,000
영업이익	₩160,000	₩136,000

(주)대한의 경영자는 20×1년도 실제 판매량이 고정예산 판매량보다 20% 증가하였으나, 영업이익은 오히려 15% 감소한 원인을 파악하고자 한다. 다음 설명 중 옳지 않은 것은? 단, (주)대한은 20×1년도에 12,000단위를 생산 · 판매할 수 있는 용량(capacity)을 확보하고 있다. (18. 회계사)

① 매출조업도차이(sales－volume variance)는 ₩40,000만큼 유리하다.
② 변동예산차이(flexible－budget variance)는 ₩84,000만큼 불리하다.
③ 매출가격차이(selling－price variance)는 ₩24,000만큼 유리하다.
④ 고정원가 소비차이(fixed overhead spending variance)는₩4,000만큼 불리하다.
⑤ 고정예산차이(static－budget variance)는 ₩24,000만큼 불리하다.

22 (주)대한은 표준원가계산제도를 채택하고 있으며, 20×1년도 생산 및 제조와 관련된 자료는 다음과 같다.

직접재료 구매량	3,100kg
직접재료 실제사용량	2,900kg
직접재료 단위당 표준사용량	3kg
직접재료 단위당 표준가격	₩50/kg
직접재료 단위당 실제가격	₩60/kg
예상(기준)생산량	800개
실제생산량	1,000개

제조간접원가예산액(Y)	Y = ₩700,000 + ₩500 × 기계시간
제품단위당 표준기계시간	7시간
실제총기계시간	8,000시간
기계시간당 실제변동제조간접원가	₩470/기계시간
실제고정제조간접원가	₩820,000

(주)대한의 20×1년도 직접재료원가 가격차이(구매량기준), 직접재료원가 수량차이, 변동제조간접원가 소비차이, 변동제조간접원가 능률차이, 고정제조간접원가 조업도차이 중 옳지 않은 것은? (20. 회계사)

① 직접재료원가 가격차이(구매량기준): ₩31,000(불리한 차이)
② 직접재료원가 수량차이: ₩5,000(유리한 차이)
③ 변동제조간접원가 소비차이: ₩240,000(유리한 차이)
④ 변동제조간접원가 능률차이: ₩500,000(불리한 차이)
⑤ 고정제조간접원가 조업도차이: ₩120,000(불리한 차이)

주관식

23 다음 물음에 답하시오. 특별한 가정이 없는 한 각 물음은 상호 독립적이다. (20. 세무사 2차)

〈기본 자료〉

(주)세무는 제품 A를 생산 · 판매하고 있다. (주)세무는 안정적인 시장환경을 가지고 있어 매년 4,500단위의 제품 A 생산 · 판매량을 기준으로 예산을 편성하고 있으며, 매 연도에 실제 생산된 제품 A는 각 연도에 모두 판매된다. 다음은 (주)세무의 20×1년 초 예산편성을 위한 기초자료이다.

단위당 판매가격	₩200
단위당 변동매출원가	
직접재료원가	40
직접노무원가	25
변동제조간접원가	15
단위당 변동판매관리비	50
고정제조간접원가(총액)	135,000
고정판매비와관리비(총액)	78,000

물음 1 〈기본 자료〉와 물음 1)의 자료를 같이 이용한다. (주)세무는 표준원가를 이용하여 예산을 편성하며, 제조간접원가는 직접노무시간을 기준으로 배부한다. 20×1년 제품A의 단위당 표준직접노무시간은 1시간이다. 20×1년 제조간접원가의 능률차이는 ₩1,500(불리), 소비차이는 ₩3,500(불리)으로 나타났다. 20×1년 ① 실제 발생한 직접노무시간, ② 변동제조간접원가 실제발생액은 각각 얼마인가?

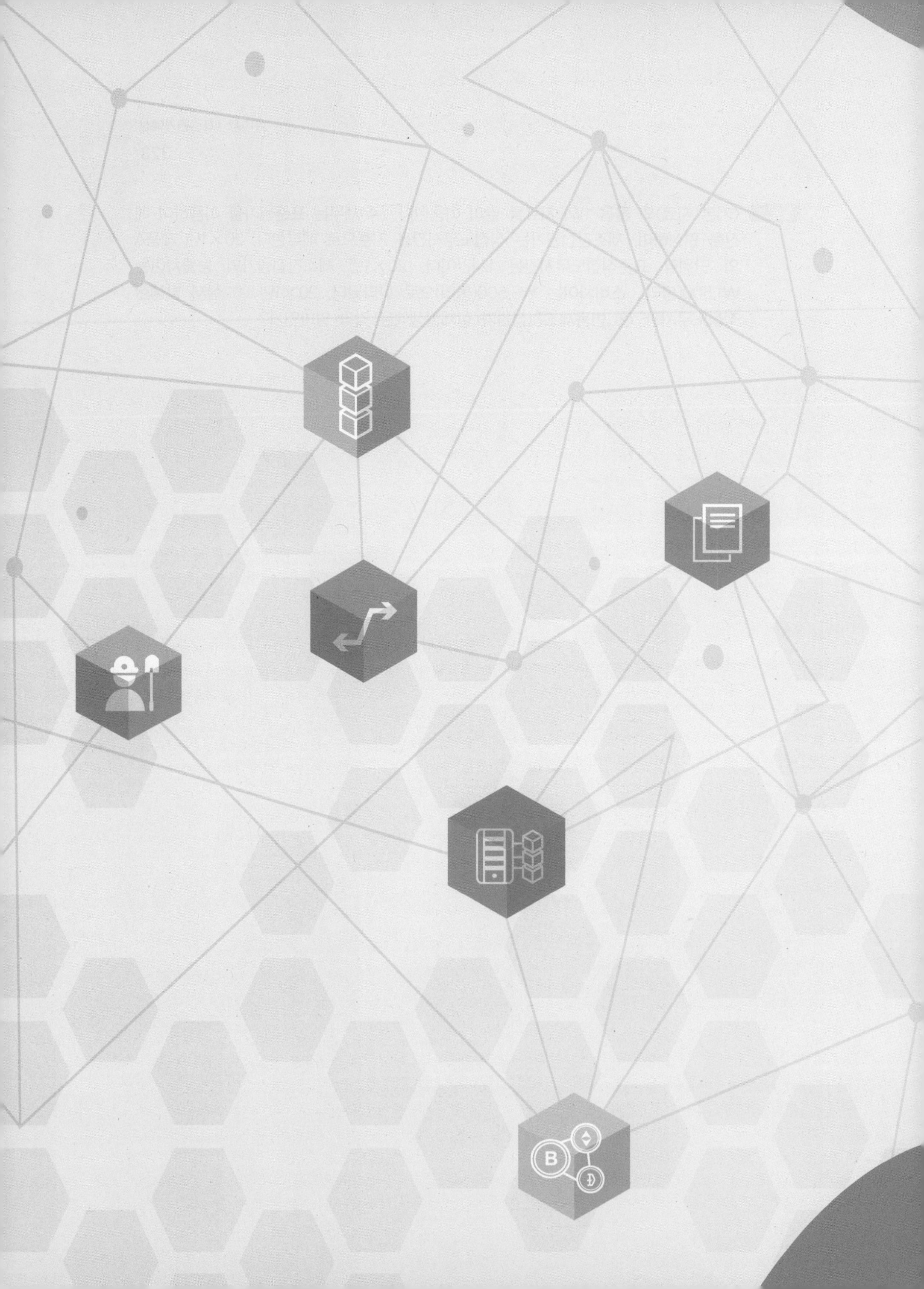

제11장

의사결정과 관련원가 분석

제 11 장 의사결정과 관련원가 분석

경영자는 일정한 목적을 달성하기 위해 여러 가지 다양한 대안 가운데에서 최적의 대안을 선택해야 한다. 경영자는 다양한 의사결정에 원가정보를 자주 활용한다. 최선의 의사결정을 위해 대안들 간에 차이가 나는 원가와 효익을 분석하는 기법을 차액분석이라 한다. 또한 대안들 간에 차이가 발생하는 미래원가를 관련원가라 한다.

제1절 의사결정과 관련원가 개념

1. 의사결정과 관련원가

의사결정은 일정한 목적을 달성하기 위해 여러 가지 다양한 대안(또는 대체안, alter-natives) 가운데서 최적의 대안을 선택하는 과정으로서 경영자의 기본적인 기능 중의 하나이다. 경영자들은 어떤 상품을 생산하여 얼마에 팔 것인지, 생산에 필요한 부품을 제조할 것인지 구매할 것인지, 어떠한 유통경로를 이용할 것인지 등 다양한 문제에 직면하여 의사결정을 내리게 된다. 이러한 의사결정은 힘들고 복잡한 과업이다.

경영자가 각 대안에 대해서 모든 관련 정보를 제공받을 수 있다면 의사결정은 상당히 수월해 진다. 경영자는 다양한 의사결정에 원가정보를 자주 활용한다. 이때 모든 원가정보가 의사결정에 영향을 미치는 것은 아니다.

관련원가(relevant costs)란 여러 대안 간에 차이가 있는 미래의 원가로서 특정 의사결정에 직접적으로 관련되는 원가를 말하며, 비관련원가(irrelevant costs)는 여러 대안 사이에 차이가 없는 원가로서 특정 의사결정에 관련이 없는 원가를 말한다. 어떠한 원가가 관련원가인가 아닌가의 여부는 항상 정해진 것이 아니라 의사결정의 내용에 따라 결정된다. 즉, 하나의 의사결정을 할 때는 의사결정과 관련된 원가이지만 다른 의사결정을 할 때는 그 의사결정과 관련이 없는 비관련원가일 수 있다. 따라서 의사결정에 사용되는 정보가 관련성을 가지기 위해서는 다음 두 가지 속성을 지녀야 한다.

1. 미래에 발생될 원가와 수익을 포함한다.
2. 의사결정대안에 따라 다르게 나타나는 원가와 수익이다.

2. 의사결정을 위한 원가개념

(1) 차액원가와 회피가능원가

모든 의사결정은 적어도 두 가지 대안으로부터 선택을 포함한다. 따라서 의사결정에 있어 어떤 대안의 원가와 효익은 다른 대안들의 원가와 효익과 비교되어 그 대안의 선택여부가 결정된다. 이러한 비교를 위한 핵심은 차액분석인데 이것은 대안들 간의 효익과 원가를 비교하는 것이다. 두 대안 간에 발생하는 원가차이를 차액원가(differential cost)라 하고, 증분원가(incremental costs)라고도 한다. 두 대안 간의 수익차이는 차액수익(differential revenue)이라 일컫는다. 차액원가와 차액수익은 의사결정과 연관이 있는 반면, 대안 간 차이가 없는 수익과 원가는 의사결정과 관련이 없다. 차액원가와 차액수익은 의사결정과 관련된 요소이기 때문에 일반적으로 관련원가(relevant costs) 또는 관련효익(relevant benefits)이라고 한다.

회피가능원가(avoidable cost)는 다른 대안 대신 특정 대안을 선택함으로써 소멸될 수 있는 원가이다. 만약 영화를 보러 갈 것인지 주문형 비디오(video on demand, VOD)를 시청할 것인지 결정한다고 가정해보자. 영화를 보러 가는 대안을 선택하는 경우 주문형 비디오서비스 이용료를 내지 않아도 된다(즉, 회피할 수 있다). 주문형 비디오를 보는 대안을 선택하는 경우 영화티켓을 구입하는 데 소요되는 원가를 회피할 수 있다. 그러므로 영화티켓의 가격이나 주문형 비디오 이용료는 모두 회피가능원가이다. 반면에 영화를 보든지 주문형 비디오를 시청하든지에 관계없이 이번 달 아파트 관리비는 같은 금액이 부과될 것이므로 어떠한 대안을 선택하든지 회피할 수 없는 원가이다. 따라서 회피가능원가는 관련원가이고 회피불능원가는 비관련원가이다.

(2) 매몰원가

매몰원가(sunk costs)는 이미 발생된 역사적 원가로서 미래의 어떤 의사결정에도 영향을 미치지 못하는 원가이다. 즉 의사결정은 본질적으로 미래지향적이므로 이미 발생한 역사적 원가는 미래수익과 미래비용에 어떠한 영향도 미치지 못하므로 대안의 선택과 관련된 의사결정에 고려의 대상이 되지 않는다. 즉, 매몰원가는 비관련원가로서 미래 의사결정에 고려할 필요가 없다. 고정자산의 취득원가는 그 대표적인 예이다. 고정자산은 한번 취득되면 미래에 관한 의사결정을 할 때 이에 대한 취득원가는 고려되지 말아야 한다. 왜냐하면 이는 미래의 원가가 아니라 과거의 원가이며, 의사결정의 대안에 따라 달라지지 않기 때문이다. 기존자산의 매각처분에 관한 의사결정(장비를 계속 보유할지, 팔지, 교체할지 등)에서 처분원가는 관련원가이지만 장부가치는 관련원가가 아니다. 취득원가는 재무회계목적으로 감가상각비를 산출할 때나 순장부가치를 산정할 때에는 관련원가가 된다.

(3) 기회원가

기회원가(opportunity cost)는 다른 대안 대신에 어떤 대안을 선택하였을 때 포기해야 하는 잠재적 효익이다. 만약 어느 사람이 저녁식사로 한식과 양식 중 하나를 선택해야 할 때, 이 사람이 한식을 선택한 경우의 기회원가는 양식을 선택할 때 얻을 수 있는 맛 또는 즐거움이다. 즉 양식을 선택함으로써 얻을 수 있는 맛 또는 즐거움을 포기한 셈이다.

(4) 증분접근법과 총액접근법

의사결정의 관련원가분석 방법은 증분접근법과 총액접근법이 있다. 증분접근법은 각 여러 대안간에 차이가 나는 수익과 원가만을 분석하는 방법으로 가장 많이 이용되는 방법이다. 총액접근법은 각 대안의 총수익과 총원가를 계산하여 비교하는 방법인데 다음과 같은 이유로 잘 이용하지 않는다. 첫째, 모든 의사결정 대안의 모든 수익과 원가를 추정하는 데에 많은 비용이 소요된다. 둘째, 모든 의사결정 대안의 모든 수익과 원가를 추정하는 과정이 복잡하기 때문에 불필요한 정보의 습득과 해석에 많은 노력이 필요하다.

(5) 관련원가분석과 자본예산의 비교

의사결정의 영향이 미치는 기간에 따라 의사결정을 단기의사결정과 장기의사결정으로 구분하기도 한다. 단기의사결정에는 주로 관련원가 분석방법이 이용된다. 단기의사결정은 말 그대로 그 영향이 단기에 미치기 때문에 현금흐름의 크기는 중요하나 그 발생시기는 상대적으로 중요하지 않게 되어 관련원가를 분석할 때 화폐의 시간가치를 고려하지 않는다. 반면, 장기의사결정의 하나인 자본예산편성 시에는 그 의사결정의 영향이 장기에 걸쳐 미치기 때문에 현금흐름의 크기와 그 발생시기 둘 다 중요하여 화폐의 시간가치를 고려한다.

제2절 특수의사결정

의사결정은 반복성에 따라 반복적인 정규의사결정과 비반복적인 특수의사결정으로 구분된다. 생산현장에서 매일 매일 내리는 일상적인 의사결정이나 CVP분석 그리고 예산편성 등은 자주 반복되는 정규의사결정이라 할 수 있다.

그런데 기업을 둘러싼 경제 및 경영환경의 급격한 변화에 따라 경영자는 종종 지금까지 경험하지 못한 새로운 상황에 직면하여 새로운 의사결정을 내려야 한다. 이 때 경영자는 현재의 상황에서 막대한 투자를 하지 않으면서 어떻게 하면 더 많은 이윤을 창출할 수 있는지 다양한 대안을 검토하게 된다. 이러한 의사결정은 주로 변동원가가 관련원가가 되고 그 효과가 1년 이내의 짧은 기간에 미치는 단기의사결정이 대부분이다. 단기적이고 비반복적인 관련원가를 대상으로 하는 특수의사결정에는 다음과 같은 유형이 있다.

- 자가제조 또는 외부구매
- 제품라인(또는 다른 부문)의 추가 또는 포기
- 특별주문의 수락 또는 거절
- 제한된 자원이 있는 경우

1. 자가제조 또는 외부구매

기업은 제품을 생산하는 과정에서 제품생산에 필요한 부품을 스스로 제작할 것인지, 아니면 외부로부터 구매할 것인가를 결정해야 하는 문제에 직면하게 된다. 이러한 의사결정은 모든 제조기업에서 발생한다. 예를 들면, 자동차산업의 경우 부품인 변속기어를 자동차 생산업체가 생산할 것인가 아니면 외부로부터 구매할 것인가를 결정하여야 한다.

일반적으로 부품의 자가제조 또는 외부로부터 구매여부를 결정할 때에 주로 관련원가와 수익을 비교하여 결정한다. 물론 장기적이고 전략적인 관점에서 외부공급업자의 품질관리 능력과 기존설비의 대체용도 활용가능성 등도 추가적으로 고려하여 의사결정을 해야 한다.

예제 11-1

(주)남해자동차는 자동차를 생산, 판매하는 회사이다. (주)남해자동차의 경영층은 주요부품 중 하나인 제동장치를 자체에서 제작할지 아니면 외부에서 구입할지를 결정해야 한다. 회사는 1년간 200대의 제동장치가 필요할 것으로 예측하고 있다. 회사는 신뢰할 수 있는 공급업체로부터 제동장치를 대당 ₩600에 구입할 수 있다. 또한 회사는 현재 제동장치를 생산할 수 있는 여유생산능력을 보유하고 있다. 제동장치를 생산하는데 추정원가자료는 다음과 같다.

	단위당 원가	총원가
직접재료원가	₩210	₩42,000
직접노무원가	180	36,000
변동제조간접원가	90	18,000
고정제조간접원가	180	36,000
직접고정제조간접원가*	60	12,000
간접고정제조간접원가	120	24,000
합계	₩660	₩132,000

* 설비감가상각비 및 리스료

(1) 기존설비를 다른 용도(대체용도)로 활용하지 않는 경우

제공된 자료만을 보았을 때 외부구입 가격이 단위당 ₩600이고 제조원가는 단위당 ₩660이기 때문에 제동장치를 외부에서 조달해야 할 것처럼 보인다. 그러나 위에 제공된 모든 원가가 자가제조 또는 외부구매 의사결정의 관련원가는 아니다. 고정제조간접원가 중 직접고정제조간접원가는 설비감가상각비 및 리스료이기 때문에 제동장치를 생산하지 않으면 발생하지 않으므로 관련원가이지만, 고정제조간접원가 중 간접원가는 제동장치의 생산여부에 관계없이 발생하는 고정원가이므로 관련원가가 아니다. 따라서 제동장치를 외부에서 구매여부를 결정하기 위한 차액분석을 활용하면 다음과 같다.

표 11-1 자가제조 또는 외부구매

	단위당 원가	자가제조	외부구매	비 고
직접재료원가	₩210	₩42,000		
직접노무원가	180	36,000		
변동제조간접원가	90	18,000		
고정제조간접원가	180			
직접고정제조간접원가*	60	12,000		
간접고정제조간접원가	120			비관련원가
외부 구매원가	600		120,000	
총원가		₩108,000	₩120,000	
자가제조 시 유리한 차이		₩12,000		

제동장치를 자가제조할 경우 총원가는 ₩108,000이나 외부에서 구매할 경우 ₩120,000이 소요되어 자가제조를 하는 것이 더 유리하다.

(2) 기존설비를 대체용도로 활용할 수 있는 경우

기존설비를 대체용도로 활용할 수 있는 경우 대체용도 활용에 따른 수익을 고려하여 의사결정에 반영하여야 한다. [예제 11－1]에서 제동장치를 외부에서 구매함으로써 발생되는 유휴설비를 다른 회사에 임대하여 임대수익 ₩16,800를 얻을 수 있다고 가정하자. 만약 (주)남해자동차가 제동장치 200대를 외부에서 구매하지 않고 자가제조하면 ₩16,800의 임대수익을 상실하게 된다. 이때 상실되는 임대수익은 기회원가로서 의사결정에 고려되어야 할 관련원가이다.

제동장치의 외부로부터 구매여부를 결정하기 위하여 차액분석을 수행하면 다음과 같다.

표 11-2 자가제조 또는 외부구매(대체용도로 활용할 수 있는 경우)

	단위당 원가	자가제조	외부구매	비 고
변동제조원가	₩480	₩96,000		
고정제조간접원가	180			
직접고정제조간접원가*	60	12,000		
간접고정제조간접원가	120			비관련원가
기회원가(임대수익 상실)		16,800		
외부 구매원가	600		₩120,000	
총원가		₩124,800	120,000	
외부구매 시 유리한 차이			₩4,800	

(주)남해자동차는 제동장치를 외부에서 구매하는 경우 유휴설비를 임대함으로써 ₩16,800의 임대수익이 발생하여 자가제조의 경우보다 ₩4,800의 증분이익을 얻게 된다. 그러므로 기업은 자가제조 또는 외부구매의 의사결정을 할 때에는 기존설비를 대체용도로 활용할 수 있는가를 검토하여야 한다.

2. 제품라인(또는 다른 부문)의 추가 또는 포기

현재 운영 중인 제품라인을 폐지하거나 또는 다른 부문을 새로이 추가하는 것과 관련된 의사결정은 경영자들이 직면해야 하는 가장 어려운 결정 중에 하나이다. 여러 사업부문 중에서 손실이 발생하는 사업부문이 있다면 경영자는 그 특정사업부문을 유지할 것인지 아니면 폐지할 것인가를 결정해야 한다. 이러한 의사결정은 사업부문의 유지 또는 폐지가 회사전체 이익에 미치는 영향을 고려하여 결정하여야 한다. 따라서 사업부문의 유지 또는 폐지에 따라 상실되는 수익과 절감되는 원가를 비교하여 절감되는 원가가 상실되는 수익보다 큰 경우에는 해당부문을 폐지하는 것이 좋다.

이 경우 각 사업부문별로 보고되는 모든 원가가 해당 사업부문의 폐지를 결정할 때 고려할 회피가능원가는 아니다. 변동원가는 해당 사업부문을 폐지하면 더 이상 발생하지 않게 되는 회피가능원가이다. 그러나 고정원가는 해당사업부문을 폐지할 경우 회피가능원가와 회피불능원가로 구분하여 검토하여야 한다.

회피가능원가란 해당 사업부문을 폐지하면 더 이상 발생하지 않고 절감될 수 있는 원가로서 해당 사업부문에만 관련되어 있는 원가이다. 예를 들면, 해당 사업부문관리자의 급여 및 해당 사업부문의 광고선전비 등은 고정원가이지만 해당 사업부문의 폐지할 경우 더 이상 발생하지 않게 되어 회피가능원가에 해당한다. 회피불능원가는 해당 사업부문을 폐지하여도 지속적으로 원가가 발생하는 원가로서 다른 사업부문과 공통으로 부담하는 공통고정원가이다. 예컨대 공통설비의 감가상각비, 본사와 관련된 일반관리비 등이 이에 해당한다.

• 예제 11-2

(주)서울은 의류, 반도체, 영상부문을 보유하고 있다. (주)서울의 최고경영자는 지속적으로 손실을 보이고 있는 의류부문을 폐지할 것을 고려하고 있다. 현재 사업부문별 손익계산서는 다음과 같다.

	의류	반도체	영상	전체
매출액	₩80,000	₩64,000	₩16,000	₩160,000
변동원가	64,000	44,800	9,600	118,400
공헌이익	16,000	19,200	6,400	41,600
고정원가				
회피가능원가	12,000	8,000	1,600	21,600
회피불능원가	4,800	8,000	1,600	14,400
영업이익	(₩800)	₩3,200	₩3,200	₩5,600

(주)서울의 최고경영자는 의류부문이 ₩800의 손실을 보고 있기 때문에 이 부문을 폐지하면 회사의 이익이 ₩800 개선될 것으로 생각할 수 있다. 그러나 [예제 11-2]에 제시된 모든 원가가 의류 사업부문의 폐지 의사결정시 고려할 관련원가는 아니다. 변동제조원가와 고정제조간접원가 중 회피가능원가는 의류부문을 폐지하면 더 이상 발생하지 않기 때문에 관련원가이지만, 고정제조간접원가 중 회피불능원가는 의류부문의 폐지여부와 관계없이 발생하는 고정원가이므로 관련원가가 아니다.

따라서 의류부문의 폐지여부를 결정하기 위해 총액접근법에 의한 손익계산서를 분석하면 다음과 같다.

표 11-3 의류부문을 폐지할 경우[총액접근법]

	의류부문 폐지 전	의류부문 폐지 후	변동
매출액	₩160,000	₩80,000	(₩80,000)
변동원가	118,400	54,400	64,000
공헌이익	41,600	25,600	(16,000)
고정원가			
회피가능원가	21,600	9,600	12,000
회피불능원가	14,400	14,400	0
영업이익	₩5,600	₩1,600	(₩4,000)

의류부문을 폐지할 경우 (주)서울은 매출액이 ₩80,000 감소하는데 비해 원가감소는 변동원가(₩64,000) 및 회피가능고정원가(₩12,000)만 줄어들어 ₩78,000 감소에 그친다. 따라서 (주)서울은 의류부문을 폐지할 경우와 계속 유지할 경우를 비교해 볼 때 영업이익에서 ₩4,000의 증분손실이 발생하므로 영업이익이 적자를 보이고 있는 의류부문을 폐지하지 않아야 한다. 그러나 의류부문을 폐지할 때 생겨나는 유휴설비를 임대 등과 같은 다른 목적으로 사용하여 ₩4,000 이상의 수익을 얻을 수 있다면 회사는 의류부문을 폐지할 수 있다.

다음은 증분접근법을 활용하여 의류부문의 폐지여부를 분석한 결과이다.

표 11-4 의류부문을 폐지할 경우[증분접근법]

증분수익		(₩80,000)
증분원가		
변동원가	(₩64,000)	
회피가능고정원가	(12,000)	
증분원가 소계		(76,000)
증분이익(손실)		(₩4,000)

총액접근법과 동일하게 영업이익이 ₩4,000이 감소한 결과를 나타내고 있다. 따라서 의류부문을 폐지하지 말고 유지하여야한다.

3. 특별주문의 수락 또는 거절

경영자는 종종 고객으로부터 예기치 못한 특별주문을 받는 경우가 있다. 이 경우 경영자는 이 특별주문을 수용하여야 하는지, 만약 주문을 수용한다면 가격을 얼마로 정할 것인지 결정하여야 한다. 특별주문은 회사의 통상적인 업무와는 별도인 단발성 주문으로 고객이 대량구매를 조건으로 특별할인을 요구하는 거래를 의미한다. 특별주문을 받으면 경영자는 이에 따른 증분수익과 증분원가를 비교하여 주문의 수락여부를 결정하여야 한다. 그런데 특별주문의 수락여부를 결정할 때는 회사가 여유생산능력을 가지고 있는지, 특별주문이 기존매출을 잠식하지 않는지, 기존의 판매가격을 하락시키지 않는지, 그리고 기존고객의 이탈가능성에 대해 확인하는 것이 필요하다. 만약 회사가 최대생산능력에 가까이 생산하고 있다면, 증분원가뿐만 아니라 기회원가 또한 고려하여야 한다.

예제 11-3

(주)대전물산은 농구공을 제작판매하고 있다. 20×8년 초 한 초등학교로부터 농구부 창단을 위해 농구공 1개당 ₩180씩에 200개를 구입하겠다는 특별주문을 받았다. 특별주문한 농구공 1개의 정상가격은 ₩240이다. 이 회사의 마케팅관리자는 회계담당자에게 이 농구공의 생산과 판매에 관한 원가자료를 요청하여 다음과 같은 추정원가자료를 받았다.

	단위당 원가	총원가
직접재료원가	₩100	₩20,000
직접노무원가	36	7,200
제조간접원가	40	8,000
판매관리비	28	5,600
합계	₩204	₩40,800

단, 제조간접원가의 70%는 배부된 고정제조간접원가고, 판매관리비의 40%는 고정원가이다. 회사의 생산능력은 2,000개이나 최근 경기불황으로 생산설비의 70%만을 가동하고 있다. 그리고 이번 특별주문의 수락이 기존고객에 미치는 영향은 매우 미미하다.

(1) 여유생산능력이 존재하는 경우

원가자료를 보면 농구공의 단위당 원가는 ₩204로 특별주문 제안가격 ₩180보다 높기 때문에 언뜻 보기에 특별주문을 수락하지 않아야 한다. 그런데 [예제 11−3]에서 제조간접원가의 70%와 판매관리비의 40%가 고정원가이다. 이러한 고정원가는 특별주문 수락 여부에 상관없이 단기적으로는 일정할 것이기 때문에 이번 특별주문 의사결정에는 비관련원가이다. 따라서 이 의사결정은 여유생산능력의 존재여부과 관련원가만으로 결정되어야 한다.

회사는 최근 경기불황으로 생산설비의 70%만을 가동하고 있다. 따라서 여유생산능력을 보유하고 있기 때문에 기존고객에 대한 판매를 축소하거나 신규 설비투자가 이루어질 필요가 없다.

특별주문에 대한 수락여부를 결정하기 위하여 증분수익과 증분원가를 비교하면 다음과 같다.

표 11-5 특별주문의 수락 또는 거절[증분접근법]

	단위당		증분수익/증분원가	
증분수익	₩180			₩36,000
증분원가				
직접재료원가	100		₩20,000	
직접노무원가	36		7,200	
변동제조간접원가	12	*	2,400	
변동판매관리비	16.80	**	3,360	
증분원가 소계				32,960
증분이익				₩3,040

* 단위당 변동제조간접원가 ₩40의 30%
** 단위당 변동판매관리비 ₩28의 60%

증분접근법에 분석은 특별주문을 수락할 경우 (주)대전의 이익이 ₩3,040 증가하는 것을 보여준다. 따라서 (주)대전물산은 이 특별주문을 수락하여야 한다.

(2) 여유생산능력이 존재하지 않는 경우

에서 현재 (주)대전물산이 생산설비를 100% 가동하고 있다면 특별주문을 수락하기 위해서는 기존고객에 대한 판매를 축소하거나 신규 설비투자가 이루어져야 한다.

[예제 11－3]에서 특별주문 수량만큼 기존고객에 대한 판매가 축소되며 제조원가는 특별주문원가와 동일하다고 가정할 때, (주)상록의 생산능력이 1,000개이므로 기존고객에 대한 판매는 1,000개에서 900개로 축소된다. 이에 대한 특별주문에 대한 수락여부를 결정하기 위하여 총액접근법으로 분석하면 다음과 같다.

1) 특별주문을 거절할 경우 회사의 영업이익

	단위당 원가	손익계산서	
매출액	₩240		₩480,000
제조원가			
직접재료원가	100	₩200,000	
직접노무원가	36	72,000	
제조간접원가	40	80,000	
제조원가 소계			352,000
판매관리비	28	56,000	56,000
영업이익			₩72,000

2) 특별주문을 수락할 경우 회사의 영업이익

	단위당	손익계산서	
매출액	₩240		
1,800개	180	₩432,000	
200개		36,000	₩468,000
제조원가	100		
직접재료원가	36	₩200,000	
직접노무원가	40	72,000	
제조간접원가		80,000	
제조원가 소계	28		352,000
판매관리비			56,000
영업이익			₩60,000

특별주문을 수락할 경우 영업이익이 ₩60,000이고, 특별주문을 거절할 경우 영업이익이 ₩72,000이므로, 특별주문을 수락하면 영업이익이 ₩12,000 감소하므로 특별주문을 거절하여야 한다.

4. 제한된 자원이 있는 경우

기업의 경영자는 공장부지, 생산설비, 원재료 및 근로자 등의 물적자원과 인적자원을 활용하여 의사결정을 한다. 그런데 이러한 자원은 한정되어있기 마련이다. 따라서 경영자는 제한된 자원 하에서 기업의 이익을 극대화할 수 있는 제품과 서비스에 자원을 우선 배분하여야 한다.

이러한 의사결정에서는 기업의 공헌이익을 극대화시키는 제품과 서비스에 제한된 자원을 배분하여야 한다. 이러한 의사결정은 제약조건이 하나인 경우와 둘 이상인 경우로 구분할 수 있다.

(1) 제한된 자원이 하나인 경우

제한된 자원이 하나인 경우는 기업의 공헌이익을 극대화시키기 위하여 제한된 자원 하에서 제한된 자원의 단위당 공헌이익이 가장 큰 제품을 우선적으로 생산하면 된다. 예컨대 직접노동시간이 제한되어 있다면 직접노동시간당 공헌이익이 큰 제품을 우선적으로 생산한다.

예제 11-4

인천산업은 제품 A와 B를 생산, 판매하고 있다. 인천산업에는 제품을 생산하기 위하여 3명의 근로자가 일하고 있는데 이들이 월간 일할 수 있는 시간은 520시간이다. 각 제품의 원가 및 수익에 관한 자료는 다음과 같다.

	제품 A	제품 B
단위당 판매가격	₩200	₩280
단위당 변동원가	180	240
단위당 공헌이익	₩20	₩40
단위당 노동시간	2시간	5시간

제품 B를 생산 · 판매하면 개당 ₩40의 공헌이익이 발생하는 데 반하여, 제품 A를 생산 · 판매하면 개당 ₩20의 공헌이익을 얻는 데 그친다. 따라서 자원의 제한이 없는 경우에는 단위당 공헌이익이 큰 제품 B를 생산하는 것이 기업의 공헌이익을 극대화하는 방안이다. 그런데 [예제 11－4]에서 월간 최대로 이용할 수 있는 노동시간이 제한되어 있다. 제한요소의 단위당 공헌이익을 계산하면 다음과 같다.

	제품 A	제품 B
단위당 공헌이익	₩20	₩40
단위당 노동시간	2시간	5시간
제한요소 단위당 공헌이익	₩10	₩8

제품 A만을 생산하는 경우 월간 260(520시간/2시간)단위를 생산하여 ₩5,200(260개x₩20)의 공헌이익을 얻을 수 있고, 제품 B만을 생산하는 경우 월간 104(520시간/5시간)단위를 생산하여 ₩4,160(104개×₩40)의 공헌이익을 얻을 수 있다. 제한요소인 노동시간의 단위당 공헌이익을 계산해보면, 제품 A를 생산하는 경우 노동시간의 단위당 공헌이익은 ₩10이나, 제품 B를 생산하는 경우 노동시간의 단위당 공헌이익이 ₩8에 불과하다. 따라서 자원의 제한이 있는 경우 제한요소의 단위당 공헌이익이 큰 제품 A를 생산하는 것이 기업의 공헌이익을 극대화하는 현명한 선택이다.

(2) 제한된 자원이 둘 이상인 경우

제한된 자원이 둘 이상인 경우에는 기업의 공헌이익을 극대화시키기 위해 선형계획법을 이용하여 의사결정 문제를 해결해야 한다. 선형계획법(linear programing method)은 여러 제약 조건하에서 특정목적을 달성하기 위한 수리적인 기법이다. 선형계획법을 이용하여 의사결정 문제를 해결하는 방법은 다음과 같다.

① 기업이 달성하고자 하는 목적을 함수로 표시한다. 즉, 기업이 달성하고자 하는 목적은 이익극대화, 공헌이익 극대화, 원가최소화 등이 있다.

② 기업의 제한된 자원을 수식으로 표현한다. 즉, 기업의 제한된 자원은 전술한 바와 같이 기업이 이용 가능한 노동시간, 기계시간 등이 있다.

③ 위에서 제시한 제한된 자원의 수식을 그래프로 표시한 후 실행가능영역을 표시한다. 실행가능영역이란 제한된 자원의 조건을 만족하는 영역을 말한다.

④ 실행가능영역에서 목적함수를 최대화 또는 최소화하는 최적해를 구한다.

예제 11-5

대구통상은 제품 A와 B를 생산, 판매하고 있다. 회사는 제품을 생산하기 위하여 월간 이용가능한 기계가동시간은 720시간이고, 노동시간은 600시간이다. 단, 제품 A, B의 수요는 무한하다고 가정하자. 각 제품의 원가와 수익에 관한 자료는 다음과 같다.

	제품 A	제품 B
단위당 공헌이익	₩100	₩140
단위당 기계시간	2시간	1시간
단위당 노동시간	1시간	2시간

먼저 제공된 지료를 활용하여 의사결정모형은 설정하면 다음과 같다(제품 A는 x개 생산하고 제품 B는 y개 생산한다고 가정).

① 목적함수: $\pi = 100x + 140y$

② 제약조건: $2x + y \leq 720$

$x + 2y \leq 600$

$x,\ y \geq 0$

이러한 의사결정모형을 그래프로 표시하면 다음과 같다.

그림 11-1 의사결정모형

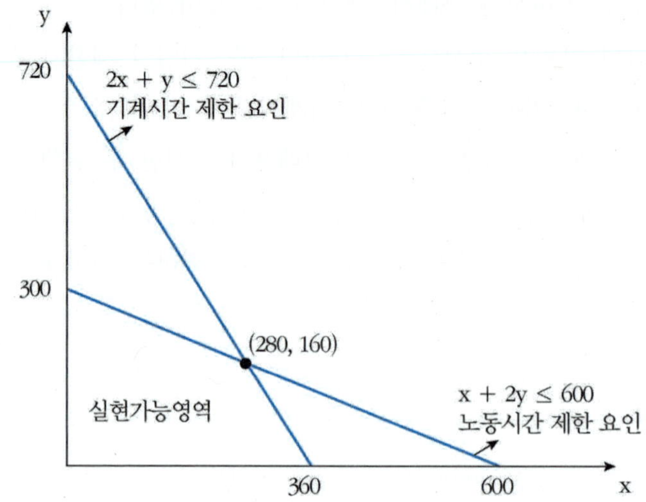

[그림 11−1]에서 목적함수인 공헌이익을 최대화할 수 있는 점은 (0, 300), (280, 160), (360, 0) 중 하나이다. 이때 각각의 공헌이익을 계산하면 다음과 같다.

제품 A, B 생산량	공헌이익
(0,300)	₩42,000
(280,160)	₩50,400
(360,0)	₩36,000

따라서 제품 A를 280단위 생산하고 제품 B를 160단위 생산하는 경우가 기업의 공헌이익이 ₩50,400으로 최대화된다.

제3절 원가기준 가격결정

(1) 가격결정과 원가의 역할

기업이 무엇을 얼마나 생산하여 얼마에 팔 것인지를 정하는 것은 기업의 이익에 직결되는 매우 중요한 결정이다. 이 중요한 의사결정은 가격결정을 중심으로 이루어지고 있다. 그런데 가격은 시장에서의 경쟁력을 유지하면서 수익성을 보장할 수 있는 수준에서 결정되어야 하는데, 고려하여야 할 요인의 수가 많고 또 다양하기 때문에 효과적인 가격결정은 그렇게 쉬운 일이 아니다. 이러한 가격결정의 문제는 제조기업뿐 아니라 금융 · 통신 · 의료 등과 같은 서비스를 제공하는 기업도 똑같이 직면하는 문제이다.

가격은 전통적으로 경제학에서 설명하는 수요 · 공급의 원리가 작동하는 시장의 영향을 받지만, 현실적 가격결정상황에서는 제품이나 서비스의 생산원가와 다양한 환경적 · 정책적 요인들에 의해 영향을 받는다. 제품이나 서비스 중에는 거의 절대적으로 시장에서 결정되거나 정부의 규제를 받는 경우도 있다. 이러한 경우 그 기업은 가격에 대한 통제력을 가지지 못하며, 단지 시장가격에 맞추어서 생산을 조정(제품 또는 서비스의 생산량 결정과 원가통제에 대한 결정)할 수 있을 뿐이다. 그런데 대부분의 경우 기업은 가격에 대해 다소의 통제력을 가진다. 이 경우 많은 기업들이 원가를 기준하여 가격을 설정하는 경향이 있다.

기업이 원가보다 낮은 가격에 제품을 판매한다면 그 기업은 이익을 창출하지 못하고 생존경쟁에서 낙오자가 될 수밖에 없다. 따라서 경영자는 가격을 결정하기 전에 제품원가를 알고 있어야 한다. 기업이 시장에서 가격 선도자가 아니라고 하여도 경영자는 주어진 시장가격과 이익, 그리고 설비의 가동을 놓고 생산, 판매될 제품의 최적믹스를 결정해야만 한다. 이러한 최적의 제품믹스를 결정하는 데에 제품원가의 분석이 필요하고, 마케팅 전략을 수립하는데도 제품원가 분석이 필요하다.

관리회계 담당자의 중요한 역할은 기업의 경영의사결정에 유용한 원가정보를 제공하는 데 있다. 대부분의 관리회계담당자들은 최고경영자의 전략적 의사결정이나, 마케팅담당 경영자 및 생산담당 경영자의 전략적 의사결정에 유용한 원가정보를 제공하기 위하여 정기적으로 제품원가보고서를 제공한다.

(2) 원가가산 가격결정

대부분의 경영자들은 생산제품의 판매가격을 그 제품의 제조과정에서 발생한 제조원가와 판매관리비를 배부한 원가에 일정한 이익을 가산하여 결정한다.

직접재료원가 · 직접노무원가 · 제조간접원가로 구성되는 제조원가에 판매비와 관리비를 배부하여 가산하면 총원가(full cost)가 된다. 이 총원가는 기업이 제품의 판매를 통해 궁극적으로 보상받아야 할 모든 원가를 의미한다. 따라서 기업이 모든 원가를 보상받고 적정한 이익을 얻기 위해서는 총원가에 적당한 이익을 가산하여 가격을 결정하여야 한다.

이렇듯이 원가를 기준으로 가격을 결정하는 경우, 대부분의 기업에서는 제품의 실제 또는 추정원가에 적정이폭을 가산하여 가격을 결정하는 방식을 이용한다. 원가에 적절한 이폭(markup)을 가산하여 가격을 결정한다고 하여 이를 원가가산 가격결정(cost-plus pricing) 또는 이폭가산가격결정(markup pricing)이라고 한다. 이 때 사용되는 원가를 어떻게 정의하느냐에 따라 이폭의 수준이 다르게 결정된다. 즉, 원가가산 판매가격결정에서 이익률의 크기는 어떠한 원가를 기준으로 하느냐에 그 크기가 따라 달라진다.

[그림 11-2]는 원가의 구성과 가격과의 관계를 보여주고 있다.

원가기준 가격결정방법은 여러 가지가 있다. 특히 장기적 가격결정과 단기적 가격결정에서 그 기준이 되는 원가는 다르게 정의되어야 한다. 장기적으로는 변동원가는 물론 고정

그림 11-2 원가의 구성과 가격과의 관계

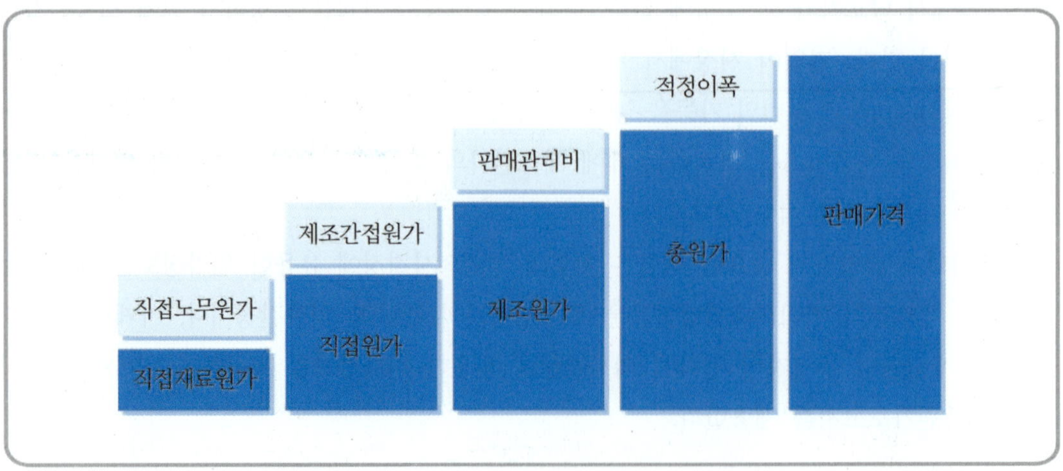

원가를 포함하는 모든 원가가 보상되는 수준의 가격을 설정하지 않으면 그 기업은 생존할 수 없게 된다. 그런데 단기적으로는 모든 원가를 보상받지 못하더라도 변동원가만 보상받을 수 있는 수준의 가격이라도 수용하여야 하는 경우가 있다. 다시 말하면, 가격결정은 기업이 처한 상황에 따라 다르게 결정될 수 있고, 이 경우 다른 원가기준을 사용하게 된다.

• 예제 11-6

(주)경상산업은 다음과 같은 원가정보를 활용하여 제품의 가격을 결정하고 있다. 회사는 연간 목표이익으로 ₩10,200을 계획하고 있다. 연간 예상 생산량 및 판매량은 2,000단위이다.

변동제조원가	₩96,000
고정제조간접원가	36,000
변동판매관리비	24,000
고정판매관리비	12,000
총원가	₩168,000

1) 전부원가 접근법

전부원가는 두 가지 개념으로 구분될 수 있다. 첫 번째 개념의 전부원가는 변동제조원가와 고정제조원가만을 포함하는 원가를 말하고, 두 번째 개념은 제조원가에 판매관리비를 포함하는 원가를 말한다. 여기서는 제조원가에 국한한 전부원가개념을 사용한다.

전부원가 접근법에 의한 판매가격은 다음과 같이 결정된다.

$$\text{단위당 판매가격} = \text{단위당 전부원가} + \text{단위당 전부원가} \times \text{이익가산율}$$

이익가산율은 단위당 제조원가, 판매관리비를 회수할 수 있을 뿐만 아니라 목표이익을 달성할 수 있어야 한다. 따라서 이익가산율은 다음과 같이 계산할 수 있다.

$$\text{이익가산율} = [\text{판매관리비} + \text{목표이익}] \div \text{전부원가}$$

[예제 11-6]에서 전부원가 접근법에 의한 이익가산율은 다음과 같이 계산된다.

이익가산율＝[₩36,000＋₩10,200]÷[₩96,000＋₩36,000]＝35%

단위당 판매가격은 단위당 변동제조원가가 ₩48(₩96,000÷2,000단위)이고, 단위당 고정제조간접원가가 ₩18(₩36,000÷2,000)이므로 단위당 전부원가가 ₩66이다. 따라서 단위당 판매가격은 ₩89.10(₩66×1.35)이다.

2) 변동원가 접근법

전부원가 접근법과 마찬가지로 변동원가 접근법에 의한 판매가격은 다음과 같이 표현할 수 있다.

단위당 판매가격＝단위당 변동제조원가＋단위당 변동제조원가×이익가산율

이익가산율은 제조원가(변동 및 고정 포함)와 판매관리비를 회수할 수 있을 뿐만 아니라 목표이익을 달성할 수 있어야 한다. 따라서 이익가산율은 다음과 같이 계산할 수 있다.

이익가산율＝[고정원가＋판매관리비＋목표이익]÷변동제조원가

[예제 11－6]에서 변동원가 접근법에 의한 이익가산율은 다음과 같이 계산된다.

이익가산율＝[₩36,000＋₩36,000＋₩10,200]÷₩96,000＝85.625%

단위당 변동제조원가가 ₩48(₩96,000÷2,000단위)이고 이익가산율은 82.625%이므로 단위당 판매가격은 ₩89.10(₩48×1.85625)으로 책정된다.

이와 같이 기업의 특정 목표이익을 달성하기 위한 판매가격은 전부원가 접근법을 이용하든, 변동원가 접근법을 이용하든 동일하게 설정될 수 있다.

E·x·e·r·c·i·s·e

연습문제

객관식

외부구매 의사결정

01 레저용 요트를 전문적으로 생산 · 판매하고 있는 (주)감평은 매년 해당 요트의 주요 부품인 자동제어센서 2,000단위를 자가제조하고 있으며, 관련 원가자료는 다음과 같다.

구 분	총원가	단위당원가
직접재료원가	₩700,000	₩350
직접노무원가	500,000	250
변동제조간접원가	300,000	150
고정제조간접원가	800,000	400
합계	₩2,300,000	₩1,150

(주)감평은 최근 외부업체로부터 자동제어센서 2,000단위 전량을 단위당 ₩900에 공급하겠다는 제안을 받았다. (주)감평이 동 제안을 수락할 경우, 기존설비를 임대하여 연간 ₩200,000의 수익을 창출할 수 있으며, 고정제조간접원가의 20%를 회피할 수 있다. (주)감평이 외부업체로부터 해당 부품을 공급받을 경우, 연간 영업이익에 미치는 영향은?

① ₩0 ② ₩60,000 감소 ③ ₩60,000 증가
④ ₩140,000 감소 ⑤ ₩140,000 증가

02 (주)세무는 A부품을 매년 1,000단위씩 자가제조하여 제품생산에 사용하고 있다. A부품을 연간 1,000단위 생산할 경우 단위당 원가는 다음과 같다.

구분	단위당 원가
변동제조원가	₩33
고정제조간접원가	5
합계	₩38

최근에 외부의 공급업자로부터 A부품 1,000단위를 단위당 ₩35에 납품하겠다는 제안을 받았다. A부품을 전량 외부에서 구입하면 연간 총고정제조간접원가 중 ₩400이 절감되며, A부품 생산에 사용하던 설비를 다른 부품생산에 활용함으로써 연간 ₩200의 공헌이익을 추가로 얻을 수 있다. (주)세무가 외부 공급업자의 제안을 수락하면, A부품을 자가제조할 때보다 연간 영업이익은 얼마나 증가(혹은 감소)하는가? (22. 세무사)

① ₩1,400 감소 ② ₩1,400 증가 ③ ₩3,600 감소
④ ₩3,600 증가 ⑤ ₩4,800 감소

03 (주)대한은 연속된 공정 A와 B를 거쳐서 완제품을 생산한다. (주)대한은 매년 500단위의 제품을 생산하여 기존시장에서 단위당 ₩3,000에 전부 판매한다. 당기에 (주)대한은 새로운 거래처인 (주)민국으로부터 완제품 150단위를 단위당 ₩2,500에 공급해 달라는 주문을 받았다. 이 주문은 완제품 150단위를 모두 수락하거나 거절해야 한다. 공정별 연간 생산능력, 연간 생산량 및 단위당 변동원가는 다음과 같다.

구분	공정 A	공정 B
연간 생산능력	550단위	600단위
연간 생산량	500단위	500단위
단위당 변동원가	₩700	₩1,000

(주)대한은 외부 공급업체로부터 공정 A에서 생산된 것과 동일한 부품을 단위당 ₩1,500에 필요한 만큼 공급받을 수 있다. (주)대한이 (주)민국의 주문을 수락하면 (주)대한의 당기순이익은 얼마나 증가(또는 감소)하는가? 단, (주)대한은 상기 주문과 관련된 기회원가를 최소화하고자 한다. (18. 회계사)

① ₩5,000 증가 ② ₩8,000 감소 ③ ₩10,000 감소
④ ₩15,000 증가 ⑤ ₩80,000 증가

04 (주)대한은 제품에 사용되는 부품 A를 자가제조하고 있으나, 외부 공급업체로부터 부품 A와 동일한 제품을 구입하는 방안을 검토 중이다. (주)대한의 회계팀은 아래의 자료를 경영진에게 제출하였다.

구분	부품 A 1단위당 금액
직접재료원가	₩38
직접노무원가	35
변동제조간접원가	20
감독관 급여	40

부품 A 전용제조장비 감가상각비	39
공통관리비의 배분	41

- 매년 10,000개의 부품 A를 생산하여 모두 사용하고 있다.
- 만일 외부에서 부품 A를 구입한다면 감독관 급여는 회피가능하다.
- 부품 A 전용제조장비는 다른 용도로 사용하거나 외부 매각이 불가능하다.
- 공통관리비는 회사 전체의 비용이므로 외부 구입 여부와 관계없이 회피가 불가능하다.
- 만일 부품 A를 외부에서 구입한다면, 제조에 사용되던 공장부지는 다른 제품의 생산을 위해서 사용될 예정이며, 연간 ₩240,000의 공헌이익을 추가로 발생시킨다.

(주)대한의 경영진은 부품 A를 자가제조하는 것이 외부에서 구입하는 것과 영업이익에 미치는 영향이 무차별하다는 결론에 도달하였다. 이 경우 외부 공급업체가 제시한 부품 A의 1단위당 금액은 얼마인가? (21. 회계사)

① ₩93 ② ₩117 ③ ₩133
④ ₩157 ⑤ ₩196

특별주문 의사결정

05 다음은 (주)관세가 생산 · 판매하는 제품 A에 관한 자료이다.

구분	자료 내용
최대 생산가능 수량	10,000단위
현재 생산 · 판매수량	8,000단위
단위당 외부 판매가격	₩300
단위당 변동제조원가	₩100
단위당 변동판매비	₩40
단위당 고정제조간접원가	₩90(최대 생산가능 수량 기준)

(주)한국은 (주)관세에게 제품 A에 특수장치를 부착한 제품 B를 제작하여, 단위당 ₩220에 1,500단위를 공급해줄 것을 제안하였다. (주)관세는 제품 A의 생산라인에서 제품 B를 생산할 수 있으며, (주)한국의 주문으로 기존 판매 및 원가구조는 영향을 받지 않는다. (주)관세는 제품 A에 단위당 ₩30의 특수장치를 추가하여 제품 B를 생산하며, 제품 B의 단위당 변동판매비는 ₩30이 된다. (주)관세가 (주)한국의 특별주문을 수락하는 경우이익에 미치는 영향은? (19. 관세사)

① ₩90,000 감소 ② ₩90,000 증가 ③ ₩120,000 감소
④ ₩120,000 증가 ⑤ ₩150,000 증가

06 (주)관세는 제품 A 100단위를 생산 · 판매하고 있으며, 제조원가와 판매관리비는 각각 50%가 고정원가이다. 신규 고객으로부터 단위당 ₩1,800에 50단위를 공급해달라는 특별주문을 받았다. 특별주문 수량에 대해 단위당 변동판매관리비 중 20%는 발생하지 않는다. 특별주문을 수락할 경우 (주)관세의 영업이익에 미치는 영향은? (단, 특별주문 수량을 생산하는 데 필요한 여유생산설비를 충분히 확보하고 있다.) (22. 관세사)

	제품 A
매출액	₩400,000
제조원가	240,000
판매관리비	60,000

① ₩38,000 감소 ② ₩18,000 감소 ③ ₩12,000 증가
④ ₩18,000 증가 ⑤ ₩38,000 증가

07 (주)감평은 단일제품 8,000단위를 생산 및 판매하고 있다. 제품의 단위당 판매가격은 ₩500, 단위당 변동원가는 ₩300이다. (주)감평은 (주)한국으로부터 단위당 ₩450에 1,500단위의 특별주문을 받았다. 이 특별주문을 수락하는 경우, 별도의 포장 작업이 추가로 필요하여 단위당 변동원가가 ₩20 증가하게 된다. (주)감평의 연간 최대생산능력이 9,000단위라면, 이 특별주문을 수락하는 경우, 증분손익은?

① 손실 ₩105,000 ② 손실 ₩75,000 ③ 손실 ₩55,000
④ 이익 ₩95,000 ⑤ 이익 ₩195,000

08 (주)세무는 20×1년에 제품 A를 5,000단위 생산하여 전량 국내시장에 판매할 계획이다. 제품 A의 단위당 판매가격은 ₩10,000, 단위당 변동 제조원가는 ₩7,000, 단위당 변동판매관리비는 ₩1,000이다. (주)세무는 20×1년 초에 해외 거래처로부터 제품 A 3,000단위를 단위당 ₩8,000에 구입하겠다는 특별주문을 받았다. 해외 거래처의 주문을 수락하기 위해서는 제품 A 1단위당 부품 B(단위당 외부구입가격: ₩500) 1단위를 추가로 투입해야 하고, 20×1년도 국내 시장 판매량을 350단위 감소시켜야 한다. 특별주문과 관련된 판매관리비는 주문수량에 관계없이 ₩300,000 발생한다. (주)세무가 특별주문을 수락할 경우, 20×1년도 예산이익의 증가(또는 감소) 금액은? (단, 특별주문은 전량 수락하든지 기각해야 한다.)
(18. 세무사)

① ₩300,000 증가 ② ₩420,000 감소 ③ ₩500,000 증가
④ ₩550,000 감소 ⑤ ₩800,000 감소

09 (주)세무의 최대 생산능력은 5,000개이다. 정규 시장에 1개당 ₩200에 4,000개 판매할 것으로 예상된다. 한 번에 50개씩 묶음(batch) 생산하며, 4,000개를 생산하는 경우 원가는 다음과 같다.

생산량에 따라 변하는 변동원가	₩240,000
묶음수에 따라 변하는 변동원가	80,000
고정원가	400,000
	₩720,000

1개당 ₩130에 1,500개를 구입하겠다는 특별주문을 받았다. 특별주문에 대해서는 100개씩 묶음 생산하며, 특별주문은 전량을 수락하거나 거절해야 한다. 이 특별주문을 수락하는 경우 (주)세무의 이익은 얼마나 증가 또는 감소하는가? (19. 세무사)

① ₩75,000 증가 ② ₩30,000 증가 ③ ₩20,000 증가
④ ₩20,000 감소 ⑤ ₩75,000 감소

10 (주)세무는 20×1년 연간 최대 생산량이 8,000단위인 생산설비를 보유하고 있다. (주)세무는 당기에 제품 7,000단위를 단위당 ₩1,000에 판매할 것으로 예상하며, 단위당 변동제조원가는 #500, 단위당 변동판매관리비는 #100이다. (주)세무는 거래처로부터 제품 2,000단위를 판매할 수 있는 특별주문을 받았으며, 단위당 변동제조원가와 단위당 변동판매관리비는 변화가 없다. 이 특별주문을 수락한다면, 예상 판매량 중 1,000단위를 포기해야 한다. 이 때, 특별주문 제품의 단위당 최저 판매가격은? (20. 세무사)

① ₩500 ② ₩600 ③ ₩800
④ ₩900 ⑤ ₩1,000

11 (주)대한은 제품 A를 생산하며, 연간 최대생산능력은 10,000단위이다. (주)대한은 20×1년 초에 제품 A의 예상수요량인 9,500단위를 생산 · 판매하기로 하고 종합예산을 편성하였다. 제품 A의 단위당 판매가격과 원가 예산은 다음과 같다.

항목	단위당 금액
판매가격	₩40
직접재료원가	12
직접노무원가	5
제조간접원가	8
변동판매비	2

단위당 제조간접원가에는 단위당 변동원가 ₩5와 단위당 고정원가 ₩3(10,000단위 기준)이

포함되어 있다. 예산편성 직후에 (주)대한은 (주)민국으로부터 제품 A 1,000단위를 단위당 ₩30에 공급해 달라는 특별주문을 받았다. (주)민국의 특별주문량 1,000단위는 전량 수락하거나 거절해야 한다. (주)대한이 (주)민국에 제품 A를 판매할 경우에는 단위당 변동판매비의 50%를 절감할 수 있다. 한편, (주)대한은 (주)만세로부터 제품 A와 동일한 제품을 단위당 ₩25에 필요한 만큼 공급받을 수 있다. (주)대한이 (주)민국의 주문을 수락하면 (주)대한의 예산영업이익은 얼마나 증가 또는 감소하는가? 단, (주)대한은 이익을 극대화 하고자 한다. (19. 회계사)

① ₩4,000 감소 ② ₩4,000 증가 ③ ₩5,500 감소
④ ₩5,500 증가 ⑤ ₩6,000 증가

12 (주)세무는 20×1년에 오토바이를 생산 · 판매하고 있다. 오토바이 1대당 판매가격은 ₩200이며, 단위당 제조원가 내역은 다음과 같다.

직접재료원가	₩86
직접노무원가	45
변동제조간접원가	9
고정제조간접원가	42
단위당 제조원가	₩182

(주)세무는 경찰청으로부터 순찰용 오토바이 100대를 1대당 ₩180에 공급해달라는 특별주문을 받았다. 특별주문에 대해서는 오토바이를 순찰용으로 변경하기 위해 내비게이션을 장착하는데 1대당 10의 원가가 추가적으로 발생한다. 또한 경찰청 로고 제작을 위해 디자인 스튜디오에 ₩1,200을 지급해야 한다. 현재 (주)세무의 생산 능력은 최대 생산능력에 근접해 있으므로 특별주문을 수락하면 기존 오토바이 10대의 생산을 포기해야 한다. (주)세무가 경찰청의 특별주문을 수락할 때, 증분이익은? (20. 세무사)

① ₩0 ② 증분이익 ₩800 ③ 증분이익 ₩1,000
④ 증분이익 ₩12,000 ⑤ 증분이익 ₩1,400

※ 다음 자료를 이용하여 13번과 14번에 답하시오. (19. 회계사)

(주)대한은 사업부 A와 B로 구성되어 있고, 각 사업부는 이익중심점으로 운영된다. 사업부 A는 동일한 기계를 이용하여 성능이 다른 두 종류의 제품 X와 Y를 생산하며, 각 제품과 관련된 자료는 다음과 같다.

항목	제품 X	제품 Y
단위당 판매가격	₩40	₩7

단위당 직접재료원가	₩5	₩2
단위당 기타 변동제조원가	(단위당 1시간, 시간당 ₩10) ₩10	(단위당 0.2시간, 시간당 ₩10) ₩2
연간 외부수요량	20,000단위	30,000단위

<주> 상기 표에서 시간은 기계시간을 의미함

사업부 A의 연간 고정제조간접원가는 ₩200,000이고, 연간 이용 가능한 기계시간은 25,000시간이다.

사업부 B는 제품 Q를 생산한다. 제품 Q 1단위를 생산하기 위해서는 외부업체로부터 특수부품 S 1단위를 단위당 ₩40에 구매해야 한다. 제품 Q와 관련된 자료는 다음과 같다.

항목		제품 Q
단위당 판매가격		₩100
단위당 직접재료원가	특수부품 S	₩40
	일반부품 G	₩10
단위당 기타 변동제조원가		₩20
연간 외부수요량		3,000단위

사업부 B의 연간 고정제조간접원가는 ₩30,000이다. 사업부 B는 외부수요를 충족할 만큼 충분한 생산능력을 갖추고 있다.

최근에 (주)대한의 생산기술부서는 제품 Q를 생산하기 위해 특수부품 S 1단위 대신에 제품 X 1단위를 투입할 수 있으며, 이러한 부품 교체가 제품 Q의 단위당 판매가격, 단위당 일반부품 G의 원가, 단위당 기타 변동제조원가, 외부수요량에 미치는 영향은 없다고 보고하였다. (주)대한은 생산기술부서의 보고를 토대로 특수부품 S를 사업부 A의 제품 X로 교체하는 방안을 고려하고 있다.

13 특수부품 S를 사업부 A의 제품 X로 교체할 경우, 회사전체의 영업이익은 얼마나 증가 또는 감소하는가?

① ₩30,000 증가 ② ₩30,000 감소 ③ ₩45,000 증가
④ ₩45,000 감소 ⑤ ₩50,000 증가

14 특수부품 S를 사업부 A의 제품 X로 교체할 경우, 사업부 A가 현재의 영업이익을 감소시키지 않기 위해 사업부 B에 제시할 수 있는 제품 X의 단위당 최소판매가격은 얼마인가?

① ₩18 ② ₩20 ③ ₩24
④ ₩27 ⑤ ₩30

15 (주)대한은 A 필터와 B 필터를 생산 및 판매하고 있으며, 이익극대화를 추구한다. (주)대한의 최대조업도는 월 12,000기계시간이며, (주)대한이 20x1년 2월에 대해 예측한 A 필터와 B 필터의 자료는 다음과 같다.

구분	A 필터	B 필터
시장수요량	2,500단위	1,500단위
단위당 직접재료원가	₩290	₩400
단위당 직접노무원가	100	150
단위당 변동제조간접원가(기계시간당 ₩40)	80	160
단위당 변동판매관리비	50	90
단위당 고정원가	20	20
단위당 판매가격	840	1,280

(주)대한은 20×1년 2월의 판매예측에 포함하지 않았던 (주)민국으로부터 B 필터 500단위를 구입하겠다는 일회성 특별주문을 받았다. (주)대한이 (주)민국의 특별주문을 수락하더라도 해당 제품의 단위당 변동원가는 변하지 않는다. (주)대한이 (주)민국의 특별주문을 수락하여 20×1년 2월 영업이익을 ₩180,000 증가시키고자 할 경우에 특별주문의 단위당 판매가격은 얼마인가? 단, 특별주문과 관련하여 생산설비의 증설은 없다. (22. 회계사)

① ₩1,300 ② ₩1,350 ③ ₩1,400
④ ₩1,450 ⑤ ₩1,500

부문폐쇄 의사결정

16 (주)감평은 제품라인 A, B, C 부문을 유지하고 있다. 20×1년 각 부문별손익계산서는 다음과 같다.

	A 부문	B 부문	C 부문	합계
매출액	₩700,000	₩300,000	₩500,000	₩1,000,000
변동원가	100,000	200,000	220,000	520,000
공헌이익	100,000	100,000	280,000	480,000
고정원가				
급여	30,000	50,000	80,000	160,000
광고선전비	10,000	60,000	70,000	140,000
기타 배부액	20,000	30,000	50,000	100,000
영업손익	₩40,000	(₩40,000)	₩80,000	₩80,000

(주)감평의 경영자는 B 부문의 폐쇄를 결정하기 위하여 각 부문에 관한자료를 수집한 결과

다음과 같이 나타났다.

- 급여는 회피불능원가이다.
- 광고선전은 각 부문별로이루어지기 때문에 B 부문을 폐쇄할 경우 B 부문의 광고선전비는 더 이상 발생하지 않는다.
- 기타 배부액 총 ₩100,000은 각 부문의 매출액에 비례하여 배부한 원가이다.
- B 부문을 폐쇄할 경우 C 부문의 매출액이 20% 감소한다.

(주)감평이 B 부문을 폐쇄할 경우 (주)감평 전체 이익의 감소액은? (단, 재고자산은 없다.)

① ₩36,000 ② ₩46,000 ③ ₩66,000
④ ₩86,000 ⑤ ₩96,000

17 (주)세무는 보조부문 A, B와 제조부문 P, Q를 운영하고 있으며, 각 부문의 용역수수관계와 각 보조부문에서 발생한 원가는 다음과 같다.

사용부문 / 제공부문	보조부문		제조부문		용역생산량
	A	B	P	Q	
A	10%	40%	20%	30%	1,000단위
B	20%	10%	40%	30%	2,000단위

○ 보조부문 A의 원가: ₩50,000+₩70×1,000단위
○ 보조부문 B의 원가: ₩30,000+₩150×2,000단위

(주)세무는 현재 운영하고 있는 보조부문을 폐쇄하는 방안을 고려하던 중, (주)한국으로부터 보조부문 A가 생산하던 용역을 단위당 ₩150에, (주)대한으로부터는 보조부문 B가 생산하던 용역을 단위당 ₩200에 공급하겠다는 제의를 받았다. (주)세무가 보조부문의 용역을 외부에서 구입하더라도 각 보조부문에서 발생하는 고정원가를 회피할 수 없다. 다음 설명 중 옳은 것은? (18. 세무사)

① (주)세무는 보조부문 A와 B를 계속해서 유지하는 것이 유리하다.
② (주)세무가 보조부문 A를 폐쇄하고 (주)한국의 제의를 수락할 경우, 영업이익이 ₩7,000 증가한다.
③ (주)세무가 보조부문 B를 폐쇄하고 (주)대한의 제의를 수락할 경우, 영업이익이 ₩20,000 감소한다.
④ (주)세무가 보조부문 A의 용역을 외부로부터 구입할 경우, 지불할 수 있는 최대가격은 단위당 ₩120이다.
⑤ (주)세무가 보조부문 B의 용역을 외부로부터 구입할 경우, 지불할 수 있는 최대가격은 단위당 ₩170이다.

18 (주)세무는 제품 A와 제품 B를 생산하고 있는데, (주)대한으로부터 제품 A 전량을 단위당 ₩18에 공급하는 제안을 받았다. 이 제안을 검토하기 위해 (주)세무의 회계부서에서 분석한 제품 A에 대한 원가자료는 다음과 같다.

구분	단가	1,000단위
직접재료원가	₩5	₩5,000
직접노무원가	4	4,000
변동제조간접원가	1	1,000
감독자급여	3	3,000
특수기계감가상각비	2	2,000
공통간접원가배분액	5	5,000
제조원가 합계	₩20	₩20,000

제품 A를 생산하지 않을 경우 제품 A 감독자는 추가비용 없이 해고가능하고, 특수기계는 제품 A 제조에만 사용되는 전용기계이다. 공통간접원가는 공장임대료 등으로 제품 A 생산라인을 폐쇄하더라도 감소하지 않는다. 제품 A를 생산하지 않을 경우 그에 대한 여유생산능력으로 제품 B를 추가 생산할 수 있는데, 이로 인해 증가되는 수익은 ₩5,000이고 증가되는 원가는 ₩3,000이다. (주)세무가 (주)대한의 제안을 받아들이면 자가생산하는 것보다 얼마나 유리(불리)한가? (21. 세무사)

① ₩3,000 유리 ② ₩3,000 불리 ③ ₩4,000 유리
④ ₩4,000 불리 ⑤ ₩5,000 불리

자원제약 의사결정

19 (주)세무는 두 종류의 제품 A와 B를 생산 · 판매한다. 두 제품의 월간 예상판매 및 원가자료는 다음과 같다.

구분		제품 A	제품 B
제품 단위당	판매가격	₩50	₩45
	변동제조원가	32	25
	고정제조간접원가	5	7
	변동판매관리비	8	5
	고정판매관리비	2	2
기계시간당 생산량		4단위	2단위
월간 예상수요량		120단위	80단위

(주)세무의 월간 최대 사용가능한 기계시간은 50시간이다. (주)세무가 영업이익을 극대화할 수 있는 월 최적 제품배합은? (18. 세무사)

	제품 A	제품 B		제품 A	제품 B
①	40단위	80단위	②	60단위	70단위
③	80단위	60단위	④	100단위	50단위
⑤	120단위	40단위			

20 (주)세무는 제약자원인 특수기계를 이용하여 제품 A, 제품 B, 제품 C를 생산 · 판매한다. 제품의 생산 · 판매와 관련된 자료는 다음과 같다.

	제품 A	제품 B	제품 C
단위당 판매가격	₩50	₩60	₩120
단위당 변동원가	₩20	₩36	₩60
단위당 특수기계 이용시간	2시간	1시간	3시간

특수기계의 최대 이용가능시간이 9,000시간이고, 각각의 제품에 대한 시장수요가 1,000단위(제품 A), 3,000단위(제품 B), 2,000단위(제품 C)로 한정되어 있을 때, (주)세무가 달성할 수 있는 최대공헌이익은? (20. 세무사)

① ₩181,250 ② ₩192,000 ③ ₩196,250
④ ₩200,000 ⑤ ₩211,250

21 (주)세무는 제품 A와 B를 생산하고 있으며, 제품 생산에 관한 자료는 다음과 같다.

구분	제품 A	제품 B
제품 단위당 공헌이익	₩30	₩50
제품 단위당 기계시간	0.5시간	1시간
제품 단위당 노무시간	1.5시간	2시간

월간 이용가능한 기계시간은 1,000시간, 노무시간은 2,400시간으로 제한되어 있다. 월간 고정원가는 ₩20,000으로 매월 동일하고, 제품 A와 B의 시장수요는 무한하다. (주)세무가 이익을 극대화하기 위해서는 제품 A와 B를 각각 몇 단위 생산해야 하는가? (22. 세무사)

	제품 A	제품 B		제품 A	제품 B
①	0단위	1,000단위	②	800단위	500단위
③	800단위	600단위	④	900단위	500단위
⑤	1,600단위	0단위			

기타 의사결정(직접 판매, 신제품 추가 등)

22 (주)세무는 외부 판매대리점을 통해 건강보조식품을 판매하고 있는데, 20×1년도 손익계산서 자료는 다음과 같다.

매출액	₩100,000
변동매출원가	₩45,000
고정매출원가	₩15,000
변동판매비와관리비(판매대리점 수수료)	₩18,000
고정판매비와관리비	₩4,000
영업이익	₩18,000

(주)세무는 20×1년에 판매대리점에게 매출액의 18%를 판매대리점 수수료로 지급하였는데, 20×2년에는 판매대리점 대신 회사 내부판매원을 통해 판매하려고 한다. 이 경우, 내부판매원에게 매출액의 15%에 해당하는 수수료와 고정급여 ₩8,000이 지출될 것으로 애상된다. (주)세무가 20×2년에 내부판매원을 통해 20×1년과 동일한 영업이익을 얻기 위해 달성해야 할 매출액은? (20. 세무사)

① ₩75,000 ② ₩81,818 ③ ₩90,000
④ ₩100,000 ⑤ ₩112,500

23 (주)세무는 기존에 생산중인 티셔츠 제품계열에 새로운 색상인 하늘색과 핑크색 중 한 가지 제품을 추가할 것을 고려중이다. 추가될 제품은 현재의 시설로 생산가능하지만, 각각 ₩200,000의 고정원가 증가가 요구된다. 두 제품의 판매단가는 ₩10, 단위당 변동원가는 ₩8으로 동일하다. 마케팅부서는 두 제품의 시장수요에 대해 다음과 같은 확률분포를 제공하였다.

수요량	기대확률	
	하늘색	핑크색
50,000단위	0.0	0.1
100,000	0.2	0.1
200,000	0.2	0.2
300,000	0.4	0.2
400,000	0.2	0.4

(주)세무의 기대영업이익을 최대화하는 관점에서 두 제품 중 상대적으로 유리한 제품과 유리한 영업이익차이 모두를 올바르게 나타낸 것은? (21. 세무사)

① 핑크색, ₩30,000 ② 하늘색, ₩32,000 ③ 핑크색, ₩34,000
④ 하늘색, ₩36,000 ⑤ 핑크색, ₩38,00

주관식

24 다음 물음에 답하시오. 특별한 가정이 없는 한 각 물음은 상호 독립적이다. (22. 세무사 2차)

〈기본 자료〉

(주)세무의 부품사업부는 두 종류의 부품 S와 D를 생산 · 판매하는 이익중심점이며, 각 부품의 단위당 판매가격과 단위당 변동제조원가에 대한 예상 자료는 다음과 같다.

	부품 S	부품 D
판매가격	₩500	₩800
직접재료원가	100	190
직접노무원가	80	160
변동제조간접원가	170	250

부품사업부의 연간 총 고정제조간접원가는 ₩6,200,000으로 예상되며, 판매비와 관리비는 발생하지 않는 것으로 가정한다. 부품 종류에 관계없이 직접노무시간당 임률은 ₩400으로 일정하다. 해당 부품을 생산하기 위해서는 매우 숙련된 기술자가 필요하고, 관계 법률에 의하여 노무자 1인당 제공할 수 있는 노무시간이 제한되어 있어서 부품사업부가 부품 생산을 위해 최대 투입할 수 있는 연간 총 직접노무시간은 14,000시간이다. 한편, 부품사업부가 생산하는 부품 S와 D의 연간 예상시장수요는 각각 30,000단위, 25,000단위이며, 현재로서는 경쟁업체가 없는 상황이므로 부품사업부가 부품 S와 D를 생산하기만 한다면, 시장수요를 충족시킬 수 있을 것으로 예상된다. 부품사업부는 재고자산을 보유하지 않는 정책을 적용하고 있다.

물음 1 부품사업부가 달성할 수 있는 연간 최대 총 공헌이익은 얼마인가?

물음 2 〈기본 자료〉와 같이 예상한 직후에 새로 수집한 정보에 의하면, 기존 설비와 기존인력을 이용하여 부품 S와 D 외에 부품 H를 생산하는 것도 가능하다는 것을 알았다. 부품 H의 연간 예상시장수요는 4,000단위이며, 부품 H 한 단위를 제조하기 위해서는 직접재료원가가 ₩130, 직접노무원가가 ₩200, 변동제조간접원가가 ₩140이 소요될 것으로 예상된다. 현재 부품 H의 판매가격은 아직 미정이다. 부품사업부의 이익을 증가시키기 위해서는 부품 H의 단위당 판매가격은 최소한 얼마를 초과해야 하는가? (단, 부품 H의 직접노무시간당 임률도 ₩400이며, 부품 H를 생산하는 경우에도 부품 S와 D에 대한 기존 연간 예상시장수요량은 동일하다.)

물음 3 〈기본 자료〉와 같이 예상한 직후에 그 동안 거래가 없던 (주)대한으로부터 부품 S를 단위당 ₩420에 10,000단위 구입하겠다는 특별주문을 받았다. 이 특별주문은 전량을 수락하든지 또는 거절해야 한다. 이 특별주문을 수락하는 경우에도 부품 S와 D에 대한 기존 연간 예상시장수요량은 동일하다. (주)대한의 특별주문을 전량 수락하는 경우 부품사업부의 영업이익은 얼마나 증가 또는 감소하는가? (단, 〈기본자료〉와 달리 부품사업부가 부품 생산에 최대 투입할 수 있는 연간 총 직접노무시간은 17,000시간이라고 가정한다.)

제12장

종합예산

제 12 장 종합예산

모든 기업은 예산을 편성하여야 한다. 예산은 경영자가 미리 계획을 세우고, 나중에 실제 발생한 것을 예산에 계획된 것과 비교함으로써 기업활동을 통제할 수 있도록 도와주는 기능을 한다. 예산은 매출, 가격과 원가에 대한 경영자의 기대치를 공식화하는 기능을 한다. 즉 예산은 구체적인 원가와 같은 재무적 수치 및 물리적 수치를 이용하여 기업의 전반적인 운영활동을 지휘 · 통제하는 대표적인 관리수단이다. 대기업뿐만 아니라 중소기업과 비영리조직도 예산이 제공하는 계획과 통제기능으로부터 다양한 혜택을 받을 수 있다.
이장에서는 예산의 의의와 기능을 살펴본 후 종합예산의 구성과 그 편성절차에 대하여 설명한다.

제1절 예산의 의의와 기능

1. 예산의 의의

예산(budget)이란 조직이 그 목표를 실현하기 위하여 필요한 자원의 취득과 이용 및 그 결과에 대한 모든 경영의사결정의 예상결과를 공식적으로 표현한 것이다. 즉, 예산은 기업의 미래에 대한 계획을 화폐단위로 표시한 것을 말한다.

예산은 계획과 통제라는 두 개의 목적을 달성하기 위해 사용된다. 계획(planning)은 미래의 목표를 설정하고 이러한 목표를 달성하기 위한 다양한 방법(예산을 수립하는 것을 포함)을 마련하는 일로 구성된다. 통제(controlling)는 계획이 적절하게 수행되고 있는지, 조직의 제반 기능이 조직의 정책과 부합되는 방향으로 움직이고 있는지 등을 확인하고 피드백(feedback) 정보를 수집하는 것을 포함한다. 훌륭한 예산시스템은 이러한 계획과 통제를 모두 제공하여야 한다. 효과적인 통제가 없이 계획만 훌륭한 것은 시간과 노력의 낭비일 뿐이다.

예산제도는 미래의 일정기간에 대하여 예산을 편성하고, 기업의 목표를 달성할 수 있도록 예산집행에 대한 통제 및 예산과 실적과의 차이분석을 통하여 실적을 평가하는 경영관리 제도이다. 이러한 예산제도는 예산의 편성, 예산집행 활동의 통제, 예산차이 분석과 그 보고 및 개선과 업적 평가의 절차로 이루어진다.

2. 예산의 기능

예산제도는 기업의 목표 및 환경요인을 참작하여 작성된 예산수치(예산)를 통하여 전반적 경영활동을 종합적으로 조정하고, 예산과 실적과의 차이분석을 통하여 경영활동을 관리 통제하는 것이다. 이러한 관점에서 예산은 계획, 조정, 통제의 세 가지의 경영관리 기능을 보유하고 있다.

(1) 계획기능(planning)

공식적인 예산편성과정은 경영자들에게 미래에 대해 생각하고 계획을 세우도록 촉진한다. 예산편성의 필요성이 없는 상황에서(즉, 예산이 없는 경우), 대부분의 경영자들은 하루하루의 긴급 상황을 처리하는 데 그들의 대부분의 시간을 소비할 것이다. 따라서 공식적인 예산편성 절차는 그 자체가 또 하나의 시한부 현안문제가 되어서 경영자에게 미래의 불확실한 상황을 예견하고 그에 대비하는 계획을 세우도록 강제하는 기능을 수행한다.

또한 판매, 생산, 구매 및 재무 등의 집행부문은 최고경영자가 제사한 장단기 경영목표를 기초로 하여 각각의 활동을 기업의 전체적인 관점에서 균형화 되게 효율적으로 수행할 수 있도록 구체적인 실행계획을 수립해야 한다. 이는 각 부문의 책임자의 동기화 및 그 업적을 측정, 평가할 수 있는 기준자료로 활용될 수 있다.

(2) 의사소통 및 조정기능(communication and coordination)

조정이란 기업의 각 부문이 다른 부문에 주의를 기울이면서 통일적인 기업의 목표를 달성하도록 하는 과정이다. 그런데 기업이 사업부제를 도입하고, 책임과 권한이 각 부문으로 이양됨에 따라 각 부문간 이해 충돌이 자주 발생하게 되고 따라서 각 부문의 행동을 전체 조직의 목표와 조화시키는 것이 매우 어려워진다. 이러한 문제는 예산제도를 도입함으로써 해소된다. 예산은 여러 부문들간에 존재하는 상호관계를 고려하여 편성하여야 하기 때문에 예산을 편성하는 과정에서 자연히 이들 부문들간의 의사전달과 조정의 역할을 수행하게 된다.

예를 들어, 생산부문에서는 판매부문의 계획을 알아야 하고, 구매부문과 인사부문은 공장의 재료 및 노동력의 소요계획을 알아야 한다. 또한 재무부문은 재고나 시설투자계획을 알아야 그에 요구되는 현금소요액에 대한 계획을 수립할 것이다. 이와 같이 예산제도는 그 편성과 실행과정에서 다양하게 분할된 기능 간의 수직적 · 수평적 의사소통을 통하여 각 부문 간의 목표설정관계를 조정하고, 전사와 부문 간의 목표를 조화시키는 조정기능을 수행하게 된다.

(3) 통제기능(controlling)

통제란 계획과 대비한 실적을 측정하고 만약 계획과 실적에 차이가 있다면 그 원인을 밝혀서 계획에 의한 목표달성이 이루어지도록 차이를 수정하는 활동을 의미한다.

일단 예산이 승인되면 각 경영자나 구성원은 예산을 활동의 지침(guideline)으로 받아들이고 그 실행과 관련된 책임을 부담한다. 따라서 예산은 성과평가의 기준이 되고, 실적과 비교 · 분석하여 피드백을 제공하는 통제기능을 수행한다. 성과가 예산과 일치하지 않을 때 경영자들은 그 차이의 원인을 밝히려고 노력한다. 이때 예외적으로 중요하다고 생각하는 차이에 대해서만 주의를 기울이는 '예외에 의한 관리'(management by exception)가 매우 중요한 의미를 가지게 된다. 계획에 상응하는 성과에 대해서는 특별한 주의를 기울일 필요가 없기 때문이다.

3. 효과적 예산을 위한 필요조건

앞에서 설명한 예산기능은 예산제도의 도입으로 인하여 조직의 목표달성이 촉진되는 순기능적인 면(functional aspects)만 본 것이다. 그러나 예산제도가 권한에 맞지 않는 책임을 할당하거나, 부문성과에 대한 지나친 강조, 예산부문과 라인부문 간의 역할갈등(role conflict), 의사소통의 지연, 그리고 예산에 의해 불공정한 압박을 받는다고 느끼는 착각 등을 초래함으로써 전체조직의 성과에 역기능적인 영향(dysfunctional impact)을 미칠 수도 있다.

다시 말하면, 예산이 항상 순기능적으로 유효하게 작용하는 것은 아니며, 특히 예산제도 운영에 관련된 조직구성원들이 예산을 어떻게 인식하고, 행동하느냐가 예산의 성패를 좌

우하는 매우 중요한 유효화 조건이라고 할 수 있다. 예산기능의 유효화 조건이란 예산의 순기능적인 측면을 높이고 역기능적인 측면을 감소시키는 조건을 의미하며, 기술적 측면(technical aspects)의 조건과 행동적 측면(behavioral aspects)으로 나누어 볼 수 있다.

기술적 관점에서는 예산제도의 기술적 절차를 개발하고 정비함으로써 예산의 순기능을 증대하는 것을 기대할 수 있다. 그런데 궁극적으로는 예산을 편성하고 실행하는 주체는 예산관련 조직구성원들이므로 아무리 예산의 기술적 절차가 잘 개발되었다 하더라도, 그 구성원의 행동 반응여하에 따라 그 효과가 달라질 수 있다. 따라서 예산의 기능이 유효하게 작용하기 위해서는 무엇보다 예산관련 조직구성원들의 예산에 대한 관심을 제고하고, 조직의 목표달성을 위한 노력이 촉진될 수 있게 예산제도의 운영여건을 마련하는 것이 필요하다.

조직의 장기적 목표를 달성하고 조직의 성공을 돕는 효과적 예산이 되기 위한 필요조건들은 다음과 같다.

첫째, 전사적 목표(overall goals)가 존재하여야 한다.

둘째, 전사적 목표는 의미 있는 하위목표(subgoals)들로 나뉘어야 한다.

셋째, 하위목표들은 전사적 목표와 일치(goal congruence)하여야 하며, 아울러 하위목표들 간에도 서로 일치하여야 한다.

넷째, 조직구성원들이 하위목포를 수용하고, 예산에 의해 부당한 위협을 받아서는 안된다.

다섯째, 예산은 피드백, 즉 성과평가에 관계되는 것이어야 한다.

4. 예산편성의 이점

조직이 예산편성을 통하여 얻을 수 있는 이점으로는 다음과 같은 것들이 있다.

1. 예산은 조직의 목표 및 달성방법을 구체화 · 공식화 한다.
2. 예산은 경영자 및 구성원들에게 미래에 대해 생각하고 계획을 세우도록 촉진한다.
3. 예산편성 과정을 통하여 조직의 자원을 가장 효과적으로 사용하는 부문에게 그 자원을 배분할 수 있게 한다.
4. 예산은 경영자의 경영계획을 체계적으로 조직전반에 전달한다.
5. 예산은 부문별 계획과 전사적 차원의 계획이 조화될 수 있게 한다.
6. 예산은 성과를 평가할 수 있는 기준을 제공한다.

7. 예산은 잠재적 문제점들에 대하여 경영자 및 구성원의 주의를 환기시켜 문제가 발생하기 이전에 대처할 수 있게 한다.

5. 예산의 운용형태

예산제도는 그 운용과정에서 구성원의 참여형태와 참여정도에 따라 권위적 예산제도, 참여적 예산제도, 그리고 협상예산제도의 세 가지 유형으로 분류된다.

(1) 권위적 예산제도

권위적 예산제도(authoritative budgeting)는 최고경영자가 하위관리자 또는 구성원들과 상의 없이 최종예산을 결정하는 제도이다. 즉, 상위(top)에서 결정하여 하위(down)에 전달하는(top-down) 방식의 예산제도를 말한다. 이 제도는 권한과 책임의 일원화가 잘 형성되고 집권적 의사결정(centralized decision making)이 이루어지는 조직에서 흔히 이용된다. 따라서 이 제도는 제품 · 기술 · 시장 등이 안정적인 조직에 적합하지만, 최고경영자가 기업의 모든 활동에 익숙하지 않으면 오히려 비효율적인 제도가 될 수 있다.

(2) 참여적 예산제도

참여적 예산제도(participative budgeting)는 각 계층의 관리자들이 예산편성에 적극적으로 참여하고, 구성원들이 최종예산을 수용할 때까지 예산편성과정이 계속되는 제도이다. 권위적 예산제도와는 달리 하위로부터 적극적으로 전달된 의사를 반영하여 상위에서 결정하는(bottom-up) 방식의 예산을 말한다. 따라서 참여적 예산제도는 기업환경이 변화하는 시기에는 적합하지만, 예산편성과정에서 많은 시간이 소요되고 구성원들의 다양한 견해를 조정하는데 회사의 자원과 시간이 낭비될 수 있다.

참여적 예산제도의 목적은 보다 현실적인 예산을 편성하고, 모든 관리자들이 서로 그리고 조직에 관하여 더 잘 이해하도록 하는 데 있다.

(3) 협상예산제도

협상예산제도(negotiated budgeting)는 권위적 예산제도와 참여적 예산제도를 절충한 제도이다. 두 가지 제도를 절충한 이 제도에서는 보통 예산위원회(budget committee)를 이용한다. 예산위원회는 기업의 각 부문, 즉 생산 · 판매 · 구매 · 재무 · 인사부문 등의 대표들로 구성되며, 예산책임자가 위원장을 맡아 예산을 편성한다. 구체적으로 예산편성이 이루어지는 절차는 다음과 같다.

① 최고경영자가 전략과 장기계획에 근거하여 전사적 목표를 수립한다.
② 전사적 목표를 기준으로 예산위원회에서 기업의 기본적인 경제상황을 예측하고 예산편성지침을 마련하여 각 부문에 전달한다.
③ 각 부문은 전사적 목표와 기본적인 경제상황의 예측과 부문별 상황에 맞추어 구체적인 부문별 예산을 편성하고 이를 예산위원회에 제출한다.
④ 예산위원회는 제출된 예산안을 검토 · 조정하며, 각 부문별 예산에 대하여 승인하거나 수정을 요구한다. 모든 부문의 예산이 승인되면 예산위원회는 종합예산을 확정하게 되며, 이를 각 부문에 활동지침으로 전달한다.

제2절 종합예산과 그 편성절차

종합예산(master budget)은 기업전체를 대상으로 하여 한 회계기간을 단위로 편성한 예산으로서 판매, 생산, 구매, 재무 등 모든 부문들의 운영계획을 종합한 것이다. 종합예산은 크게 영업예산과 재무예산으로 분류되는데, 영업예산은 판매 및 생산예산 등 손익계산서와 관련된 예산이고, 재무예산은 자금의 조달 및 운용 등 대차대조표와 관련된 예산이다.

종합예산을 편성하기 위한 일반적인 절차는 다음과 같다.

① 기업전략, 경제환경분석, 경쟁사전략 등을 통한 판매계획 및 매출예산의 수립
② 판매계획에 따른 생산계획 수립 및 제조예산의 수립
③ 제조예산을 기초로 직접원재료구입 및 사용, 직접노무원가 및 제조간접원가예산의 수립
④ 재고계획 및 매출원가예산의 수립
⑤ 판매관리비예산의 수립
⑥ 예산손익계산서를 작성

⑦ 현금예산수립

⑧ 예산재무상태표를 작성

이러한 종합예산의 편성절차를 도표로 나타내면 [그림 12-1]과 같다.

그림 12-1 종합예산의 편성절차

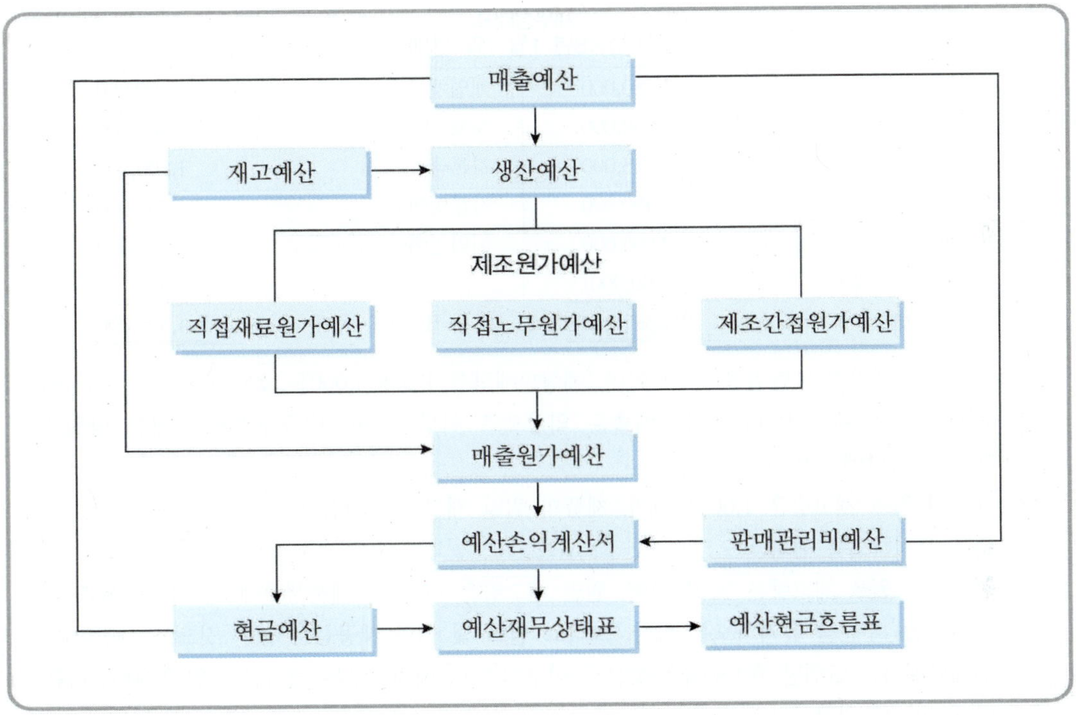

종합예산의 편성절차를 살펴보면 제품원가계산의 절차와 정반대라는 것을 알 수 있다. 즉, 제품원가계산은 생산 활동이 이루어지는 순서 즉, 원재료 구입, 제조원가의 투입, 제품의 생산, 제품의 판매 순으로 이루어지지만, 종합예산의 편성은 매출예산, 생산예산, 생산에 필요한 요소투입 및 원재료 구매 예산 순으로 이루어진다. 이는 제품원가계산이 과거활동의 재무적 결과를 산정하는데 중점을 두는 반면, 종합예산은 미래 활동의 재무계획을 예측하는데 중점을 두기 때문이다.

예제를 통하여 종합예산의 편성절차에 대해서 살펴보면 다음과 같다.

예제 12-1

(주)포항은 철강제품을 생산, 판매하는 회사이다. 회사는 20×8년 1월 예산을 수립하고자 한다. 이에 필요한 자료는 다음과 같다.

1) 기초재무상태표

재무상태표
(20×8년 1월 1일 현재)

현금	₩480,000	매입채무	₩600,000
매출채권	1,050,000	사채	600,000
원재료	135,000	자본금	1,800,000
제품	450,000	자본잉여금	750,000
유형자산	2,880,000	이익잉여금	645,000
감가상각누계액	(600,000)		
자산 총계	₩4,395,000	부채 및 자본 총계	₩4,395,000

2) 제품의 판매가격은 단위당 ₩600이며, 예상판매량은 1월에 4,000톤, 2월에 5,000톤, 3월에 4,500톤으로 예측되었다. 모든 매출은 외상으로 이루어지며, 매출채권은 판매한 당월에 70%, 다음달에 30%가 회수된다.

3) 제품의 월초 재고량은 1,000톤이며, 제품의 월말 재고량은 다음 달 예상판매량의 30% 수준을 유지하도록 한다.

4) 원재료의 월초 재고량은 900톤이며, 월말 재고량은 다음 달 제품생산에 필요한 원재료 수량의 20% 수준을 유지하도록 한다. 그리고 월초 및 월말 재공품은 없는 것으로 가정한다. 원재료매입은 단위당 ₩150에 외상으로 이루어지며, 매입채무는 매입한 당월에 60%, 다음달에 40%를 상환한다.

5) 제품 단위당 변동제조원가는 다음과 같다.

	내역	단위당
직접재료원가	2톤×₩150	₩300
직접노무원가	2시간×₩45	90
변동제조간접원가	1시간×₩30	30
변동제조원가 소계		₩420

1월에 예상되는 고정제조간접원가예산은 감가상각비 ₩75,000을 포함하여 ₩270,000이다.

6) 변동판매관리비는 톤당 ₩18이며 1월에 예상되는 고정판매관리비는 감가상각비 ₩15,000을 포함하여 ₩78,000이다.

7) 감가상각비를 제외한 모든 비용은 현금지출이 이루어진 비용이다.

1. 운영예산

운영예산(operating budgets)은 기업의 정상적인 영업활동으로 기대되는 수익과 비용에 관한 계획으로 손익계산서에 관련된 예산이다. 이에는 매출예산, 생산예산, 판매 및 일반관리비예산이 포함된다.

(1) 매출예산

매출예산(sales budget)은 판매수량 및 매출액에 대한 계획으로서 기업의 수익예산이며 예산편성의 출발점으로서 다른 예산에 기초 자료를 제공한다. 따라서 매출예산을 정확히 작성하기 위하여 많은 시간과 노력을 투입하여야 한다. 매출예산은 기업의 전략목표와 경제상황, 경영환경 및 경쟁기업의 전략, 장기적 판매추세 등을 고려하여 국내시장 및 해외시장에서의 시장점유율과 판매가격을 결정한다. 시장점유율과 판매가격에 의하여 판매수량과 매출액을 예측한다.

[예제 12-1]의 자료를 토대로 1월부터 3월까지의 매출예산을 수립하면 [표 12-1]과 같다.

표 12-1 매출예산(1월~3월)

	1월	2월	3월
예상판매량	4,000톤	5,000톤	4,500톤
단위당 판매가격	₩600	₩600	₩600
매 출 액	₩2,400,000	₩3,000,000	₩2,700,000

(2) 생산예산

매출예산이 수립되면 판매량과 제품의 수급계획에 의하여 생산예산을 수립한다. 생산예산(production budget)은 제조원가예산 즉, 직접원재료구입 및 사용, 직접노무원가 및 제조간접원가예산의 수립의 출발점으로써 예상판매량과 예상기말제품재고량을 충족시키는 예산기간 동안 생산할 제품수량을 나타내는 예산이다. 예산기간 동안 생산할 제품수량은 다음과 같이 결정된다.

생산할 제품수량 = 예상판매수량 + 예상기말제품재고량 − 기초제품재고량

예제의 자료를 토대로 1월과 2월의 생산예산을 수립하면 [표 12−2]와 같다.

표 12−2 생산예산(1월~2월)

	1월	2월	3월
예상판매수량	4,000톤	5,000톤	4,500톤
예상기말(적정)재고량	1,500	1,350	
총필요량	5,500	6,350	
기초재고량	1,000	1,500	
생산해야 할 제품수량	4,500톤	4,850톤	

* 예상월말재고량 = 다음 달 예상판매량 × 30%

(3) 제조원가예산

1) 원재료구매예산

생산예산이 수립되면 이에 따라 먼저 원재료구매예산(materials purchases budget)을 수립하여야 한다. 원재료구매예산은 계획된 제품생산량과 기말재고량을 충족시키는 재료소요량을 결정하기 위한 예산이다. 이때 적정재고를 정하는 재고정책은 재료가격의 변동, 안정적인 재료확보 등을 고려하여 결정하여야 한다. 예산기간 동안에 구매할 원재료량과 구매액은 다음과 같이 결정된다.

구매할 원재료량 = 제품생산에 필요한 원재료량 + 예상기말원재료재고량 − 기초원재료재고량

원재료 예상구매액 = 예상원재료 단위당가격 × 구입할 원재료량

예제에서 1월과 2월에 생산할 제품수량이 각각 4,500톤과 4,850톤이며, 철강제품 1톤 생산에 원재료 2톤이 소요되므로 1월과 2월의 제품생산에 필요한 필요원재료는 각 9,000톤과 9,700톤이 필요하다. 1월의 예상기말원재료재고량은 2월에 제품생산에 필요한 원재료의 20% 수준이므로 3,880톤(2×9,700톤×20%)이다. 이를 기초로 1월 원재료구매예산을 작성하면 [표 12-3]과 같다.

표 12-3 원재료구매예산(1월)

	1월		비고
생산해야 할 제품수량	4,500	톤	
생산에 필요한 원재료량	9,000		제품 1톤당 원재료 2톤 소요
예상기말원재료재고량	1,940		2월 생산에 필요한 원재료의 20%
총재료소요량	10,940		
기초원재료재고량	900		
구매할 원재료량	10,040	톤	
원재료 단위당 가격	₩150		
원재료 예상구매액	₩1,506,000		

2) 제조원가예산

생산예산 및 원재료 구매예산이 수립되면 이를 기초로 제조원가예산을 수립한다. 제조원가예산(manufacturing cost budget)이란 예산생산량에 대한 직접원재료원가, 직접노무원가 및 제조간접원가의 예산을 말한다. 제조원가 중 직접재료원가예산, 작접노무원가예산 및 변동제조간접원가예산은 목표생산량에 각각 제품 단위당 직접재료원가, 직접노무원가제조

표 12-4 제조원가예산(1월)

	단위당	1월	비고
직접원재료원가	₩300	₩1,350,000	4.500톤
직접노무원가	₩90	405,000	4.500톤
변동제조간접원가	₩30	135,000	4.500톤
고정제조간접원가		270,000	
제조원가예산		₩2,160,000	

및 변동제조간접원가배부율을 곱하여 산정하고, 고정제조간접원가의 예산은 총액으로 결정한다.

예제의 자료를 토대로 1월의 제조원가예산을 수립하면 [표 12-4]와 같다.

(4) 매출원가예산

제조원가예산이 수립되면 이를 기초로 매출원가예산을 수립한다. 매출원가예산(cost of goods sold budget)이란 예산기간 동안 판매할 제품의 원가를 나타내는 예산이다. 매출원가는 기초제품재고에 예산기간 동안 생산할 제품의 제조원가를 가산하고 기말제품재고를 차감하여 계산한다.

매출원가예산 = 기초제품재고액 + 예산제품제조원가 − 예산기말제품재고액

제조원가예산에서 재고의 흐름을 선입선출법을 가정하면 1월의 단위당 원가는 ₩160 (₩2,160,000/4,500톤)이다. 예제의 자료를 기초로 1월의 매출원가예산을 작성하면 [표 12-5]와 같다.

표 12-5 매출원가예산(1월)

	1월	비고
당기제품제조원가	₩2,160,000	[표 12-4] 제조원가계산
기초제품재고액	450,000	기초재무상태표
판매가능 제품재고액	₩2,610,000	
기말제품재고액	720,000	1,500톤×₩480
매출원가	₩1,890,000	

(5) 판매비 및 일반관리비예산

판매비 및 일반관리비예산(selling and administrative expenses budget)은 예산기간 동안에 판매 및 지원업무에서 발생이 예상되는 예산을 말한다. 이는 발생형태에 따라 변동원가와 고정원가로 구분하여 예산을 수립한다. 변동판매관리비 예산은 예상판매 수량에 제품 단위당 변동판매관리비를 곱하여 산정하고, 고정판매관리비 예산은 총액으로 결정한다. 변동판

매관리비는 생산량이 아닌 판매량에 비례하기 때문에, 변동판매관리비의 예산수립은 생산량이 아닌 판매량을 기준으로 한다.

예제의 자료를 기초로 1월의 판매비 및 일반관리비예산을 수립하면 [표 12-6]과 같다.

표 12-6 판매비 및 일반관리비예산(1월)

	1월	비고
변동판매관리비	₩72,000	4,000톤×₩18
고정판매관리비	78,000	
판매비 및 일반관리비예산	₩150,000	

(6) 예산손익계산서

영업예산편성의 마지막 단계에 작성되는 예산손익계산서(budgeted income statement)는 예산기간 동안의 영업활동 결과로 예상되는 매출액, 매출원가, 판매관리비, 영업이익을 나타낸다. 예산손익계산서는 매출예산, 매출원가예산, 판매 및 일반관리비예산을 참조하여 작성한다.

예제의 자료를 기초로 1월의 예산손익계산서를 작성하면 [표 12-7]과 같다.

표 12-7 예산손익계산서

예산손익계산서
20×8.1.1부터 20×8.1.31까지

매출액	₩2,400,000	[표 12-1] 매출예산
매출원가	1,890,000	[표 12-5] 매출원가계산
매출총이익	510,000	
판매관리비	150,000	[표 12-6] 판매비 및 일반관리비예산
영업이익	₩360,000	

2. 재무예산

재무예산(financial budgets)은 기업의 정상적인 영업활동을 지원하기 위한 재무활동 즉,

자금조달과 운용에 관한 계획으로 현금흐름표와 대차대조표에 관련된 예산이다. 현금예산은 예상된 현금의 유입과 유출을 보여주고 예산재무상태표는 예산기간 말에 예측되는 기업의 재무상태를 나타낸다.

(1) 현금예산

현금예산(cash budget)은 예산기간 동안 현금의 유입과 유출에 관한 예산으로 영업활동 결과가 현금흐름에 미치는 영향을 예측하는 운영계획에서 가장 중요한 예산이다. 기업은 손익계산서상에 손실이 발생하더라도 운영될 수 있지만, 유동성, 즉 현금이 부족하게 되면 지급불능의 사태가 발생하게 되어 정상적으로 운영될 수 없기 때문이다. 기업에게는 현금흐름의 시기가 매우 중요하기 때문에 현금예산은 연간현금예산보다 가능한 단기간 별로 작성한다. 월별 현금예산이 흔하지만, 일부 기업은 주별 또는 일별 기준의 현금예산을 수립하기도 한다.

현금예산을 수립하기 위해서는 먼저 기초의 현금잔액을 확인하고 예산기간 동안 예상되는 현금의 유입액과 유출액을 파악해야 한다. 현금의 유입항목과 유출항목의 예를 들면 [표 12-8]과 같다.

표 12-8 현금 유입항목과 유출항목

유입항목	유출항목
매출채권 회수	매입채무의 상환
자본의 증가(주식발행)	제조원가 및 판매관리비의 지급
이자수익과 배당금수익	이자비용과 배당금의 지급
유형자산의 처분	원재료 및 유형자산의 구입
부채의 차입	부채의 상환

제조원가 및 판매관리비 지급 중에는 감가상각비 등과 같이 현금유출이 수반되지 않는 비용이 있을 경우에는 이를 감안하여 현금유출액을 산정해야 한다. 예산기간 동안 현금의 유입액과 유출액이 파악되면 다음의 식에 의하여 기말현금잔액을 계산할 수 있다.

$$\text{기말현금} = \text{기초현금} + \text{현금유입} - \text{현금유출}$$

이와 같이 추정된 기말현금이 부족할 것으로 예상되면 사채발행 및 증자 등의 자금조달계획을 미리 마련하여야 하며, 현금이 충분할 것으로 예상되면 부채상환이나 설비투자 등과 같은 자금사용계획을 수립하여야 한다.

예제의 자료를 토대로 1월의 현금예산을 수립하면 [표 12-9]와 같다.

표 12-9 현금예산

Ⅰ. 기초현금		₩480,000	기초재무상태표
Ⅱ. 현금유입			
1. 전월매출채권회수	₩1,050,000		
2. 당월매출채권회수	1,680,000		70%×₩2,400,000
현금유입 소계		2,373,600	
Ⅲ. 현금유출			
1. 전월매입채무 지급	600,000		기초재무상태표
2. 당월매입채무 지급	903,600		60%×₩1,506,000
3. 직접노무원가 지급	405,000		4,500톤×₩90
4. 제조간접원가 지급	330,000		4,500톤×₩30+(₩270,000−₩75,000)
5. 판매관리비 지급	135,000		4,000톤×₩18+(₩78,000−₩15,000)
현금유입 소계		2,373,600	
Ⅳ. 기말현금		₩836,400	

(2) 예산재무상태표

예산재무상태표(budgeted balance sheet)는 예산기간 동안 영업활동과 재무활동 및 투자활동의 결과를 반영한 기말의 기업의 재무상태를 나타내는 표이다. 예산재무상태표는 예산기간 기초의 재무상태에 예산기간 동안의 영업활동 및 재무활동에 의한 각 계정의 증감사항을 반영하여 작성한다.

예제의 자료를 토대로 1월의 예산재무상태표를 작성하면 [표 12-10]과 같다.

표 12-10 예산재무상태표

예산재무상태표
20×8년 1월 31일 현재

현금	₩836,400	[표 10-9] 현금예산	매입채무	₩602,400	40%×₩1,506,000
매출채권	720,000	30%×₩2,400,000	사채	600,000	기초재무상태표
원재료	291,000	1,940톤×₩150	자본금	1,800,000	기초재무상태표
제품	720,000	1,500톤×₩480	자본잉여금	750,000	기초재무상태표
유형자산	2,880,000	기초재무상태표	이익잉여금	1,005,000	영업이익 360,000 포함
감가상각누계액	(690,000)	기초 & 예제 5), 6)			
자산 총계	₩4,757,400		부채 및 자본 총계	₩4,757,400	

연습문제

E·x·e·r·c·i·s·e

객관식

매입예산(상품, 원재료)

01 (주)관세의 20×1년 분기별 예산자료 일부이다.

	1분기	2분기	3분기
목표판매량	550단위	650단위	600단위
분기말 목표재료재고	120kg	100kg	110kg

제품은 단일 공정을 통해 생산되며, 재료는 공정 초에 전량 투입된다. 제품1단위를 생산하기 위하여 재료 2g이 투입된다. 1분기 말 재공품 수량은 40단위(완성도30%)이다. 다음 분기 목표판매량의 10%를 제품재고로 보유한다. 선입선출법을 적용할 때 2분기의 재료구입량은? (단, 공손과 감손은 발생하지 않는다.) (20. 관세사)

① 1,150g ② 1,190g ③ 1,210g
④ 1,270g ⑤ 1,330g

02 (주)관세의 20×1년도 2분기 직접재료예산 관련 자료이다. 5월의 직접재료구입예산은? (단, 매월 말 재공품 재고는 무시한다.) (22. 관세사)

- ○ 제품 예산생산량은 4월 1,000단위, 5월 1,200단위, 6월 1,500단위
- ○ 월말 직접재료의 목표재고량은 다음 달 생산량에 필요한 직접재료량의 5%이다.
- ○ 제품 1단위를 생산하는데 직접재료 2kg이 투입되며, 직접재료의 구입단가는 kg당 ₩10이다.

① ₩22,800 ② ₩23,700 ③ ₩24,300
④ ₩25,20 ⑤ ₩25,500

03 다음은 (주)감평의 20×1년 상반기 종합예산을 작성하기 위한 자료의 일부이다. 4월의 원재료 구입예산액은? (22. 감정평가사)

○ 예산판매량
 - 3월: 2,000단위 4월: 2,500단위 5월: 2,400단위 6월: 2,700단위
○ 재고정책
 - 제품: 다음 달 예산판매량의 10%를 월말재고로 보유한다.
 - 원재료: 다음 달 생산량에 소요되는 원재료의 5%를 월말재고로 보유한다.
○ 제품 1단위를 생산하는데 원재료 2kg이 투입되며, 구입단가는 ₩10이다.

① ₩49,740 ② ₩49,800 ③ ₩49,860
④ ₩52,230 ⑤ ₩52,290

04 손세정제를 제조하는 (주)세무의 20×1년도 직접재료예산과 관련된 자료는 다음과 같다. 이를 바탕으로 구한 2분기의 직접재료구매예산액은? (21. 세무사)

○ 판매예산에 따른 각 분기별 제품 판매량

1분기	2분기	3분기	4분기
1,000통	3,000통	5,000통	2,000통

○ 각 분기별 기말목표 제품재고량은 다음 분기 판매량의 20%로 한다.
○ 각 분기별 기말목표 재료재고량은 다음 분기 제품생산량에 필요한 재료량의 10%로 한다.
○ 손세정제 1통을 만드는 데 20kg의 재료가 필요하다.
○ 재료의 구입단가는 kg당 ₩2이다.

① ₩106,000 ② ₩124,000 ③ ₩140,000
④ ₩152,000 ⑤ ₩156,000

05 (주)대한의 20×2년 1월부터 4월까지의 예상 상품매출액은 다음과 같다.

월	예상 매출액
1월	₩4,000,000
2월	5,000,000
3월	6,000,000
4월	7,000,000

(주)대한은 20×1년 동안 월말 재고액을 다음 달 예상 매출원가의 10%(이하 재고비율)로 일정하게 유지하였다. 만약 20×2년 초부터 재고비율을 20%로 변경 · 유지한다면, 20×2년 3월 예상 상품매입액은 재고비율을 10%로 유지하는 경우에 비해 얼마나 증가하는가? 단, (주)대한의 매출총이익률은 30%로 일정하다고 가정한다. (21. 회계사)

① ₩50,000 ② ₩60,000 ③ ₩70,000

④ ₩80,000　　　⑤ ₩90,000

손익계산(생산, 제조원가, 손익)

06 다음은 제품 A를 생산 · 판매하는 (주)관세의 20×1년 분기별 판매계획이다.

	1분기	2분기	3분기	4분기
예상판매수량	1,000단위	1,000단위	1,200단위	1,300단위
분기 말 예상재고수량	400단위	480단위	520단위	450단위

(주)관세의 20×1년 제품 A의 기초재고수량이 300단위라면, 20×1년 제품 A의 연간 예상 생산수량은? (19. 관세사)

① 4,350단위　　② 4,550단위　　③ 4,650단위
④ 4,700단위　　⑤ 4,750단위

07 (주)다음은 (주)감평의 20×1년도 매출관련 자료이다.

매출액	₩282,000	총변동원가	₩147,000
총고정원가	₩30,000	판매량	3,000단위

20×2년도에 광고비 ₩10,000을 추가로 지출한다면, 판매량이 300단위 증가할 확률이 60%이고, 200단위 증가할 확률이 40%로 될 것으로 예상된다. 이때 증가될 것으로 기대되는 이익은? (단, 20x2년도 단위당 판매가격, 단위당 변동원가, 광고비를 제외한 총고정원가는 20×1년도와 동일하다고 가정한다.) (18. 감정평가사)

① ₩700　　② ₩800　　③ ₩1,200
④ ₩1,700　　⑤ ₩2,700

08 다음은 (주)세무의 20×1년도 2/4분기 판매량 예산이다. 월말 제품재고는 다음 달 판매량의 10%를 보유하는 정책을 유지하고 있으며, 제품 단위당 직접노무시간은 4월 3시간, 5월 3시간, 6월에는 4시간 소요될 것으로 예상하고 있다. 시간당 임금이 4월에 ₩50, 5월부터 매월 15씩 상승한다고 할 때, 6월의 직접노무원가예산은? (단, 7월의 판매량 예산은 5,000단위이다.) (20. 세무사)

4월: 3,000단위　　5월: 4,000단위　　6월: 4,000단위

① ₩780,000　　② ₩960,000　　③ ₩984,000
④ ₩1,080,000　　⑤ ₩1,200,000

현금예산

09 (주)관세는 20×1년의 분기별 현금예산을 편성 중이며, 관련 매출 자료는 다음과 같다.

	1분기	2분기	3분기	4분기
예상 매출액	₩250,000	₩300,000	₩200,000	₩275,000

분기별 예상 매출액 중 현금매출은 40%이며, 외상매출은 60%이다. 외상매출은 판매된 분기(첫 번째 분기)에 60%, 두 번째 분기에 30%, 세 번째 분기에 10%가 현금으로 회수된다. 20×1년 매출과 관련하여 3분기에 예상되는 현금유입액은? (18. 관세사)

① ₩152,000 ② ₩206,000 ③ ₩218,000
④ ₩221,000 ⑤ ₩267,000

10 20×1년 초 영업을 개시한 상품매매기업인 (주)감평의 20×1년 1분기 월별 매출액 예산은 다음과 같다.

	1월	2월	3월
매출액	₩2,220,000	₩2,520,000	₩2,820,000

(주)감평은 매출원가의 20%를 이익으로 가산하여 상품을 판매하고, 월말재고로 그 다음 달 매출원가의 40%를 보유하는 재고정책을 실시하고 있다. (주)감평의 매월 상품매입 중 50%는 현금매입이고, 50%는 외상매입이다. 외상매입대금 중 80%는 매입한 달의 1개월 후에, 20%는 매입한 달의 2개월 후에 지급된다. 상품매입과 관련하여 (주)감평의 20x1년 2월 예상되는 현금지출액은? (단, 매입에누리, 매입환출, 매입할인 등은 발생하지 않는다.) (19. 감정평가사)

① ₩1,076,000 ② ₩1,100,000 ③ ₩1,345,000
④ ₩2,176,000 ⑤ ₩2,445,000

11 (주)감평의 20×1년 4월 초 현금잔액은 ₩450,000이며, 3월과 4월의 매입과 매출은 다음과 같다.

구분	매입액	매출액
3월	₩600,000	₩800,000
4월	500,000	700,000

매출은 모두 외상으로 이루어지며, 매출채권은 판매한 달에 80%, 그 다음 달에 20%가 현금으로 회수된다. 모든 매입 역시 외상으로 이루어지고, 매입채무는 매입액의 60%를 구입한 달에, 나머지 40%는 그 다음 달에 현금으로 지급한다. (주)감평은 모든 비용을 발생하는

즉시 현금으로 지급하고 있으며, 4월 중에 급여 ₩20,000, 임차료 ₩10,000, 감가상각비 ₩15,000이 발생하였다. (주)감평의 4월말 현금잔액은? (20. 감정평가사)

① ₩540,000 ② ₩585,000 ③ ₩600,000
④ ₩630,000 ⑤ ₩720,000

12 (주)세무는 상품매매업을 영위하고 있으며, 20×2년 1분기의 매출액 예산은 다음과 같다.

구분	1월	2월	3월
매출액	₩100,000	₩120,000	₩150,000
매출원가율	80%	75%	70%

(주)세무의 20×1년 말 재무상태표에 표시된 상품재고는 ₩10,000이고, 매입채무는 ₩42,400이다. (주)세무는 20×2년에 매월 기말재고로 다음 달 예상 매출원가의 10%를 보유한다. 매월 상품매입은 현금매입 40%와 외상매입 60%로 구성되며, 외상매입대금은 그 다음 달에 모두 지급한다. 상품매입으로 인한 2월의 현금지출예산은? (22. 세무사)

① ₩74,000 ② ₩84,000 ③ ₩85,500
④ ₩91,500 ⑤ ₩95,000

제13장

분권화와 성과평가

제 13 장 분권화와 성과평가

조직 내에서 의사결정권한이 소수 최고경영자에게 집중되지 않고 조직 전반의 여러 관리자에게 위임되는 현상을 분권화라 한다. 최근 많은 기업들이 자원배분의 효율성을 확보하기 위해서 하위 경영자에게 의사결정권한을 위임하고 있다. 위임되는 권한에 따라 다양한 분권화 형태가 존재하는데 여기에서는 분권화 중 가장 강력하게 권한이 위임되는 투자중심점의 성과평가를 중점적으로 살펴본다. 또한 전통적으로 재무적 지표를 위주로 성과를 평가하고 있는데 비행 비재무적지표를 적극적으로 사용하여 성과를 평가하는 기법인 균형성과표에 대해 간략히 살펴본다.

제1절 분권화제도

1. 분권화의 의의

분권화(decentralization)란 기업의 의사결정권한이 최고경영층에 집중되지 않고 의사결정권한의 일부를 조직전반의 경영자에게 위임하는 것을 말한다. 분권화는 전체 조직을 완전독립적으로 또는 부분 독립적인 사업부와 같은 조직단위로 재편성함으로써 이루어지며, 각 조직단위는 독립적 경영에 필요한 관리, 생산, 판매 등의 모든 기능을 수행할 수 있다. 반면 의사결정권한이 최고경영층에 집중되어 있는 것을 집권화(centralization)라 한다. 만약 최고경영자가 의사결정권한의 일부를 부하경영자에게 위양하지 않는다면 의사결정의 효율성이 저하된다. 그러나 의사결정 권한의 일부를 각 사업부문의 경영자에게 위양하면 최고경영자는 성장동력 발굴 및 개발 등의 전략적 의사결정에 집중하여 기업의 미래에 대한 준비와 의사결정의 효율성이 제고될 수 있다.

2. 분권화의 장단점

(1) 분권화의 장점

기업의 의사결정 권한을 사업부문의 경영자에게 위양하고 그 사업부문의 성과로 사업부문의 경영자를 평가하고 보상하는 분권화된 경영관리 제도는 다음과 같은 장점을 가지고 있다.

첫째, 각 사업부문의 경영자에게 관련사업부문의 의사결정권한을 위임함으로써 최고경영자는 일상적인 업무로부터 벗어나 미래의 성장동력 발굴 등과 같은 전략적 의사결정에 집중할 수 있다.

둘째, 하부 경영자에게 일정한 책임과 권한이 부여됨에 따라 동기부여가 이루어지고 이는 경영자로 하여금 창조성을 발휘하게 하여 기업의 성과가 개선된다.

셋째, 각 사업부문의 경영자에게 의사결정에 관한 훈련기회를 갖도록 해줌으로써 미래의 경영자를 양성할 수 있다.

넷째, 의사결정은 문제가 발생하는 사업부의 경영자가 가장 효과적으로 대응할 수 있다. 즉, 특정 사업부문의 경영자가 특정 사업부문에서 발생하는 문제에 관한 정보를 가장 명확히 알고 있기 때문에 적절한 의사결정을 내릴 수 있다.

마지막으로, 스피드경영을 실행할 수 있다. 즉, 각 사업부문의 경영자에게 권한이 없을 경우 문제가 발생하면 최고경영층까지 보고가 이루어지고 이와 같이 보고된 정보에 기초하여 의사결정이 이루어지면 결정된 사항을 다시 문제가 발생한 사업부에 지시하는 일련의 과정을 생략할 수 있다.

(2) 분권화의 단점

분권화에도 다음과 같은 문제점을 보유하고 있다.

첫째, 각 사업부문의 경영자에게 의사결정 권한을 위양하고 그 경영자에 대한 평가를 그 사업부문의 성과에 의해서 평가하기 때문에 기업 전체의 목표보다는 자신의 사업부문의 목표에 일치하는 의사결정을 내릴 수 있다. 따라서 기업 전체 입장에서 최선의 의사결정이 이루어지지 않을 수 있다.

둘째, 각 사업부문별로 동일한 업무가 수행됨에 따라 경영활동의 중복 수행이 이루어질 수 있다. 따라서 자원의 낭비 및 과다한 정보수집비용을 초래할 수 있다.

셋째, 사업부문간의 내부경쟁이 지나치면 타 사업부문을 다른 기업과 같이 경쟁자로 생각하고 정보를 공유하지 않거나, 타 사업부문이 어려울 때 도움을 주지 않는 등 기업 전체의 입장에서 바람직한 의사결정이 이루어지지 않을 수 있다.

제2절 책임회계제도

1. 책임회계의 의의

책임회계(responsibility accounting)는 기업의 조직 내에 수익과 원가의 발생에 대하여 책임중심점을 설정하고 책임중심점별로 계획과 실적이 반영된 업적을 평가하기 위한 회계제도를 말한다. 책임중심점이란 한 사람의 경영자에게 권한과 책임이 부여된 조직을 말한다. 책임회계의 목적은 경영자별로 책임중심점을 설정하여 권한과 책임을 부여하고, 책임중심점별로 계획과 실적을 반영한 성과보고서를 기초로 성과를 평가하여, 그 결과에 의하여 경영자를 평가함으로써 조직의 성과를 개선시키는 데 있다.

2. 전통적 원가회계와 책임회계의 차이

전통적 원가회계와 책임회계는 다음과 같은 차이가 있다. 첫째, 전통적 원가회계는 제품원가 및 외부이해관계자를 위한 재무보고목적으로 재고자산을 평가하기 위하여 원가자료를 수집하는 반면, 책임회계에서는 특정원가에 대한 책임을 설정하고 그 책임자가 원가를 효율적으로 관리할 수 있도록 원가자료를 수집한다. 둘째, 전통적 원가회계는 자원이 어느 기능을 위하여 소비되었는가를 파악하기 위하여 원가를 직접재료원가, 직접노무원가, 제조간접원가와 판매비 및 관리비로 분류하는 반면, 책임회계에서는 자원에 대한 효율적인 통제를 위하여 자원이 어느 기능을 위하여 소비되었는가보다는 누가 자원을 소비하였는가를 더 강조한다. 셋째, 전통적 원가회계는 원가대상을 제품으로 보고 원가를 제품별로 집계하지만 책임회계는 원가대상을 책임중심점에 두고 책임중심점별로 원가를 집계한다.

3. 책임중심점

책임중심점이란 원가의 발생, 수익의 창출 및 투자결정 등에 대하여 권한과 책임이 부여된 조직이라고 말할 수 있다. 따라서 이러한 책임중심점은 의사결정에 관한 책임의 내용에 따라 원가중심점, 수익중심점, 이익중심점, 투자중심점으로 구분된다.

원가중심점(cost center)은 특정원가의 발생에만 통제책임이 부여된 책임중심점이다. 따라서 원가중심점은 수익의 획득이나 투자규모의 결정에는 아무런 통제책임이 없다. 이러한 원가중심점의 대표적인 예는 생산부서 등을 들 수 있다.

수익중심점(revenue center)은 수익획득에 대해서만 통제책임을 지는 책임중심점이다. 따라서 수익중심점의 경영자에게는 오로지 수익획득에만 통제책임이 주어질 뿐 원가나 이익에 대해서는 책임이 주어지지 않는다. 수익중심점의 대표적인 예는 판매부서를 들 수 있다.

이익중심점(profit center)은 산출의 구성요소인 원가와 수익 모두에 대해 통제책임을 지는 책임중심점이다. 즉, 이익중심점은 제품의 생산뿐만 아니라 판매활동까지도 통제할 수 있다. 이익중심점의 대표적인 예로는 각 지역 영업본부를 들 수 있다.

투자중심점(investment center)은 원가와 수익뿐만 아니라 투자결정까지도 통제책임을 가지고 있는 책임중심점이다. 일반적으로 사업부문의 경영자에게 유형고정자산, 외상매출채권, 재고자산, 신시장진입 등에 관한 통제책임이 부여되어 있는 경우 이를 투자중심점이라고 한다. 투자중심점은 생산 및 마케팅활동을 원활히 수행하기 위하여 필요한 자원을 확보하여야 하기 때문에 독립적인 기업과 마찬가지다.

제3절 투자중심점의 업적평가

책임회계의 목적은 경영자별로 책임중심점을 설정해주고, 책임중심점의 성과에 따라 경영자를 평가함으로써 조직의 성과를 개선시키는 데 있기 때문에 책임중심점이 매우 중요하다. 원가중심점의 업적은 사전에 결정된 표준원가와 실제원가와의 차이에 의하여 평가되고, 수익중심점의 업적은 목표매출과 실제 매출과의 차이에 의해 평가된다. 그리고 이익중심점의 업적은 변동예산상의 이익과 실제이익과의 차이에 의하여 평가되어진다. 그러나 투자중심점의 업적은 원가나 이익수치에 의하여 평가하면 투자규모가 고려되지 못하기 때문에 공정한 평가가 되지 못한다. 따라서 투자중심점 평가는 이익을 얻기 위하여 자원을 얼마나 효율적으로 이용하였는가를 평가한다. 평가방법에는 투자수익률과 잔여이익 및 경제적 부가가치가 있다.

1. 투자수익률

투자수익률(return on investment: ROI)은 투자액에 대하여 획득된 이익의 비율을 나타내는 수익성 지표이다. 이를 수식으로 표현하면 다음과 같다.

$$\text{투자수익률} = \frac{\text{영업이익}}{\text{영업자산}} = \frac{\text{영업이익}}{\text{매출액}} \times \frac{\text{매출액}}{\text{영업자산}}$$

$$\text{투자수익률} = \text{매출액이익률} \times \text{자산회전율}$$

투자수익률은 매출액이익률과 자산회전율 두 부분의 결합으로 표현할 수 있다. 즉, 매출액이익률은 매출액에 대한 영업이익의 비율로써 투자중심점의 이익창출활동(영업활동)의 결과를 평가하는 것이며, 자산회전율은 투자중심점에 자산 ₩1을 투자하여 수익을 얼마나 획득하였는가를 평가하는 지표이므로 이는 투자중심점의 투자활동을 평가하는 지표이다. 따라서 투자수익률은 투자중심점의 주요활동이라고 할 수 있는 영업활동과 투자활동을 구분하여 평가할 수 있다.

예제 13-1

(주)상록은 투자중심점 A, B로 구성되어 있다. 각 투자중심점에 대한 자료는 다음과 같다.

	A 투자중심점	B 투자중심점	합계
영업자산	₩500	₩1,000	₩1,500
매출액	2,000	2,500	4,500
영업이익	120	180	300

[예제 13-1]에서 매출액 이익률은 투자중심점 A는 6%, B는 7.2%이고, 자산회전율은 각각 4회 및 2.5회로 각 투자중심점의 투자수익률은 24%와 18%이다. 투자중심점 B의 영업이익이 투자중심점 A보다 절대금액과 매출액 영업이익률이 크지만 각 투자중심점의 투자활동을 평가하는 자산회전율에서 투자중심점 A가 B보다 크게 나타나 투자수익률이 높게 나타나고 있다. 이와 같이 투자중심점의 성과는 이익창출력과 투자효율성에 의하여 평가되어야 한다.

$$\text{A 투자중심점: 투자수익률} = \frac{₩120}{₩2{,}000} \times \frac{₩2{,}000}{₩500} = 24\%$$

$$\text{B 투자중심점: 투자수익률} = \frac{₩180}{₩2{,}500} \times \frac{₩2{,}500}{₩1{,}000} = 18\%$$

(1) 투자수익률의 장점

투자수익률에 의하여 투자중심점의 업적을 평가하면 다음과 같은 장점을 얻을 수 있다.

첫째, 투자의 규모와 업종이 상이한 투자중심점이라 하더라도 비율에 의해서 평가하기 때문에 비교평가가 가능하다.

둘째, 순이익 금액이 아닌 투자수익률에 의하여 평가하기 때문에 과잉투자 등과 같은 부작용을 방지할 수 있다.

(2) 투자수익률의 단점

투자수익률을 성과평가준으로 사용하는 데에 다음과 같은 단점이 있다.

첫째, 투자중심점의 경영자는 자기 책임중심점의 투자수익률만을 극대화하려고 하기 때문에 기업 전체의 투자수익률을 증가시키는 투자안을 부당하게 기각할 가능성이 있다. 즉, 책임중심점의 경영자는 기업 전체의 최저필수수익률보다 높은 수익률이 기대되어 채택되어야 하는 투자안이라 하여도, 그 투자안의 수익률이 자기 투자중심점 평균수익률보다 낮을 경우 이를 기각하게 되어 기업 전체의 이익에 불리한 의사결정을 제공할 수 있다.

둘째, 각 투자중심의 사업내용과 영업이익을 결정하는 회계기준이 상이할 경우 투자수익률에 의해 비교한 성과비교는 무의미하다.

2. 잔여이익

기업전체의 최저필수수익률보다 높지만 투자중심점의 평균수익률보다 낮아 투자안이 기각되는 투자수익률의 단점은 잔여이익에 의하여 투자중심점의 업적을 평가함으로써 해소될 수 있다. 잔여이익(residual income)이란 영업이익에서 영업자산에 대한 자본 비용을 차감한 금액을 말한다. 이는 다음과 같이 나타낼 수 있다.

$$잔여이익 = 영업이익 - (영업자산 \times 자본비용)$$

여기서 자본비용은 기업이 투자에서 최소한 획득해야 할 수익률을 말하는 것으로 기업의 자본비용이 아니고 기업의 자본비용에 투자중심점의 위험을 반영한 투자중심점의 자본비용을 말한다. 투자중심점의 위험은 기업의 위험과 상이하므로 기업의 위험수준보다 높은 위험을 지닌 투자중심점에는 높은 자본비용을 적용하고 낮은 위험을 지닌 투자중심점에는 낮은 자본비용을 적용한다.

[예제 13-1]에서 각 투자중심점의 자본비용이 10%라고 가정하면 각 투자중심점의 잔여이익은 다음과 같다.

	A 투자중심점	B 투자중심점	합계
영업이익	₩120	₩180	₩300
영업자산	500	1,000	1,500
영업자산×자본비용	50	100	150
잔여이익	₩70	₩80	₩150

잔여이익은 영업이익에서 투자자산에 대한 자본비용을 차감 금액으로 표시되기 때문에 책임중심점의 경영자는 잔여이익이 ₩0보다 큰 투자안을 채택할 것이다. 그러나 투자수익률법에 의하여 평가하면 투자수익률이 목표수익률보다 적은 투자안은 기각 될 것이다. 이와 같이 잔여이익에 의한 업적평가가 더 합리적이다. 왜냐하면 기업 전체입장에서 최저필수수익률보다 큰 투자수익을 가져다주는 투자안이 채택되는 것이 기업의 입장에서 합리적인 의사결정이기 때문이다.

그러나 잔여이익의 경우에도 단점을 가지고 있다. 첫째, 잔여이익계산에 사용되는 자본비용을 어떻게 설정하는가에 따라 각 투자중심점의 업적이 달라질 수 있다. 둘째, 잔여이익에 의한 평가는 금액에 의한 평가이기 때문에 투자중심점간의 투자규모가 큰 차이가 발생할 때 이를 비교할 수 없다. 셋째, 잔여이익 역시 재무적인 측정치라는 측면에선 투자수익률과 유사한 문제점을 지니게 된다.

3. 경제적부가가치

경제적부가가치(economic value added: EVA)란 기업이 고유의 영업활동을 통해 창출한 기업가치의 증가분으로써 세후 순영업이익에서 투자자본에 대한 자본비용을 차감한 잔여이익금액으로 정의된다. 경제적부가가치는 기업의 자본제공자(주주와 채권자)의 자본과 위험부담에 대한 비용, 그리고 공공서비스를 제공하는 국가기간에 대한 공공세금을 영업이익으로부터 차감한 순수한 이익을 말한다. 따라서 경제적부가가치가 양(+)이면 현재시점에서 자본제공자의 기회비용을 초과하여 경제적으로 새로운 가치를 창출하였음을 의미하고 음(−)이면 경제적으로 가치를 창출하지 못하였음을 의미한다. 이를 수식으로 표현하면 다음과 같다.

경제적부가가치 = 세후영업이익 − 가중평균자본비용 × (총자산 − 유동부채)

전통적으로 기업의 영업활동에 대한 성과평가 또는 경영자에 대한 성과평가 및 보상의 기준으로 손익계산서상의 당기순이익이 이용되어 왔다. 그러나 손익계산서상의 당기순이익은 발생주의회계가 갖는 문제점을 제외하더라도 타인자본에 대한 이자비용만을 고려하여 산정된 손익이다. 그러므로 기업이 일정기간동안 경영활동에 투입한 자기자본에 대한 비용이 반영되어 있지 않다. 기업이 당기순이익에만 근거하여 영업활동의 성과를 측정, 평가하게 되면 지분투자자들의 입장에서 기대수익에 미치지 못하는 당기순이익이 발생하였음에도 불구하고 좋은 평가를 받는 경우가 발생될 수 있다. 반면 경제적 부가가치가 영업활동의 성과평가 기준으로 이용되면 기업의 목표가 투자자들이 제공한 총자본에 대한 비용 이상의 이익 실현으로 설정될 수 있다. 경제적 부가가치는 자기자본비용의 기회비용적 성격을 명확히 설정할 수 있으며, 세후 순영업이익에서 자본비용을 차감한 잔여이익은 기업의 최종적인 위험부담자인 주주에게 귀속시킴으로써 기업재무의 궁극적인 목표인 주주의 부의 극대화로 연결시키는 도구가 된다.

예제 13-2

(주)서울은 투자중심점으로 A, B, C 등 3개의 사업부를 운영하고 있다. 이들 사업부와 관련된 이익 및 투자자료는 다음과 같다.

	A 사업부	B 사업부	C 사업부	합 계
총자산	₩5,000,000	₩10,000,000	₩20,000,000	₩35,000,000
유동부채	1,000,000	3,000,000	8,000,000	12,000,000
영업이익	1,000,000	1,700,000	3,000,000	5,700,000
장기타인자본				20,000,000
자기자본				20,000,000

요구사항

1. 이익측정치로 영업이익을 사용하고, 투자측정치로 총자산을 사용하여 각 사업부의 투자이익률(ROI)을 계산하시오.

2. 영업이익과 총자산을 이용하고, 최저필수수익률을 12%로 가정할 때 각 사업부의 잔여이익(RI)을 계산하시오.
3. 장기타인자본에 대한 이자율은 10%이고, 자기자본의 비용은 15%이며, 법인세율은 40%로 가정한다. 각 사업부의 경제적 부가가치(EVA)를 계산하시오.

[예제 13－2]에서 각 투자중심점의 투자수익률(ROI), 잔여이익(RI), 경제적 부가가치(EVA)는 다음과 같다.

1. ROI

$$\text{A 사업부 ROI} = \frac{₩1,000,000}{₩5,000,000} = 20\%$$

$$\text{B 사업부 ROI} = \frac{₩1,700,000}{₩10,000,000} = 17\%$$

$$\text{C 사업부 ROI} = \frac{₩3,000,000}{₩20,000,000} = 15\%$$

2. RI

A 사업부 RI＝₩ 1,000,000－₩5,000,000×12%＝₩400,000

B 사업부 RI＝₩ 1,700,000－₩10,000,000×12%＝₩500,000

C 사업부 RI＝₩3,000,000－₩20,000,000×12%＝₩600,000

3. EVA

(1) 가중평균자본비용

$$\text{WACC} = 10\% \times (1-0.4) \times \frac{₩20,000,000}{₩40,000,000} + 15\% \times \frac{₩20,000,000}{₩40,000,000} = 10.5\%$$

(2) EVA

EVA＝영업이익×(1－법인세율)－(총자산－유동부채)×가중평균자본비용

A 사업부: 1,000,000×0.6－(5,000,000－1,000,000)×10.5%＝₩180,000

B 사업부: 1,700,000×0.6－(10,000,000－3,000,000)×10.5%＝₩285,000

C 사업부: 3,000,000×0.6－(20,000,000－8,000,000)×10.5%＝₩540,000

제4절 균형성과표

1. 재무성과 지표의 문제점

분권화된 조직구조 하에서 기업의 최고경영자의 임무 중의 하나는 목표달성을 위하여 효율적인 성과지표 및 평가시스템을 개발하는 것이다. 성과평가지표는 조직의 목표달성 정도 및 경영자와 종업원에 대한 보상 등에 핵심적으로 사용된다. 그러나 전통적 성과지표를 나타내는 재무성과 지표가 현재의 자동화, JIT, TQM, 공정개선, 제약이론 등 새로운 경영환경 하에서 요구되는 새로운 경영기법에 대한 성과지표로서 부적합하다고 경영자들은 지적하고 있다. 전통적 재무적 성과평가지표로서는 새로운 경영기법에 대한 간접적인 성과측정 및 평가는 가능하나 직접적인 성과측정 및 평가가 불가능하다는 것이다.

2. 균형성과표의 등장배경 및 의의

경쟁업체와의 경쟁우위를 품질(quality: Q), 원가(cost: C) 및 시간(time: T)의 측면에서 보유하고 있는 효율성에 의하여 평가하였다. 그러나 오늘날 정보 및 지식사회가 도래하고 세계화가 진전됨에 따라 지식이나 핵심역량과 같은 무형자산의 중요성이 더욱더 부각되고 있다. 결국 향후 기업의 성패여부를 판단하는 기준은 지식과 같은 무형자산의 우수성에 있다. 따라서 경영성과를 평가하는 지표도 지식과 같은 무형자산의 가치가 제대로 반영되고 피드백 될 수 있는 성과지표가 개발될 필요가 있다.

1990년대 초반 재무성과에 의해 평가되는 전통적인 평가시스템의 한계를 지적하고 Kaplan & Norton이 새로운 성과측평가모형을 개발하였다. 이는 균형성과표(balanced score card: BSC)로서 성과측정에 다양한 비재무적 지표를 활용하여 과거, 현재, 미래의 성과 및 가치를 평가하고, 지식과 같은 무형자산의 가치를 성과측정에 반영하기 위해 다양한 비재무적 성과지표를 도입한 것을 말한다.

균형성과표란 기업이 추구하는 전략적 방향과 목표, 이것을 달성하기 위한 내부운영프로세스, 목표달성여부를 객관적으로 측정, 평가할 수 있는 지표들을 하나의 통합적인 연계

망으로 구축하는 지표이다.

3. 균형성과표의 네 가지 관점

균형성과표는 기업성과를 평가함에 있어서 기업의 목표달성에 중요한 성과동인을 네 가지 관점으로 구분하여 제시하고 있다. 이는 재무적 관점, 고객 관점, 내부프로세스 관점 및 학습과 성장 관점이다.

균형성과표는 경영자들로 하여금 네 가지 관점에서 사업을 조명한 후 사업의 전략수립을 효과적으로 추진할 수 있도록 하는 것이다. 이러한 균형성과표의 주요 관점을 간단히 살펴보면 다음과 같다.

첫째, 재무적 관점으로써 '우리는 주주에게 어떻게 보이는가?'하는 것이며 둘째, 고객 관점에서 '고객들은 우리 회사를 어떻게 보고 있는가?'하는 것이다. 셋째, 기업의 내부프로세스 관점으로써 '우리 회사는 무엇에 더욱 탁월해야 하는가?'하는 것이며, 마지막으로는 학습과 성장으로써 '우리 회사는 계속해서 가치를 향상시키고 창출해 낼 수 있는가?' 등이다.

이러한 질문의 기본토대는 기업이 추구하는 비전과 전략이다. 즉, 균형성과표에서 비전과 전략은 네 가지 관점에서의 목표들로 표현되고, 각 목표의 달성정도는 세부지표에 의해 평가되며 전략적 중요도에 따라 세부지표에 가중치가 부여되고 이에 의하여 종합지표가 산출된다. 그리고 각 지표의 현재수준은 향후 도달하고자하는 목표수준과 비교된다.

(1) 재무적 관점(financial perspective)

기업이 수행한 모든 활동의 성과를 정량화된 수치로 표현하는 데에는 재무적 측정지표들을 이용하는 것이 효과적이다. 따라서 균형성과표는 기존의 재무적 관점을 유지한다. 재무적 측정지표들은 매출이나 수익성 측면에서 어느 정도의 성과를 달성했는지를 나타내는데 대표적인 재무적 측정지표로는 매출이익률(ROS), 투하자본수익률(ROIC) 및 경제적 부가가치(EVA) 등이 있다. 이는 주로 성장이 아니라 수익성에 초점을 맞추고 있다.

(2) 고객 관점(customer perspective)

고객 관점에서는 고객 및 세분화된 시장을 구명하고 목표로 삼은 시장에 대해 성과측정 지표를 결정한다. 여기에는 시간, 품질, 성과, 서비스 및 원가까지 포함하고 있으며 결국

그림 13-1 가치사슬에 의한 프로세스 모형

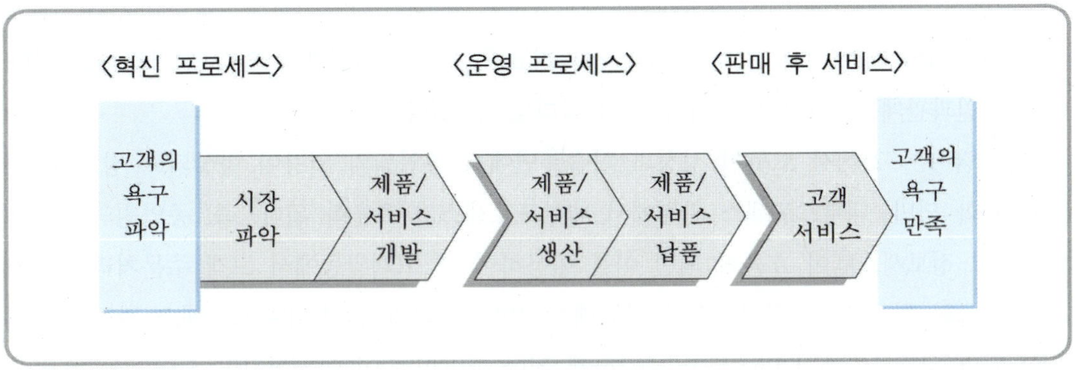

고객의 가치를 창출하는데 필요한 활동 등을 측정하는 것이다. 고객 관점을 파악하는 지표에는 고객만족과 고객유지, 신규고객확보, 고객 수익성, 시장점유율 등이 있다.

(3) 내부프로세스 관점(internal process perspective)

내부프로세스 관점에서는 주로 기업의 가치사슬(value chain)에서 도출되는데 각각의 활동을 규명하여 혁신프로세스를 설계하고 관리하는 능력을 창출하는 것이다. 대표적인 활동의 흐름을 보면 제품의 설계나 개발프로세스, 제품의 효율적 흐름, 생산에서 판매에 이르기까지의 효율적 운영 등 다양한 활동들이 포한된다. 이 가차시슬 모형을 보면 [그림 13-1]과 같다. 내부프로세스 관점의 대표적인 측정지표로는 프로세스 타임, 프로세스 품질, 프로세스 원가, 종업원의 능력, 생산성 등이 있다.

(4) 학습과 성장 관점 (learning and growth perspective)

학습과 성장 관점은 장기적인 성장과 개선을 유도하기 위해 구축되어야 할 가장 기본적이고 중요한 도구인데, 주로 사람과 조직시스템에 의하여 좌우된다. 따라서 종업원의 재훈련, 정보기술과 시스템의 강화, 조직과 일의 전략적 연계 등 쉽게 보이지 않는 항목들에 대한 관심과 투자를 증대시켜야 한다고 보는 것이다. 학습과 성장 관점에서는 직원의 역량, 정보시스템 역량, 조직역량 등의 세 가지 영역이 존재하며 각 영역별로 세부적인 측정지표들을 개발한다. 각 역량별 대표적인 측정지표로는 종업원 만족도, 전략정보 보급률 및 전략직무 충족도 등이 있다.

4. 성과지표간의 인과관계

균형성과표에서는 네 가지 관점의 성과지표가 서로 인과관계가 있다고 가정하고 있다. 이러한 인과관계는 [그림 13-2]와 같이 나타낼 수 있다.

[그림 13-2]에서 보듯이 성장과 학습측면에서 종업원의 역량이 향상되고 정보시스템이 효율화 되면, 내부프로세스 관점에서 내부프로세스가 효율화 된다. 즉, 종업원의 능력이 향상되고 정보시스템이 효율화 되면 이를 활용하여 대 고객활동에서 고객 주문처리 프로세스가 효율화 될 것이고 적시배송이 가능해질 것이다. 이와 같이 내부프로세스 관점에서 효율화 되면 고객측면에서 만족도가 증가하게 된다. 고객만족이 이루어지면 신규고객 유치 및 기존고객 유지가 용이해질 것이다. 목표고객의 만족도가 향상되면 최종적으로 기업의 재무성과는 향상된다.

그림 13-2 균형성과표 인과관계도

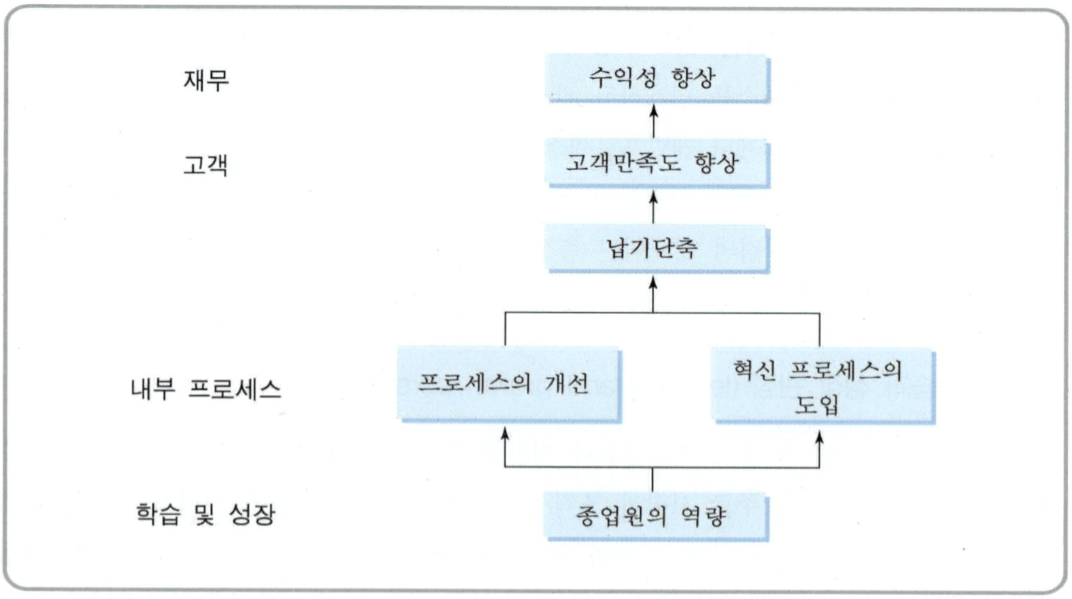

사례

한 아파트의 주민이 주변 치킨가게에서 자주 치킨을 배달시켜 먹는 고객이 있다고 하자. 이 고객은 치킨배달시 부수적으로 따라오는 무를 먹지 않은 고객이다. 따라서 치킨이 배달되면 무는 버린다. 그래서 이 고객은 무 처리가 귀찮아 치킨주문시 무를 가져오지 말라고 주문을 한다고 가정하자. 그리고 치킨가게의 고객 데이터베이스에 그 고객은 무를 싫어한다고 정리되어 있었다. 그리고 그 고객이 주문시 깜박하고 무를 가져오지 말라는 것을 말하지 않았더라도 치킨가게는 그 정보를 활용하여 치킨배달시 무를 가져가지 않았다. 그 결과 그 고객은 감동을 하여 치킨을 먹을 때는 꼭 그 치킨가게에서 치킨을 배달을 시켰을 뿐만 아니라 주변의 주민에게 그 가게를 선전하였다. 그 결과 가게의 매출액은 상승하여 재무성과가 개선되었다.

위 사례에 고객 데이터베이스에 그 고객의 특징을 정리한 것은 학습과 성장의 관점에서 정보시스템이 효율적인 예이다. 그리고 내부프로세스 관점에서 만약 내부프로세스가 비효율적이었다면 고객정보시스템과 관계없이 무를 가져갔을 것이나, 무를 가져가지 않은 것은 내부프로세스가 효율적이기 때문이다. 따라서 고객이 만족함에 따라 기존고객의 유지 및 신규고객의 유치가 용이하게 이루어져 재무성과가 개선되었다.

5. 핼리팩스(Halifax)사의 BSC의 적용사례

(1) 회사개요

이 회사는 영국에 기반을 두고 있는 금융기업으로서, 소매 금융업무, 고객신용대부 업무, 개인보험 업무, 저축 업무, 금고 업무 등 5가지 핵심 사업부문을 보유하고 있다.

1995년 가을에 핼리팩스는 PLC(public limited company) 자격을 획득하기 위해 LPBS (Leeds Permanent Building Society)사와 합병을 하게 되었는데 이 당시 핼리팩스는 29억 5천7백만 파운드의 총수입과 약 27,300여명의 종업원 고용, 그리고 1,000여 개 지점의 네트워크를 통해 1천8백여만 명의 고객들에 대한 서비스가 가능한 거대 기업이었다.

(2) 기존 성과측정 시스템

회사는 프로세스나 절차 등에 대해서 상당한 편견을 보유하고 있었으며 각 지점들을 실적에 따라 순위를 매기는 데 그침으로써 성과를 관리하고 향상시키기 위해 건설적으로 사용되지 못하고 있었다. 따라서 이런 시스템은 새로운 변화에 맞서 기존 기업문화를 더욱 강화하는 역할을 맡고 있었다.

이러한 배경 하에 BSC에 입각한 새로운 성과관리 시스템이 필요하게 되었고 새로운 성과관리 시스템의 주된 목표는 기존의 고객 유지 및 고객과의 거래 확대, 새로운 고객 확보, 적극적 문화의 고양, 경영 및 지점 성과 향상, 고객 및 서비스 목표 강조, 종업원 역량 개발 장려, 서류작업 간소화 등을 들 수 있다.

(3) BSC 개발 프로세스

1) BSC 개발 조직 단위

첫 BSC 개발 조직단위는 지점(branch)영업을 대표할 수 있는 FO(Field Operation)사로써 이 조직단위가 선정된 이유는 이들의 핵심사업이 일반 고객이었으며 다른 조직에 대해 상당한 영향력을 갖고 있었기 때문이다. FO사의 대표이사는 첫 번째 조치로 프로젝트 관리자를 선임하였으며 프로젝트 관리자는 초기 단계부터 실행 단계에 이르기까지 2년간 줄곧 그 프로젝트를 전담하게 되었다. 이 과정에서 관리자는 프로젝트 그룹의 지원을 받으며 핵심그룹은 FO사의 다양한 부문들로부터 온 13명으로 구성되었고, 그들 대부분은 조직의 일상적 업무 부서 출신이었다. 또한 여러 지원 그룹들이 있어서 각 단계의 특정한 역량이 요구될 때마다 도움을 제공받을 수 있었다.

2) BSC 개발 방향

다른 기업들과 달리 헬리팩스는 BSC를 전략적 도구가 아닌 운영적 관리 시스템으로 이용하고자 하였다. 주요 목표는 지역별, 분야별, 지점별 관리자들을 위한 운영적 도구, 즉 그들의 일상 업무를 관리하는 데 도움을 줄 수 있는 지원시스템을 개발하는 것이었다. 즉, 회사는 Top down 방식이 아닌 bottom up 방식의 접근을 시도하였는데 이러한 방식을 선택한 이유는 당시 회사의 상황이 포괄적인 전략 재검토 프로세스에는 적합하지 않은 상황이었기 때문이다. 운영적 수준에서 BSC 작업에 착수한 지 4년 후인 1998년부터, 이 운영적 도구를 전략적 목표에도 맞추기 위해 사업계획 수립 프로세스를 BSC개념에 적합하도록 개선하는 작업을 추진하게 되었다.

3) 측정지표 개발

새 대표이사의 취임으로 이사회는 비전 및 사명선언문을 수정하였으며 프로젝트팀에 전달되어 BSC 토대가 되었고, 일단 비전 및 사명이 확정되자 프로젝트팀은 핵심 성공요소 및 4가지 관점에 대한 지표 수립에 착수하였다. 네 가지 관점은 재무 및 프로세스, 고객, 내부 프로세스, 직원 개발 및 향상으로서 Kaplan과 Norton의 원래 제안과 달리 헬리팩스는 학습 및 성장 관점은 전략적 계획 수립을 위한 것이 아닌 운영적 관리도구로서의 성과측정 지표에는 적합하지 않다고 생각하였다. 따라서 회사는 직원 개발 및 향상이 더 적절하다고 판단하였는데 예를 들어 FO사의 한 핵심 성과지표는 직원의 서비스 제공능력을 중시하고 있다.

전반적인 성과측정표 개발에는 약 6~9개월이 소요되었는데 헬리팩스는 이 개발 단계가 전체 프로세스에서 가장 중요한 부분이라고 생각하였다. 그 이유는 이 단계의 결과가 뒤따르는 실행단계에 대단히 큰 영향을 미치게 되기 때문이다. 프로젝트팀은 그들의 생각 및 발견사항을 FO사의 대표이사 및 이사회에 끊임없이 보고하였고, 그 결과 개발 단계가 완료되었을 때 헬리팩스는 핵심 성공 요소들 및 네 가지 관점별 측정 지표들을 가진 전반적 성과측정지표를 갖게 되었다. 처음에는 약 75%의 측정 지표들이 기존의 경영정보 원천들로부터 추출 되었지만, 98년에도 출발 당시의 모든 측정 지표들이 여전히 사용되고 있었다.

이러한 측정 기표들의 개발단계에 있어서는 아래와 같은 몇 가지의 필요조건들을 일반적으로 포함하고 있다.

① 측정지표와 역할 및 책임과의 관련성

② 정렬화(Cascade) 접근법의 일관된 적용

③ 타깃의 개발

④ 지원적인 분석을 제공할 수 있는 2차적 측정지표 또는 관리 정보

⑤ 역사적/추세 정보의 적용가능성

⑥ 측정지표 선택 기준

- 데이터의 정확도 및 이용 가능성
- 핵심 성공요소와의 관련성
- 측정지표의 우선순위 및 중요도
- 행위에 대한 긍정적 효과

• 측정결과를 관리하고 그것에 영향을 줄 수 있는 사용자의 능력

헬리팩스의 BSC개발 프로세스를 그림으로 표시하면 [그림 13-3]과 같다.

그림 13-3 헬리팩스의 BSC 개발단계

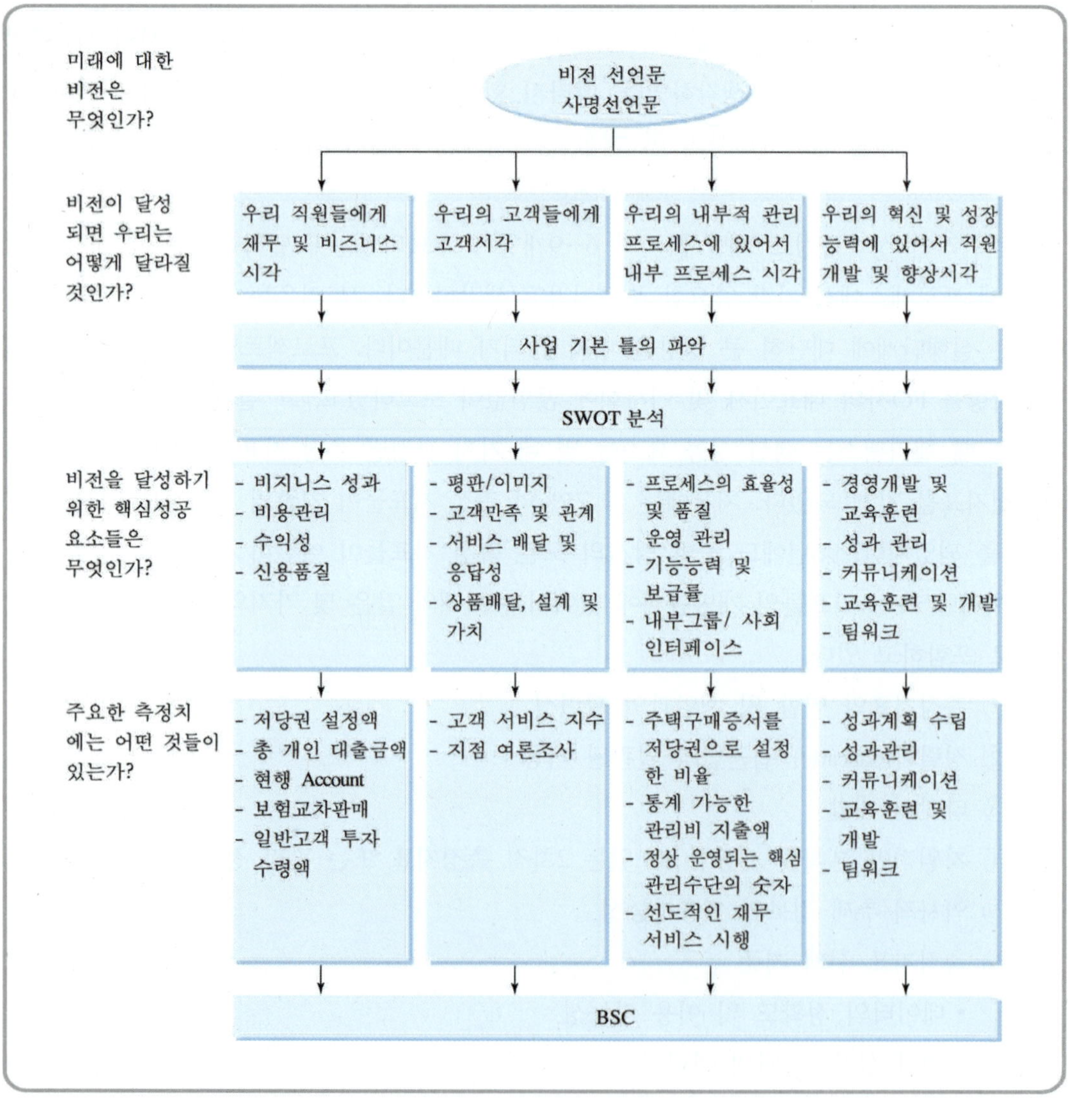

(4) 측정지표 개발 현황

최근까지의 회사 지표 개발 현황을 다음과 같이 정리할 수 있다.

- 각 관점 당 2~5개의 측정지표 보유
- 총 측정지표는 16개
- 이사회는 이 중 10~12개의 측정지표들을 모니터
- 판매량을 비롯한 대부분의 측정지표들은 매일 점검
- 한편 고객관련 측정지표들은 1년에 2회 점검
- 주로 비재무적인 일부 측정지표들이 연간 사업계획 수립 과정에서 수정
- 각 측정지표에 대한 목표들은 일 년에 한 번 설정되지만 분기별로 점검
- 모든 측정지표에는 주관부서가 있어서 측정지표에 대해 계획, 관리, 기록

헬리팩스는 BSC를 통해 예전의 단순한 성과측정 시스템에서 보다 넓은 성과관리라는 측면에서 운영이 가능하게 되었다.

(5) BSC구축 주요 쟁점 사항

회사의 경영진에 따르면, 실행 프로세스는 프로제트가 착수된 때부터 시작되었으며 조직의 모든 사람들은 프로젝트, BSC, 새로운 시스템이 그들에게 미칠 영향 등에 관한 정보들을 끊임없이 제공 받게 되었다. 프로젝트 팀은 그들이 수행한 결과를 지속적으로 기업 내 다양한 부서들에게 보고하며 이러한 절차는 이 프로세스에 있어서 일종의 학습고리 역할을 수행하였고, 경영진의 지원이 BSC 프로젝트 성공에 필수적 요소로 작용한다는 것도 중요한 쟁점사항의 하나였다.

(6) 측정지표와 그 인과관계

종업원개발 및 향상 시각에 대한 적절한 측정지표들을 찾기 위해서 상당한 시간을 투자하게 되며 교육훈련 일수, 장기 결근율, 직원 이직률 등의 일부 지표는 쉽게 판명될 수 있었다. 그러나 이러한 지표들은 실제적인 기업의 진보(예를 들어, 기업에 필요한 역량의 개발)를 반영하고 있는지 불명확한 상태에서도 해당 목표들은 쉽게 달성 가능하다는 단점이 있다.

이런 점을 개선하기 위해 헬리팩스는 성과관리 프로세스에 초점을 맞춘 의견조사 설문

지를 설계하였고 그 결과 직원들의 관점에서 보았을 때 실제로 해당 조직단위의 관리자들이 얼마나 그들을 잘 관리하고 있는지를 측정할 수 있게 되었다. 설문지는 계획 수립 및 목표 설정, 지속적인 관리 및 지도, 평가, 교육훈련 및 개인적 개발 등 4가지 항목으로 구성되었는데 직원들은 매분기마다 이 설문지들 중 하나에 응답을 하며 특히 중요하다고 생각되는 분야에 관한 질문은 모든 설문지들에 언제나 변함없이 포함되어 있다.

1996년 당시까지 핼리팩스 다양한 워크샵(workshop), 직원 잡지 및 사보의 이용, 교육교재 등을 통해 BSC의 실행을 상당히 진척시켰다. 하지만 직원들이 각 관점들을 개별적 시각으로 고려하는 경향이 있음을 파악하고 이것을 개선하기 위해 1997년 초 "Z 이론" 또는 "Z 모형"을 도입하게 되었다.

직원들에게 전달된 Z 이론의 내용은 성과 측정 표상의 4가지 관점이 모두 중요하다는 것으로 Z 이론의 논리는 다음과 같이 전개되었다. "만약 회사가 훌륭한 직원들을 가지고 있으며, 그들이 잘 훈련되고 동기부여가 되어 있다면 (종업원 및 향상) 회사는 업무를 올바른 방향으로 추진하게 되고 (내부 프로세스) 그러면 고객들은 만족할 것이고, 고객 충성도는 향상될 것이다. 결과적으로 회사는 더욱 많은 사업을 유지하게 되고 획득해 나갈 수 있게 된다."

한편, Z 이론의 목적은 직원들이 더욱 손쉽게 업무처리를 할 수 있도록 하기 위한 것으로 정의되며 또한 핼리팩스는 이런 인과관계에 대한 인식도를 높이기 위해 Z 이론의 로고를 제작하여 BSC와 관계된 모든 것들에 부착하였다.

핼리팩스에 따르면 Z 이론이 도입되고 나서야 비로소 성과 측정 표에 생명이 불어 넣어졌다고 한다. 즉, 이전에는 주로 재무적 숫자나 내부적 프로세스에 집중했던 직원들이 4가지 관점이 모두 중요하다는 것을 이해하기 시작하게 되었다.

현재 핼리팩스는 각 관점의 측정 지표들 사이의 연결고리를 찾기 위해 노력하고 있으며 이런 노력들은 재무적 숫자들이 각 관점의 행동들에 의해 어떻게 영향을 받을 수 있을지에 대한 논리를 강조해 줄 수 있다.

(7) 성과측정표를 위한 시스템과 정보기술 해결책

초기 단계에 프로젝트 그룹은 현행 시스템의 확장 개발이 필요하다는 것을 깨닫게 되었는데 프로젝트의 한 단계에서는 적절하게 자료가 투여 되는 절차들을 만드는 것과 같은 복잡한 문제들과 초기화면에서 BSC의 4분면 모두로부터의 지표들을 보여주는 PC시스템에 대한 필요성이 부가되었다. 그리고 취급되는 시스템은 상이한 사람들이 상이한 수준에서 접근이 가능해야 하는데 예를 들면, 지역 관리자들은 자신의 영역에 대한 통합된 자료들을 보고 싶어 한 반면, 각각의 지점은 자신만의 성과에 대한 자세한 내역을 보고 싶어하였다.

새로운 시스템을 개발하기 위해 외부 컨설턴트를 고용했으며, 결과적으로 개발된 시스템은 상업 OLAP 소프트웨어에 기반을 두게 되었다. 시스템 개발을 위해서는 많은 종류의 요소들이 측정되어야 하므로, 측정 지표들이 설계되어 감에 따라 시스템 해결책의 성격이 발전되어 나갔다.

핼리팩스는 단지 측정되어질 수 있는 것들만 측정하는 일상적인 함정에 빠지지 않았으며 반드시 측정되어야 하는 측정 지표들을 시스템이 가질 수 있도록 절차를 만들었다. 그리고 핼리팩스의 소매 네트워크 지점들은 각 지점과 서비스 센터에서 데스크톱 컴퓨터로부터, 그리고 분야와 지역 관리자들이 사용하고 있는 노트북 PC들로부터 접근이 가능한 PC 기반의 BSC 해결책을 가지고 있었다. 즉, 지점의 전 직원들은 그 시스템에 접근이 가능하며 암호와 같은 어떠한 제약도 없고, 모든 직원들은 어떤 시간에라도 최신 정보들을 조회할 수 있으며 시스템 도입 화면에서는 BSC에 있는 4분면 각각으로부터 현재의 측정 지표들의 새로운 사실들을 보여 줄 수 있다. 한편, 60개의 더 많은 화면도 접근이 가능한데 그러한 화면들은 BSC의 여러 가지 양상들에 대해 보다 상세한 자료들을 제공하고 있으며, 그 정보는 관리자들이 비즈니스 성과를 이해하는 데 도움이 될 수 있도록 사용자에게 편리한 방식으로 월별로 제공된다.

핼리팩스의 경영층은 1995년 중반 리즈(Leeds) 합병과 동시에 일어난 BSC 프로젝트 시점이 완벽했음을 발견하였다. 두 기업은 매우 상이하게 경영되고 있었기 때문에 공통적인 경영 시스템에 대한 필요성이 매우 컸으며 양 조직의 사람들을 위해, BSC가 비즈니스 경영을 위한 하나의 새로운 시스템으로서 그러한 필요성을 충족시켰다.

(8) 학습조직

모든 종업원들은 성과 측정표의 4가지 관점 모두에 대한 개인적인 성과 계획을 가지고 있다. 따라서 성과 측정표가 지점만을 위한 것이 아니고, 개인 차원까지 쪼개져 있으며, 실질적인 개인의 성과에 따라 나중에 개인의 급여 상승과 상여금이 결정된다.

미래에는 개인의 성과 측정표와 보상시스템간의 연계를 더욱 향상시키기를 원하고 있는데 개개인 모두는 자신의 관리자와 매월 상담을 하고 그러한 상담에서 종업원들은 자신들의 목표들과 비교하여 진척 상황을 점검하고, 또한 가능한 미래 행동들에 대해 토론하면서,

측정지표들의 결과물들을 검토하게 된다. 비록 재무적 관점과 내부 프로세스 관점들에서의 측정 지표들만을 고려한 것이지만 모든 종업원들은 자신들이 어떻게 관리될 것이고 개개인들의 성과는 어떻게 평가될 것인가에 대한 잘 알고 있다.

연습문제

E·x·e·r·c·i·s·e

객관식

책임회계

01 책임회계와 성과평가에 관한 설명으로 옳지 않은 것은? (18. 관세사)

① 책임회계(responsibility accounting)의 평가지표는 각 책임단위가 통제할 수 있는 결과를 이용하며, 이를 통제가능성의 원칙(controllability principle)이라고 한다.
② 투자책임단위(investment center)의 경영자는 얼마의 금액을 투자해서 이익을 얼마나 창출했는지에 의하여 성과평가를 받아야하므로 이익과 투자액을 동시에 고려해야 하며, 바람직한 성과지표는 잔여이익(RI), 경제적부가가치(EVA), 투자수익율(ROI) 등이다.
③ 균형성과표(BSC)는 기업의 가치를 향상시키기 위해 전통적인 재무적 지표 이외에다양한 관점의 성과지표가 측정되어야 한다는 것을 강조하고 있다.
④ 균형성과표(BSC)의 내부 프로세스 관점은 기존의 프로세스와 제품에 만족하지 않고 기술 및 제품의 혁신적인 발전을 추구하는 정도를 의미하는데, 종업원 만족도, 종업원 이직률 등의 지표가 이용된다.
⑤ 균형성과표(BSC)에서 고객의 관점은 고객만족에 대한 성과를 측정하는데 고객만족도, 고객확보율, 반복구매정도 등의 지표가 사용된다.

02 성과평가방법에 관한 설명으로 옳은 것은? (20. 관세사)

① 투자수익률(ROI)은 사업부의 역기능적 행동, 즉 준최적화의 문제를 해소한다.
② 잔여이익(RI)은 투자중심점별로 투자규모가 다른 경우 성과 비교에 유용하다.
③ 투자수익률(ROI)과 잔여이익(RI)에서 채택된 최적 투자안은 같아야 한다.
④ 균형성과표(BSC)를 적용할 때 관점의 수와 명칭은 모든 조직에 동일하게 적용되어야 한다.
⑤ 경제적부가가치(EVA)는 타인자본비용뿐만 아니라 자기자본비용도 고려한다.

03 (주)세무는 사무실용과 가정용 공기청정기를 판매한다. 다음은 (주)세무의 20×1년 예산과 실제결과에 대한 자료이다.

(20×1년 예산)

제품	단위당 판매가격	단위당 변동원가	판매수량
사무실용 공기청정기	₩180	₩120	30,000대
가정용 공기청정기	₩135	₩90	90,000대

(20×1년 실제결과)

제품	단위당 판매가격	단위당 변동원가	판매수량
사무실용 공기청정기	₩165	₩112.5	37,800대
가정용 공기청정기	₩120	₩82.5	88,200대

20×1년도 공기청정기의 전체 실제 시장규모는 1,050,000대이며, (주)세무의 시장점유율차이는 ₩1,023,750(유리)이다. (주)세무가 예상한 20×1년도 전체 공기청정기의 시장규모는?

(20. 세무사)

① 857,143대 ② 923,077대 ③ 1,100,000대
④ 1,150,000대 ⑤ 1,200,000대

투자수익률과 잔여이익

04 (주)관세의 사업부는 부문 A와 부문 B로 구성되어 있고, 부문별 성과는 투자수익률(ROI, Return On Investment)과 잔여이익(RI, Residual Income)으로 평가한다. (주)관세가 투자에 대해 적용하는 최소요구수익률은 15%이다. 다음은 (주)관세의 20×1년 각 부문에 대한 성과 자료이다. (19. 관세사)

구분	부문 A	부문 B
매출액	?	?
순영업이익	?	₩162,000
평균영업자산	₩600,000	?
매출액 영업이익률	?	?
영업자산회전율	5	4.5
투자수익률(ROI)	20%	18%
잔여이익(RI)	?	?

위의 자료에 근거한 다음 설명 중 옳지 않은 것은?

① 부문 A와 부문 B의 매출액 영업이익률은 4%로 동일하다.

② 부문 B의 매출액은 ₩4,500,000이다.
③ 부문 B의 잔여이익은 ₩27,000이다.
④ 부문 A의 매출액은 ₩3,000,000이다.
⑤ 부문 A의 잔여이익은 ₩30,000이다.

05 (주)관세는 가전제품을 생산하여 판매하는 기업으로 투자중심점인 사업부 A, B, C, D를 운영하고 있다. 다음 자료를 이용하여 각 사업부의 성과를 평가할 때 옳지 않은 것은? (22. 관세사)

	사업부 A	사업부 B	사업부 C	사업부 D
평균영업자산	₩750	₩840	₩800	₩800
영업이익	210	210	220	210
최저필수수익률	10%	10%	10%	10%

① 잔여이익은 사업부 A가 사업부 D보다 크다.
② 잔여이익은 사업부 B가 사업부 C보다 크다.
③ 투자수익률은 사업부 D가 사업부 B보다 크다.
④ 투자수익률은 사업부 C가 사업부 D보다 크다.
⑤ 잔여이익은 사업부 A가 가장 크고, 투자수익률은 사업부 C가 가장 크다.

06 (주)감평은 평균 영업용자산과 영업이익을 이용하여 투자수익률(ROI)과 잔여이익(RI)을 산출하고 있다. (주)감평의 20×1년 평균 영업용자산은 ₩2,500,000이며, ROI는 10%이다. (주)감평의 20×1년 RI가 ₩25,000이라면 최저 필수수익률은? (21. 감정평가사)

① 8% ② 9% ③ 10%
④ 11% ⑤ 12%

EVA

07 (주)관세는 사업부 성과평가를 위해 각 사업부의 EVA(경제적 부가가치)를 계산한다. 다음은 사업부 중 한 곳인 A사업부의 재무상태표와 포괄손익계산서의 일부 자료이다.

○ 총자산 ₩2,000,000 ○ 유동부채 ₩500,000 ○ 세전영업이익 ₩400,000

(주)관세의 모든 사업부는 유사한 위험에 직면해 있으므로 각 사업부의 EVA 계산시 기업전체 가중평균자본비용 11%를 적용한다. 이 경우 A사업부의 EVA는? (단, 법인세율은 30%이

다.)

(21. 관세사)

① ₩115,000 ② ₩125,000 ③ ₩145,000
④ ₩215,000 ⑤ ₩235,000

08 (주)세무는 사업부의 성과를 평가하기 위해 각 사업부의 EVA(경제적 부가가치)를 계산하려고 하는데, 사업부 중 한 곳인 남부사업부의 재무상황은 총자산 ₩2,000,000, 유동부채 ₩500,000, 영업이익 ₩400,000이다. (주)세무의 두 가지자금원천 중 하나인 타인자본의 시장가치는 ₩6,000,000이고, 그에 대한 이자율은 10%이다. 나머지 원천인 자기자본의 시장가치는 ₩9,000,000이고 그에 대한 자본비용은 15%이다. (주)세무에게 적용되는 법인세율은 40%이다. 각 사업부의 EVA계산은 기업전체의 가중평균자본비용을 적용한다. 이러한 상황에서 계산된 남부사업부의 EVA는?

(21. 세무사)

① ₩58,000 ② ₩69,000 ③ ₩72,000
④ ₩74,000 ⑤ ₩78,000

제14장

대체가격의 결정

제14장 대체가격의 결정

기업이 기업 외부와 거래를 통해 수익을 얻는 경우에는 시장가격에 의해 거래가 이루어지므로 객관성과 공정성이 확보되어 부문책임자의 성과평가에 있어서 문제가 발생할 소지가 작다. 그러나 기업내 분권화된 사업부간에 내부대체거래가 이루어지는 경우 서로간에 특수관계에 있기 때문에 객관성과 공정성을 담보하기 어렵다. 기업내 사업부간 내부대체거래가 있는 경우 판매부문에서는 수익으로 인식되고 구매부문에서는 비용으로 인식되기 때문에 각 사업부의 성과를 올바르게 평가하게 위해서는 내무대체거래 및 대체가격에 대해 정확히 이해할 필요가 있다.

제1절 대체가격의 의의

1. 대체가격의 의의

기업이 분권화에 의한 사업부제로 변화함에 따라 하나의 사업부가 기업과 같이 운영되고 있다. 따라서 사업부간 재화와 서비스가 이전되는 거래가 빈번히 발생하고 있다. 이때 이전되는 재화와 서비스의 가격을 대체가격(transfer price)이라고 한다.

각 사업부의 성과평가를 수익, 원가 및 이익에 의하여 평가하고 보상하기 때문에 각 사업부 간에 이전되는 재화나 서비스의 대체가격이 각 사업부의 관점에서 중요한 문제이다. 재화와 서비스를 공급하는 부서의 내부공급여부 결정과 구매부서의 외부구매여부 결정 등이 기업 전체의 성과에 영향을 미치기 때문에 대체가격의사결정은 기업전체의 관점에서도 중요한 문제이다.

2. 기업목표와 일치(goal congruence)

분권화된 기업의 각 사업부의 경영자는 자신들의 성과를 극대화하기 위하여 기업전체의 이익을 극대화시키지 않는 대체가격을 선택할 수 있다. 이와 같이 각 사업부의 관점에서는 최적이지만 기업전체의 관점에서는 최적이 되지 않는 것을 준최적화라 한다.

기업 경영활동의 목표는 기업전체의 이익을 극대화하는 데 있으므로 최고경영자는 각 사업부의 경영자가 사업부의 목표뿐만 아니라 기업전체의 목표도 극대화시키는 대체가격을 결정할 수 있도록 동기를 부여하여야 한다. 이와 같이 각 사업부의 이익뿐만 아니라 기업전체의 이익을 극대화시키도록 대체가격을 결정하는 것을 기업목표와의 일치라 한다.

3. 대체가격결정시 고려할 기준

각 사업부의 이익뿐만 아니라 기업 전체의 이익을 극대화시키도록 대체가격을 결정하는 것은 매우 어려운 일이다. 따라서 대체가격을 결정할 때 다음 네 가지 기준을 고려하여 최적의 대체가격을 찾는 것이 바람직하다.

(1) 목표일치성기준

목표일치성기준은 각 사업부의 목표뿐만 아니라 기업 전체의 목표도 극대화 할 수 있는 방향으로 대체가격을 결정하는 기준이다.

분권화된 조직의 대부분의 사업부는 투자중심점이나 이익중심점으로 운영되기 때문에 각 중심의 경영자들은 자신의 성과를 극대화하기 위하여 기업전체의 이익을 극대화시키지 않는 대체가격을 선택할 수도 있다. 그러나 분권화의 목적은 기업의 규모의 확대 및 사업의 다양화에 고객의 요구 반영 및 신속한 의사결정 등을 통하여 기업의 이익을 극대화하는 데 있다. 따라서 최고경영자는 각 사업부의 경영자들이 회사전체의 목표에 일치하는 활동을 하도록 동기를 부여하여야 한다.

(2) 성과평가기준

성과평가기준은 각 사업부의 성과평가가 공정하게 이루어질 수 있도록 대체가격을 결정하여야 한다. 대체가격은 공급사업부에게는 수익이 되지만 수요사업부에는 비용이 되므로 대체가격이 얼마로 결정되느냐에 따라 각 사업부의 성과가 크게 달라진다. 그러므로 대체가격이 합리적으로 결정되지 않으면 각 사업부에 대한 평가는 공정성을 상실하게 되고, 이는 각 사업부의 경영자로 하여금 회사전체의 목표에 일치하지 않는 활동을 유발할 수 있다. 따라서 각 사업부의 성과를 공정하게 평가할 수 있도록 대체가격을 결정하여야 하며, 이를 위해서는 내부거래가 이루어지기 전에 대체가격을 협상하는 과정을 거치는 것이 필요하다. 일반적으로 내부거래 되는 재화나 서비스의 시장가격과 비슷한 수준에서 대체가격을 설정하면 된다.

(3) 자율성기준

자율성기준은 각 사업부의 경영자에게 자기 사업부의 이익을 향상시킬 수 있도록 자기 사업부와 관련된 의사결정을 자율적으로 내릴 수 있는 권한이 주어져야 하고 이에 따라 대체가격을 결정해야한다는 기준이다.

분권화의 본질은 자율성에 있으므로 최고경영자는 각 사업부의 경영자가 자기 사업부의 목표를 극대화하는 의사결정을 할 수 있도록 자율성을 보장해 주어야 한다. 그러나 의사결정권한을 사업부의 경영자에게 위임한 상황에서는 각 사업부가 결정한 대체가격이 회사전체의 목표에 반하는 경우도 있다 이러한 현상을 앞에서 우리는 준최적화라고 하였다. 이러한 준최적화는 자율성으로 인하여 얻어지는 효익을 위해 지불해야 하는 대가이다.

(4) 공기관에 대한 재정관리기준

공기관에 대한 재정관리기준은 국세청 및 물가관리기관 등의 공기관이 인정하는 대체가격의 범위 내에서 기업에 미칠 수 있는 불리한 영향은 최소화하고 유리한 영향을 최대화할 수 있도록 대체가격을 결정해야 한다는 기준이다. 사업부가 여러 나라에 분산되어 있는 다국적 기업의 경우 각 나라마다 적용되는 세율 및 법률 등이 서로 다르기 때문에 대체가격을 어떻게 결정하느냐에 따라 회사 전체의 세금이 달라질 수 있으며, 외국기업에 대해 본국에 송금하는 과실송금을 제한하는 경우 대체가격 수준에 따라 본국에 송금하는 금액이 달라진다. 따라서 이러한 세금 등을 통하여 기업의 목표를 극대화하기 위하여 대체가격을 이용한다.

제2절 대체가격의 결정방법

대체가격 결정에 영향을 미치는 요소는 많고 또한 각 사업부의 상황에 따라 각기 다르다. 하지만 대체로, 각 사업부간 대체가격을 결정하는 데 사용되는 기준은 ① 시장가격기준 ② 원가기준 ③ 이중가격기준 ④ 협상가격기준 등이 있다.

1. 시장가격기준

시장가격기준은 각 사업부간 이전되는 재화와 서비스의 대체가격을 시장가격으로 결정하는 방법이다. 일반적으로 다음의 조건이 만족할 때 기업의 목표와 일치를 이룰 수 있다.

① 중간제품의 시장이 존재하고 완전경쟁시장이다.

② 각 사업부간의 상호의존도가 낮다.

③ 각 사업부간의 내부거래가 아닌 외부거래에 의하여도 기업의 추가적인 원가나 이익이 발생하지 않는다.

시장가격은 시장에서 형성되는 가장 객관적인 가격이므로 각 사업부의 성과평가를 공정하게 할 수 있지만 재화와 서비스가 거래되는 시장이 존재하지 않아 가격이 존재하지 않을 경우에는 사용할 수 없게 된다.

2. 원가기준

원가기준은 각 사업부간 이전되는 재화와 서비스의 원가를 대체가격으로 결정하는 방법이다. 이는 변동원가 즉, 변동제조원가에 변동판매관리비를 포함하는 금액을 대체가격으로 결정하는 방법, 변동원가에 일정한 이익을 가산하여 대체가격을 결정하는 방법, 전부원가를 대체가격으로 결정하는 방법과 전부원가에 일정한 이익을 가산하여 대체원가를 결정하는 방법이 있다. 원가기준의 대체가격결정방법은 간편하고 이해하기 쉽지만, 준최적화의 문제가 발생할 수 있고, 공급사업부의 성과를 수익사업부로 전가시키며, 합리적인 원가통제가 불가능한 단점을 가지고 있다.

3. 이중가격기준

기업의 일부는 기업전체의 이익 극대화를 위하여 이중가격을 사용하는데 그것은 각 사업부 간에 서로 다른 가격을 결정하는 방법이다. 예를 들면, 수요사업부는 공급사업부의 변동원가에 일정한 이익을 가산한 금액을 대체가격으로 하고, 공급사업부는 완제품이 시장에서 거래되는 가격을 대체가격으로 인식한다. 이중가격을 기준으로 대체가격을 결정하면 목표의 조화를 촉진시킨다. 즉, 수요사업부는 이중가격에 따라 내부 및 외부 어디에서 구매하여도 손해가 발생하지 않기 때문이다. 이중가격은 원가기준의 대체가격결정방법을 사용할 때 발생하는 준최적화 문제를 해결할 수 있음에도 불구하고 실무에서는 별로 이용되지 않는다. 이중가격을 기준으로 대체가격을 결정하는 경우 공급사업부가 원가를 통제하려는 유인이 사라지며, 분권화의 장점을 훼손시킬 수 있다는 단점이 있다.

4. 협상가격기준

협상가격기준은 각 사업부간 이전되는 재화와 서비스의 대체가격을 시장가격 및 원가에 의하여 결정하지 않고 공급사업부와 수요사업부가 협상을 통하여 대체가격을 결정하는 방법이다. 대체가격이 협상에 의하여 결정되기 때문에 협상가격은 시장가격과 원가와는 관계가 없지만 사장가격과 원가에 대한 정보는 협상과정에서 활용된다.

협상은 각 사업부 경영자의 자율성을 향상시켜주고 동기를 부여할 수 있는 장점이 있으나, 협상에 많은 시간이 소요될 가능성이 있고 각 사업부의 이익이 사업부 경영자의 협상능력에 따라 결정될 수 있는 단점이 있다.

제3절 대체가격의 결정범위

사업부간에 이루어지는 재화나 서비스의 대체가격은 기업 전체의 목표를 최적으로 유도하는 것이다. 즉, 회사 전체의 이익도 극대화되면서 개별사업부의 이익도 극대화할 수 있도록 대체가격을 결정하는 것이다. 따라서 기업 최고경영자의 과제중의 하나는 각 사업부의 경영자가 사업부의 목표뿐만 아니라 기업전체의 목표도 극대화 시키는 대체가격을 결정할 수 있도록 동기를 부여하는 것이다. 이와 같이 기업 전체의 목표를 최적으로 유도하는 대체가격 범위를 논할 때는 크게 세 가지 입장에서 분석해야 한다. 수요사업부의 입장 및 공급사업부의 입장에서 각 사업부의 이익을 극대화하는 대체가격 범위를 분석하고, 마지막으로 기업 전체이익을 극대화시키는 대체가격 범위도 분석해야 한다.

(1) 각 사업부가 수용 가능한 대체가격

1) 수요사업부의 최대대체가격

수요사업부는 자신의 이익을 극대화하기 위하여 제품을 외부에서 구매하든 내부에서 구매하든 가장 낮은 가격으로 조달하려고하기 때문에 외부에서 구매할 때 지불하는 가격이상을 내부 구매에서 지불하지 않는다. 따라서 수요사업부에서 허용할 수 있는 최대가격은 수요사업부의 관점에서 볼 때 내부에서 조달하는 부품단위당 지출가능한 원가와 단위당 외부구입가격을 비교하여 낮은 가격이 될 것이다.

최대대체가격 = Min [부품단위당 지출가능원가*, 단위당 외부구입가격]
* 부품단위당 지출가능원가 = 완제품 판매가격 − 단위당 추가가공(전환)원가

2) 공급사업부의 최소대체가격

공급사업부는 자신의 이익을 극대화하기 위하여 생산한 제품을 외부에 판매하든 내부에 판매하든 가능한 가장 높은 가격에 판매하려고 하기 때문에 외부에서 판매되는 가격이하로 내부에 판매하려 하지 않는다. 따라서 외부에 판매할 수 있는 시장이 존재하는 상황에서 내부대체로 인하여 외부판매를 포기하여야 한다면 공급사업자의 입장에서는 부품제조하는

데 소요되는 증분비용과 외부판매를 포기함으로써 발생되는 기회비용까지도 보상 받으려할 것이다. 그러므로 공급사업부가 허용할 수 있는 최소대체가격은 대체시의 단위당 증분비용과 대체시 단위당 기회비용 합으로 이루어진다.

최소대체가격 = 대체시 단위당 증분비용 + 대체시 단위당 기회비용

(2) 기업전체의 이익효과에 미치는 효과

지금까지 수요사업부의 최대대체가격과 공급사업부의 최소대체가격을 살펴보았다. 이를 토대로 대체거래 성립여부가 기업전체의 이익에 미치는 효과에 대하여 설명하기로 한다.

1) 공급사업부의 최소대체가격이 수요사업부의 최대대체가격보다 낮은 경우

공급사업부는 가능한 가격을 높여 판매하려고 하기 때문에 수요사업부에게 적어도 최소대체가격 이상을 요구할 것이다. 반면에 수요사업부는 가능한 낮은 가격으로 구입하려고 할 것이기 때문에 공급사업부에게 최대대체가격 이하로 대체받기를 원할 것이다. 따라서 공급사업부의 최소대체가격이 수요사업부의 최대대체가격보다 낮다면 공급사업부와 수요사업부 모두 수용가능한 대체가격이 존재한다. 이를 그림으로 나타내면 아래 그림과 같다.

대체가격의 범위

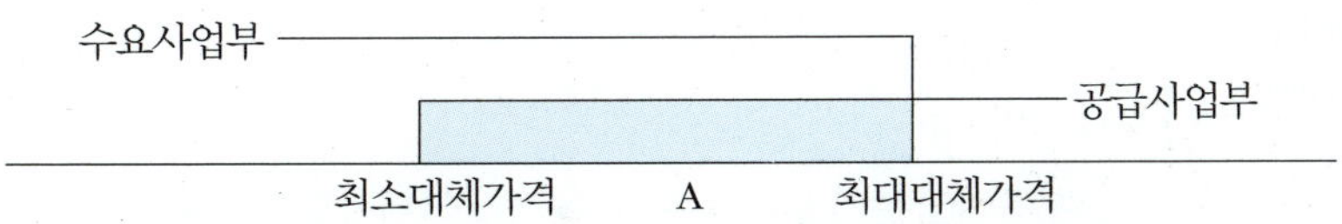

이러한 상황에서 대체가격이 성립된다면 협상에 의하여 최소대체가격과 최대대체가격의 사이, 즉 그림의 음영 내에서 결정된다. 만약 그림의 A에서 대체가격이 결정된다면 대체거래로 인하여 공급사업부는 대체한 부품 단위당 A와 최소대체가격의 차액만큼 증분이익을 얻게 되고, 수요사업부는 최대대체가격과 A의 차액만큼 증분이익을 얻게 된다. 따라서 기업전체적으로는 대체거래로 인하여 두 사업부의 증분이익을 합한 금액(최대대체가격 − 최소대체가격)만큼 증분이익을 얻게 되므로, 이러한 경우 기업전체의 관점에서는 대체가격에 관계없이 대체하는 것이 유리하다.

2) 공급사업부의 최소대체가격이 수요사업부의 최대대체가격보다 높은 경우

이러한 상황에서는 아래 그림에서 보는 바와 같이 두 사업부가 모두 허용가능한 대체가격이 존재하지 않으므로 대체거래는 성립하지 않는다.

대체가격의 범위

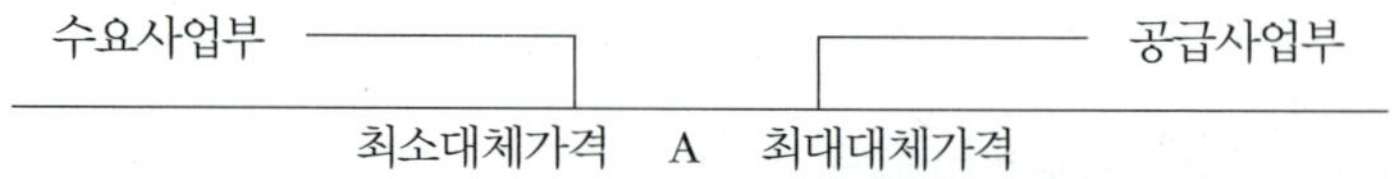

그러나 만약 그림에서 A의 대체가격으로 대체거래가 성립된다면 이로 인하여 공급사업부는 대체한 부품 단위당 최소대체가격과 A의 차액만큼 증분손실을 얻게 되고, 수요사업부는 A와 최대대체가격의 차액만큼 증분손실을 합한 금액(최소대체가격 – 최대대체가격)만큼 증분손실을 얻게 되므로, 이러한 경우 기업전체의 관점에서는 대체가격에 관계없이 대체하지 않는 것이 유리하다.

예제 14-1

다음의 예를 통하여 사업부제 기업의 대체가격결정에 대해서 살펴보자.
다음과 같은 두 개의 사업부로 구성된 기업을 가정하자.

① 부품사업부
② 모터사업부

이전가격은 내부판매사업부에서는 수익으로 인식되지만 내부구입사업부에서는 구입원가로 인식하기 때문에 이전가격의 결정은 각 사업부의 업적에 상충되는 영향을 미친다. 즉 이전가격을 높이면 내부판매사업부의 업적에는 유리하게 작용하지만, 내부구매사업부의 업적에는 불리하게 작용한다. 따라서 이전가격은 이러한 측면을 고려하여 공정하게 결정되어져야 한다. 일반적으로 이전가격은 다음과 같이 3가지 기준에 의해 결정된다.

(가) 원가기준에 의한 이전가격의 결정

이전가격을 대체제품의 제조원가에 의하여 결정하는 기업들이 많지만, 이 방법은 내부 판매부서의 이익을 무시하는 방법이다. 또한 제조원가를 기준으로 이전가격을 결정하는 경우에도 제조원가 중 변동원가만 이용할 것인가, 또는 변동원가와 고정원가를 합한 전부원가를 이용할 것인가를 결정해야 한다.

제조원가를 기준으로 이전가격을 결정하는 방법은 상대적으로 간편하고 용이하게 적용할 수 있다는 장점을 가지고 있다. 그러나 이 방법은 여러 가지의 단점도 가지고 있는데 이하에서는 이러한 측면에 대하여 살펴보기로 하자.

부품사업부는 모터를 제조하기 위하여 필요한 부품을 생산하는데 부품사업부는 현재 외부의 고객과 일정하게 판매계약을 체결하여 판매하고 있다. 이러한 부품 1단위당 변동제조원가는 ₩12이고, 1단위를 제조하는 데에 1시간의 직접작업시간이 소요되며, 외부에 ₩20에 판매되고 있다. 이 부품의 생산용량은 1년에 50,000단위이다.

모터사업부에서는 최근에 개발한 신형 모터를 생산하기 위하여 새로운 신형부품을 필요로 하고 있다. 필요한 신형부품을 취득하기 위하여 모터사업부는 다음과 같은 2가지의 대안을 고려하고 있다.

대안 I

필요한 신형부품을 외부 공급업자로부터 단위당 ₩15에 연간 50,000단위씩 구입한다.

대안 II

새로 필요한 신형부품은 부품사업부에서 공급받을 수도 있다. 이렇게 되면 부품사업부는 여유조업 능력이 없기 때문에 현재 판매 중인 구형부품의 생산을 전면 중지하여야 한다. 신형부품 1단위를 생산하는 데에는 구형과 마찬가지로 1시간의 직접작업시간이 소요되며, 변동제조원가는 ₩10이다. 그리고 모터사업부에서 신형모터를 제조하기 위해서는 부품 이외에 추가로 ₩25의 단위당 변동제조원가를 소요해야 하며, 이 모터의 판매단가는 ₩60이다.

위와 같은 상황 하에서 신형 부품을 부품사업부에서 제조해 공급받을 것인가? 아니면 외부 공급업자로부터 구입할 것인가? 또한 내부에서 공급받는 경우에 이전가격은 어떻게 정할 것인가? 만일 내부 이전가격을 신형부품의 변동제조원가인 ₩10으로 정하고 이 가격과 모터사업부가 외부에서 구입하는 가격인 ₩15을 비교해 의사결정 하는 경우라면, 이전가격이 외부 구입가격보다 낮으므로 신형 부품을 내부에서 생산하는 것이 더 유리하다고 판단할 수도 있다. 그러나 이러한 판단은 잘못된 것이다. 이 경우의 올바른 의사결정을 위한 분석 결과가 아래 표에 제시되어 있다.

표에서 대안 Ⅰ의 경우, 각 사업부의 공헌이익은 각각 ₩400,000과 ₩1,000,000이고, 기업 전체 공헌이익은 ₩1,400,000이다. 그리고 대안 Ⅱ의 경우, 부품사업부의 공헌이익은 ₩0, 모터사업부의 공헌이익은 ₩1,250,000이 되어 기업 전체의 공헌이익은 ₩1,250,000이 된다.

원가기준에 의한 이전가격 결정의 영향

• 대안 Ⅰ: 모터사업부가 새로이 필요한 부품을 외부에서 ₩15씩에 구입하고, 부품사업부는 기존의 부품을 계속 생산하여 외부에 판매함.

	50,000단위기준(연간)		
	부품사업부	모터사업부	기업전체
매출액(구형부품은 단위당 ₩20, 모터는 ₩60에 판매)	₩1,000,000	₩3,000,000	₩4,000,000
변동제조원가(구형부품은 단위당 ₩12, 모터는 ₩40*)	600,000	2,000,000	2,600,000
공헌이익	₩400,000	₩1,000,000	₩1,400,000

• 대안 Ⅱ: 모터사업부가 신형부품을 부품사업부로부터 구입하고 부품사업부는 구형부품의 생산을 중지함. 이때 이전가격은 부품사업부의 변동제조원가인 ₩10으로 한다.

	50,000단위기준(연간)			
	부품사업부	모터사업부	기업전체	
매출액(신형부품은 단위당 ₩10, 모터는 ₩60에 판매)	₩500,000	₩3,000,000	₩3,000,000	**
변동제조원가(신형부품은 단위당 ₩10, 모터는 ₩35***)	500,000	1,750,000	1,750,000	**
공헌이익	₩0	₩1,250,000	₩1,250,000	

* 외부구입원가 ₩15 + 기타 변동제조원가 ₩25 = ₩40.
** ₩500,000의 매출액과 변동제조원가는 내부에서 발생한 것이므로 제외되었음.
*** 내부이전가격 ₩10 + 기타 변동제조원가 ₩25 = ₩35.

따라서 대안 Ⅱ는 대안 Ⅰ보다 공헌이익이 ₩150,000 감소한다. 즉 내부대체보다 외부 구입이 기업 전체의 공헌이익 측면에서 더 유리함을 알 수 있다.

이상의 예에서 볼 수 있는 바와 같이 제조원가에 의한 이전가격은 경영자들을 오도하여 그릇된 의사결정을 내리게 할 수 있다. 또한 표에서와 같이 제조원가에 의한 이전가격의 결정은 내부에서 구입해 최종제품을 외부에 판매하는 사업부(모터사업부)의 이익만을 증가시킬 뿐 부품사업부와 같은 내부에서 공급하는 사업부의 이익은 ₩0이 되기 때문에 동기부여와 공정한 업적평가의 측면에서 문제점을 지니고 있다. 그리고 제조원가에 의한 이전가격의 결정은 효율적인 원가통제를 이끌어 내지도 못한다. 즉 내부공급사업부는 제조원가만큼 항상 이전가격으로 보장되므로 원가를 효율적으로 통제할 유인을 갖지 못한다.

(나) 이전가격 결정에 대한 일반식

이전가격 결정에 대한 일반식은 앞에서 설명한 것처럼 제품을 제조하여 내부에 대체하는 사업부의 기회비용을 보장할 수 있도록 결정하는 것이다. 즉 이전가격은 대체되는 제품의 단위당 변동제조원가와 제품을 내부에 대체시킬 경우 포기하는 외부거래에서 벌어들일 수 있는 기회비용을 더하여 다음과 같이 결정된다.

단위당 이전가격＝단위당 변동제조원가＋내부대체로 인한 단위당 기회비용

이러한 식을 앞에서 설명한 예에 적용하여 보면, 이전가격은 다음과 같이 결정된다. 즉 새로운 신형부품의 이전가격은 변동제조원가 ₩10에 신형부품 제조 시 포기해야 할 구형부품의 단위당 외부판매이익 ₩8을 더한 ₩18으로 결정된다.

이때 기업 전체의 입장에서 보면, 내부대체시의 이전가격보다 외부구입시의 구입가격이 낮기 때문에 내부대체보다는 외부구입을 하는 것이 더 유리하다. 즉 위와 같이 결정된 이전가격은 내부대체할 것인가 아니면 외부구입할 것인가를 결정하는 기준이 된다. 만일 외부구입가격이 내부이전가격인 ₩18보다 더 높다면 내부대체를 하는 것이 기업전체의 이익을 증가시키는 결과를 가져올 것이다.

이와 같이 이전가격에 대한 일반식은 내부대체와 외부구입에 대한 의사결정의 기준을 제시하여 주고, 나아가서는 내부판매사업부가 내부대체에서 받아야 할 최소한의 가격을 결정해 준다.

(다) 시장가격에 의한 이전가격의 결정

대체제품의 외부 경쟁시장이 존재할 경우 시장가격은 가장 좋은 이전가격이라고 할 수 있다. 즉 시장가격은 앞에서 설명한 내부대체와 외부구입에 대한 의사결정의 기준이 될 뿐

만 아니라 모든 사업부에 공정한 이전가격이 될 수 있다.

시장가격에 의한 이전가격의 결정은 고도로 분권화된 조직에서 적용될 수 있다. 즉 각 사업부들은 독립된 기업처럼 모든 의사결정에 대한 자율권을 지니고 있어야 한다. 예를 들어, 내부구입사업부는 내부대체보다 외부구입이 유리하다고 판단하면 외부에서 구입할 수 있어야 한다. 또한 내부판매사업부도 내부대체보다 외부판매가 유리하다고 판단하면 외부에 판매할 수 있어야 한다.

① 구입시장가격과 판매시장가격이 동일한 경우

대체제품이 거래되는 외부구입시장과 외부판매시장이 동일하게 하나의 시장으로 형성된 경우 이전가격은 매우 쉽게 결정된다. 이러한 경우에는 단일의 외부시장가격이 이전가격이 된다. 예를 들어, A와 B 2개의 사업부로 구성된 기업을 가정해 보자. 그리고 A 사업부에서는 외부의 고객에게도 판매할 수 있고, 내부의 B 사업부에게도 판매할 수 있는 제품을 생산하고 있다고 가정하자. 두 사업부의 수익과 원가구조는 다음과 같다.

A 사업부		B 사업부	
외부판매시장가격	₩25	최종제품의 판매가격	₩100
단위당 변동제조원가	15	단위당 추가소요 변동제조원가	40

위와 같은 경우에 A 사업부가 대체제품을 외부에 판매하는 시장가격과 B 사업부가 대체제품을 외부에서 구입하는 시장가격이 동일하다면, 이전가격은 간단하게 결정된다. 즉 시장가격 ₩25이 이전가격이다. 이때 앞에서 설명한 이전가격결정의 일반식을 적용하여 계산한 이전가격도 다음과 같이 시장가격과 동일하게 된다.

$$\begin{aligned}\text{이전가격} &= \text{단위당 변동제조원가} + \text{내부대체로 인한 단위당 기회비용}\\ &= ₩15 + (₩25 - ₩15) = ₩25\end{aligned}$$

즉 A 사업부가 제품을 외부에 판매하지 않고 내부에 대체함으로써 발생되는 단위당 기회비용은 외부판매로부터 얻을 수 있는 공헌이익이어야 하므로 판매단가 ₩25에서 단위당 변동제조원가 ₩15을 차감한 ₩10이 된다. 이와 같은 방법으로 이전가격을 결정하여 내부대체할 경우 그 결과를 요약하면 다음과 같다.

	사업부		
	A	B	기업전체
판매단가	₩25	₩100	₩100
단위당 변동제조원가	15	40	55
단위당 이전가격	–	25	–
단위당 공헌이익	₩10	₩35	₩45

위의 예에서 기업 전체에 실현된 단위당 공헌이익은 ₩45이다. 이 중에서 A 사업부가 기여한 부분은 ₩10이고, B 사업부가 기여한 부분은 ₩35이 된다. 이는 이전가격을 시장가격인 ₩25으로 결정했을 경우에 각 사업부의 업적을 의미한다.

② 구입시장가격과 판매시장가격이 상이한 경우

앞에서는 대체제품에 대하여 각 사업부들이 직면하는 시장가격이 동일하다는 가정하에 이전가격의 결정을 설명하였다. 그러나 일반적으로 각 사업부들이 직면하는 시장의 조건은 각기 상이하다. 따라서 앞에서 설명한 예와 같이 구입시장가격과 판매시장가격이 ₩25으로 동일하다는 가정은 비현실적이다.

앞의 예에서 만일 B 사업부가 외부에서 ₩20에 구입할 수 있었다고 하자. 이 경우 B 사업부는 내부에서 구입하지 않고 외부에서 구입해야 할 것인가? 아니면 A 사업부가 이전가격을 ₩20으로 감소시켜야 할 것인가? 이에 대한 해답은 공급사업부인 A 사업부가 현재 여유생산능력을 갖고 조업하고 있는가 아니면 여유생산능력을 갖고 있지 못한가에 달려 있다.

A 사업부가 여유생산능력을 지니고 있지 못한 경우에는 내부대체를 위하여 외부판매를 포기해야 하므로 내부대체로 인한 기회비용이 단위당 ₩10씩 발생한다. 따라서 이전가격은 다음과 같이 결정된다.

$$
\begin{aligned}
\text{이전가격} &= \text{단위당 변동제조원가} + \text{내부대체로 인한 단위당 기회비용} \\
&= ₩15 + (₩25 - ₩15) = ₩25
\end{aligned}
$$

이와 같이 일반식에 의하여 결정된 이전가격은 내부공급사업부가 받아야 할 최소한의 이전가격이 된다. 즉 이전가격의 하한치이다. 따라서 A 사업부는 B 사업부에 제품을 판매하기 위하여 가격을 ₩20으로 하락시키지 않을 것이다. 왜냐하면 A 사업부가 가격을 ₩20으로 하락시키면 외부에 판매할 경우보다 단위당 ₩5의 공헌이익이 감소할 것이기 때문이다.

한편 B 사업부의 입장에서 보면 외부에서 구입할 수 있는 가격이 ₩20인데, 이는 B 사업부가 지불하려는 최대가격이 되므로, B 사업부는 ₩20 이상의 가격을 지불하지는 않을 것이다. 따라서 위와 같은 경우에는 내부대체보다는 외부구입이 각 사업부에 모두 유리한 대안이 되고, 나아가서는 기업전체의 이익을 극대화시키는 대안이 된다.

반면에 A 사업부가 여유생산능력을 지니고 있을 경우에는, 즉 외부의 수요를 충당하고도 내부대체제품을 생산할 수 있는 경우에는 내부대체로 인한 기회비용이 없게 된다. 따라서 일반식에 의한 이전가격은 A 사업부의 변동제조원가인 ₩15이 된다. 이는 A 사업부가 받으려고 하는 최소한의 가격을 의미하고 이전가격의 하한치를 의미한다. 한편 B 사업부가 지불하려고 하는 최대가격, 즉 이전가격의 상한치는 ₩20이 된다. 그러므로 이러한 경우의 이전가격은 하한치 ₩15와 상한치 ₩20의 사이에서 양당사자간의 합의에 의해 결정될 것이다. 이 경우 만일 A 사업부는 ₩25 이상을 받으려고 하고, B 사업부는 ₩20 이하로 지불하려고 함으로써 내부대체가 이루어지지 못한다면 기업 전체로는 단위당 ₩20－₩15＝₩5의 공헌이익의 손실을 초래하게 된다. 이러한 현상은 사업부에게 의사결정의 자율권을 보장해 줌으로써 나타날 수 있는 역기능 중의 하나이다.

(라) 협상에 의한 이전가격의 결정

구입시장가격과 판매시장가격이 동일한 경우에도 시장가격보다 낮은 이전가격이 정당화되는 상황이 존재할 수 있다. 예를 들면, 기업내부에서 대체함으로써 외부판매에 소요되는 판매비가 절감되는 경우 이전가격은 외부시장가격보다 낮아질 수 있다. 또한 이미 설명한 바와 같이 내부공급사업부에서 여유생산능력을 가지고 있는 경우에도 시장가격보다 낮은 이전가격이 정당화될 수 있다. 이와 같이 외부의 구입시장가격보다 일반 공식에 의한 내부 이전가격이 낮은 경우의 실제 이전가격은 해당 사업부의 협상에 의하여 이 두 수치의 중간에서 결정되어야 한다.

이러한 협상이전가격이 결정되는 상황을 예를 들어 설명하기로 하자. X와 Y 두 개의 사업부로 구성된 기업을 가정하자. X 사업부는 신제품을 생산하기 위하여 필요한 부품 5,000개를 Y 사업부로부터 구입하려 한다. Y 사업부가 이 부품을 생산하는 데에 소요되는 단위당 변동제조원가는 ₩8이다. 그러나 Y 사업부는 이 부품 5,000개를 생산하기 위하여 현재 생산 · 판매중인 Z 제품 3,500단위를 포기해야 한다. Z 제품의 판매단가는 ₩45이고 변동제조원가는 ₩25이다. 이러한 경우 Y 사업부에서 X 사업부로 대체되는 부품의 이전가격은 어떻게 결정되어야 하겠는가? 우선 일반공식에 의한 이전가격을 산출하기 위하여 내부대체로 인한 단위당 기회비용을 계산하면 다음과 같다.

Z 제품의 판매단가	₩5
Z 제품의 단위당 변동제조원가	25
Z 제품의 단위당 공헌이익	20
포기해야 할 Z 제품수량	× 3,500
포기해야 할 총공헌이익	₩70,000

따라서 단위당 기회비용은 Z 제품의 생산중단으로 인해 포기해야 할 총공헌이익을, 내부대체를 위하여 새로 생산하는 부품의 수량으로 나눈 값인 ₩70,000/5,000 = ₩14이 된다. 그러므로 일반식에 의한 이전가격은 다음과 같다.

이전가격 = 단위당 변동제조원가 + 내부이전으로 인한 단위당 기회비용
= ₩8 + ₩14 = ₩22

이와 같이 결정된 이전가격은 Y 사업부가 받아야 할 최소한의 가격, 즉 이전가격의 하한치이다. 따라서 Y 사업부는 ₩22 이하의 가격으로는 내부대체용 부품을 생산하지 않을 것이다. 이때 만일 X 사업부가 외부에서 구입할 수 있는 가격이 이 금액보다 높은 ₩30이라면 실제이전가격은 ₩22과 ₩30 사이에서 두 사업부 간의 협상에 의하여 결정될 것이다. 한편 Y 사업부가 여유생산능력을 갖고 있는 경우라면 일반공식에 의한 이전가격은 Y 사업부의 부품생산에 대한 변동제조원가인 ₩8이 된다. 이러한 경우에는 외부구입가격인 ₩30과 일반공식에 의한 이전가격 ₩8과의 사이에서 두 사업부 간의 협상에 의한 실제이전가격이 결정될 것이다.

연습문제

Exercise

객관식

01 (주)백제에는 A, B 두 사업부가 있는데, B 사업부는 신제품을 생산하기 위하여 필요한 부품 2,000개를 A 사업부로부터 구입하려고 한다. A 사업부가 이 부품을 생산하는데 단위당 변동원가 ₩22이 소요될 것으로 추정된다. 또한 A 사업부는 이 부품 2,000개를 생산하기 위해 현재 생산판매중인 Z 제품 2,500개를 포기해야 한다. Z 제품의 판매단가는 ₩45이고, 단위당 변동원가는 ₩15이다. B 사업부는 이 부품을 외부에서 단위당 ₩65에 구입할 수 있다. 다음 중 최적사내이전가격에 해당하는 것은? (12. 관세사)

① ₩45　② ₩47　③ ₩55
④ ₩60　⑤ ₩67

02 (주)관세는 분권화된 사업부 A와 사업부 B를 이익중심점으로 운영하고 있다. 사업부 A에서 생산되는 표준형 밸브는 외부시장에 판매하거나 사업부 B에 대체할 수 있다. 사업부 A는 현재 최대생산능력을 이용하여 생산하는 표준형 밸브 전량을 단위당 판매가격 ₩50으로 외부시장에 판매하고 있고, 생산 및 판매와 관련된 자료는 다음과 같다.

연간 최대생산능력	180,000단위
단위당 변동제조원가	₩29
단위당 변동판매관리비	₩4
단위당 고정제조간접원가(연간 180,000단위 기준)	₩7
단위당 고정판매관리비(연간 180,000단위 기준)	₩5

사업부 A가 표준형 밸브를 사업부 B에 사내대체할 경우 단위당 변동제조원가를 ₩2만큼 절감할 수 있으며, 변동판매관리비는 발생하지 않는다. 사업부 A가 외부시장에 판매한 경우와 동일한 이익을 얻기 위한 표준형 밸브의 단위당 사내대체가격은 얼마인가? (15. 관세사)

① ₩29　② ₩34　③ ₩36
④ ₩40　⑤ ₩44

03 (주)대한은 펌프사업부와 밸브사업부를 이익중심점으로 운영하고 있다. 밸브사업부는 X 제품을 생산하며, X 제품의 단위당 판매가격과 단위당 변동원가는 각각 ₩100과 ₩40이고, 단위당 고정원가는 ₩20이다. 펌프사업부는 연초에 Y 제품을 개발했으며, Y 제품을 생산하는 데 필요한 A 부품은 외부업체로부터 단위당 ₩70에 구입할 수 있다. 펌프사업부는 A 부품 500단위를 밸브사업부로부터 대체받는 것을 고려하고 있다. 밸브사업부가 A 부품 500단위를 생산 및 대체하기 위해서는 단위당 변동제조원가 ₩30과 단위당 운송비 ₩7이 발생하며, 기존시장에서 X 제품의 판매량을 200단위만큼 감소시켜야 한다. 밸브사업부가 대체거래를 수락할 수 있는 A 부품의 단위당 최소 대체가격은? (17. 감정평가사)

① ₩53 ② ₩58 ③ ₩61
④ ₩65 ⑤ ₩70

04 (주)대한은 무선비행기생산부문과 엔진생산부문으로 구성되어 있다. 엔진생산부문에서는 무선비행기 생산에 사용하는 엔진을 자체생산하며, 엔진 1개당 ₩100의 변동원가가 발생한다. 외부업체가 (주)대한의 무선비행기생산부문에 연간 사용할 20,000개의 엔진을 1개당 ₩90에 납품하겠다고 제의했다. 이 외부 납품 엔진을 사용하면 무선비행기생산부문에서는 연간 ₩100,000의 고정원가가 추가로 발생한다. 엔진생산부문은 자체 생산 엔진을 외부에 판매하지 못한다. 각 부문이 부문이익을 최대화하기 위하여 자율적으로 의사결정을 한다면 사내대체가격의 범위에 대한 설명으로 옳은 것은? (09. 세무사)

① 사내대체가격이 ₩85에서 ₩100사이에 존재한다.
② 사내대체가격이 ₩90에서 ₩100사이에 존재한다.
③ 사내대체가격이 ₩95에서 ₩100사이에 존재한다.
④ 사내대체가격의 범위는 존재하지 않는다.
⑤ 엔진생산부문 사내대체가격의 하한은 ₩95이다.

05 (주)세무는 사업부 A와 사업부 B를 이익중심점으로 운영하고 있다. 사업부 B는 사업부 A에 고급형 제품 X를 매월 10,000단위 공급해 줄 것을 요청하였다. 사업부 A는 현재 일반형 제품 X를 매월 50,000단위를 생산 · 판매하고 있으나, 고급형 제품 X를 생산하고 있지 않다. 회계부서의 원가분석에 의하면 고급형 제품 X의 단위당 변동제조원가는 ₩120, 단위당 포장 및 배송비는 ₩10으로 예상된다. 사업부 A가 고급형 제품 X 한 단위를 생산하기 위해서는 일반형 제품 X 1.5단위의 생산을 포기하여야 한다. 일반형 제품 X는 현재 단위당 ₩400에 판매되고 있으며, 단위당 변동제조원가와 단위당 포장 및 배송비는 각각 ₩180과 ₩60이다. 사업부 A의 월 고정원가 총액은 사업부 B의 요청을 수락하더라도 변동이 없을 것으로 예상된다. 사업부 A가 현재와 동일한 월간 영업이익을 유지하기 위해서는 사업부 B에 부과해야 할 고급형 제품 X 한 단위당 최소 판매가격은 얼마인가? (단, 사업부 A의 월초 재고 및 월

말 재고는 없다.) (세무사1차 2014년)

① ₩220 ② ₩270 ③ ₩290
④ ₩370 ⑤ ₩390

06 (주)세무는 분권화된 A 사업부와 B 사업부가 있다. A 사업부는 반제품 M을 최대 3,000단위 생산할 수 있으며, 현재 단위당 판매가격 ₩600으로 2,850단위를 외부에 판매하고 있다. B 사업부는 A 사업부에 반제품 M 300단위를 요청하였다. A 사업부 반제품 M의 단위당 변동원가는 ₩300(변동판매관리비는 ₩0)이며, 사내대체를 하여도 외부판매가격과 단위당 변동원가는 변하지 않는다. A 사업부는 사내대체를 전량 수락하든지 기각하여야 하며, 사내대체 수락시 외부시장 판매를 일부 포기하여야 한다. A 사업부가 사내대체 전 이익을 감소시키지 않기 위해 제시할 수 있는 최소 사내대체가격은? (세무사1차 2016년)

① ₩350 ② ₩400 ③ ₩450
④ ₩500 ⑤ ₩550

07 (주)세무는 이익 중심점으로 지정된 A, B 두 개의 사업부로 구성되어 있다. A 사업부는 부품을 생산하고, B 사업부는 부품을 추가 가공하여 완제품을 생산하여 판매 한다. A 사업부의 부품 최대 생산능력은 5,000단위이고, 단위당 변동원가는 ₩100이다. A 사업부는 부품의 단위당 판매가격을 ₩200으로 책정하여 외부에 3,000단위 판매하거나 단위당 판매가격을 ₩180으로 책정하여 외부에 4,000단위 판매할 수 있을 것으로 기대한다. 다만, A 사업부가 외부시장에서 2가지 판매가격을 동시에 사용할 수는 없다. 이 같은 상황에서 B 사업부가 A 사업부에게 부품 2,000단위를 내부대체해 줄 것을 요청하였다. 2,000단위를 전량 대체하는 경우 A 사업부의 단위당 최소 대체 가격은? (19. 세무사)

① ₩80 ② ₩100 ③ ₩110
④ ₩120 ⑤ ₩180

08 (주)세무는 분권화된 사업부 A와 B를 각각 이익중심점으로 설정하여 운영하고 있다. 현재 사업부 A는 부품 X를 매월 40,000단위 생산하여 단위당 ₩50에 전량외부시장에 판매하고 있다. 사업부 A의 부품 X 생산에 관한 원가자료는 다음과 같다.

구분	금액/단위
단위당 변동제조원가	₩35
월간 최대생산능력	50.000단위

사업부 B는 최근에 신제품을 개발했으며, 신제품 생산을 위해서 사업부 A에 성능이 향상된 부품 Xplus를 매월 20,000단위 공급해 줄 것을 요청했다. 사업부 A가 부품 Xplus 1단위를 생산하기 위해서는 부품 X 2단위를 포기해야 하며, 부품 X의 변동제조원가에 단위당 ₩20의 재료원가가 추가로 투입된다. 부품 X의 외부 수요량은 매월 40,000단위로 제한되어 있

다. 사업부 A가 현재의 영업이익을 감소시키지 않기 위해 사업부 B에 요구해야 할 부품 Xplus의 단위당 최소대체가격은? (22. 세무사)

① ₩66.25 ② ₩75.50 ③ ₩77.50
④ ₩80.25 ⑤ ₩85.50

주관식

09 다음 물음에 답하시오. 특별한 가정이 없는 한 각 물음은 상호 독립적이다. (22. 세무사 2차)

〈기본 자료〉

(주)세무의 부품사업부는 두 종류의 부품 S와 D를 생산 · 판매하는 이익중심점이며, 각 부품의 단위당 판매가격과 단위당 변동제조원가에 대한 예상 자료는 다음과 같다.

	부품 S	부품 D
판매가격	₩500	₩800
직접재료원가	100	190
직접노무원가	80	160
변동제조간접원가	170	250

부품사업부의 연간 총 고정제조간접원가는 ₩6,200,000으로 예상되며, 판매비와관리비는 발생하지 않는 것으로 가정한다. 부품 종류에 관계없이 직접노무시간당 임률은 ₩400으로 일정하다. 해당 부품을 생산하기 위해서는 매우 숙련된 기술자가 필요하고, 관계 법률에 의하여 노무자 1인당 제공할 수 있는 노무시간이 제한되어 있어서 부품사업부가 부품 생산을 위해 최대 투입할 수 있는 연간 총 직접노무시간은 14,000시간이다. 한편, 부품사업부가 생산하는 부품 S와 D의 연간 예상시장수요는 각각 30,000단위, 25,000단위이며, 현재로서는 경쟁업체가 없는 상황이므로 부품사업 부가 부품 S와 D를 생산하기만 한다면, 시장수요를 충족시킬 수 있을 것으로 예상된다. 부품사업부는 재고자산을 보유하지 않는 정책을 적용하고 있다.

물음 1 (주)세무에는 부품사업부 외에 별도의 이익중심점인 완성사업부가 있다. 완성사업부에서는 그동안 부품사업부가 생산하는 부품 S와 유사한 부품 K를 외부에서 구입하여 완제품 생산에 사용하였다. 〈기본 자료〉와 같은 상황에서 완성사업부가 부품사업부에 부품 K 8,000단위를 공급해줄 것을 제안하였다. 부품사업부가 부품 K를 생산하기 위해서는 단지 부품 S 생산에 사용하는 직접재료 하나만 변경하면 되며, 이 경우 단위당 직접재료원가 ₩10이 추가로 발생한다. 부품사업부가 자기사업부의 이익을 감소시키지 않으면서 완성사업부의 제안을 수락하기 위한 최소 대체가격은 얼마인가? (단, 내부대체하는 경우에도 부품 S와 D에 대한 기존 연간 예상시장수요량은 동일하다.)

제15장

불확실성하의 의사결정모형

제15장 불확실성하의 의사결정모형

끊임없이 인류문명이 발달해왔고 또한 경제도 꾸준히 성장하고 있다. 그런데 기업의 주변환경 및 여건은 계속 변화하고 있고 그 어느 하나 확실한 것은 하나도 없다. 이러한 불확실한 여건에서 기업의 경영자는 많은 대안 중에서 최적의 대안을 선택하여야 한다. 불확실성하에서 최적의 의사결정을 하기 위하여 경영자는 다양한 의사결정모형을 학습하고 또한 모색하고 있다. 우선 정보가 완전한 경우 그 정보의 기대가치를 우선 검토하고 불완전정보의 기대가치를 살펴본다. 기업에서 자주 사용되는 CVP 분석을 불확실성하에서 어떻게 활용하는지 예제를 들어 설명한다.

제1절 의사결정모형

1. 의사결정모형의 의의

기업의 경영자는 많은 대안 중에 최적의 대안을 선택해야 하는 의사결정문제에 직면하게 된다. 이러한 의사결정은 미래에 대한 선택이고, 미래는 불확실하다. 불확실이란 경영자가 선택한 대안의 결과가 예상한 것과 다른 결과에 이를 수 있는 가능성을 말한다. 따라서 기업의 경영자들은 불확실성을 감소시켜 줄 수 있는 정보(information)를 수집하고 분석하게 된다.

2. 의사결정모형 구성요소

의사결정모형은 경영자가 불확실성을 대처할 수 있도록 지원하는 모형으로서 이 모형의 주요구성요소는 선택기준, 대안적 행동, 관련사건, 각 사건의 발생확률 및 발생 가능한 결과가 있다.

(1) 선택기준

많은 대안 중에서 최적의 대안을 선택할 수 있는 기준으로써 보통 이익의 극대화 또는 비용의 극소화 등이 있다. 경영자들은 의사결정에 앞서서 명확한 선택의 기준을 가지고 있어야 한다.

(2) 대안적 행동(대체안)

대안적 행동은 경영자가 선택할 수 있는 많은 의사결정안을 말한다. 이러한 대안적 행동은 모든 가능성을 망라하고 있으며, 상호배타적이다. 따라서 의사결정을 하는 경영자는 많은 대안 중에서 선택기준에 따라 기업의 목표달성에 적합한 대안을 선택하여야 한다.

(3) 관련사건

관련사건은 경영자의 의사결정에 있어서 미래에 나타날 사건을 말한다. 예를 들면, 주사위를 던졌을 때 1에서 6까지가 나올 수 있기 때문에 사건은 6개이고 불확실하다. 이러한 사건은 경영자가 전혀 통제할 수 없다.

(4) 사건의 발생확률

사건의 발생확률은 의사결정모형 중 가장 중요한 구성요소로써 사건의 불확실성의 정도를 말한다. 확률은 각 상호배타적인 사건들의 발생가능성을 말한다. 각 사건은 모든 가능성을 망라하고 있기 때문에 확률의 합은 1이다.

(5) 발생가능한 결과

발생가능한 결과는 경영자가 대안을 선택하고 사건이 발생하면 이 둘의 조합에 따라 발생하는 결과를 말한다. 이러한 결과들은 이익, 비용 및 현금흐름 등이며 성과평가의 지표로 사용된다.

• 예제 15-1

(주)상훈은 자동화된 기계와 반자동기계를 투자하려고 한다. 자동화된 기계를 취득하면 고정원가는 많이 발생하고 변동원가는 적게 발생한다. 그러나 반자동기계를 취득하면 고정원가는 적게 발생하고 변동원가가 많이 발생한다. 각 대안의 원가는 다음과 같다.

자동화 기계: ₩40×생산량+₩40,000

반자동 기계: ₩80×생산량+₩15,000

회사가 생산할 수 있는 수량과 그 발생확률은 다음과 같다.

생산량	확률
500	0.45
1,000	0.55

[예제 15-1]을 의사결정모형에 구성요소로 구분하면 선택기준은 원가의 최소화이고, 대안은 자동화된 기계와 반자동화된 기계이다. 그리고 관련사건은 경기의 호·불황여부에 따라 결정되는 생산량이고 발생확률은 이 생산이 발생할 확률을 의미한다. 각 사건별 경영자의 대안 선택에 따라 원가가 어떻게 발생할 것인가를 요약한 표를 결과표라고 하는데 이를 [예제 15-1]의 자료를 활용하여 작성하면 다음과 같다.

	생산량(사건)	
	500단위	1,000단위
자동화 기계	₩40×생산량+₩40,000=₩60,000	₩40×생산량+₩40,000=₩80,000
반자동 기계	₩80×생산량+₩15,000=₩55,000	₩80×생산량+₩15,000=₩95,000
확률	0.45	0.55

각 행동대안별 발생원가를 산출하면 각 행동대안별 사건에 따른 결과에 각 사건이 발생할 확률을 곱하여 더하면 된다. 자동화된 기계의 발생원가는 ₩71,000이고, 반자동기계의 발생원가는 ₩77,000이다.

자동화 기계: ₩60,000×0.45+₩80,000×0.55=₩71,000

반자동 기계: ₩55,000×0.45+₩95,000×0.55=₩77,000

제2절 불확실성하의 의사결정

1. 완전정보의 기대가치

경영자는 미래의 경영환경이 불확실하기 때문에 이러한 불확실을 최대한 제거하기 위하여 정보를 수집하고 분석한다. 그러나 정보를 수집하고 분석하는 데에는 많은 비용이 소요되기 때문에 정보로부터 얻을 수 있는 효익과 비용을 비교하여 정보를 획득하고 분석하여야 한다. 따라서 의사결정에 필요한 정보는 완전정보와 불완전정보로 구분할 수 있다.

완전정보(perfect information)란 경영자가 미래의 불확실성을 완전히 제거할 수 있는 정보로써 미래의 사건에 대하여 100% 확실하게 알 수 있는 정보를 말한다. 완전정보의 기대가치(expected value of perfect information: EVPI)는 완전정보를 얻기 위하여 지불할 수 있는 최대금액으로써 완전정보를 가지고 있을 때의 기대가치에서 완전정보가 없을 때 즉, 현정보하의 기대가치를 차감하여 나타낼 수 있다. 이는 다음과 같다.

완전정보의 기대가치 = 완전정보하의 기대가치 − 현정보하의 기대가치

완전정보하의 기대가치란 경영자가 완전정보하에서 의사결정을 내리는 경우 경영자가 얻을 수 있는 성과를 의미한다. 즉, 경영자에게 미래의 사건에 대하여 100% 정확하게 알려주는 정보가 주어지면 경영자는 미래의 예측된 각각의 사건 하에서 최적의 대안을 선택할 수 있다. 완전정보하의 기대가치는 각 사건별 최적대안의 결과에 각 사건의 확률을 곱한 것을 더한 값이다.

[예제 15−1]에서 생산량이 500개인 경우 최적대안의 결과는 ₩55,000이고 생산량이 1,000인 경우 최적대안의 결과는 ₩80,000이므로 완전정보하의 기대가치는 ₩68,750이다.

$$₩55{,}000 \times 0.45 + ₩80{,}000 \times 0.55 = ₩68{,}750$$

현정보하의 기대가치는 완전정보가 주어지지 않은 현재의 정보 하에서 얻을 수 있는

성과를 의미한다.

[예제 15-1]에서 현정보하에서 회사는 원가를 극소화하는 최적대안 자동화기계를 선택할 경우의 기대가치는 ₩73,000이다.

완전정보의 기대가치는 완전정보하의 기대가치에서 현정보하의 기대가치를 차감하여 계산하므로 [예제 15-1]에서 완전정보의 기대가치를 구하면 ₩2,250이다(원가의 극소화이므로 값이 음수이다).

완전정보하의 기대가치	₩68,750
(-) 현정보하의 기대가치	71,000
완전정보의 기대가치(EVPI)	(₩2,250)

2. 불완전정보의 기대가치

현실적으로 미래에 발생한 사건을 100% 정확하게 알 수는 없으므로 완전정보는 존재하지 않는다. 따라서 경영자가 획득 가능한 정보는 대부분 불완전정보이다.

불완전정보(imperfect information)란 미래의 불확실성을 일부 제거해주는 정보를 말하며, 불완전정보의 기대가치(expected value of imperfect information)는 이러한 불완전정보를 얻기 위하여 지불할 수 있는 최대금액을 의미한다. 불완전정보의 기대가치는 불완전정보를 가지고 있을 때의 기대가치에서 현정보하의 기대가치를 차감하여 산정한다. 이는 다음과 같다.

불완전정보의 기대가치 = 불완전정보하의 기대가치 - 현정보하의 기대가치

불완전정보하의 기대가치를 구하는 과정은 다음과 같다.

① 미래에 발생할 각 사건의 추가적인 정보(전문가의 예측 등)를 보고받을 확률을 계산한다.

$$p(y_k) = \sum_{i=1}^{n} p(x_i) \times p(y_i \mid x_i)$$

$P(\ )$: 확률,

x_i : i라는 사건($i=1,2,........n$),

k : 추가적인 정보수

② 추가적인 정보를 받았다고 가정하고 각 사건의 발생가능성에 대한 사전확률을 사후확률로 수정한다. 이때 베이지안 정리(Bayesian theorem)를 활용한다.

$$p(x_i \mid y_k) = \frac{p(x_i) \times p(y_i \mid x_i)}{p(yk)}$$

③ 사후확률을 이용하여 각 추가적인 정보 하에서 대안별 기대가치를 계산하여 최적대안을 결정한다.

④ 각 사건별 최적대안의 기대가치와 추가적인정보를 받을 확률을 곱하여 불완전정보 하의 기대가치를 계산하고, 현정보하의 기대가치를 차감하여 불완전정보의 기대가치를 산정한다. 이때 불완전정보가 완전정보보다 정확하지 않으므로 상대적으로 정보가치가 적다. 따라서 불완전정보의 기대가치는 완전정보의 기대가치보다 적다.

[예제 15-1]의 자료를 토대로 불완전정보의 기대가치를 구하기 위하여 전문가의 예측을 사용하는데 이 전문가의 예측은 80% 정확하다고 가정하자. 이를 토대로 결과표를 정리하면 다음과 같다.

	사건	
	생산량 500(x_1)	생산량 1,000(x_2)
추가적 정보	$p(x_1)=0.45$	$p(x_2)=0.55$
y_1: 생산량 500개로 예측하는 정보	$p(y_1 \mid x_1)=0.85$	$p(y_1 \mid x_2)=0.15$
y_2: 생산량 1,000개로 예측하는 정보	$p(y_2 \mid x_1)=0.15$	$p(y_2 \mid x_2)=0.85$

이를 이용하여 추가적 정보를 보고받을 확률을 계산한다.

$$p(y_1) = p(y_1 \mid x_1) \times p(x_1) + p(y_1 \mid x_2) \times p(x_2)$$
$$= 0.85 \times 0.45 + 0.15 \times 0.55 = 0.465$$
$$p(y_2) = p(y_2 \mid x_1) \times p(x_1) + p(y_2 \mid x_2) \times p(x_2)$$
$$= 0.15 \times 0.45 + 0.85 \times 0.55 = 0.535$$

$p(y_1)$은 전문가로부터 생산량이 500개라고 보고받을 확률을 의미하며, $p(y_2)$는 전문가

로부터 생산량이 1,000개라고 보고받을 확률을 의미한다.

두 번째로 사전확률을 베이지안 정리를 활용하여 사후확률로 수정한다. 사후확률 $p(x_i \mid y_i)$는 추가적인 정보(y_i)가 주어졌을 때의 특정사건(x_i)이 발생할 확률이 의미하는데, 이를 계산하면 다음과 같다.

① 생산량 500단위로 예측할 경우(y_1)의 사후확률

$$p(x_1 \mid y_1) = \frac{p(y_1 \mid x_1) \times p(x_1)}{P(y_1)} = \frac{0.85 \times 0.45}{0.465} = 0.823$$

$$p(x_2 \mid y_1) = \frac{p(y_1 \mid x_2) \times p(x_2)}{P(y_1)} = \frac{0.15 \times 0.55}{0.465} = 0.177$$

② 생산량 1,000단위로 예측할 경우(y_2)의 사후확률

$$p(x_1 \mid y_2) = \frac{p(y_1 \mid x_1) \times p(x_1)}{P(y_1)} = \frac{0.15 \times 0.45}{0.535} = 0.126$$

$$p(x_2 \mid y_1) = \frac{p(y_1 \mid x_2) \times p(x_2)}{P(y_1)} = \frac{0.85 \times 0.55}{0.535} = 0.874$$

세 번째로 두 번째에서 산정한 사후확률을 기초로 각각의 추가적 정보(전문가의 예측)하에서 대안별 기대가치를 계산하여 최적행동을 결정한다.

① 전문가로부터 500개를 생산할 것이라는 정보(y_1)를 받는 경우

E(1안) = ₩60,000 × $p(x_1 \mid y_1)$ + ₩80,000 × $p(x_2 \mid y_1)$

= ₩60,000 × 0.823 + ₩80,000 × 0.177 = ₩63,548

E(2안) = ₩55,000 × $p(x_1 \mid y_1)$ + ₩95,000 × $p(x_2 \mid y_1)$

= ₩55,000 × 0.823 + ₩95,000 × 0.177 = ₩62,097

따라서 전문가로부터 500개가 생산될 것이라는 정보(y_1)를 받을 경우 최적대안은 2안이고 이때의 기대원가는 ₩62,097이다.

② 전문가로부터 1,000개를 생산할 것이라는 정보(y_2)를 받는 경우

E(1안) = ₩60,000 × $p(x_1 \mid y_2)$ + ₩80,000 × $p(x_2 \mid y_2)$

= ₩60,000 × 0.126 + ₩80,000 × 0.874 = ₩77,477

E(2안) = ₩55,000 × $p(x_1 \mid y_2)$ + ₩95,000 × $p(x_2 \mid y_2)$

= ₩55,000 × 0.126 + ₩95,000 × 0.874 = ₩89,953

따라서 전문가로부터 1,000개가 생산될 것이라는 정보(y_2)를 받을 경우 최적대안은 1안이고 이때의 기대원가는 ₩77,477이다.

네 번째로 위의 자료를 활용하여 불완전정보하의 기대가치를 계산하고, 이 금액에서 현정보하의 기대가치를 차감하여 불완전정보의 기대가치를 계산하다.

[예제 15−1]에서 전문가로부터 500개를 생산할 것이라는 정보를 받는 경우 최적대안의 결과는 ₩62,097이고 전문가로부터 1,000개를 생산할 것이라는 정보를 받는 경우 최적대안의 결과는 ₩77,477이므로 완전정보하의 기대가치는 ₩70,556이다.

$$₩62,097 \times 0.45 + ₩77,477 \times 0.55 = ₩70,556$$

불완전정보의 기대가치는 불완전정보하의 기대가치에서 현정보하의 기대가치를 차감하여 계산하므로 [예제 15−1]에서 완전정보의 기대가치를 구하면 ₩444이다(원가의 극소화이므로 값이 음수이다).

완전정보하의 기대가치	₩70,556
(−) 현정보하의 기대가치	71,000
완전정보의 기대가치(EVPI)	(₩444)

제3절 불확실성하의 CVP분석

지금까지 원가 · 조업도 · 이익분석은 이익에 영향을 미치는 변수들의 값이 확정적이라는 전제하에 CVP분석을 하였다. 그러나 현실적으로 모든 의사결정은 미래의 불확실성을 내포하고 있기 때문에 이러한 불확실성이 미치는 영향을 고려해야 한다. 불확실성하에서의 CVP분석을 고려하는 방법으로는 확률나무 분석, 통계적 분석, 통계적 시뮬레이션 등이 있다.

1. 확률나무 분석

원가 · 조업도 · 이익분석에서 불확실한 변수가 소수이고 각 변수가 한정된 몇 개의 사건을 내포하고 있다면 확률나무(probability tree)를 이용하여 모든 가능한 결과와 각각의 기대값을 산정할 수 있다. 확률나무란 독립변수의 가능한 사건에 따른 종속변수의 가능한 값과 그 결과의 확률을 나타내는 표를 말한다.

예제 15-2

(주)오륜은 고객이 요구하는 신제품을 개발하였다. 신제품의 연간고정원가는 ₩5,520이며 확정적이고 수익과 변동원가에 관한 자료는 다음과 같다.

단위당 판매가격		단위당 변동원가	
금 액	확 률	금 액	확 률
₩16	0.25	₩8	0.6
20	0.75	10	0.4

[예제 15-2]에서 확률나무를 이용하여 손익분기점을 계산하면 다음과 같다.

단위당 판매가격	단위당 변동원가	단위당 공헌이익	손익분기점	결합확률	기대손익 분기점
₩16(0.25)	₩8(0.6)	₩8	690	0.15	104단위
	10(0.4)	6	920	0.10	92
20(0.75)	8(0.6)	12	460	0.45	207
	10(0.4)	10	552	0.30	166
				1.00	569단위

따라서 기대손익분기점 판매량은 569단위이다. 또한 기대손익분기점이 나타날 수 있는 가능한 범위는 460단위에서 920단위이며 460단위에서 손익분기를 달성할 확률은 45%이고 920단위에서 손익분기를 달성할 확률은 10%이다. 확률나무를 이용한 CVP분석은 불확실한 독립변수의 숫자가 증가하고 각 가능한 사건이 증가하면 가능한 결과의 숫자가 증가하기 때문에 아주 복잡하게 된다.

2. 통계적 분석

불확실성을 갖는 독립변수가 정규분포를 이룬다면 표준통계절차를 이용하여 정규분포를 갖는 독립변수가 종속인 이익이나 손익분기점에 미치는 영향을 분석할 수 있다.

• 예제 15-3

(주)방이의 고정원가는 ₩5,520이고, 단위당 판매가격이 ₩16이며 단위당 변동원가가 ₩8인 제품을 생산판매하고 있다. 월간판매량은 불확실하다. 과거 자료를 분석한 결과 월 판매량의 평균은 750단위, 표준편차는 100이다.

판매량이 불확실한 경우에 수익 · 비용 및 이익 사이의 관계를 방정식으로 나타내면 다음과 같다.

$$E(y) = E(x) \times \text{단위당 공헌이익} - \text{고정원가}$$
$$E(y)\text{: 기대이익},\ E(x)\text{: 기대판매량}$$

판매량이 불확실하면 이익도 불확실하므로 기대이익의 표준편차는 단위당 공헌이익에 판매량의 표준편차를 곱한 것이 된다. 이를 식으로 표현하면 다음과 같다.

$$\sigma(y) = \sigma(x) \times \text{단위당 공헌이익}$$
$$\sigma(y)\text{: 기대이익의 표준편차},$$
$$\sigma(x)\text{: 판매량의 표준편차}$$

이를 기초로 정규분포의 특성을 이용하여 손익분기점이나 목표이익을 얻을 수 있는 확률을 쉽게 구할 수 있다. 즉, 기대값이 0이고 표준편차가 1인 표준정규분포로 표준화시켜야 하며 이러한 표준화는 정규분포를 이루는 판매량(x)을 표준정규분포의 Z값으로 변환함으로써 이루어진다.

$$Z = \frac{x - E(x)}{\sigma(x)}$$

[예제 15-3]에서 최소한 손익분기점에 도달할 확률을 산정하고자 한다. 먼저 손익분기점을 산정하면 690단위이다.

$$손익분기점 = \frac{₩5,520}{₩16-₩8} = 690단위$$

따라서 평균판매량 750단위에서 손익분기점 판매량 690단위까지의 표준편차는 −0.6이다.

$$Z = \frac{690-750}{100} = -0.6$$

부록의 표준정규분포표를 참조하면 0.6의 Z값이 0.2257이다. 따라서 월간판매량이 최소한 손익분기점에 도달할 확률은 0.7257(0.5+0.2257)이다.

[예제 15−3]에서 월간영업이익이 최소한 ₩1,500 이상을 벌어들일 수 있는 확률을 계산하고자 한다. 먼저 월간영업이익을 ₩1,440을 획득하기 위해 몇 단위를 판매해야 하는가를 구하면 다음과 같다.

$$목표이익 = \frac{₩5,520+₩1,440}{₩16-₩8} = 870단위$$

따라서 평균판매량 750단위부터 목표이익 ₩1,440을 벌어들일 수 있는 판매량 870단위까지의 표준편차는 −0.6이다.

$$Z = \frac{870-750}{100} = 1.2$$

부록의 표준정규분포표를 참조하면 1.2의 Z값이 0.3849이다. 따라서 월간이익 ₩1,440 이상을 벌어들일 확률은 0.1151(0.5−0.3849)이다.

3. 통계적 시뮬레이션

통계적 분석은 단지 하나의 독립변수인 판매량이 불확실하고 정규분포를 이루는 경우에 표준통계절차를 이용하여 정규분포를 갖는 독립변수가 종속인 이익이나 손익분기점에 미치는 영향을 분석하였다. 그러나 현실은 모든 독립변수가 불확실하다. 따라서 이처럼 모든 독립변수가 불확실한 경우 통계적 시뮬레이션을 이용한다.

통계적 시뮬레이션(stochastic simulation)이란 모형의 독립변수들에 대해 그 값을 무작위로 주고 그에 따라 모형의 종속변수의 값을 계산하는 것으로 매우 복잡하므로 대부분 컴퓨터를 이용한다. 이 방법은 다음과 같은 절차로 계산한다.

① 모형의 각 독립변수에 그 확률분포에 따라 무작위수를 부여한다.
② 통계적 추론에 필요한 통계량을 얻기 위해 충분한 시행횟수를 결정한다.
③ 결정된 횟수의 시행을 위해 필요한 만큼의 무작위수를 난수표와 컴퓨터 등을 이용하여 추출한다.
④ 추출된 무작위수를 이용하여 시뮬레이션을 시행한 다음 종속변수의 값을 구한다.

예제 15-4

(주)상록은 고객이 요구하는 신제품을 개발하였다. 신제품의 수익과 원가에 관한 자료는 다음과 같다.

판매량		단위당 공헌이익		연간고정원가	
수량	확률	금액	확률	금액	확률
450단위	0.3	₩8	0.6	₩5,220	0.4
700	0.4	10	0.4	5,820	0.6
950	0.3				

[예제 15－4]를 통계적 시뮬레이션법을 이용하여 연간기대이익을 계산하면 다음과 같은 절차로 이루어진다.

① 독립변수의 확률분포에 따라 적당하게 무작위수를 부여한다.

판매량		단위당 공헌이익		연간고정원가	
수량	무작위수	금액	무작위수	금액	무작위수
450단위	1~3	₩8	1~6	₩5,220	1~4
700	4~7	10	7~0	5,820	5~0
950	8~0				

② 시행횟수의 결정

통계적 추론에 필요한 통계량을 얻기 위해서는 충분한 시행횟수가 필요하지만 계산을 보다 용이하게 하기 위하여 10회 시행이면 충분하다고 가정하자.

③ **무작위수의 추출**

독립변수가 3개이므로 1회 시행하기 위해서는 3개의 무작위수가 필요하다. 10회를 시행하려면 30개(10회×3)의 무작위수가 필요하므로 난수표에서 30개의 무작위수를 다음과 같이 추출하였다고 가정하자.

3, 6, 1, 2, 8, 1, 5, 2, 5, 0, 3, 8, 0, 5, 7, 1, 4, 3, 9, 9, 0, 4, 8, 6, 9, 0, 5, 6, 6, 7

④ **시뮬레이션의 시행**

추출된 무작위수를 각 독립변수에 대응시킨 다음 이미 부여된 무작위수에 따라 각 독립변수와 그에 따른 종속변수의 결과를 산출한다.

시행	연간 판매량(A)	난수	단위당 공헌이익(B)	난수	연간 고정원가(c)	난수	영업이익 (A×B−C)
1	450	3	₩8	6	₩5,220	1	−₩1,620
2	450	2	10	8	5,220	1	−720
3	700	5	8	2	5,820	5	−220
4	950	0	8	3	5,820	8	1,780
5	950	0	8	5	5,820	7	1,780
6	450	1	8	4	5,220	3	−1,620
7	950	9	10	9	5,820	0	3,680
8	700	4	10	8	5,820	6	1,180
9	950	9	10	0	5,820	5	3,680
10	700	6	10	6	5,820	7	1,180
							₩9,100

영업이익이 ₩9,100이므로 따라서 연간기대영업이익은 ₩910이다.

$$\text{연간기대영업이익} = \frac{₩9,100}{10} = ₩910$$

[예제 15－4]에서 독립변수의 확률분포에 따라 무작위수를 이미 부여했기 때문에 종속변수의 각 결과의 확률은 균등하다. 따라서 연간기대영업이익은 다음과 같이 계산된다.

$$\text{연간기대영업이익} = \frac{\Sigma(\text{각 시행에서의 영업이익})}{\text{시행횟수}}$$

그리고 10번의 시행 중 이익발생이 6회, 손실발생이 4회이므로, 이익이 발생할 확률은 60%, 손실이 발생할 확률은 40%임을 알 수 있다.

연습문제

E·x·e·r·c·i·s·e

객관식

01 딸기작물은 서리에 노출되면 그렇지 않은 경우보다 가격이 대폭 하락한다. 딸기작물을 재배하는 어떤 농부가 딸기를 서리로부터 전문적으로 보호해 주는 A회사에게 서리보호용역을 맡기고자 한다. 서리(보호)의 유무에 따라 딸기재배로 인한 이익이 다음과 같이 예상되는 상황에서, A회사는 최소한 ₩1,000,000을 서리보호대가로서 수취하고자 한다. 농부는 서리가 내릴 확률이 최소한 몇 % 이상일 때 A회사에게 용역을 맡길 가치가 있겠는가? (01, 세무사)

	딸기재배로 인한 이익의 예상액	
	서리가 있는 상황	서리가 없는 상황
서리보호가 있는 경우 :	₩9,000,000	₩6,000,000
서리보호가 없는 경우 :	4,000,000	6,000,000

① 16.7% ② 20.0% ③ 33.4%
④ 44.5 ⑤ 50.0%

02 H회사는 제품 A를 현재의 생산라인에 추가하려고 한다. A제품의 판매가격은 ₩10으로 예측되며, 이 제품을 제조하는데 연간 총고정제조비용 ₩900,000이 들고, 단위당 변동제조원가는 ₩7이 들것으로 추정된다. 과거 경험을 기초로 제품 A에 대한 수요와 그 확률분포는 다음과 같이 예측된다.

수요(수량)	제품A의 확률
100,000 이상 200,000 미만	0.1
200,000 이상 300,000 미만	0.2
300,000 이상 400,000 미만	0.4
400,000 이상 500,000 미만	0.2
500,000 이상	0.1

만일 이 회사가 제품 A를 추가하는 경우 제품 A로부터 손익분기점 이상의 매출을 달성할

확률은 얼마인가? (01. 세무사)

① 0.1 ② 0.3 ③ 0.4
④ 0.7 ⑤ 0.9

03 김밥을 말아서 판매하는 경숙이는 한국시리즈가 진행되는 야구장에서 김밥을 판매하려고 한다. 김밥의 단위당 제조원가는 ₩400이며, 판매가격은 ₩1,000이다. 야구는 야간경기이기 때문에 야구장에서 팔고 남은 김밥은 쉬게 되어 폐기처분해야 하며, 미리 만들어 간 김밥이 다 팔린 후에는 추가로 김밥을 만들어 팔 수 없다. 김밥 아가씨 경숙이가 예상한 김밥의 판매량은 다음과 같다.

판매량	2,500개	3,000개	3,500개
확 률	0.4	0.3	0.3

김밥의 판매량에 관하여 완전한 예측을 해 주는 완전정보시스템이 있다면 그러한 완전정보의 기대가치는 얼마인가? (02. 회계사)

① ₩0 ② ₩90,000 ③ ₩170,000 ④ ₩220,000 ⑤ ₩270,000

04 서울회사는 방식 A 또는 방식 B를 이용하여 신제품을 개발하려고 한다. 신제품이 개발되면 소비자의 선호여부에 따라 판매량이 달라질 것이다. 각 상황별 기대이익은 다음과 같다.

상황 / 방식	선호함	선호하지 않음
방식A	₩100,000	₩60,000
방식B	150,000	40,000

신제품이 선호상품일 확률은 40%, 비선호상품이 될 확률은 60%로 예상되며, 위 자료를 이용하여 신제품개발의 완전정보가치를 구하시오. (03. 세무사)

① ₩3,200 ② ₩4,200 ③ ₩6,000
④ ₩8,000 ⑤ ₩12,000

05 우진산업은 甲과 乙, 두 제품 중 하나를 생산하려 한다. 각 제품의 관련 자료는 다음과 같다. (05. 세무사)

	甲	乙
단위당 예상 판매가격 범위	₩50~₩150	₩50~₩100
단위당 변동비	₩20	₩30
총고정비	₩16,000	₩24,000

예상 판매량(=생산량)	200	400

판매가격이 예상범위 내에서 균일분포(uniform distribution)로 발생한다면 어느 제품이 이익을 발생시킬 확률이 얼마나 더 큰가?

① 甲이 30% 더 크다. ② 甲이 20% 더 크다. ③ 甲이 10% 더 크다.
④ 乙이 10% 더 크다. ⑤ 乙이 30% 더 크다.

06 (주)전략은 새로운 생산설비를 도입하면서 자본집약적인 경우와 노동집약적인 경우의 두 가지 대안을 생각하고 있다. 각 대안의 원가구조는 다음과 같다. (05. 회계사)

원 가	자본집약적 설비	노동집약적 설비
고정원가	₩1,000,000	₩200,000
단위당 변동원가	₩4,000	₩7,000

설비를 도입한 후 월 예상생산량과 그 확률이 다음과 같다고 할 때 원가최소화를 목표로 하는 (주)전략이 월 예상판매량에 관한 불확실한 정보 때문에 입게 될 경제적 손실은 얼마인가?

생산량(단위)	100	200	300	400
확률(%)	40	30	20	10

① ₩60,000 ② ₩260,000 ③ ₩1,540,000
④ ₩1,600,000 ⑤ ₩1,800,000

07 불완전정보의 기대가치에 영향을 주는 요인으로 가장 옳지 않은 것은? (06. 세무사)

① 발생상황과 행동대안에 따른 성과
② 발생상황의 불확실성 정도
③ 각 행동대안의 기대성과
④ 불완전 정보의 예측정확성
⑤ 각 행동대안의 실현가능성

08 설악물산은 김밥 도시락을 단위당 판매가격 ₩1,000에 판매하려 한다. 단위당 변동원가는 ₩500이며, 월간 고정원가는 ₩750,000이다. 도시락의 수요량은 불확실하지만 정규분포를 이룰 것으로 보이며 월간 기대판매량은 2,100개, 표준편차는 400개로 예상한다. 도시락 판매로 인해 이익이 발생할 확률은? (단, 아래의 표준정규분포표를 이용하여 계산하시오.) (06. 세무사)

Z	p(Z<)	Z	p(Z<)	Z	p(Z<)
0.5	0.69	1.0	0.84	1.5	0.93
2.0	0.98	2.5	0.994	3.0	0.999

① 7% ② 69% ③ 84%
④ 93% ⑤ 98%

09 (주)싸이언은 게임용 소프트웨어를 개발하여 판매하고 있다. 제품의 단위당 변동원가는 ₩30,000이며 단위당 판매가격은 ₩40,000이다. 이 회사는 곧 개최되는 컴퓨터박람회에 참가하려고 하는데 박람회 주관기관에서 부스(booth)임차료와 관련하여 다음의 2가지 지급 방안을 제안하였다. (06. 회계사)

방안1 : 고정임차료 ₩8,000,000 지급
방안2 : 고정임차료 ₩2,000,000과 매출액의 10% 지급

이 회사는 과거 경험자료에 기초하여 소프트웨어 1,000단위와 2,000단위를 판매할 확률을 각각 40%와 60%로 평가하였다. 기대영업이익을 극대화하려면 어느 방안을 선택해야 하며 그 기대영업이익은 얼마인가?

① 방안1, ₩14,000,000 ② 방안2, ₩14,000,000 ③ 방안1, ₩8,000,000
④ 방안2, ₩7,600,000 ⑤ 방안1, ₩7,600,000

주관식

10 (주)청룡은 제품을 생산하는데 반자동기계(A기계)와 완전자동기계(B기계)를 사용할 수 있다.

	A기계	B기계
단위당 변동제조원가	₩150	₩50
단위당 변동판관비	50	50
고정제조간접비	100,000	350,000
고정판관비	50,000	50,000

마케팅부서의 조사에 의하면 반자동기계의 제품품질이 완전자동기계의 제품품질보다 열악하여 시장에서의 제품단위당 판매가는 반자동기계로 만든 제품은 @400, 완전자동기계로 만든

제품은 @500이다. 이 회사는 판매량을 추정하고 있는데 호경기일 확률은 70%이고 이때는 3,000단위가 팔릴 것이다. 불경기일확률은 30%이고 이때는 1,000단위가 팔릴 것이다.
위의 판매량은 정규분포를 따른다. 반자동기계로 만든 제품의 표준편차는 125개, 평균판매량은 1,000개이며 완전자동기계로 만든 제품은 표준편차가 200개, 평균판매량은 1,200개이다.

(00. 회계사)

• 물음 1, 2와 물음 3, 4, 5는 독립적이다.

물음 1 두 대안 중에서 손익분기점이 넘을 확률이 큰 대안은 어느 것인가?

물음 2 영업이익 ₩100,000 이상을 낼 확률이 큰 것은 어느 대안인가?

• 물음 3에서 5번까지를 계산시 단위당 판매가는 두 제품 다 @500으로 가정한다.

물음 3 미래의 상황이 위의 자료와 같다면 어느 대안을 택하겠는가?

물음 4 어딘가에서 확실한 정보를 제공한다고 하면 수수료를 최대한 얼마를 줄 수 있는가?

물음 5 어딘가에서 다음과 같은 정보를 제공한다고 하면 수수료를 최대한 얼마를 줄 수 있는가? 단, 호경기일 때는 정확도가 90%이고 불경기일 때는 정확도가 80%이다(확률계산시 소수점아래 둘째자리까지 계산하라).

찾아보기

[저자약력]

김도형
서울대학교 경제학과 졸업
스크랜턴대학교(University of Scranton) MBA
펜실베니아주립대학교(The Pennsylvania State University) Ph.D.
한국외환은행 근무
한국관리회계학회 부회장 역임
현재 광운대학교 경영대학 교수

황국재
Michigan State University, MBA
Syracuse University, Ph.D.
공인회계사시험 출제위원
세무사시험 출제위원
공인회계사, 삼일회계법인 근무
한국공인회계사회 회계감사 연구위원
한국관리회계학회 회장
현재 서강대학교 경영대학 교수

이성욱
한양대학교 상경대학 회계학과 졸업
한양대학교 대학원 경영학 석사
한양대학교 대학원 경영학 박사
포항산업과학기술연구원 근무
POSCO경영연구원(POSRI) 근무
세무사, 감정평가사, 관세사 및 공무원 5급 시험출제위원
한국관리회계학회 회장 역임
현재 한양대학교(ERICA) 경영학부, 회계세무학과 교수

원가관리회계

2023년 3월 10일 제 1 판 인쇄
2023년 3월 15일 제 1 판 발행

저 자 김도형 · 황국재 · 이성욱
발행인 임 권 규
발행처 弘 文 社

05855 서울시 송파구 송파대로 167 테라타워 B동 802호
등록 1993. 6. 24. 제1-1543호
TEL. 712-5311(代) FAX. 716-5311

값 32,000원

ISBN 978-89-7770-742-9 93320